Frauen auf dem öffentlichen Parkett

Handbuch für Frauen, die Einfluss nehmen wollen

Die Deutsche Bibliothek – CIP-Einheitsaufnahme
Frauen auf dem öffentlichen Parkett : Handbuch für Frauen, die Einfluss nehmen wollen / Eidgenössisches Büro für die Gleichstellung von Frau und Mann (Hg.). Mit einem Vorw. von Ruth Dreifuss. - 2. Aufl. - Bern ; Zürich ; Dortmund : eFeF, 1995
ISBN 3-905493-85-3
NE: Schweiz / Büro für die Gleichstellung von Frau und Mann

Impressum

Herausgeberin
Eidg. Büro für die Gleichstellung
von Frau und Mann
Eigerplatz 5
3003 Bern
Telefon 031/322 68 43

Konzept
Anita Fetz
Femmedia – Büro für
Frauenförderung, Basel

Redaktion
Christine Valentin, Basel

Illustrationen
Eva Bühler, vista point, Basel

Gestaltung und Layout
Eva Bühler, vista point, Basel

Inhaltsverzeichnis

3. Quer durchs politische Labyrinth
Roger Blum

Werkzeuge – Nägel mit Köpfen machen

5. Wer sich informiert, weiss mehr
Maya Doetzkies

6. Auf dem Weg zu Tribüne, Podium und Mikrofon
Anita Fetz

7. Könnten Sie mir da nicht entgegenkommen?
Anita Fetz

8. Heute abend ist Sitzung...
Anita Fetz

Liebe Leserinnen

Die Frauen machen mehr als die Hälfte der Bevölkerung aus, doch sie verfügen bei weitem nicht über die Hälfte der Macht in Wirtschaft, Politik und Gesellschaft. Im Gegenteil, ihre Interessen und Anliegen werden oft vergessen oder vernachlässigt. Wenn wir jedoch auf eine gerechtere und solidarischere Gesellschaft hinarbeiten wollen, die auf die Bedürfnisse aller eingeht, dann ist die Beteiligung der Frauen am politischen Leben unerlässlich.

Viele Frauen bringen neue, oft direktere Vorgehensweisen und unkonventionelle Denkmuster in den politischen Alltag ein. Dabei schöpfen sie aus einem Erfahrungshintergrund, der in vielem anders ist als derjenige der Männer. Ich möchte deshalb alle Frauen, die sich von der Politik angesprochen fühlen, zu einem Engagement in diesem Bereich ermuntern. Sie haben dadurch die Möglichkeit, ihre Ideen und Erfahrungen überall dort einzubringen, wo es ihnen sinnvoll erscheint.

Zugegeben, es braucht etwas Mumm, um den ersten Schritt zu tun! Doch politische Tätigkeit bietet viele Gelegenheiten, andere engagierte Frauen kennenzulernen und wichtige Beziehungen zu knüpfen. Und nicht zuletzt macht diese Arbeit Freude und führt zu Befriedigung, etwa dann, wenn die eigenen Ideen tatsächlich realisiert werden.

Ich hoffe, dass dieses Handbuch Ihnen Mut macht, die Probleme aktiv anzugehen. Es enthält eine Menge Informationen und konkrete Beispiele, die Ihnen aufzeigen, wie und wo Sie wirkungsvoll Einfluss nehmen können. Je zahlreicher wir Frauen in der Politik vertreten sind, desto eher wird es uns gelingen, die heutige und die künftige Gesellschaft so zu gestalten, dass sie allen – Frauen und Männern – in gleichem Masse gerecht wird.

Ruth Dreifuss
Bundesrätin

Einleitung

Auf dem öffentlichen Parkett wird über vieles bestimmt und entschieden, was für Ihr Leben ganz wichtig sein kann. Das Gesicht Ihres Wohnquartiers, die Höhe des Pensionsalters, die Einrichtung einer Tagesschule in Ihrer Gemeinde, der Verkauf von Bio-Gemüse im nahen Einkaufszentrum sind nur einige Beispiele dafür. Bestehendes kann verändert, neue Ideen können in die Tat umgesetzt werden. Dazu braucht es Mut, sich öffentlich einzumischen, und ein Engagement derjenigen, die mit der aktuellen Situation unzufrieden sind.

Viele Frauen haben aber noch grosse Hemmungen, mit ihren Vorstellungen an die Öffentlichkeit zu treten. Sie sind es nicht gewohnt, ihre Ansichten und Meinungen öffentlich kundzutun. Lieber ziehen sie sich in den privaten Bereich zurück. Der Ärger aber über die unbefriedigenden Verhältnisse einer von Männern gestalteten Welt bleibt bestehen.

Das muss nicht so sein. Sie können mithelfen, die Welt nach Ihren Bedürfnissen und Idealen mitzugestalten! Als Konsumentin können Sie nur Waren einkaufen, die den von Ihnen gestellten Kriterien entsprechen. Als Stimmbürgerin geben Sie Ihre Stimme nur den Kandidatinnen und Kandidaten, die Ihre persönlichen Anliegen im Gemeindeparlament oder im Grossen Rat vertreten. Als Quartierbewohnerin können Sie sich mit Gleichgesinnten aus Ihrer näheren und weiteren Nachbarschaft für einen Kinderspielplatz und/oder eine Geschwindigkeitsreduktion auf den Autostrassen einsetzen.

Frauen sollen in Zukunft überall mitreden, mitdenken und mitentscheiden. Ihr Erfahrungshintergrund ist gefragt. Frauen können etwas verändern, wenn sie wollen. Dazu braucht es aber das engagierte Einflussnehmen möglichst vieler Frauen, einen langen Atem, Beharrlichkeit, viel Know-how und Überzeugungsarbeit, damit breite Kreise die Ideen mittragen.

Das vorliegende Handbuch will Frauen informieren und animieren, sich öffentlich einzusetzen, damit ihre Wünsche und Ziele Wirklichkeit werden. Es richtet sich an Einzelpersonen, Frauengruppen, Organisationen, Verbände und Parteien, aber auch an weitere Gruppen, die aktiv ein kleines Stück Welt verändern und auf die doch manchmal mühsame Reise durch das politische Labyrinth gehen wollen.

Der erste Teil «Orte – die Piazzas des öffentlichen Engagements» zeigt auf, wo und wie Sie auf eine bestimmte Situation

Einfluss nehmen und auf welche Art und Weise sie Mitstreiterinnen finden können. Im weiteren wird die Leserin eingehend in unser politisches System eingeführt, damit sie möglichst effizient handeln kann.

Wer sich öffentlich engagiert, kommt nicht darum herum, sich mit Fragen von Macht, Widerstand, Konflikten, Konkurrenz und Strategien auseinanderzusetzen. Fast für alle Frauen eine schwierige Knacknuss. Soll der Tanz auf dem öffentlichen Parkett aber zum gewünschten Ziel führen, müssen sich Frauen dieser Herausforderung stellen. Im zweiten Teil «Wege – Pfade durch den Dschungel des öffentlichen Engagements» erfahren Sie, wie Frauen mit diesen Fragen umgehen können.

Der dritte Teil «Werkzeuge – Nägel mit Köpfen» ist das eigentliche Kernstück des Handbuches. Er enthält einen grossen Werkzeugkasten und Checklisten, die dazu beitragen, dass Sie sich auf dem öffentlichen Parkett sicherer bewegen können und nicht ausrutschen. Wie bereite ich mich auf eine wichtige Sitzung vor? Wie schreibe ich effektvoll eine Pressemeldung? Wie organisiere ich für mein Projekt das nötige Geld? Welche juristischen oder politischen Mittel stehen zur Verfügung, um dem gesteckten Ziel näher zu kommen? Diese Fragen geben Hinweise auf das breitgefächerte Know-how, das das vorliegende Handbuch vermitteln möchte.

Wir wünschen allen Frauen viel Erfolg beim Tanz auf dem öffentlichen Parkett, aber auch die nötige Standfestigkeit, denn bei vielen ihrer Anliegen weht den Frauen ein rauher Wind ins Gesicht. Nur ein langer Atem führt zum Ziel.

Das Eidg. Büro für die Gleichstellung möchte an dieser Stelle allen AutorInnen und der Redaktorin des Handbuches für ihre kompetente Arbeit und ihr Engagement ganz herzlich danken. Sie haben mit ihrem Erfahrungshintergrund zum guten Gelingen beigetragen.

Wir hoffen, dass das Handbuch mit den vielen konkreten Beispielen dazu beiträgt, dass sich bald mehr Frauen auf dem öffentlichen Parkett bewegen.

Eidg. Büro für die Gleichstellung von Frau und Mann
August 1995

Orte

Die Piazzas des öffentlichen Engagements

Frauen engagieren sich öffentlich

1

Tatsachen, Wünsche und Zorn: Was tun damit?

Wenn eine träumt, ist es ein Traum – wenn viele träumen und handeln, dann ist es der Beginn einer neuen Wirklichkeit!
Frauenslogan 1987

● *Samstagnachmittag. Zufrieden greift Lisa Müller zum Fernsehmagazin. Ihr bleibt noch etwas Zeit, im Programmangebot zu schmökern, bevor ihre Tochter kommt. «Wie wird das wohl sein, wenn ich pensioniert bin?» denkt sie beim Überfliegen der Seiten. Die Vorstellung, dass sie dann – anstatt wie heute ihre Arbeit im Baudepartement zu erledigen – Tag für Tag nur noch ihre Einkäufe macht, ein wenig spazierengeht und sonst allein in ihren vier Wänden vor dem Fernseher sitzen wird, macht ihr seit einiger Zeit zu schaffen. «Viel Arbeit macht die Wohnung, macht das Kochen für mich allein ja nicht. Und mehr als viermal im Jahr die Fenster zu putzen, wäre auch absurd. Aber was soll ich sonst tun? Ausser Frau Kohler vom neunten Stock kenne ich hier niemanden. Schade, dass Franz und Cathy nach New York gezogen sind. Aber sie kommen nicht mehr zurück, das hat er ja gestern am Telefon gesagt. Und Marianne hat auch fast keine Zeit, die ist mit ihrer Arbeit im Büro, mit René und den beiden Kindern rund um die Uhr beschäftigt. Wenn sie nur nicht so weit weg auf dem Land wohnen würde. Ich sehe meine Enkel viel zu selten. Aber so ist das nicht möglich. Und ich werde auch nicht jünger, mein Rheuma...» Der schrille Ton der Klingel unterbricht Lisa Müller in ihrem Gedankengang. Sie seufzt leise. Marianne wird wohl keine guten Nachrichten bringen. Sie klang am Donnerstag so bedrückt, als sie ihren Besuch ankündigte. In ihrer Ehe kriselt es schon länger.*

Als Lisa Müller abends um elf Uhr die Tür hinter ihrer Tochter schliesst, strahlen ihre Augen. Ihre Ahnungen haben sie zwar nicht getäuscht, Marianne will sich scheiden lassen. Trotzdem sind ihre düsteren Gedanken über das Leben nach der Pensionierung verschwunden. Das wäre wirklich toll, wenn sich die Idee verwirklichen liesse, die sie mit Marianne im Laufe des Gesprächs entwickelt hat. Diese hatte sich beklagt, dass sie zusätzlich zur Belastung, die die Trennung von René bedeutet, schon wieder eine neue Tagesmutter für die Kinder suchen muss. Die Suche nach einem Platz im Tagesheim hat sie schon lange aufgegeben – die Warteliste ist fast endlos. «Jetzt müsste man diese Überbauung in der Stadt nur noch finden», sinniert Lisa Müller beim Zähneputzen, «die das alles bietet: Grosse und kleine Wohnungen für Familien und ältere Menschen. So könnte man nahe beieinander wohnen, und trotzdem hätte jede noch ihr eigenes Reich. Selbstverständlich braucht es auch genügend Platz für die Kinder zum Spielen, einen Kinderhort, ein ausgebautes Spitex-Angebot.» Soll sie sich wirklich auf die Suche nach der Stecknadel im Heuhaufen machen? Das ist doch fast aussichtslos. Aber gibt es da nicht dieses Neubau-Projekt, von dem im Baudepartement in letzter Zeit so viel die Rede ist? Ein Kinderhort wurde dabei zwar nie erwähnt, auch von einem Spitex-Angebot hat sie nichts gehört. «Das ist wieder einmal typisch für die meisten Planer und Architekten, die vergessen unsere Bedürfnisse einfach! Sie müssen sich ja auch nicht um die Kinder kümmern.» Dennoch lässt der Gedanke Lisa Müller nicht mehr los. Sie liegt noch lange wach, träumt von der Zukunft. Und sie weiss plötzlich, wohin sie ihr Spaziergang am anderen Tag führen wird: Zu dem verlassenen Industrieareal am Rand der Stadt. ●

Frau Müller und ihre Tochter sind nicht allein. Viele Frauen schlagen sich ebenfalls mit solchen oder ähnlichen Gedanken herum. Ihre Bedürfnisse werden in der von Männern dominierten und gestalteten Welt kaum zur Kenntnis genommen, gehen immer wieder vergessen. Viele Mütter ärgern sich zum Beispiel über die zu kleinen Wohnungen, die viel zu weit abgelegenen Spielplätze, die fehlenden Möglichkeiten zur Betreuung der Kinder. Doch häufig bleibt es beim Ärger. Sie passen sich an, suchen individuelle Notlösungen oder stecken gezwungenermassen im Beruf zurück. Das grundsätzliche Problem lösen sie dadurch nicht.

Das muss aber nicht so sein. Frauen können die Welt zu ihren Gunsten verändern – wenn sie wollen. Audre Lorde, eine berühmte afro-amerikanische Schriftstellerin, macht allen Frauen Mut: «Jede Frau besitzt ein wohlbestücktes Arsenal von potentiell nützlichem tiefem Ärger. Gezielt eingesetzt, kann dieser Ärger, dieser Zorn, eine machtvolle Quelle des Fortschritts und der Veränderung werden.» Mit 51 Prozent der Bevölkerung sind Frauen eine einflussreiche Grösse. Und sie haben Macht. Denn Frau ist nicht einfach Frau. Sie ist Konsumentin, Wählerin, Arbeitnehmerin, Kundin, Arbeitgeberin, Denkerin, Planerin, Spenderin, Macherin oder Organisationstalent. Dieses Potential reicht aus, um die eigene Umgebung – und damit auch die Welt – so zu verändern, dass sie den eigenen Bedürfnissen besser entspricht. Es geht nur darum, dieses Potential auch zu nutzen. Jede Frau kann auf ihre Art, mit ihren Stärken Einfluss nehmen. Aber sie muss es selber tun. Noch zu viele Frauen verhalten sich passiv, glauben, dass sie nichts beeinflussen können, und mischen sich deshalb nicht ein. Dabei lohnt es sich. Denn wenn Frauen sich engagieren, kommt niemand mehr an ihnen vorbei. Utopie? Keineswegs. Es gibt genügend kleine und grosse, kaum bekannte und spektakuläre Beispiele, die das Gegenteil beweisen:

• Erinnern Sie sich an die Märztage des Jahres 1993? Damals wäre, obwohl mit Christiane Brunner eine fähige Kandidatin zur Verfügung stand, beinahe erneut ein Mann in die Landesregierung gewählt worden. Tausende von Frauen im ganzen Land empörten sich. Sie wollten endlich eine Frau im Bundesrat, sie tolerierten die Ränkespiele einiger Politiker nicht mehr länger. Und sie reagierten blitzschnell: Keiner konnte die riesigen Kundgebungen vor dem Bundeshaus einfach übersehen, keiner die Pfiffe überhören. Der Protest der Frauen hat gewirkt. Sie haben ihre Macht gezeigt – und dafür mit Ruth Dreifuss endlich wieder eine Bundesrätin erhalten.

• Kennen Sie die grosse Brahms-Überbauung in Zürich? Menschen sehr unterschiedlichen Alters und aus verschiedenen sozialen Schichten leben und arbeiten hier am gleichen Ort. Dem Engagement von vielen Geldgeberinnen ist es zu verdanken, dass in Zürich ein Stück Utopie verwirklicht werden konnte. Denn die 'Alternative Bank' – an der überdurchschnittlich viele Frauen beteiligt sind – und der 'Evangelische Frauenbund' haben das Projekt massgeblich mitfinanziert.

• Erinnern Sie sich an den Südafrika-Boykott? Es waren vor allem Frauen, die diese Organisation geprägt haben. Sie haben sich geweigert, Granny-Smith-Äpfel und andere Früchte aus dem ehemaligen Apartheidstaat zu kaufen. Sie haben mit ihren öffentlichen Aktionen und ihrem privaten Kaufentscheid während Jahren auf die Menschenrechtsverletzungen in Südafrika hingewiesen. Und sie hatten damit Erfolg. Ihr Engagement als bewusste Konsumentinnen hat dazu beigetragen, dass hierzulande der Widerstand gegen Apartheid-Politik wuchs, was wiederum in Südafrika den Kampf für eine Demokratie unterstützte. Eine Demokratie, in der die Schwarzen die gleichen Rechte wie die Weissen haben.

- Haben Sie schon von der Basler Lohnklage gehört? Neunzehn Kindergärtnerinnen, Hauswirtschafts- und Textilfachlehrerinnen haben gegen ihren Arbeitgeber, den Kanton Basel-Stadt, geklagt. Sie verlangten gleichen Lohn für gleichwertige Arbeit. Dreizehn Jahre dauerte ihr Kampf, bis vor Bundesgericht mussten sie gehen. Doch ihre Hartnäckigkeit wurde belohnt. Sie haben Recht bekommen, sie erhalten jetzt mehr Lohn. Nicht nur sie allein, auch ihre rund 600 BerufskollegInnen profitieren vom Engagement der Kämpferinnen.

Diese wenigen Beispiele zeigen eines: Frauen können sehr viel verändern – wenn sie aktiv werden und sich für ihre eigenen Anliegen oder die anderer Menschen einsetzen. Und sie weisen noch auf einen weiteren Aspekt hin: Die Motive, warum Frauen sich engagieren, können sehr unterschiedlich sein.

- Die einen engagieren sich, weil sie wie Frau Müller ihre persönlichen Lebensumstände verändern wollen. Manchmal profilieren sie sich als Einzelkämpferinnen, häufig schliessen sie sich jedoch mit anderen zusammen, die ein ähnliches Ziel verfolgen.

- Andere wollen ihrer Wut über Missstände nicht mehr länger hilflos ausgeliefert sein, sie wollen ihre Kraft für sinnvolle Veränderungen einsetzen. Das sind die Aktivistinnen.

- Daneben gibt es die Funktionärinnen. Ihnen macht es Freude, in ihrer Organisation Einfluss zu haben und dadurch Anstösse für wichtige Veränderungen geben zu können.

- Wieder andere sind Fachfrauen, die ihr Wissen nicht für sich allein behalten, sondern es im Dienst einer Sache einsetzen wollen.

- Die Macherinnen haben Lust daran, etwas Konkretes zu gestalten und zu entwickeln.

- Beziehungen zu knüpfen, Verbindungen herzustellen und die richtigen Menschen zu den richtigen Aktionen zu bringen – diese Anliegen stehen bei der Netzwerkerin im Vordergrund.

- Türöffnerinnen sind Frauen, die in mehr oder weniger einflussreichen Positionen sind und ihr Wissen, ihren Einfluss, ihre Beziehungen anderen Frauen zur Verfügung stellen.

Vermutlich gibt es so viele unterschiedliche Motive, sich zu engagieren, wie es Frauen gibt. Denn anders als auf dem Papier mischen sich im Alltag die Gründe, warum Frauen eines schönen Tages aufhören, still und brav am Rand des Weltgeschehens zu warten und zu hoffen. Allen gemeinsam ist jedoch das eine: Sie handeln statt zu jammern. Sie haben sich von der Opferrolle verabschiedet. Und sie gewinnen durch ihr Engagement viel Befriedigung und Selbstbewusstsein. Sie leben und engagieren sich nach dem Motto: «Tu es einfach, und Du wirst sehen, vieles ist möglich!»

Was jedoch kann Frauen daran hindern, ihre Ideen und Wünsche Wirklichkeit werden zu lassen? Wenn nicht heute, dann morgen oder übermorgen? Was hindert Sie, liebe Leserin, sich für Ihre Anliegen auf Ihre eigene Art zu engagieren?

Widerstände: Mit Schwung über die Hürden!

● *Der Donnerstag beginnt grau in grau. Lisa Müller hat schlecht geschlafen, der Kaffee schmeckt bitter. Draussen verwischt ein steter Nieselregen die Konturen. Der Herbst kündigt sich an. «Wo ist nur meine Zuversicht vom Wochenende geblieben?» fragt sie sich, während sie an der Haltestelle auf den nächsten Bus wartet. Am Montag noch war sie voll Elan in die Arbeitswoche gestiegen. Sogar ihr sonst so zurückhaltender Chef hatte ihren Stimmungswandel bemerkt und neckisch gefragt, ob sich seine Sekretärin verliebt habe? Ihre gute Stimmung hielt leider nicht lange an. Eigentlich hatte sie sich fest vorgenommen, noch am gleichen Tag in der Dokumentationsabteilung Unterlagen über das geplante Neu-*

bauprojekt anzufordern. Doch schon in der Kaffeepause kamen ihr die ersten Zweifel. «Diese Emanze raubt mir noch den letzten Nerv!» So war Füglister, ein Sachbearbeiter der Rechtsabteilung, über seine Chefin hergezogen. Die junge Juristin arbeitet seit einem Jahr beim Baudepartement. Dank ihrer Sachkenntnis und ihrer Hartnäckigkeit hat sie sich schon in mehreren Fällen profiliert. «Ständig weiss sie alles besser, alles muss neu organisiert werden. Und wenn wir die Arbeit, aufgrund unserer langjährigen Erfahrung, anders machen als sie es will, fängt sie sofort an zu keifen», setzte Füglister seine Tirade fort, «kein Wunder, dass sie noch ledig ist. Wer will denn schon eine solche Hyäne daheim, die einen ständig herumkommandiert? Eine, die noch stolz darauf ist, Feministin zu sein?»

Nachdenklich war Lisa Müller nach dieser Bemerkung, die vor allem bei den Männern sehr viel Gelächter hervorgerufen hatte, wieder an ihre Arbeit zurückgekehrt. Hatte sie sich da mit ihrer Idee nicht doch zuviel vorgenommen? Wie werden ihre Arbeitskollegen reagieren, wenn sie davon erfahren? Von Architektur oder Planung hatte sie ja eigentlich gar keine Ahnung. Und als Feministin wollte sie keineswegs verschrien werden. Ihr Chef würde sie sicher auslachen. Sie sah ihn schon vor sich. Er würde nur leicht belustigt den Kopf schütteln: «Aber Frau Müller, Sie in Ihrem Alter... Wer hat Ihnen denn diese Flausen in den Kopf gesetzt? Sie sind ja eine gute Sekretärin, aber Wohnbaupolitik ist doch wirklich nichts für Sie.» An diesem Tag unterliess sie den Gang zur Dokumentationsabteilung – wie auch an den folgenden Tagen. ●

Die lähmende Angst davor, sich öffentlich zu exponieren, anzuecken, etwas Falsches zu sagen – und den damit einhergehenden Kraftverlust –, kennen wohl fast alle Frauen. Lisa Müller ist da kein Einzelbeispiel. Viele gute Ideen und Projekte von Frauen scheitern deshalb häufig schon im Anfangsstadium. Denn die psychologischen Barrieren sind hoch. Trotzdem: Es gibt immer mehr Hürdenläuferinnen, die das Unternehmen wagen und die von der Gesellschaft aufgestellten Barrieren überspringen. Der Aufwand lohnt sich. Denn wer die Hürden überwunden hat, ist vom Ziel nicht mehr allzuweit entfernt. Und machbar ist es, das haben schon etliche Frauen bewiesen. Sie haben zuerst gelernt, ihre Ängste zu benennen. Und sich danach in regelmässigem Training die nötige Lauftechnik angeeignet. Das ist keine Hexerei, braucht aber ein bisschen Ausdauer. Schliesslich sind Frauen nicht nur mit einer Hürdenart konfrontiert.

1. Hürde: Zweifel an der eigenen Kompetenz

Zweifel

Die Hürde 'Zweifel an der eigenen Kompetenz' versperrt meist die ersten Meter der Laufstrecke: Weiss ich eigentlich genug über das Thema, kann ich dazu wirklich etwas beitragen? Stehe ich mit meiner Meinung nicht völlig neben den Schuhen? Habe ich wirklich recht mit meinen Überlegungen, meinen Schlussfolgerungen? Solche Fragen nehmen der Läuferin den Schwung, lassen sie schon an der ersten Hürde scheitern.

Erfolgreiche Läuferinnen kennen diese Zweifel und Ängste zwar auch. Aber sie wissen, wie sie damit umgehen können. Informieren Sie sich! Reden Sie mit anderen über das Thema, und diskutieren Sie es wenn möglich kontrovers. Im Gespräch können Sie nicht nur die Gegenargumente auf ihre Stichhaltigkeit abklopfen. Sie überprüfen dabei auch Ihre eigene Meinung und festigen so mit der Zeit Ihren eigenen Standpunkt.

2. Hürde: Angst vor Liebesverlust

Angst

Die nächste Hürde heisst 'Angst vor Liebesverlust' und ist noch ein Quentchen schwieriger zu bewältigen: Was denken mein Mann, meine Eltern, meine Nachbarinnen, mein Vorgesetzter, mein Arbeitskollege, meine Freundin von mir, wenn ich mich für diese Sache engagiere? Sich zu exponieren, braucht Mut. Denn wer eine eigene Meinung vertritt, wird angreifbar, tritt aus dem Schutz des Schweigens und der Anonymität heraus. Als bei der Schriftstellerin Audre Lorde Brustkrebs diagnostiziert wurde, schrieb sie: «Ich werde sterben. Mein Schweigen hat mich nicht geschützt. Auch dich wird Schweigen nicht schützen... Wann hast du zum letzten Mal deine Worte hinuntergeschluckt?»

Regelmässiges Training ist auch hier das beste Rezept, um die Angst vor der Hürde zu verlieren. Vertreten Sie in einer Diskussion ruhig Ihre eigene Meinung! Auch wenn andere Ihre Ansicht nicht teilen. Sie können bei solchen Diskussionen Schritt für Schritt Ihre Ängste abbauen. Sie werden eine wichtige Erfahrung machen: Wenn Sie in einer Sache anderer Meinung sind, heisst das noch lange nicht, dass man Sie deshalb nachher nicht mehr mag. Vielleicht wird man Sie nicht mehr lieben – dafür umso mehr respektieren. Sie werden erleben: Ihr Selbstbewusstsein steigt mit jedem Mal, wo Sie Ihre andere Meinung nicht einfach hinunterschlucken.

3. Hürde: Öffentliche Abwertung

Abwertung

Jetzt haben Sie schon die Hälfte der Strecke hinter sich. Doch die folgende Hürde 'öffentliche Abwertung' hat es in sich. Die Angst davor ist berechtigt. Denn es gibt immer noch konservative – häufig sehr verunsicherte – Menschen, die der Ansicht sind, dass Frauen in erster Linie still im Hintergrund wirken sollen. Wenn Frauen sich anders verhalten, sich aktiv zu Wort melden und sich einmischen, wird ihr Weltbild in Frage gestellt. Sie fühlen sich bedroht. Und schon wird die hässliche, lesbische, männerhassende Emanze aus der Giftkiste der Schimpfwörter hervorgeholt. Dieses Gift wirkt sehr subtil gegen das vermehrte Engagement von Frauen. Denn viele von ihnen fürchten sich vor dieser öffentlichen Abwertung. Sie schweigen lieber, als sich der Gefahr auszusetzen, als Feministin verschrien zu werden.

Es ist schwierig, solch perfide Anwürfe gelassen zu kontern. Aber nicht unmöglich. Auf der individuellen Ebene bieten sich zwei Antworten an, die je nach Situation, Lust, Ärger und Mut angewandt werden können. Eine könnte zum Beispiel lauten: «Völlig unabhängig, ob Feministin oder nicht, ist für mich klar, dass Frauen und Männer gleichberechtigt sind.» Eine andere Möglichkeit, die Giftspritzer zu stoppen, wäre folgende Antwort: «Natürlich bin ich Feministin. Das ist jede Frau, die sich keine Diskriminierungen gefallen lässt.» Dieses individuelle Training ist nervenaufreibend, zugegeben. Auch erfolgreiche Hürdenläuferinnen verlieren in solchen Situationen ab und zu den sicheren Tritt. Wichtig ist es deshalb, diese Hürden auch auf dem politischen Weg zu entschärfen. Dabei geht es darum, immer wieder aufzuzeigen, dass der Kampf gegen die Diskriminierung der Frauen und gegen Sexismus kein Kampf gegen die Männer ist, sondern ein Einstehen für die Gleichberechtigung.

→ Werkzeuge
6. Auf dem Weg zu Tribüne, Podium und Mikrofon

4. Hürde: Ein Berg von Anforderungen

Anforderungen

Das Ziel ist schon in Sicht. Jetzt muss nur noch die letzte Hürde der Anforderungen überwunden werden: Werde ich nicht gleich bis über beide Ohren mit Arbeit überhäuft, wenn ich mich engagiere? Dafür habe ich momentan aber gar keine Zeit. Wenn ich nicht mit vollem Einsatz mitziehe, werde ich sicher von allen Seiten mit Vorwürfen überhäuft. Das letzte Mal war es jedenfalls so...

Die Trainingsmethoden der erfolgreichen Läuferinnen helfen Ihnen auch bei dieser Hürde weiter. Abgrenzen heisst die Devise. Das können und dürfen Sie tun. Nur wer seine Grenzen kennt – und sie auch respektiert –, kann auf Dauer etwas bewegen. Sie haben jederzeit das Recht, nein zu sagen. Denn Sie selbst bestimmen, wieviel Zeit, Arbeit, Geld oder Ärger Sie investieren wollen. Von den Pflichtappellen und moralischen Ansprüchen anderer brauchen Sie sich nicht aus der Bahn werfen zu lassen. Sie haben das Recht, das eine Mal mehr und ein anderes Mal weniger zu tun. Jeder Mensch hat seinen eigenen Rhythmus, jeder Mensch kennt verschiedene Lebensphasen mit ganz unterschiedlichen Interessen. Einmal steht der Beruf im Vordergrund, einmal die Familie, einmal die Lust, sich im Vorstand des Turnvereins oder in der Politik zu engagieren. Und ab und zu wollen Sie vielleicht nur Ihre Seele baumeln lassen, eine Zeitlang einfach nichts tun. Machen Sie ohne schlechtes Gewissen Gebrauch davon. Die anderen tun das nämlich auch.

● *Endlich fährt der Bus in die Haltestelle ein. Zusammen mit Lisa Müller steigt auch Pia in letzter Sekunde ein. Lisa wusste gar nicht, dass die Bürokollegin ebenfalls hier im Quartier wohnt. Pia ist völlig ausser Atem, sieht erschöpft aus. «Ich halte diesen Stress bald nicht mehr aus», beklagt sie sich. «Jeden Morgen das gleiche Theater. Der Kleine will nicht aufstehen, trödelt herum. Und nachher wird die Zeit knapp. Bis ich ihn dann endlich zu meiner Mutter gebracht habe, die hier in der Nähe wohnt, bin ich meistens schon zu spät dran. Ich suche seit einem halben Jahr eine Wohnung in der Gegend. Aber bisher erfolglos.» Lisa gibt sich einen Ruck: «Ich denke in letzter Zeit oft über dieses Problem nach. Meine Tochter ist nämlich in einer ähnlichen Situation. Kürzlich haben wir uns überlegt, wie wir das ändern könnten.» Wieder begeistert schildert Lisa der Bürokollegin ihre Zukunftsvision. Und stösst bei ihr auf grosses Interesse. Pia wendet zwar ein, dass die Planung des Neubauprojektes schon sehr weit fortgeschritten ist und eine Änderung kaum noch machbar sei. Doch die Idee selber findet sie sehr gut. «So etwas habe ich mir schon lange gewünscht. Bisher bin ich einfach noch nicht auf den Gedanken gekommen, ein solches Projekt selber anzupacken. Dazu fehlt mir auch die Zeit. Ich habe sonst schon genug um die Ohren. Aber wenn jemand anders die Planung in die Hand nehmen würde, könnte ich schon ab und zu mithelfen.»* ●

Ich engagiere mich! Aber: Wie und Wo?

Wenn Sie sich engagieren wollen, haben Sie dafür im Prinzip drei Möglichkeiten:

1. Als Einzelperson
2. Mit Gleichgesinnten
3. In einer bestehenden Organisation

Für welche dieser Möglichkeiten Sie sich entscheiden, hängt ganz von Ihren Vorlieben und auch von Ihren Zielen ab. Wenn Sie eher der Typ 'Spontane Einzelkämpferin' sind, werden Sie sich vermutlich für den individuellen Weg entscheiden. Andere wiederum brauchen die Anregung der Gruppe, um sich voll zu entfalten. Vergessen Sie nicht, dass auch Ihre Ziele die Form des Engagements bestimmen: Für ein kleines Projekt – zum Beispiel ein Kompostplatz im Hinterhof – reicht es völlig aus, wenn Sie sich mit Ihrer Nachbarin zusammentun. Wenn Sie aber in Ihrem Dorf eine Ludothek gründen wollen, brauchen Sie zur Verwirklichung Ihres Anliegens vermutlich die Unterstützung anderer Menschen, einiges Geld und den nötigen Einfluss in der Gemeinde.

Als Einzelperson: Es gibt viele Möglichkeiten

● *Die Schlagzeile in der 'Neuen Zeitung' verschlägt Lisa Müller fast die Sprache: 'Alleinstehende Witwen besetzen Familienwohnungen', hat der Journalist getitelt. In der Stadt gibt es laut dem Artikel viele Familien, die eine grosse, zahlbare Woh-*

nung suchen. Doch diese Suche ist meist vergeblich. Sie ziehen gezwungenermassen in die Vororte, mehr Pendelverkehr und damit mehr Umweltverschmutzung sind die Folge. Grosse Wohnungen, so das Fazit des Journalisten, gäbe es in der Stadt eigentlich genügend. Nur wohnen in ihnen viele ältere, alleinstehende Menschen. Diese seien nicht bereit, in eine kleinere Wohnung umzuziehen. «Das ist ja auch kein Wunder, bei den hohen Mietzinsen der Neubauwohnungen», schüttelt Lisa Müller den Kopf. «Wie sollen Menschen, die nur von der AHV leben müssen, solche Mieten bezahlen können? Davon steht aber kein Wort im Artikel.» Verärgert legt sie die Zeitung auf den Altpapierstapel und beginnt, das Geschirr vom Vorabend abzuwaschen.

Zwei Stunden später zieht Lisa Müller befriedigt das sauber getippte Blatt Papier aus der Schreibmaschine. Zum ersten Mal in ihrem Leben hat sie einen Leserinnenbrief geschrieben. Sie macht darin ihrem Ärger über den unsäglichen Titel Luft. Sie zeigt auf, warum sich viele ältere Menschen, sogar wenn sie wollten, keine kleine Neubauwohnung leisten können. Und sie skizziert wagemutig ihre eigene Vorstellung, wie das Problem zugunsten der jungen Mütter und der älteren Frauen gelöst werden könnte. «Eigentlich erstaunlich, wie leicht es war, diesen Brief zu schreiben», wundert sie sich selber und klebt entschlossen die Briefmarke aufs Couvert. Ihre nächtelange Lektüre war also doch nicht vergebens. Den Gang ins Dokumentationszentrum des Baudepartementes hat sie schon vor drei Wochen gemacht. Und seit ihrem letzten Besuch in der Bibliothek stapeln sich auf dem Nachttisch Bücher zur Wohnbaupolitik und zu neuen Formen des Zusammenlebens. ●

Als Einzelperson haben sie viele Möglichkeiten, für eine Sache einzustehen und öffentlich Einfluss zu nehmen. Der Weg, den Lisa Müller gewählt hat, ist nur eine davon. Zum Beispiel können Sie

Gespräch

- ...im Gespräch mit Freundinnen, Nachbarn, Kolleginnen und Verwandten Ihre Meinung äussern. Mischen Sie sich ein, schweigen Sie nicht länger. Sie haben sich doch sicher auch schon einmal von den Argumenten eines Kollegen überzeugen lassen? Umgekehrt ist das genausogut möglich. Und übrigens: Ihre Anliegen sind genauso wichtig wie jene der anderen – lassen Sie es deshalb nicht zu, dass sie verniedlicht werden.

Leserinnenbrief

- ...wie Lisa Müller einen Leserinnenbrief an die Zeitung schreiben, wenn Sie etwas ärgert. Sind Sie mit der Aussage eines Gemeinderates, einer Nationalrätin nicht einverstanden - wollen ihre Kritik aber nicht unbedingt an die grosse Glocke hängen? Dann können Sie diesen PolitikerInnen ohne weiteres einen persönlichen Brief schreiben. Das gilt übrigens auch für Firmen und Organisationen. Und glauben Sie nur nicht, dass Ihr Schreiben sowieso nichts bewirkt. Im Gegenteil: Ihre Meinung, ihre Kritik oder ihr Protest wird sicher ernst genommen. Denn auch die sogenannt Mächtigen handeln nicht im luftleeren Raum. Auch sie sind vom Wohlwollen der Öffentlichkeit abhängig.

Konsumverhalten

- ...als Kundin Königin sein. Und im Laden ganz bewusst nur Lebensmittel kaufen, die aus tiergerechter Haltung stammen. Das hat ganz direkte Folgen. Biomilch, 'Natura Beef' und Eier von glücklichen Hühnern konnte man vor zehn Jahren vielleicht noch beim Bauern, aber sicher nicht im Einkaufszentrum finden. Heute gehören diese Produkte zum normalen Angebot. Sie können aber auch mit Ihrem Sparbatzen die grosse Politik beeinflussen. Und Ihr Geld gezielt bei einer Bank anlegen, die sich ethischen und ökologischen Kriterien verpflichtet. Oder sie können einem Projekt, das Ihnen am Herzen liegt, zum Durchbruch verhelfen, indem Sie es finanziell unterstützen.

Unterschriften sammeln

- ...Initiativen, Referenden und Petitionen unterschreiben. Oder sogar selber Unterschriften sammeln. Damit setzen Sie Verwaltung, Parlament und Regierung in Bewegung. Sie helfen so als Einzelperson mit, dass ein Thema oder ein Anliegen in der breiten Öffentlichkeit diskutiert werden muss. Und vielleicht sogar in der Volksabstimmung eine Mehrheit findet. Erfolge sind meistens nicht von heute auf morgen zu erreichen. Aber steter Tropfen höhlt den Stein. Das haben zum Beispiel die unzähligen Frauen und Männer bewiesen, die sich für das

Frauenstimmrecht eingesetzt haben. Und 1971 endlich die Früchte ihres jahrzehntelangen Einsatzes ernten konnten.

Wahlzettel

→ Werkzeuge
17. Diese Wahl ist unsere Wahl

- ...mit ihrem Wahlzettel die Zusammensetzung des Gemeinderates beeinflussen. Indem Sie zum Beispiel Kandidatinnen bevorzugen und so mithelfen, dass sich der Frauenanteil im Parlament erhöht.

Mit Gleichgesinnten: Gemeinsam geht es besser

● *Müde verstaut Lisa Müller die Milch und den Käse im Kühlschrank. Der Arbeitstag hat sie geschafft. «Das ist sicher Marianne», denkt sie, als das Telefon läutet. «Hoffentlich redet sie nicht so lange, ich will noch den Krimi sehen.» Als Lisa Müller den Hörer wieder auf die Gabel legt, hat Derrick den Mörder schon ohne ihre Mithilfe hinter Schloss und Riegel gebracht. Doch heute ist ihr das egal. Denn das Gespräch mit dieser Frau Moser von den Grauen Panthern war sehr anregend. «Ihr Brief in der Zeitung hat mich sehr beeindruckt», meinte Frau Moser gleich zu Beginn der Unterhaltung. «Ich habe mich nämlich über den Artikel ebenfalls geärgert. Wissen Sie übrigens schon, dass wir nächsten Samstag zusammen mit dem Mieterverband eine Tagung organisieren, an der dieses Thema ebenfalls behandelt wird? Hätten Sie Lust, daran teilzunehmen? Dann würde ich Ihnen gerne die Unterlagen schicken.»*

Als Lisa Müller die vielen unbekannten Menschen im Saal sieht, bleibt sie zögernd an der Tür stehen. Doch da hört sie hinter sich eine bekannte Stimme. «Guten Tag Frau Müller, schön Sie zu sehen. Sind Sie beruflich hier?» Es ist Frau Kohler. «Darf ich Ihnen meine Nichte Judith Anker vorstellen, die mich hierhin geschleppt hat», fährt die Nachbarin ein wenig aufgeregt weiter. Lisa Müller ist froh, dass sie jemanden getroffen hat, die sie kennt. Denn Marianne kann erst später kommen, sie muss zuerst noch die Kinder zu einer Freundin bringen.

«Der eine Vortrag über die Gründung von Genossenschaften hat mir besonders gut gefallen», bemerkt sie nach der Tagung, als die vier Frauen noch bei einem Bier zusammensitzen. «Die anderen waren zwar auch gut. Aber ich zweifle daran, dass man durch Architekturwettbewerbe bei öffentli-

Karin Anarchia, Künstlerin: *«Ich bin eine Einzelgängerin. Wenn mir etwas nicht passt, muss ich sofort handeln.»* Als Reaktion auf die Nichtwahl von Christiane Brunner kaufte die Zürcher Künstlerin im Brockenhaus 99 weisse Hemden, um die 99 Bundesräte darzustellen, die seit 1948 regiert haben. *«Die Welt wird von Männern in gebügelten weissen Hemden beherrscht, je mächtiger sie sind, desto steifer der Kragen»*, sagte Anarchia und lud zur Ausstellung ein. Für die Hemden entwarf sie zwei Labels, auf denen '99 Zeichen setzen' oder 'One-size, Mittelmass' stand. Die Besucherinnen durften die Hemden mit heissen Bügeleisen 'bearbeiten'.
Aus: Das Magazin, Nr. 37/94

chen Bauten oder Gesprächen mit Parlamentariern wirklich viel am Endergebnis ändern kann. Eine Genossenschaft hingegen könnte von Anfang an selber bestimmen, wie ihre Überbauung gestaltet sein soll.» Frau Kohler sieht Lisa skeptisch an: «Ich finde Ihre Idee sehr bestechend, mir ist unsere Überbauung ja auch zu anonym. Aber woher nehmen Sie das nötige Geld? Das Bauland, falls man es überhaupt findet, bekommen Sie ja sicher nicht geschenkt. Und wer kann denn heute die Handwerker noch bezahlen?» «Da gibt es schon Möglichkeiten», wirft ihre Nichte Judith ein, die als selbständige Architektin arbeitet. «Zum Beispiel Finanzierungshilfen vom Staat oder Förderkredite. Übrigens habe ich erst kürzlich gehört, dass die Stadt den hinteren Teil des alten Industrieareals im Baurecht an Genossenschaften abgeben will. Der Ort wäre gar nicht so schlecht für das Projekt, das Frau Müller vorhin beschrieben hat. Da würde ich sogar gerne mitmachen und mein Fachwissen zur Verfügung stellen. Aber eines wollte ich doch noch sagen», fährt Judith Anker fort, «die Zweifel, die Frau Müller vorhin angesprochen hat, teile ich nicht. Selbstverständlich ist es möglich, mit der Hilfe von Politikerinnen und Politikern, Parteien, Quartiervereinen oder dem Mieter- und Mieterinnenverband schon vor und während einer Planung Einfluss auf die Gestaltung von öffentlichen Bauten zu nehmen. Das erlebe ich ja selber immer wieder. Es kommt nur darauf an, die richtigen Leute zu suchen, zu informieren und ihnen das Anliegen schmackhaft zu machen. Das ist nicht nur in diesem Fall so. In der Politik oder in Wirtschaftskreisen wird das tagtäglich gemacht. Ohne gezieltes Lobbying, wie das heute genannt wird, läuft doch fast nichts mehr. Normalerweise finde ich das auch gar nicht so schlecht. Im Prinzip ist es sinnvoll, einflussreiche Menschen und Organisationen von der eigenen Sache zu überzeugen. Das ist manchmal ziemlich viel Arbeit. Aber nur so kommt man wirklich weiter!» ●

Gute Ideen sind alleine oft schwierig durchzusetzen. Deshalb kommen sie häufig nicht über das Anfangsstadium hinaus. Wenn jedoch mehrere am gleichen Strick ziehen und die Arbeit auf viele Schultern verteilen, sind auch grössere Projekte – wie die Bau- und Wohngenossenschaft von Lisa Müller – durchaus verwirklichbar. Gemeinsam geht es zudem nicht nur besser. Es macht auch bedeutend mehr Spass.

• Wer Gleichgesinnte sucht, findet sie meistens auch. Im Freundeskreis, am Arbeitsplatz, im Berufsverband, an speziellen Tagungen, bei Weiterbildungskursen... Doch eines sollten Sie dabei nicht vergessen: Nur wenn Sie die anderen über Ihre Idee oder Ihr Projekt informieren, werden Sie bei der Suche Erfolg haben. Denn Ihr Gegenüber kann im Normalfall keine Gedanken lesen.

• Die Form einer solchen Gruppe bestimmen Sie selbst. Es ist nicht unbedingt nötig, für jedes Projekt einen Verein zu gründen. Manchmal reicht ein loser Zusammenschluss völlig aus. Viele Frauen ziehen es vor, erst einmal in einer kleinen Gruppe aktiv zu werden. Dort haben sie eher Gelegenheit, ihre Sicht der Dinge darzulegen. Denn je grösser die Gruppe wird, desto mehr Mut oder Erfahrung braucht es, sich zu äussern. Zudem ist der persönliche Kontakt in einer kleinen Gruppe häufig unkompliziert und eng. Ein weiterer Pluspunkt ist, dass die Arbeit für das gemeinsame Ziel ohne grosse Formalitäten erledigt werden kann.

• Sie wissen heute schon, dass Sie Ihr Ziel nur erreichen können, indem Sie immer wieder mit den zuständigen Behörden und anderen Organisationen verhandeln. Ihnen ist auch klar, dass Sie dafür während den nächsten zwei Jahren unbedingt einen Büroraum benötigen. Zudem führt kein Weg an einer umfassenden Öffentlichkeitsarbeit vorbei – und die ist meistens nicht gratis zu haben. Falls diese oder ähnliche Aussagen auf Sie zutreffen, sollten Sie sich überlegen, ob die Gründung eines Vereins (oder einer anderen institutionellen Form) nicht sinnvoll wäre. Lisa Müller, Präsidentin der Bau- und Wohngenossenschaft 'Luna', wird beim Baudirektor sicher ein offeneres Ohr finden als die Privatperson Lisa Müller. Auch wenn Ihr Vorhaben grössere Finanzbeträge verlangt, empfiehlt sich eine rechtlich klar definierte Form. Denn sonst könnte es sein, dass Sie ungewollt mit Ihrem Privatvermögen haften.

➔ Werkzeuge
9. Ach wie gut, dass niemand weiss...
➔ Werkzeuge
14. Gemeinsam statt einsam

• Sie müssen nicht alles von A bis Z selber machen. Das Rad wurde schon länger erfunden. Informieren Sie sich über andere Gruppen, Vereine, Parteien und Organisationen in Ihrer

Gemeinde. Welche Aktivitäten unternehmen sie, welche Ziele verfolgen sie? Engen Sie Ihren Blickwinkel nicht unnötig ein! Manchmal können zwei Organisationen, die auf den ersten Blick wenig gemeinsam haben, während kurzer Zeit erfolgreich für eine Sache zusammenspannen. Kontakte zu Gruppen und Organisationen, die ähnliche Anliegen wie Sie selber haben, sind keineswegs verschwendete Zeit. Meistens bringt Ihnen ein solches Netzwerk ein unschätzbares Kapital an Erfahrung, Wissen, Know-how und Unterstützung. Prüfen Sie allenfalls auch eine regelmässige Zusammenarbeit.

→ Werkzeuge
15. Frauen fördern Frauen

● *Es ist schon dunkel, als sich die vier Frauen nach einer intensiven Diskussion herzlich voneinander verabschieden. Nächste Woche werden sie sich erneut treffen. Jede von ihnen wird im Bekannten- und Freundeskreis nach weiteren Interessierten Ausschau halten. Denn bis zur Gründung einer eigenen Genossenschaft müssen sie noch einige Vorarbeiten leisten. Doch zusammen, davon ist Lisa Müller überzeugt, könnten sie es schaffen.* ●

In einer bestehenden Organisation: Wie wär's mit einem Beitritt?

● *«So geht das wirklich nicht mehr weiter», seufzt Lisa Müller leicht resigniert, als sie wieder einmal einen Blick in ihre Agenda wirft. Im Kino war sie schon lange nicht mehr. Und der vor einem halben Jahr begonnene Pullover für den Enkel liegt immer noch im Strickkorb. «Meine Freizeit, jedes Wochenende gehen für das Genossenschaftsprojekt drauf. Langsam wird mir das zuviel, ich bin ja auch nicht mehr die Jüngste. Wir sind zwar schon ein schönes Stück weitergekommen. Aber seit Marianne vor allem bei diesem privaten Kindergarten mitmacht, bleibt doch das meiste an mir hängen. Sicher, sie hat recht, sie muss ja jetzt und nicht erst in ein paar Jahren eine Lösung für ihre Probleme finden. Und die anderen haben alle noch Verpflichtungen. Aber immer Lokomotive zu sein, schlaucht ganz schön.» Wie im Film läuft das letzte Jahr vor ihrem inneren Auge ab. Die Tagung, die ersten Sitzungen. Die intensiven, manchmal nervenraubenden Diskussionen über die konkreten Ziele der Genossenschaft. Die vielen neuen Leute, die zur Gruppe stiessen. Die ganzen rechtlichen Ab-*

klärungen. Ihre Wahl zur Präsidentin. Das Interview mit der Journalistin von der 'Neuen Zeitung'. Die vielen Besuche bei anderen Wohngenossenschaften. Das Treffen mit dem Quartierverein, mit den beiden Kirchgemeinden, mit dem Verein 'Frauengerechte Stadtplanung'. Die Gespräche mit den Politikern, mit der Baukommission und dem Baudirektor. Und die Reise nach Frankfurt, wo Lisas Traum-Wohnsiedlung schon existiert. «Die haben sich wirklich sehr viel Mühe gegeben, am Abend sogar extra noch ein kleines Fest für uns organisiert», erinnert sie sich ein bisschen wehmütig.

Damit ist es nun vorbei. Heute abend werden sie die Genossenschaft auflösen. Auch wenn sie soviel Begeisterung und Engagement hineingesteckt haben. Denn das Projekt übersteigt ihre Arbeitskapazitäten bei weitem. Und ihren Traum brauchen sie deshalb noch lange nicht zu beerdigen. Die Bau- und Wohngenossenschaft der Grauen Panther, die eine sehr ähnliche Überbauung plant, rechnet fest damit, in einem halben Jahr die definitive Zusage der Regierung zu erhalten. «Weisst Du, Lisa», hatte Greta Moser kürzlich gemeint, «wir können Euch in unserer Arbeitsgruppe wirklich gut gebrauchen. Die Grauen Panther sind zwar inzwischen eine grosse Organisation. Doch es gibt nicht so viele Mitglieder, die von der Sache etwas verstehen. Deshalb sind wir vor allem auf Dein umfangreiches Wissen, Deine Beziehungen und Dein Verhandlungsgeschick angewiesen.» ●

Für Lisa Müller wird es leicht sein, ihren Platz bei den Grauen PantherInnen zu finden. Denn im letzten Jahr hat sie schon einige aktive Mitglieder des Vereins kennengelernt. Doch nicht immer ist der Einstieg in eine bestehende Organisation so einfach. Aber auch nicht unmöglich.

Die meisten Menschen kommen durch Bekannte oder durch ihr Engagement in Kontakt zu einer bereits bestehenden Organisation und ihren Mitgliedern. Das ist aber nicht in jeder Situation möglich – vor allem wenn Sie ein ganz konkretes Ziel verfolgen. Hier können Ihnen das Telefonbuch oder spezielle Adressenverzeichnisse weiterhelfen. Grössere Organisationen verfügen meistens über ein Sekretariat, das Ihnen gerne alle vorhandenen Unterlagen oder Beitrittsformulare zuschickt. Auch Veranstaltungen wie Podiumsdiskussionen, Tagungen oder Feste sind eine Möglichkeit, sich über eine Organisation zu informieren und erste Kontakte zu knüpfen.

Aller Anfang ist schwer. Das mulmige Gefühl, neu in einer Gruppe von Menschen zu sein, die sich alle schon seit langem kennen, ist wohl allen bekannt. Fürchten Sie sich davor? Nehmen Sie ungeniert eine Freundin oder einen Bekannten mit – das erleichtert den Einstieg erfahrungsgemäss. Und lassen Sie sich nicht zu schnell entmutigen. Schliesslich waren alle, die heute altgediente Mitglieder der Organisation sind, irgendwann einmal neu.

Bei grossen Organisationen wie Parteien, Gewerkschaften, Berufsverbänden, Frauen- oder Umweltschutzorganisationen wird das Steigen oder Sinken der Mitgliederzahlen mit Argusaugen überwacht. Denn ihr politischer oder gesellschaftlicher Einfluss hängt meist direkt mit der Anzahl ihrer Mitglieder zusammen. Deshalb kann es – wenn es Ihren Zielen dient – durchaus sinnvoll sein, einer solchen Organisation als Passivmitglied beizutreten. Sie unterstützen mit Ihrem finanziellen Beitrag die Arbeit der Organisation. Und meistens erhalten Sie dafür auch eine Gegenleistung, die das Geld wert ist. Die Dienstleistungen sind von Organisation zu Organisation verschieden. So profitieren zum Beispiel Gewerkschaftsmitglieder von einem gut ausgebauten Rechtsschutz bei Problemen am Arbeitsplatz, von einem interessanten Bildungsangebot und eigenen Zeitungen.

Tips zum Weiterlesen
– Schultz, Dagmar (Hg.): Macht und Sinnlichkeit. Ausgewählte Texte von Adrienne Rich und Audre Lorde. sub rosa Frauenverlag, Berlin 1983.

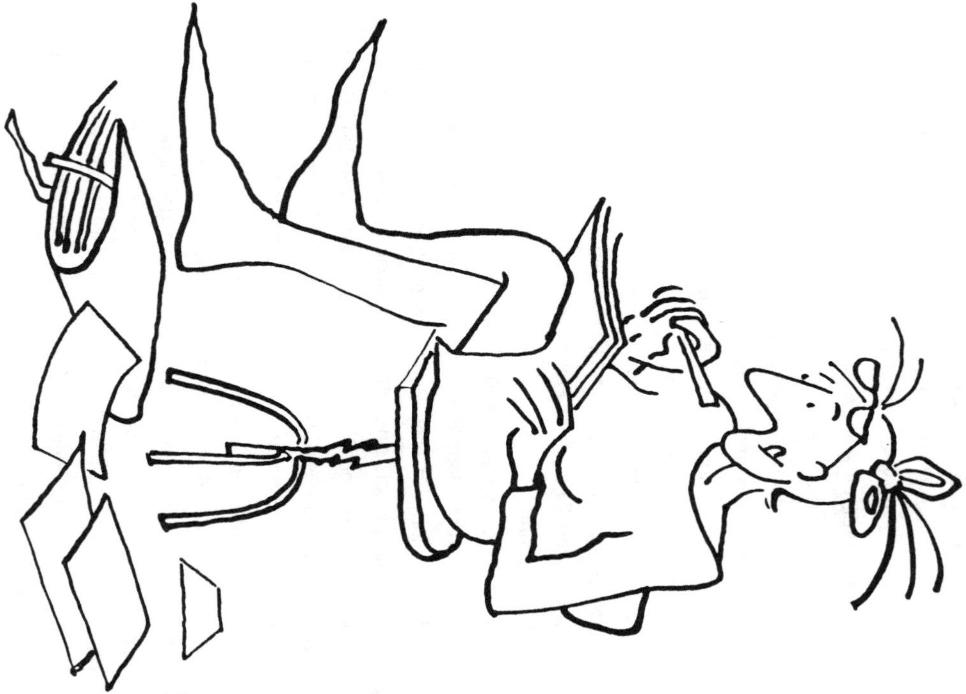

Zahlen, Daten, Fakten – und ein paar Tricks

Engagement von Frauen: Die Fakten und Barrieren

Wenn Sie in den Parlamenten, Regierungen und Gerichten oder in den Spitzenpositionen von Verwaltung und Wirtschaft Frauen finden wollen, brauchen Sie eine ziemlich starke Lupe. Auch in den gesellschaftspolitisch wichtigen Verbänden – ganz gleich ob es sich um den Bauernverband, eine Gewerkschaft oder eine Umweltorganisation handelt – sind Frauen in Toppositionen immer noch eine ungewöhnliche Erscheinung. Es gibt sie zwar, aber eben nur einige wenige.

Um den Frauen und ihren Anliegen einen nachhaltigen Einfluss zu sichern, braucht es jedoch mehr als ein paar Einzelkämpferinnen. Spezialistinnen für Frauenfragen sind nämlich zum Schluss gekommen, dass erst ein Frauenanteil von 35 bis 40 Prozent wirklich ins Gewicht fällt. Die Mechanismen, mit denen Frauen – auch zwanzig Jahre nach Einführung des Frauenstimmrechts – von öffentlichen Ämtern und der Teilnahme an der Macht ausgeschlossen werden, sind nach wie vor wirksam. Die Kombination von inneren Barrieren (wie die Erziehung und mangelndes Selbstvertrauen), äusseren Hindernissen (wie die geschlechtsspezifische Arbeitsteilung und die damit verbundene Doppel- und Dreifachbelastung der Frauen) sowie engen, gut funktionierenden Männernetzwerken behindern den Einzug der Frauen in einflussreiche Positionen der Gesellschaft.

Vergleichen wir jedoch die Zahlen mit jenen vor zehn Jahren, so ist trotz allem Hoffnung angebracht. Der Vormarsch der Frauen findet in allen Bereichen statt, langsam und zähflüssig zwar, jedoch eindeutig feststellbar. In den Stadtregierungen von Bern und Zürich zum Beispiel besetzen die Frauen jetzt den mindestens notwendigen Drittel der Plätze – in anderen politischen Gremien ist dies jedoch noch lange nicht der Fall. Der Anteil der Frauen nimmt allerdings nicht überall gleichmässig zu. Vielmehr wechseln starke Schübe mit Rückschlägen ab. So konnten die Frauen nach der Bundesrätinnenwahl von 1993 in den Kantonalwahlen ihre Position markant verbessern. Der Anteil der freisinnigen Nationalrätinnen hingegen ist heute kleiner als 1971 nach der Einführung des Frauenstimmrechts.

• Regierungen:

Bundesrat (1994)	
1 Sitz von 7	14,2 %
Kantonsregierungen (1994)	
15 Sitze von 166	9,6 %
(In der Hälfte der Kantonsregierungen sitzt noch gar keine Frau)	
Stadtregierungen (1994)	
– Städte mit mehr als 10'000 EinwohnerInnen:	
157 Sitze von 842	19 %
– Städte mit mehr als 100'000 EinwohnerInnen:	
11 Sitze von 35	31,4 %
(In Zürich stellen die Frauen einen Drittel, in Bern die Mehrheit der Stadtregierung)	

• Parlamente:

Nationalrat (Wahl 1991)	
35 von 200	17,5 %
Ständerat (Wahl 1991)	
4 von 46	8,7 %
Kantonsparlamente (1994)	21,3 %
Gemeindeparlamente (1990)	22,5 %

• Universitäten

Professuren (1992)	
Lausanne 22 von 340	6,5 %
Genf 26 von 412	6,3 %
Basel 16 von 297	5,4 %
Neuenburg 6 von 113	5,3 %
Zürich 15 von 365	4,1 %
Bern 9 von 258	3,5 %
ETH Zürich 8 von 298	2,7 %
Freiburg 4 von 172	2,3 %
EPF Lausanne 1 von 136	0,7%
Hochschule St. Gallen 0 von 71	0,0 %
total 107 von 2462	**4,3 %**

Ausserordentlich stark vertreten sind die Frauen jedoch im Bereich der ehrenamtlichen Sozialtätigkeit. In stiller Gratisarbeit knüpfen sie die sozialen Netze unserer Gesellschaft. Ihr freiwilliger Einsatz bei der Betreuung alter, kranker und behinderter Menschen in Spitälern, Heimen, in kirchlichen und humanitären Organisationen ist mehr als beachtlich. Von den total 10 Prozent der Bevölkerung, die Benevolatsarbeit machen (wie der entsprechende Ausdruck in der Fachsprache heisst), sind über 70 Prozent Frauen. Sie bringen von ihrer Erziehung her das mit, was man soziale Kompetenz nennt: Geduld, Einfühlungsvermögen, pflegerisches Wissen und Gesprächsbereitschaft. Ihre enorme Arbeit für das soziale Netz geschieht meist im Verborgenen. Männer hingegen treten, wenn sie ehrenamtliche Arbeit leisten, meist als Organisatoren auf. Oder sie lassen sich in Ämter wählen, bei denen auch ein karrierefördernder Gewinn in Form von Prestige und Statuszuwachs zu erwarten ist.

Benevolatsarbeit

Frauen-Netzwerke: Weibliche Seilschaften

Es gibt vielfältige Orte, wo Frauen sich engagieren. Und ebenso viele Organisationsformen, die sie dazu benutzen. Ein Blick auf die Geschichte der Frauenbewegung zeigt, dass es vor allem drei Wege gibt, die Frauen für ihr Engagement gebrauchen und mit denen sie Einfluss nehmen können.

- Der Zusammenschluss in eigenen Frauenorganisationen: Einerseits entstanden viele Frauenvereine, weil die Männer den Frauen den Zugang zu ihren Organisationen lange Zeit verwehrten. Andererseits haben sich Frauen immer schon für andere Themen interessiert als Männer und deshalb eigene Vereine gegründet. So haben zum Beispiel Ende der sechziger Jahre die Organisationen der 'neuen' Frauenbewegung ihre Autonomie ausdrücklich als Teil ihrer Programme deklariert. Sie grenzten sich damit von den männerdominierten Organisationen der linken Bewegung ab, in denen Frauen nur eine untergeordnete Rolle spielen durften.

Frauenorganisationen

- Frauenorientierte Projekte: Ein Teil der Frauen hat eigenständige Beratungsstellen, Frauenzentren, Frauenhäuser und Buchläden aufgebaut und damit spezielle Orte der Begegnung, Beratung und Dienstleistung für Frauen geschaffen.

- Engagement in gemischten Organisationen: Viele Frauen bevorzugen das Engagement in gemischten Organisationen – seien das nun Parteien, Verbände oder Fachorganisationen.

Netzwerke

Noch bis vor einigen Jahren haben sich die Frauen, die entweder den einen oder anderen Weg wählten, stark voneinander abgegrenzt. Heute sind sie pragmatischer geworden und haben eingesehen, dass es verschiedene Wege gibt, die sich ergänzen. Zudem sind viele Frauen in mehreren Bereichen engagiert – es existieren zum Teil enge personelle Verflechtungen und Netzwerke.

Unterschiedlichste Organisationen und Verbände

In der Schweiz haben sich fast eine Million Frauen in ganz unterschiedlichen Frauenvereinen und -gruppen zusammengeschlossen: In den grossen traditionellen Frauenverbänden, in jungen, eher feministisch orientierten Gruppen, in klassischen Berufsverbänden, in Frauenzentralen als regionalen Dachorganisationen, in vielfältigen sozialen, gemeinnützigen, kulturellen, religiösen Frauenvereinen, in Frauengruppen von Parteien und Gewerkschaften, in eigenständigen Berufsverbänden. Während die Frauen in einigen Gruppen nur locker miteinander verbunden sind, verfügen die anderen über eine ausgebaute Infrastruktur. Dieses bunte und vielfältige Spektrum von Frauenorganisationen stellt ein relativ stabiles, wenn auch nicht durchwegs eng geknüpftes Netzwerk dar. Es gibt viele personelle Überschneidungen und teilweise eine lose Zusammenarbeit mit den Gleichstellungsbüros von Bund und Kantonen.

Die klassischen Netzwerke von Frauen sind zunächst die Organisationen der 'alten' und der 'neuen' Frauenbewegung. Auf der einen Seite sind das der Bund Schweizerischer Frauenorganisationen (BSF), der Schweizerische Katholische Frauenbund (SKF), der Evangelische Frauenbund der Schweiz (EFS), der Schweizerische Landfrauenverband, der Schweizerische Verband für Frauenrechte und weitere Verbände. Die im Zusammenhang mit der 68er-Bewegung entstandene 'neue' Frauenbewegung hat sich in der Organisation für die Sache der Frauen (OFRA), in der Frauenbefreiungsbewegung (FBB), in den Frauenzentren, Infra-Beratungsstellen, Wyberräten und Frauenlisten zusammengeschlossen. Darüber hinaus sind in den letzten Jahren und Jahrzehnten in fast allen Fach- und Tätigkeitsbereichen eigenständige Frauengruppen entstanden.

Zusammen am gleichen Strick ziehen

Welchen Einfluss haben nun diese Frauen-Netzwerke? Sind sie die weiblichen Seilschaften, die den Einfluss von Frauen sowie die weibliche Sichtweise stärken? Im Prinzip ja. Denn sie entwickeln enorm vielfältige Aktivitäten. Doch die grosse Arbeit, die die verschiedenen Frauengruppen auf kulturellen, sozialen, politischen und gesellschaftlichen Gebieten leisten, bleibt leider nur zu oft im Verborgenen und wird noch viel zu wenig anerkannt.

In einer demokratisch organisierten Gesellschaft wie der Schweiz gelingt es nur Gruppen, die sich langfristig und hartnäckig verbinden – und ihre Anliegen öffentlich bekannt machen –, ihre Interessen durchzusetzen.

Die Frauenorganisationen haben – trotz einer teilweise beachtlichen Mitgliederzahl – relativ wenig gesellschaftlichen Einfluss. Sie nutzen ihre vorhandene Stärke häufig viel zu wenig. Das hat verschiedene Gründe. Zum einen verfügen die Frauenorganisationen kaum über nennenswerte finanzielle Mittel – und damit oft nur über eine ungenügende Infrastruktur. In den Behörden und Kommissionen der politischen Institutionen sind sie immer noch marginal vertreten. Dazu kommt: Viele dieser Frauenverbände verstehen sich nicht als gesellschaftspolitische Kraft.

Interessengegensätze

Zudem haben sich die Frauenorganisationen bisher nur in seltenen Fällen zu einer grossen, umfassenden Koalition zusammengeschlossen, um einem Anliegen gemeinsam zum Durchbruch zu verhelfen. Dies gelang etwa beim Abstimmungskampf für das neue Eherecht. Auch in der 10. AHV-Revision setzten sie sich über alle Interessengegensätze hinweg und engagierten sich für das Splitting und den Betreuungsbonus. Im Normalfall sind jedoch die Interessen der diversen Frauen und ihrer Organisationen sehr heterogen. Eine Arbeitnehmerin und eine Unternehmerin zum Beispiel haben das Heu nur selten auf der gleichen Bühne. Auch eine Mutter und Hausfrau hat andere Probleme – und damit Interessen – als eine alleinstehende Berufsfrau. Das erschwert ein gezieltes, einflussreiches Lobbying für die Belange der Frauen. Oft werden verschiedene Gruppen von Frauen gegeneinander ausgespielt. Erst in den letzten Jahren hat sich die Erkenntnis langsam durchgesetzt, dass Frauen über inhaltliche Differenzen hinweg mindestens in bestimmten Momenten gemeinsam vorgehen müssen.

➔ Wege
4. Pendlerinnen zwischen zwei Welten
➔ Werkzeuge
15. Frauen fördern Frauen

Heidi Witzig, eine auf die Geschichte der Frauen spezialisierte Historikerin, sieht es so: «Das breite Spektrum der Frauenorganisationen wird sich weiter entwickeln und verändern. Denn solange eine 'condition féminine' besteht, werden sich die Frauen mit diesen spezifischen gesellschaftlichen Bedingungen auseinandersetzen müssen.»

Frauen, die Schritte auf dem öffentlichen Parkett unternehmen wollen, können bestehende Netzwerke nutzen und allenfalls mithelfen, sie enger zu knüpfen. Oder sie können – lokal oder fachspezifisch – neue schaffen. Mit weiblichen Seilschaften ist die Einflussnahme in der Gesellschaft wesentlich leichter.

Männerstrukturen: Fallstricke und Überlebensstrategien

In gemischten – also männerorientierten – Organisationen fühlen sich viele Frauen nicht sehr wohl. Das Unbehagen ist berechtigt. Denn sie stossen in den von Männern dominierten Organisationen oft auf Widerstand oder müssen immer wieder erleben, dass ihre Anliegen ignoriert und abgewertet werden. Auch der Raum, den man ihnen für ihre eigenen Bedürfnisse zugesteht, ist meist sehr klein. Hingegen ist der Druck, sich anzupassen, gross. Das hat sie zum Teil dazu veranlasst, eigenständige Frauenstrukturen zu schaffen. Andere jedoch ziehen sich resigniert zurück.

Männer und Frauen: Zwei unterschiedliche Kulturen

Männer und Frauen haben aufgrund ihrer unterschiedlichen Geschichte, Erziehung und Stellung in der Gesellschaft sehr verschiedene Organisations- und Gesprächskulturen entwickelt. Sie gehen in Gruppen anders miteinander um, sie arbeiten und kommunizieren anders zusammen. Und auch ihre Art, zu führen und Entscheidungen zu fällen, ist sehr unterschiedlich. Etwas vereinfacht und modellartig sieht das so aus:

Organisations- und Gesprächskulturen

In Frauenstrukturen: Das Krabbensyndrom

Viele der oben erwähnten Frauengruppen zeichnen sich durch eine flache Organisationsstruktur aus, die netzartig aufgebaut ist. Sie funktionieren oft nach dem Prinzip 'Krabbenkorb': Rangunterschiede, Hierarchien und die Profilierung einzelner Personen wird tunlichst vermieden. Wenn Entscheide gefällt werden müssen, bevorzugen sie Kompromiss- und Konsensmuster. Sie legen weniger Wert auf eine klare Struktur, sie ziehen ihr die spontanen Beziehungsnetze vor. Die weibliche Diskussionskultur zeichnet sich durch Kreativität, Spontaneität und gegenseitige Rücksichtnahme aus. Die Kommunikation dient dazu, Nähe zu schaffen und sinnvolle, komplexe Lösungen von Problemen zu fördern und zu unterstützen. Daraus resultieren jedoch oft unklare Strukturen und Prozesse sowie eine schwache Aufgaben- und Zielorientierung.

Flache Hierarchien

Weibliche Diskussionskultur

In Männerstrukturen: Die Hackordnung

Männerdominierte Gruppen und Organisationen sind in der Regel klar hierarchisch strukturiert und pyramidenartig aufgebaut. Sie funktionieren nach dem Prinzip 'Hackordnung': Gefragt sind der Wettbewerb der Ideen, die Konkurrenz um Positionen und Macht sowie die Eigenprofilierung. Auch die Bildung interner persönlicher Seilschaften gehört zur Gruppendynamik von Männerorganisationen. Sie sollen den einzelnen helfen, innerhalb der Organisation wichtige Positionen zu erreichen. In Männerstrukturen dominiert zudem das klare Verfolgen von Zielen und Aufgaben sowie die Kontrolle von Entscheiden. Die männliche Diskussionskultur zeichnet sich durch die Betonung der Sachebene aus, durch Wortgefechte zur Statuseroberung, durch die Suche nach klaren Zielen und Lösungen. Die Kommunikation dient der Abgrenzung und Eigenprofilierung.

Ausgeprägte Hierarchien

Männliche Diskussionskultur

«Ziel- und Wegkultur, Hackordnung und Krabbenkorb, Statuswelt und Netzwerk-Welt? Ziel könnte sein, diese Polaritäten langsam zu überwinden und sich auch von der Höherbewertung des einen über das andere zu distanzieren. Dann würden in fairen, gleichberechtigten Aushandlungsprozessen die Strukturen gleichermassen von Männern und Frauen geprägt, die Rollenflexibilität erweitert und enge Rollenfestschreibungen überwunden.» Diese Hoffnung der Laufbahnberaterin Marie-Louise Ries teilen vermutlich sehr viele Frauen.

Fallstricke und Spielregeln

Der Wunsch von Marie-Louise Ries wird um so realistischer, je mehr Frauen ihren Einfluss und ihre Sichtweise in gemischten Organisationen geltend machen. Wer sich jedoch darauf einlässt, sollte die Mechanismen, Fallstricke und Spielregeln kennen – nicht zuletzt, um sie gezielt beeinflussen und verändern zu können. Folgende Fallstricke können Ihnen (müssen jedoch nicht!) in gemischten Organisationen begegnen.

Minderheitenphänomen

- Die Tatsache, dass Frauen in den meisten Organisationen – vor allem in den entscheidenden Gremien – nur einen geringen Prozentsatz ausmachen, hat weitreichende Auswirkungen für jede einzelne. In einer Gruppe von lauter Männern fallen ein bis zwei Frauen ganz besonders stark auf. Sie stehen für alle Frauen schlechthin, obwohl sie genauso unterschiedliche Individuen sind wie die einzelnen Männer. In der Gruppe dominieren die Sprache, das Verhalten und die Codes der Männer. Wenn sie verstanden und überhaupt zur Kenntnis genommen werden wollen, müssen sich die Frauen anpassen. Und zwar nicht, weil alle Kollegen so frauenfeindlich sind, sondern weil sie es nicht merken. Das Dilemma jedoch ist: Selbst wenn Frauen sich enorm anpassen, werden sie immer noch als Frauen beurteilt.

Unterschiedliche Rollenerwartungen

- Ein weiterer Fallstrick sind die unterschiedlichen Rollenerwartungen an Männer und Frauen. Ohne dass wir uns dessen immer bewusst sind, schreiben uns diese Erwartungen die Merkmale von 'männlichem' und 'weiblichem' Verhalten vor. Wenn wir Menschen und ihre Handlungen ansehen, setzen wir uns eine kulturell gefärbte Brille auf. Dazu gehört auch die unterschiedliche Interpretation von gleichen Verhaltensweisen. Tatsächlich haben Studien gezeigt: Männer wie Frauen neigen dazu, eine Arbeit, eine Leistung oder einen Auftritt schlechter zu bewerten, wenn sie annehmen, dass dabei eine Frau federführend war. Die genau gleiche Arbeit wird jedoch besser bewertet, wenn den untersuchten Personen gesagt wird, sie stamme von einem Mann. Oder mit einem alten Sprichwort ausgedrückt: «Wenn zwei dasselbe tun, ist es noch lange nicht das Gleiche.»

«Wenn zwei dasselbe tun, ist es noch lange nicht das Gleiche.»

Folgende Beurteilungen von Männern und Frauen sollen das verdeutlichen. Es handelt sich um Original-Aussagen, die von Frauen gesammelt und zusammengestellt wurden, die viel in der Öffentlichkeit auftreten.

- Er hat eine klare Haltung. Sie ist stur.
- Er scheut sich nicht, offen und laut zu sagen, was er denkt. Sie drängt sich vor.
- Er übt seine Autorität geschickt aus. Sie ist machtbesessen.
- Er ist ein Kämpfer. Sie ist hart und unweiblich.
- Er setzt sich in jeder Diskussion gekonnt durch. Sie redet ständig drein.
- Er verhandelt geschickt. Sie ist wankelmütig.
- Er setzt sich vehement für die Sache ein. Sie ist eine Karrieristin.

Selbst wenn Frauen sich also genau gleich wie ihre männlichen Kollegen verhalten, werden sie immer noch nicht gleich gesehen.

Männermethoden gegen den vermehrten Einfluss von Frauen

Neben diesen strukturellen und rollenspezifischen Fallstricken gibt es auch noch gezielte, von Männern gegen Frauen eingesetzte Strategien der Abwertung. Oft sind es verdeckte Konkurrenzkämpfe, denen 'mann' eine Tarnkappe übergezogen hat. Ihr Spektrum reicht von harmlos bis aggressiv.

Nichtbeachtung

• Frauen, ihre Meinungen und Anliegen werden nicht offen bekämpft, sondern schlicht und einfach überhört.

Mangelnde Unterstützung

- 'Mann' hat nichts gegen Frauen und ihre Anliegen, stellt ihnen aber keinerlei Unterstützung oder (finanzielle) Mittel zur Verfügung, um sie durchzusetzen. Ganz nach dem Motto: «Toll, nun macht mal und beweist uns, dass Ihr gut seid.»

'Onkel'-Haltung

- «So, liebe Kollegin, nett, dass Sie da sind, nun erzähl ich Ihnen mal, wie es hier läuft.» Oder: «Haben Sie nicht auch das Gefühl, dass die Belastung durch diese Arbeit und die Kinder zuviel sind?»

'Verheizung' von Frauen

- Unangenehme Aufgaben, praktisch aussichtslose Wahlen, schwierige, verfahrene Situationen werden gerne Frauen überlassen. «Ihr redet doch immer von Frauenförderung. Jetzt brauchen wir unbedingt eine Frau.»

'Teile und herrsche'

- Frauen werden gezielt gegeneinander ausgespielt. Oder 'mann' verhindert eine kritische Frau, indem 'mann' eine angepasste unterstützt. Zum Glück erleben die Herren dabei immer öfter unangenehme Überraschungen. Einige dieser 'Alibifrauen' entpuppen sich als durchaus eigenwillige und eigenständige Personen.

Widerstand

Natürlich sind nicht alle Männer und alle gemischten Organisationen so. Dennoch wäre es naiv zu glauben, dass Männer einflussreiche Positionen den Frauen einfach so überlassen. Die Versuche der Frauen, am Einfluss und an der Macht teilzuhaben, in männliche Bereiche einzudringen, stossen auf mehr oder weniger starken Widerstand – gerade weil die Frauen auf dem Vormarsch sind. Heute kann es sich niemand mehr leisten, offen gegen den gleichen Zugang von Frauen in Organisationen, Ämtern und Positionen zu sein. Da es aber nicht einfach doppelt so viele Positionen gibt, werden der

Konkurrenzkampf

Konkurrenzkampf und die dabei angewandten Methoden härter. Gabrielle Nanchen, eine Nationalrätin der ersten Stunde, reflektiert diese Entwicklung so: «Genau besehen war der Handel, den ich den Männern vorschlug, ein Kuhhandel: Gebt uns einen Teil eurer politischen Verantwortung und eurer wirtschaftlichen Macht, und wir geben euch unsere Wäsche zum Waschen und unser Geschirr zum Wegräumen... Erwartete ich wirklich, dass sie uns ihren Parlaments- oder Verwaltungsratssitz anbieten im Austausch gegen das Recht, die Wohnung zu putzen? Da wären sie ja schöne Masochisten!»

Diese Mechanismen und Fallstricke nennen erfahrene Frauen den 'Schlechte-Karten-Effekt'. Beide – Männer und Frauen – bekommen das gleiche Kartenspiel verteilt und spielen nach den gleichen Spielregeln. Aber die Frauen bekommen häufiger die schlechten Karten und haben darum weniger Chancen zu gewinnen. Doch gute Kartenspielerinnen können auch mit schlechten Karten so spielen, dass sie im Ganzen gesehen gut abschneiden. Wie können Frauen, wie können Sie das Blatt wenden?

Weibliche Überlebensstrategien in gemischten Organisationen

Viele Frauen sind überzeugt, dass eine partnerschaftliche Zusammenarbeit mit Männern in gemischten Organisationen richtig und sinnvoll ist, um die gemeinsamen gesellschaftlichen Probleme zu lösen. Am besten gelingt Ihnen die Zusammenarbeit, wenn Sie ein paar wirkungsvolle Überlebensstrategien kennen, die Ihnen die Arbeit erleichtern:

Frauen sichtbar machen

- Machen Sie Frauen sichtbar – in Gremien, in Diskussionen, bei öffentlichen Auftritten. Schlagen Sie Frauen vor, unterstützen Sie Frauen.

Eigene Ansprüche deklarieren

- Melden Sie Ihre Ansprüche auf Positionen, Mittel und Anliegen offen an. Verstummen Sie auch bei Widerstand nicht sofort.

Ja und nein sagen lernen

- Erlernen Sie die Kunst, am richtigen Ort und zum richtigen Zeitpunkt ja oder nein zu sagen! Sagen Sie ja zu Aufgaben, Angeboten, Positionen, die Sie interessieren. Selbst wenn Sie nicht alle Anforderungen und Qualifikationen bis ins Detail erfüllen. Männer begnügen sich auch mit Durchschnittlichkeit – während Frauen sich viel zu oft durch eigene überhöhte Ansprüche an sich selbst aus dem Rennen kippen. Sagen Sie nein zu zusätzlichen Arbeiten, Auftritten, Ämtchen, die nichts mit der Aufgabe zu tun haben, die Sie interessiert! Das bindet nur Zeit und Energie. Verlangen Sie bei der Übernahme von Aufgaben auf jeden Fall entsprechende Unterstützung, Kompetenzen und Ressourcen.

Gesprächspartnerinnen suchen

- Nehmen Sie sich Zeit, um mit anderen Frauen, die Sie mögen, gemeinsame Interessen und Anliegen abzusprechen. Suchen Sie Gesprächspartnerinnen, um das Problem der Einsamkeit zu entschärfen, das aus dem Minderheitenstatus resultiert.

Beziehungen pflegen

- Bauen Sie sich ein eigenes Beziehungsnetz innerhalb der Organisation auf, das Sie trägt und in dem Sie sich auch menschlich wohl fühlen.

Ihr Stil ist Ihr Profil

➔ Werkzeuge
16. Machen Sie Platz, Monsieur!

- Nehmen Sie sich und Ihre Wahrnehmungen ernst, bleiben Sie sich selber treu. Ihr Stil ist Ihr Profil. Er muss zu Ihnen passen. Anpassung bringt nicht zwingend mehr Durchsetzungsvermögen.

Zwischen Betroffenheit und Kalkül

Ganz gleich, wo und für was Sie sich engagieren wollen: Um Ihre Ziele verwirklichen zu können, ist es sinnvoll, ein paar Faktoren zu berücksichtigen. Sich für eine gerechte und gute Sache einzusetzen, ist das eine. Es so zu tun, dass Sie selbst dabei auch profitieren, das andere. Sie sollen sich bei Ihrem Engagement wohl fühlen und Ihre Stärken einsetzen können, ohne gleich total überfordert zu sein. Zudem soll es Ihnen auch Spass machen. Nicht zuletzt sollten Sie auch für sich persönlich etwas gewinnen können. Zum Beispiel: Soziale Kontakte und neues Wissen, das Ausleben von Gestaltungswünschen, die Erweiterung Ihrer Sachkompetenz in einem bestimmten Thema – aber auch ein Stück Lust am Tanz auf dem öffentlichen Parkett.

Sich zu engagieren ist eine interessante Erfahrung. Sie werden Zeiten erleben, in denen Sie das Gefühl haben, Bäume ausreissen und wirklich etwas verändern zu können. Sie werden erleben, dass es schwierige Phasen gibt, mühsame Arbeiten, zermürbende Diskussionen und frustrierende Erlebnisse. Manchmal werden Sie Lust haben, den Bettel einfach hinzuschmeissen – weil es Sie nicht mehr interessiert, weil es zu langweilig oder zu mühsam wird oder Ihnen schlicht und einfach die Anerkennung fehlt.

Sich einzusetzen ist keine statische Angelegenheit, es ist ein Prozess. Stellen Sie sich deshalb hin und wieder folgende Fragen, machen Sie sozusagen eine Standortbestimmung. Denn Ihr Engagement verändert sich mit der Zeit – genauso wie Ihre Familiensituation oder Ihr beruflicher Weg. Und hier macht man schliesslich auch hin und wieder eine Laufbahnberatung.

- Stimmt das Verhältnis von Aufwand (Zeiteinsatz) und Ertrag (Befriedigung, Anerkennung) für mich persönlich noch? Wenn nicht – wie könnte es verbessert werden? Was tue ich gerne und wie kann ich das bei meinem Engagement vermehrt umsetzen?

- Hat sich meine Motivation verändert? Das Motiv, anderen Menschen zu helfen oder sich für die Umwelt einzusetzen, kann auch zu Lust an mehr Macht und Einfluss führen. Das ist legitim und sollte gerade von Frauen nicht negiert werden.

- Gehe ich bewusst mit meinem Energiehaushalt um? Es hat wenig Sinn, zuerst einem unkontrollierten Überaktivismus zu huldigen und nach einiger Zeit völlig erschöpft ganz auszusteigen. Die Balance muss stimmen – sonst wird Sie Ihr Engagement nur wenig befriedigen.

● *Zufrieden und stolz betrachtet Lisa Müller die farbigen Ballone und Tücher an den Häusern, die immer wieder durch einen leichten Wind zum Tanzen gebracht werden. Im Hof ist ein eiliges Kommen und Gehen. Die Helfer schleppen immer noch Papierservietten, Würste, Getränkeharassen sowie Bänke und Tische herbei. In letzter Zeit hatte Lisa Müller wegen des Einweihungsfestes der Wohnüberbauung soviel um die Ohren, dass sie noch gar nicht richtig dazukam, ihren eigenen Umzug vorzubereiten. «Wenn das auch noch geschafft ist, kann ich mich endlich zurücklehnen», schmiedet sie in Gedanken Zukunftspläne, «und in der Toskana zusammen mit Emil während einigen Wochen das Nichtstun geniessen. Und mich mit seiner Hilfe in Ruhe auf den Wahlkampf vorbereiten.» Vor einem Vierteljahr hat sich Lisa Müller bereit erklärt, bei den nächsten Wahlen für die 'Zukunftspartei' zu kandidieren. Der*

Entschluss ist ihr leicht gefallen. Seit sie im Vorstand der 'Grauen PantherInnen' mitmacht, hat sie sich mehr als einmal über sozialpolitische Entscheide des Parlaments und der Regierung empört. Es ist dringend notwendig, in diesen Punkten Gegensteuer zu geben, nicht länger tatenlos zuzusehen.

Lisa Müller erinnert sich noch gut an Mariannes erstauntes Gesicht, als sie von den Ambitionen ihrer Mutter erfuhr. Ihre Begeisterung hatte sich ziemlich in Grenzen gehalten. «Weil es mir Spass macht, weil ich dabei noch etwas Neues lernen kann», hatte sie damals Mariannes skeptische Frage beantwortet, warum sie denn in ihrem Alter noch kandidieren wolle. «Zudem: Solange im Parlament nur die Berufstätigen sitzen, werden die Bedürfnisse der Rentnerinnen übergangen und vergessen. Deshalb ist es wichtig, dass wir ebenfalls vertreten sind. Mit meinen vielen Beziehungen, meinem Wissen und meiner Erfahrung könnte ich die Entscheide im einen oder anderen Fall sicher zu unseren Gunsten beeinflussen. Ich habe keine Angst davor, sang- und klanglos unterzugehen. Schliesslich habe ich mit der 'Zukunfspartei' und den 'Grauen PantherInnen' zwei starke Organisationen im Rücken. Zudem habe ich in den letzten Jahren so viele neue Fähigkeiten entwickelt. Es wäre doch schade, diese einfach brach liegen zu lassen. Und wenn ich ehrlich bin, gefällt mir der Gedanke, einmal ganz vorne mitzumischen. Ich bin lange genug in der zweiten Reihe gestanden.» Marianne hatte sich schliesslich doch noch überzeugen lassen: «Vermutlich hast Du recht. Manchmal frage ich mich zwar, wo Du die Kraft und die Ausdauer für all Deine Aktivitäten hernimmst – schliesslich bist Du ja auch nicht mehr die Jüngste. Aber im Prinzip bewundere ich Deinen Mut. Für mich wäre das nichts. Ich hätte auch gar keine Lust, meine Zeit für diese endlosen, häufig doch sehr unfruchtbaren Sitzungen und Debatten zu opfern. Da engagiere ich mich lieber weiterhin im Kindergartenverein. Ich könnte nicht jahrelang diskutieren, ich will innert nützlicher Frist ein Ergebnis sehen. Übrigens», brachte Marianne das Gespräch lächelnd auf ihr aktuelles Lieblingsthema, «kommst Du in zwei Wochen auch zur Einweihung des 'Bambini'? Als Kandidatin der 'Zukunftspartei' kann es Dir ja sicher nicht schaden, wenn Du am Eröffnungsfest unseres neuen Kindergartens präsent bist.» ●

Die Wahl des richtigen Ortes für Ihr Engagement

Lisa Müllers persönliche und politische Entwicklung ist beeindruckend. Aber sicher nicht nach dem Geschmack jeder Frau. Auch Sie, liebe Leserin, kennen Ihre Ziele und wissen, wofür Sie sich einsetzen werden. Noch ist vielleicht offen, in welcher Organisation Sie Ihre Anliegen verwirklichen wollen. Wenn Sie an diesem Punkt angelangt sind, lohnt es sich, zuerst einmal einige strategische Überlegungen anzustellen. Der Gang ins nächste Parteisekretariat, die Anmeldung Ihrer Kandidatur für die Nationalratswahlen kann noch etwas warten. Denn schliesslich könnte es ja sein, dass Sie gar keinen Spass daran haben, auf dem politischen Parkett des Bundeshauses Walzer zu tanzen? Oder dass eine solche Kandidatur, die meistens jahrelang erkämpft und erarbeitet werden muss, Ihren Zielen gar nicht dienlich wäre?

Sie wollen sich beispielsweise für drogenabhängige Menschen einsetzen, weil eine Freundin von Ihnen kürzlich an einer Überdosis Heroin gestorben ist. Seit einigen Tagen überlegen Sie sich deshalb, ob Sie der 'Zukunftspartei' beitreten wollen? Warum eigentlich? Sicher, die parteiinterne Gesundheitskommission hat immer wieder sehr fortschrittliche Ideen zur Lösung des Drogenproblems entwickelt. Aber das Thema ist im Parteialltag trotzdem nur eines unter vielen. Gibt es nicht noch andere Organisationen? Solche, die sich in erster Linie mit dem Thema beschäftigen? Wo Sie Ihre Fähigkeiten optimal einsetzen könnten? Könnten Sie Ihre Ziele nicht eher verwirklichen, wenn Sie dem Verein 'Therapieplätze' beitreten und dort mitarbeiten?

Strategische Überlegungen

Die Frage, in welcher Organisation Sie aktiv werden könnten, ist manchmal gar nicht so leicht zu beantworten. Denn sie bewegt sich im Spannungsfeld 'Persönliche Lust – Arbeits- und Zeitkapazität – inhaltliche Ziele – eigener Stil – wirkungsvolle Einflussnahme'. Selbstverständlich können Sie sich auch rein gefühlsmässig für die eine oder andere Variante entscheiden. Einfacher ist es, wenn Sie verschiedene Orte ausprobieren und abklären, ob sie Ihnen gefallen. Es empfiehlt sich, ein wenig Gedankenarbeit in diese ersten strategischen Überlegungen zu investieren. Sie ersparen sich damit vermutlich einige Irr- und Umwege.

Wenn Sie sich lieber ganz konkret und im kleinen Rahmen engagieren wollen, ist der Verein 'Therapieplätze' vermutlich die erste Adresse für Sie. Es könnte ja auch sein, dass Sie neben Ihrem Beruf und der Arbeit im Haushalt nur noch wenig freie Zeit zur Verfügung haben. Für den Verein 'Therapieplätze' würde es gerade noch reichen. Die Gesundheitskommission der 'Zukunftspartei' hat jedoch fast jede Woche eine Sitzung – da müssten Sie sich sowieso jedes dritte Mal entschuldigen. Das ist nichts für Sie. Denn wenn Sie etwas machen, dann mit vollem Einsatz...

Vielleicht sind Sie aber auch zur Überzeugung gelangt, dass Therapieplätze zwar notwendig sind, im Prinzip damit jedoch nur einigen wenigen Menschen geholfen werden kann. Sie wollen mehr erreichen. Der Teufelskreis von Sucht, Verwahrlosung und Kriminalität kann in Ihren Augen nur mit einer staatlichen Drogenabgabe durchbrochen werden. Selbstverständlich wissen Sie auch, dass die Entkriminalisierung der Drogenabhängigen nicht von heute auf morgen möglich ist. Denn in der Bevölkerung und auch bei vielen PolitikerInnen stösst dieses Ansinnen noch auf grossen Widerstand. Sie sind jedoch bereit, die notwendige arbeitsintensive Aufklärungsarbeit auch über längere Zeit zu leisten. Und wenn Sie Ihr Ziel nicht anders erreichen können, werden Sie sogar für den Nationalrat kandidieren. Dann sollten Sie Mitglied der 'Zukunftspartei' werden und sich in der parteiinternen Gesundheitskommission engagieren.

Auf jeden Fall ist es hilfreich, wenn Sie die Orte der Einflussnahme in der Schweiz kennen und über die Mechanismen informiert sind, mit denen Sie Einfluss nehmen können. Dabei hilft Ihnen das nächste Kapitel. Denn nur wer die Spielregeln kennt, kann sie selber nutzen, hin und wieder durchbrechen – und vielleicht einmal verändern!

Tips zum Weiterlesen

- Joris, Elisabeth/Witzig, Heidi (Hg.): Frauengeschichte(n). Dokumente aus zwei Jahrhunderten zur Situation der Frauen in der Schweiz. Limmat Verlag, Zürich 1986.
- Sterchert, Kathryn: Frauen setzen sich durch. Leitfaden für den Berufsalltag mit Männern. Campus Verlag, Frankfurt a. Main 1988.
- Nanchen, Gabrielle: Liebe und Macht. Gedanken zu den weiblichen und männlichen Werten. Benziger Verlag, Zürich 1992.
- Duttweiler, Catherine/Meier, Isabelle/Mühlemann, Käthi/Stutz, Heidi: Wo Frauen sich erheben. Daten, Fakten, Adressen aus der anderen Hälfte der Schweiz. Lenos Verlag, Basel 1990.

Quer durchs politische Labyrinth

3

Verschlungene Wege – Öffentliche Einflussnahme in der Schweiz

● *Es war am 19. Januar 1975 im Berner Kursaal: Eben hatte die Genfer Professorin Jeanne Hersch am 4. Schweizerischen Frauenkongress zu über zweitausend Frauen gesprochen. Da ertönte von aussen grosser Lärm. Andere Frauen wollten in den Saal dringen, den Kongress 'stürmen'. Es handelte sich um eine Delegation des 'Antikongresses', der gleichzeitig im Gemeinschaftszentrum Gäbelbach tagte. Lili Nabholz, Präsidentin der vorbereitenden Trägerschaft des Frauenkongresses, erkannte sofort die Brisanz der Situation. Sie liess alle Türen öffnen, unterbrach die Sitzung und erklärte: «Wir möchten die demokratischen Spielregeln einhalten und überlassen darum in den nächsten dreissig Minuten das Mikrofon der Delegation des Antikongresses, damit sie ihr Anliegen vorbringen kann.» Darauf zogen an die fünfzig junge Frauen mit Spruchbändern und Fahnen, Slogans für den freien und unentgeltlichen Schwangerschaftsabbruch skandierend, auf die Bühne. Sie gruppierten sich und legten in zwei Kurzreferaten ihre Thesen zum Schwangerschaftsabbruch dar. Das Publikum folgte der Demonstration teils amüsiert, teils indigniert. Die damalige Nationalrätin und Tagespräsidentin Lilian Uchtenhagen rief der Delegation zu: «Wir bedauern ausserordentlich, dass Ihr nicht an unserem offiziellen Kongress teilnehmt. Denn auch bei uns wird der Schwangerschaftsabbruch diskutiert und in einer Resolution behandelt.» Und nachher, als die Frauen des Antikongresses wieder abgezogen waren, sagte sie zu den Frauen im Saal: «Vergessen wir nicht, dass wir vielleicht auch einmal so erbittert gekämpft haben wie jetzt unsere jungen Kolleginnen.»* ●

Gleiche Rechte: Wie eine Forderung Realität wird

An der Art, wie sich Frauen aller Schattierungen 1975 im 'Internationalen Jahr der Frau' bemerkbar machten, wird zweierlei deutlich: Einerseits wollten sie zeigen, dass sie eine politische Kraft sind. Und dass sie sich nicht länger mit Worten abspeisen lassen. Sie planten darum eine Verfassungsinitiative für gleiche Rechte von Mann und Frau. Anderseits war die

Frauenbewegung gespalten. Die 'alte Frauenbewegung' traf sich zum offiziellen Kongress im Kursaal. Sie umfasste die eher traditionellen Frauenorganisationen und war aus der Frauenstimmrechtsbewegung hervorgegangen. Dass sich dort fünftausend Frauen einfanden, dass die Versammlung mit 682:375 Stimmen entschied, die Verfassungsinitiative 'Gleiche Rechte für Mann und Frau' zu lancieren, und dass sie eine Resolution für die Fristenlösung fasste, war ein grosser Erfolg. Die 'neue Frauenbewegung' traf sich zum Antikongress im Gäbelbach. Sie stützte sich auf Gruppen wie die Frauenbefreiungsbewegung (FBB) und die POCH-Frauen (Progressive Organisationen). Die 'neue Frauenbewegung' wollte die Frauenemanzipation mit der Veränderung der Gesellschaft koppeln. Dass im Gäbelbach nochmals 600 Frauen zugegen waren, bewies die politische Bedeutung auch der radikaleren Frauen.

Immerhin: Hinter der Idee, die Gleichberechtigung von Mann und Frau in der Familie, in der Erziehung und am Arbeitsplatz zu erkämpfen, standen im Prinzip alle Frauen. Im Herbst 1975 lancierte das am Kongress eingesetzte Komitee die entsprechende Verfassungsinitiative. Dann sammelten Tausende von Frauen (und Männern) Unterschriften – im Dezember 1976 konnte das Komitee die Initiative mit 57'296 Unterschriften (nötig waren damals 50'000 Unterschriften) einreichen.

Volksinitiative

Eine Volksinitiative rennt selten offene Türen ein. Meist stösst sie beim politischen Establishment – bei jenen, die normalerweise in der Politik das Sagen haben – auf Skepsis, ja Ablehnung. Denn sie enthält Ideen, die nicht im Bundeshaus geboren worden sind. So war es auch bei dieser Initiative. Zwar war das Grundanliegen weitgehend unbestritten. Doch der Bundesrat inklusive Verwaltung war unsicher, ob der vorgeschlagene Weg richtig sei: War zum Beispiel die Lohngleichheit der Frauen für die Wirtschaft verkraftbar? Was tut der Bundesrat in einem solchen Fall? Erstens: Er fragt möglichst viele um Rat. Zweitens: Er arbeitet einen Gegenvorschlag aus. In diesem Fall tat er beides.

Gegenvorschlag

Vernehmlassung

Ende 1977 eröffnete er die Vernehmlassung. Das heisst: Er lud die Kantone, die Parteien und die Interessenverbände ein, sich zur Initiative zu äussern. Gestützt auf die vielfältigen, zum Teil dürftigen, zum Teil differenzierten Antworten unterbreitete Bundesrat Kurt Furgler einen Gegenvorschlag zur Initiative. Dieser war einerseits formal korrekter, anderseits inhaltlich etwas schwächer. Ende 1979 veröffentlichte der Bundesrat seine Botschaft, in der er ausführlich zur Initiative Stellung nahm und den Gegenvorschlag begründete. 1980 befassten sich die beiden Kammern des Parlamentes damit. Im Nationalrat war es die Solothurner Freisinnige Cornelia Füeg, die als Präsidentin der vorberatenden Kommission zusammen mit Bundesrat Kurt Furgler den Widerstand der Wirtschaft gegen die Lohngleichheit erfolgreich bekämpfte. Im Ständerat hingegen opponierte der Glarner Freisinnige Peter Hefti gegen einen Verfassungsartikel 'Gleiche Rechte für Mann und Frau', unterlag aber. Beide Räte stimmten dem Gegenvorschlag des Bundesrates deutlich zu. Da die wichtigsten Anliegen der Initiative auch im Gegenvorschlag enthalten waren, zog das Komitee die eigene Initiative zurück. Volk und Stände mussten also am 14. Juni 1981 nur noch über einen Vorschlag abstimmen. Dieser wurde mit 797'702 Ja zu 525'885 Nein angenommen. Zudem konnte der Vorschlag in 15 1/2 Kantonen die Mehrheit der Stimmberechtigten hinter sich versammeln, 7 1/2 Stände votierten dagegen.

Vorberatende Kommission

Dies war ein grosser Sieg für die Frauen und ein wichtiger Schritt auf dem Weg zur rechtlichen Verankerung der Gleichstellung. Aber die Verfassung enthielt erst den Grundsatz der gleichen Rechte für Frau und Mann. Die Umsetzung in der Praxis stand noch bevor. Das war alles andere als leicht. Nur zögernd fanden sich Frauen bereit, um vor Gericht exemplarisch die Lohngleichheit zu erstreiten. Und die Gesetzesmühlen mahlten wie immer langsam. Im Parlament leistete die bürgerliche Mehrheit Widerstand gegen die sofortige und tatsächliche Gleichstellung der Frauen. So verwarf der Nationalrat 1985 eine parlamentarische Initiative der Waadtländer Sozialdemokratin Yvette Jaggi. Sie wollte die Lohngleichheit durch ein Gesetz vorantreiben und sicherstellen. Und obwohl die eidgenössische Kommission für Frauenfragen schon 1982 ein umfassendes Gesetzgebungsprogramm vorgelegt hatte – und der Bundesrat dem Parlament 1986 einen entsprechenden Bericht unterbreitete –, lehnte der Nationalrat den Antrag der Basler Progressiven Anita Fetz ab, ein Antidiskriminie-

Parlamentarische Initiative

rungsgesetz zu schaffen. Der Bundesrat aber erfüllte schliesslich den Auftrag des Verfassungsartikels und arbeitete ein Gleichstellungsgesetz aus. Dieses kam 1994 ins Parlament. Nochmals entbrannte ein heftiger Streit über Formen und Folgen der Diskriminierung. Nach langem Hin und Her und erbitterten Debatten im Parlament wurde das Gesetz im März 1995 verabschiedet. Mit den ausgehandelten Kompromissen konnte ein Referendum vermieden werden, doch wurde dadurch auch die Tragweite des Gesetzes gegenüber dem ursprünglichen Entwurf eingeschränkt. Die Geschichte des Gleichstellungsgesetzes zeigt jedoch eines klar: Es geht zwar langsam, aber es geht vorwärts.

Politisches System

Auch fast 15 Jahre nach der Verankerung der Gleichberechtigung in der Verfassung ist die rechtliche Gleichstellung noch nicht in allen Bereichen verwirklicht. Aber das ist der Preis des schweizerischen politischen Systems. Es nimmt sehr stark auf die verschiedenen Kulturen, auf die gewachsenen Strukturen, auf Widerstände und Gegenkräfte Rücksicht und setzt darum alle neuen Ideen einem enormen Abschleifprozess aus. Das System ist dennoch nicht a priori veränderungsfeindlich. Frauen, die sich einmischen wollen, müssen bloss seine Spielräume und Möglichkeiten gut kennen. Und sie müssen sich bewusst sein:

- Es braucht oft Volksinitiativen, damit neue Ideen überhaupt in das politische System eingespiesen werden.

- Jede Idee, die von aussen kommt, muss Abstriche in Kauf nehmen. Dies müssen Frauen von Anfang an einkalkulieren.

- Um ein drohendes Referendum zu umgehen ist es oft nötig, sich auf den kleinsten gemeinsamen Nenner zu einigen, wodurch neue Ideen zwangsläufig abgeschwächt werden.

- Hartnäckigkeit lohnt sich. Denn auch kleine Fortschritte sind besser als gar nichts.

→ Werkzeuge
16. Machen Sie Platz, Monsieur!

Ein paar Bausteine des politischen Systems

Welches sind denn die Eigenheiten und Besonderheiten des schweizerischen politischen Systems? Hier sollen ganz knapp ein paar Bausteine beschrieben werden:

Milizsystem

Ehrenamtlich arbeiten

Politik galt in der Schweiz nie richtig als Beruf. Die Städte und Landorte der alten Eidgenossenschaft erledigten die meisten Staatsgeschäfte in Räten, die ehrenamtlich arbeiteten. Die Ämter rotierten, unter den 'Regimentsfähigen' war praktisch jeder einmal an der Reihe. Oft herrschte Amtszwang. Die Männer mussten dem Staatswesen solidarisch dienen – bei Gemeinschaftsaufgaben (Fron), im Militär (Wehrpflicht) und in Behörden (Amtspflicht). Dies wirkt bis heute nach: Noch immer kennen die Dörfer, die Kleinstädte und die Landsgemeindekantone nebenamtliche Regierungen. Noch immer werden zahlreiche öffentliche Aufgaben – wie Schulpflege, Fürsorgewesen, Zivilschutz, Feuerwehr, Baurekurse, Aufsichtsbehörden – nebenamtlich erledigt. Noch immer gilt das Prinzip des Milizparlamentes. Die Verwaltungen besorgen die Staatsgeschäfte nicht allein, immer wieder werden Externe beigezogen, die Arbeiten übernehmen und Sachverstand beisteuern. Das Milizprinzip will berufliche Kenntnisse und Fähigkeiten für die Politik nutzbar machen. Die Kehrseite davon ist allerdings, dass nicht alle Menschen die nötige Zeit für diese Arbeit aufbringen können.

Pluralismus

Willensnation Schweiz

Die Schweiz besteht aus 'vier Kulturen'. Die Deutschschweiz, die Romandie, die Svizzera italiana und die rätoromanische Schweiz gehören je zu einer anderen sprachlich-kulturellen Welt und teilweise auch zu einem anderen Medienraum. Die Schweiz ist eine 'Willensnation': Sie definiert sich nur durch die gemeinsame Geschichte und die gemeinsame Staatsidee, nicht durch eine einheitliche Sprache, Religion und Literatur. In der Schweiz leben protestantische, katholische, christkatholische, jüdische, muslimische und konfessionslose Menschen, wohnen Zugewanderte aus dem Mittelmeerraum, aus Asien, Lateinamerika und Afrika. Aus dem früheren Auswanderungsland Schweiz ist ein Einwanderungsland geworden, obschon die für die AusländerInnen- und Flüchtlingspolitik zuständigen Behörden die Grenzen immer wieder dichtmachen. Zum Pluralismus gehören aber auch die unterschiedlichen politischen Strömungen und verschiedenen Werthaltungen. Zum Glück trennt nicht einfach ein Graben das Land in zwei Lager, wohnt nicht einfach die linke, weltoffene und protestantische Bevölkerung in der Romandie und die konservative, isolationistische und katholische Bevölkerung in der Deutschschweiz. Im Gegenteil: Die Konfliktlinien laufen kreuz und quer durch die Schweiz, es gibt eine Vielfalt von Kraftfeldern – und das macht die Schweiz ziemlich bunt.

Föderalismus

Die eigentlichen 'Staaten' der alten Eidgenossenschaft waren die Kantone. So war es denn nur logisch, dass 1848 ein Bundesstaat entstand, der die Vorteile der Zentralgewalt mit den Vorteilen der regionalen Selbstverwaltung zu vereinigen suchte. Das föderalistische Prinzip besagt: Die Aufgaben zwischen Bund und Kantonen sind geteilt, und die Kantone geben ihrerseits Aufgaben an die Bezirke und Gemeinden weiter. Aufgaben, die dem Bund nicht ausdrücklich zugewiesen worden sind, liegen bei den Kantonen. Ausserdem vollziehen die Kantone die Bundesgesetze. Auf diese Weise wird die Macht des Bundes gebändigt. Die Kantone wirken auch an der Willensbildung des Bundes mit: Erstens durch den Ständerat, wo grosse und kleine Kantone gleich viel gelten (Ganzkantone haben im Ständerat zwei VertreterInnen, Halbkantone eine/n VertreterIn). Zweitens haben die Kantone mit der Standesinitiative das Recht, dem schweizerischen Parlament Vorschläge zu machen. Drittens gilt das Ständemehr – alle Verfassungsänderungen brauchen nicht nur die Mehrheit der Stimmenden, sondern auch die Mehrheit der Kantone. Der Föderalismus zwingt den Bund, auf regionale Besonderheiten Rücksicht zu nehmen, die Realitäten zu berücksichtigen. Umgekehrt führt der Föderalismus auch zu Doppelspurigkeiten und Blockaden, zu einem kleinräumig-kleinlichen Denken, zum 'Kantönligeist'.

Bundesstaat

Ständerat

Standesinitiative

Ständemehr

Konkordanz

Wohl aus den Erfahrungen der konfessionellen Konflikte und der politischen Auseinandersetzungen hat sich in der Schweiz ein Modell der Minderheitenbeteiligung entwickelt. Dieses hat sich auch im Bundesstaat zunehmend durchgesetzt und führte 1919 zur Proporzwahl des Parlamentes. 1959 gipfelte diese Minderheitenbeteiligung schliesslich in der 'Allparteienregierung', die heute mit dem Wort 'Zauberformel' umschrieben wird.

Proporzwahl

Zauberformel

Das Konkordanzmodell integriert die Opposition, statt sie auszugrenzen, zähmt sie aber gleichzeitig. Das heisst: Regierungsfähig werden Oppositionsparteien erst, wenn sie bestimmte Grundwerte des schweizerischen Staatswesens – wie die bewaffnete Landesverteidigung, die Marktwirtschaft oder die Demokratie – mehr oder weniger akzeptieren. Durch dieses Konkordanzmodell, das keinen vollständigen Regierungswechsel mehr kennt, wird die Demokratie zur Verhandlungsdemokratie. Der Gesetzgebungsprozess besteht von der ExpertInnenkommission bis zur parlamentarischen Beratung aus Verhandlungen zwischen den KonkordanzpartnerInnen. Da wird beraten und berücksichtigt, gefeilscht und nach Kompromissen gesucht, immer mit dem Ziel, die Vorlage mehrheitsfähig zu machen. Am meisten Einfluss haben dabei starke Verbände, die mit Referendumsdrohungen die Vorlagen in ihrem Sinn umgestalten können ('Veto-Position').

Direkte Demokratie

Das Volk hat sich in der Schweiz Mitwirkungsrechte erstritten. Es wählt nicht einfach ein Parlament, das an seiner Stelle vier oder fünf Jahre lang entscheidet – wie das beispielsweise in Grossbritannien, Deutschland, Frankreich oder Italien der Fall ist. Es kann regelmässig auch zu Sachfragen Stellung nehmen. Und zwar zu solchen,

→ Werkzeuge
17. Diese Wahl ist unsere Wahl

- die ihm zwingend vorgelegt werden müssen. Dem obligatorischen Referendum unterstehen beim Bund Verfassungsänderungen und wichtige internationale Verträge; Gesetze in einem Teil der Kantone; Reglemente, Budget, Steuerfuss, Ausgabenbeschlüsse in den Gemeinden.

Obligatorisches Referendum

- die ihm auf Verlangen vorgelegt werden müssen. Dem fakultativen Referendum unterstehen beim Bund Gesetze; in den Kantonen Finanzbeschlüsse.

Fakultatives Referendum

- die als neue Idee von einem Teil des Volkes mittels einer Initiative lanciert worden sind.

Initiative

Dank der direkten Demokratie ist das Volk immer in den Politikbetrieb eingeschaltet, kann den Behörden den Weg weisen und ihnen zeigen, wo die Schwelle der Akzeptanz liegt. Es kann mit dem Referendum Misstrauen ausdrücken und mit der Initiative Neuerungen fördern.

Aber die direkte Demokratie weist auch Nachteile auf: Die Mehrheit der Stimmberechtigten ist in der Regel bei vielen Vorlagen zu wenig sachkundig und daher überfordert, so dass die Flucht in die Stimmenthaltung nahe liegt. Und die Mitsprache des Volkes macht oft die politische Planung fast unmöglich oder zunichte. Sie erschwert auch die Zusammenarbeit mit supranationalen – zum Beispiel den europäischen – Institutionen.

Gewalten und Mächte: Staatlicher und gesellschaftlicher Einfluss

Gewaltmonopol

Das politische System meint immer mehr als den Staat. Zum politischen System gehören auch die Parteien, die Verbände, die Massenmedien und bis zu einem gewissen Grad auch die Wirtschaft. Der Staat ist zwar der Kern des politischen Systems. Er besitzt das Gewaltmonopol, seine Organe fällen die politischen Entscheide und sind auch in der Lage, sie durchzusetzen. Aber der Einfluss all der gesellschaftlichen Kräfte wie Handels- und Industrieverein, Bauernverband, Gewerbeverband, Gewerkschaftsbund, Schützenverein, Krankenkassen, Umweltverbände, Institutionen der Wissenschaft, der Kultur und des Sports ist beträchtlich. Politik wird nicht nur in den staatlichen Organen gemacht. Politik wird (fast) überall gemacht. Und überall, wo Politik gemacht wird, lohnt es sich, aus politischen Gründen dabei zu sein.

Welches sind die wichtigsten staatlichen Gewalten? Es sind die Legislative (Parlamente), die Exekutive (Regierungen) und die Judikative (Gerichte).

Die Legislative

Die Legislative muss vier Hauptaufgaben erfüllen: Gesetze (oder Reglemente) beschliessen, Finanzbeschlüsse fassen, die Verwaltung beaufsichtigen und aktuelle Fragen aufwerfen.

Parlament

Diese Aufgaben erfüllt entweder das stimmberechtigte Volk selber (in der Mehrzahl der mittleren und kleinen Gemeinden und auch in einigen Kantonen) oder eine Volksvertretung (in Städten, in Kantonen und beim Bund). Das Volk selber tritt zur Gemeindeversammlung oder zur Landsgemeinde zusammen. Die gewählte Volksvertretung – das Parlament – heisst Einwohnerrat, (Grosser) Gemeinderat, (Grosser) Stadtrat oder Generalrat auf kommunaler Ebene, Kantonsrat, Grosser Rat, Landrat oder Parlement (JU) auf kantonaler Ebene, National- und Ständerat auf Bundesebene.

Die Exekutive

Regierung

Hauptaufgabe der Regierungen ist es, die staatliche Tätigkeit zu planen (also zu regieren – im Sinne von vorausschauen), Verhandlungen zu führen und Verträge abzuschliessen. Ebenso muss die Exekutive Gesetze, Beschlüsse, Reglemente (Vorlagen) ausarbeiten, die gefällten Beschlüsse vollziehen sowie das Staatswesen nach aussen vertreten.

Die Aufgabe der vollziehenden Gewalt liegt bei den Regierungen und Verwaltungen. Während die Regierungsgremien vom Volk (oder vom Parlament) gewählt werden, werden die meisten MitarbeiterInnen der Verwaltungen aufgrund ihrer fachlichen Fähigkeiten angestellt. Die Regierung heisst Gemeinderat, Stadtrat oder Administrativrat auf kommunaler Ebene, Regierungsrat, Staatsrat, Gouvernement (JU) oder Standeskommission (AI) auf kantonaler Ebene, Bundesrat auf Bundesebene.

Die Judikative

Gerichte

Die Gerichte prüfen, ob die Gesetze richtig angewendet werden. In Strafsachen erhebt der Staatsanwalt von Amtes wegen Anklage (Offizialdelikt), in einer Reihe von meist leichteren

Delikten ist aber eine Strafverfolgung nur auf Antrag möglich (Antragsdelikt). Das Gericht kann Schuldige mit einer Geldbusse, mit Gefängnis oder Zuchthaus bestrafen. In Zivilsachen sowie in Verwaltungs- und Sozialversicherungsangelegenheiten wird das Gericht nur aktiv, wenn Privatpersonen oder Institutionen klagen (Antragsdelikt).

Erste und zweite Instanz

Die Aufgabe der rechtsanwendenden Gewalt liegt bei den Gerichten. Diese werden je nach Stufe vom Volk oder vom Parlament gewählt. RichterInnen werden von den politischen Parteien vorgeschlagen. Somit kann auch in den Urteilsberatungen der Gerichte eine leichte politische Färbung hineinkommen, beispielsweise bei Fragen der Sozialversicherung, bei der Kinderzuteilung nach Scheidungen oder bei der Ausübung der demokratischen Rechte. Die Gerichtsorganisation ist grundsätzlich innerhalb der Kantone in eine erste und zweite Instanz gegliedert. Auf der unteren Ebene finden wir Kreisgerichte, Bezirksgerichte, Amtsgerichte, Strafgerichte und Zivilgerichte. Auf der oberen Ebene sind die Obergerichte, Kantonsgerichte, Appellationsgerichte, Versicherungsgerichte, Verfassungs- und Verwaltungsgerichte. Wenn jemand mit dem Urteil einer unteren Instanz nicht einverstanden ist, kann er oder sie unter Umständen dagegen Rekurs einleiten und den Fall an die nächsthöhere Instanz weiterziehen. Als letzte schweizerische Instanzen fungieren das Bundesgericht in Lausanne und das Versicherungsgericht in Luzern. Die Entscheide können zudem zum Teil noch an die Europäische Menschenrechtskommission (EMRK) in Strassburg weitergezogen werden.

Es gibt nicht nur staatliche, sondern auch gesellschaftliche Mächte. Zu den wichtigsten gehören:

Die Wirtschaft

Vorort

Zur Wirtschaft gehören die Export- und die Binnenindustrie mit ihren Organisationen. Die grössten von ihnen sind der Schweizerische Handels- und Industrie-Verein (der sogenannte Vorort) und die Handelskammern. Auch die Grossverteiler wie Migros, Coop, Denner oder Dienstleistungsbranchen wie Banken und Versicherungen sowie das Gewerbe und seine Organisationen (Schweizerischer Gewerbeverband) sind ein

Teil der Wirtschaft. Viele der Firmen und Betriebe sind zudem im Zentralverband Schweizerischer Arbeitgeber-Organisationen zusammengeschlossen. Die Wirtschaft ist keine Einheit. In vielen Fragen laufen die Interessen kreuz und quer. Aber gegen enge staatliche Vorschriften, Auflagen und Kontrollen, hohe Steuern, Mitbestimmungsrechte der Werktätigen, vorgeschriebene Löhne und Sozialleistungen sowie einheitliche Regelungen im Energie-, Umwelt- oder Konsumbereich wehrt sich die Wirtschaft immer vehement und unisono. Sie kann auch viel Geld in eine Abstimmungskampagne stecken. Gegen die geschlossen agierende Wirtschaft lässt sich daher in der Schweiz selten etwas durchsetzen (Gegenbeispiele sind immerhin: Preisüberwachungs-, Moorschutz-, Alpeninitiative).

Arbeitgeber-Organisationen

Die Gewerkschaften

In den Gewerkschaften sind die ArbeitnehmerInnen organisiert – oder zumindest ein Teil davon. Es gibt für jede grössere Branche eine oder mehrere Gewerkschaften. Diese haben sich in Dachverbänden zusammengeschlossen. Die wichtigsten sind der Schweizerische Gewerkschaftsbund (SGB), der der Sozialdemokratischen Partei nahesteht, und der Christlich-Nationale Gewerkschaftsbund (CNG), der sich eher an der Christlichdemokratischen Volkspartei orientiert. Die Gewerkschaften können ihren Anhang in der Regel sehr gut mobilisieren. Sie können zudem auf viele Mitglieder zählen, die zu politischer Basisarbeit bereit sind. Dadurch sind sie in der Lage, eindrucksvolle Kundgebungen zu organisieren und die Unterschriften für Initiativen und Referenden zusammenzubringen. Auch ihre 'Veto-Position' ist stark. Aber wenn die Wirtschaft einheitlich auftritt, ziehen sie in der Regel den kürzeren.

ArbeitnehmerInnen

Die Landwirtschaft

An der Zahl der Beschäftigten gemessen, ist die Landwirtschaft eher etwas schwach. Da aber Kühe und Käse zum Mythos Schweiz gehören, ist der politische Einfluss der Landwirtschaft nach wie vor stark. Zudem besitzt sie im Schweizerischen Bauernverband eine kräftige Lobby. Auch die Bauern und Bäuerinnen verstehen es, effektvoll zu demonstrieren. In der Politik darf daher der Faktor Landwirtschaft nicht unterschätzt werden.

Die Parteien

Zwar ist die Schweiz kein Parteienstaat wie beispielsweise Italien. Nur etwa 13 Prozent der Stimmberechtigten gehören einer Partei an. Aber die Parteien sind unentbehrlich als Sammelbecken politischer Ideen und Interessen, als Rekrutierungsbasis von KandidatInnen für alle möglichen Wahlen sowie als Instanzen der Meinungs- und Willensbildung. Und so steht denn immerhin ungefähr die Hälfte der Stimmberechtigten einer Partei nahe, bekennt sich also mehr oder weniger zu einer bestimmten Ideologie. Parteien lassen sich nach der Grösse und nach der Tendenz unterscheiden.

Gehen wir nach der Grösse vor, so treffen wir auf drei grosse Parteien, die je etwa 20 Prozent der Wählenden hinter sich scharen: Die Freisinnig-Demokratische Partei (FDP), die Christlichdemokratische Volkspartei (CVP) und die Sozialdemokratische Partei (SP). Darauf folgt eine mittlere Partei, die von etwa 10 Prozent gewählt wird, nämlich die Schweizerische Volkspartei (SVP). Diese vier sind in der schweizerischen Regierung – im Bundesrat – vertreten. Schliesslich beteiligen sich noch zahlreiche kleinere Parteien am politischen Konzert. Unter ihnen sind die Grüne Partei (GPS), die Liberale Partei (LPS), der Landesring der Unabhängigen (LdU), die Evangelische Volkspartei (EVP), die Freiheits-Partei (FPS), die Schweizer Demokraten (SD) sowie die Partei der Arbeit (PdA).

Politische Tendenz

Ordnen wir die Parteien nach ihrer politischen Tendenz, so gehören zur Linken die SP, die PdA und die GPS, zur Mitte die CVP, der LdU und die EVP und zur Rechten die FDP, die SVP, die LPS, die FPS und die SD. Da Parteimitglieder, namentlich jene der grossen Volksparteien, meist auch in anderen Bereichen – wie Verwaltung, Erziehungswesen, Kultur, Sport, Interessenverbände – verankert sind, ist der Einfluss der Parteien beträchtlich.

Die Massenmedien

Die Massenmedien sind aus dem Alltag nicht mehr wegzudenken. Die SchweizerInnen hören im Durchschnitt täglich rund drei Stunden Radio, sehen rund zwei Stunden Fernsehen und lesen eine knappe halbe Stunde Zeitungen, Zeitschriften und Bücher. Die Tagesschau des Schweizer Fernsehens erreicht manchmal rund eine Million Menschen, verschiedene Zeit-

→ Werkzeuge
9. Ach wie gut, dass niemand weiss...

schriften und Zeitungen setzen über 300'000 Exemplare ab. Das heisst: Viele Menschen empfangen die gleichen Botschaften, werden von den gleichen Emotionen bewegt. Gerade 'opinion leaders' (MeinungsführerInnen) orientieren sich stark an den Themen und Inhalten der Massenmedien. Das Einflusspotential der Massenmedien ist daher nicht zu unterschätzen.

Die Kirchen

Auch die Kirchen üben politischen Einfluss aus. Obwohl viele PfarrerInnen in halbleeren Gotteshäusern predigen, sind die Kirchen nach wie vor Instanzen der moralischen Orientierung und der sozialen Kontrolle. Sie bestimmen den Lebenszyklus (Taufe, Religionsunterricht, Kommunion/Konfirmation, Hochzeit, Beerdigung) und den Jahreszyklus (Ostern, Pfingsten, Weihnachten) mit. Sie äussern sich zu vielen sozialen, ethischen und politischen Fragen. Insofern stellen auch die katholische Schweizerische Bischofskonferenz und der Schweizerische Evangelische Kirchenbund Lobbies dar, die sich für ganz bestimmte Problemlösungen einsetzen.

'Kuchen'/Alternative Szene

Über beträchtlichen Einfluss verfügen heute auch die Organisationen, die zum Teil eher als links und alternativ eingestuft werden und zum entsprechenden 'Kuchen' gehören. Sie engagieren sich vor allem in sozialen, karitativen, ökologischen Bereichen oder in der Hilfe für die wirtschaftlich benachteiligten Länder der Welt. Zwar lassen sich diese Organisationen nicht alle in den gleichen Topf werfen. Viele würden sich sogar dagegen verwahren, links zu sein. Aber ihre Aktivitäten gelten bedrängten und bedrohten Mitmenschen im eigenen Land oder in der Dritten Welt und/oder der bedrohten Natur. Auch diese Anliegen brauchen eine Lobby. Die Umweltorganisationen, aber auch die Hilfswerke verstehen es mittlerweile recht gut, ihre Einflusskanäle zu nutzen.

Wissenschaft, Bildung, Kultur, Sport

Und sonst? Weitere, nicht zu vernachlässigende gesellschaftliche Mächte sind die Organisationen der Wissenschaft, der Bildung, der Kultur und des Sports. Sie schalten sich aber viel selektiver in den politischen Prozess ein. Meistens nur dann, wenn ihre ureigenen Interessen bedroht sind.

Wichtig ist indessen, dass alle diese gesellschaftlichen Mächte nicht sauber abgetrennt neben den staatlichen Mächten agieren. Die beiden Bereiche sind vielfach verfilzt. Denn in verschiedenen Gremien, Lobbies und 'Kuchen' haben die immer gleichen Personen mehrfach das Sagen. Dabei handelt es sich fast ausschliesslich um Männer. Aber weder die staatlichen noch die gesellschaftlichen Mächte sind den Frauen versperrt. Mit guten Ideen, solidem Wissen und entschlossenem Willen kann jede Frau in diese Gremien, Lobbies und 'Kuchen' eindringen.

Brave, Forsche und Freche: Orthodoxer und unorthodoxer Einfluss

Was aber heisst überhaupt Einfluss nehmen? Vor allem im staatlichen Bereich können wir orthodoxe, halborthodoxe und unorthodoxe Einflusskanäle unterscheiden.

Orthodoxe Einflusskanäle

Dies sind die Einflusskanäle der 'Braven', jener Menschen, die sich an die – bereits festgelegten – Spielregeln halten. Wer diese Kanäle nutzt, bewegt sich innerhalb der Institutionen, nimmt Einfluss im Rathaus und bedient sich der klassischen Formen, die zur Verfügung stehen. Die 'Braven' äussern sich in einer schriftlichen Vernehmlassung oder einer mündlichen Anhörung. Sie führen Verhandlungen, um ein bestimmtes Resultat zu erzielen. Sie nehmen an Debatten von Parteien, Verbänden oder Parlamenten teil. Sie veranlassen einen Verein, eine Resolution zu fassen. Sie kämpfen an der Parteiversammlung für eine Abstimmungsparole. Sie reichen im Parlament eine Interpellation, ein Postulat oder eine Motion ein. Sie überzeugen die Gemeindeversammlung von einem bestimmten Beschluss. Sie erheben gegen einen Regierungsratsentscheid beim Bundesgericht staatsrechtliche Beschwerde.

Alle diese Formen sind von Männern erfunden worden und seit langem festgeschrieben – ähnlich wie die Spielregeln im Tennis oder im Fussball. Weil die staatlichen Institutionen wichtig sind, sind auch die orthodoxen Einflusskanäle wichtig.

Daher sollten Frauen diese Rituale und Formen kennen. Denn sie können nicht einfach ausser Kraft gesetzt werden. Je besser Frauen diese Regeln kennen und damit umgehen können, desto eher können sie die jeweiligen Formen auch für ihre eigenen Ziele einsetzen.

→ Werkzeuge
12. Initiativen, Petitionen, Postulate

Halborthodoxe Einflusskanäle

Dies sind die Einflusskanäle der 'Forschen'. Es sind die Kanäle jener Menschen, die sich zwar an die Verfassung, aber nicht nur an die traditionellen Wege halten. Wer diese Kanäle nutzt, schliesst sich mit anderen zusammen. Damit wollen die 'Forschen' zeigen, dass Demokratie auch etwas mit Gegenmacht zu tun hat. Sie agieren auf der Strasse. Sie leisten an Ständen, auf Bahnhöfen, vor Einkaufszentren und Stimmlokalen Basisarbeit. Sie verteilen Flugblätter, sammeln Unterschriften für Petitionen, Initiativen, Referenden, nehmen an Demonstrationen teil, tragen Transparente, skandieren Slogans. Die 'Forschen' – zu denen auch viele Frauen gehören – müssen sich den Fragen, Missachtungen, Anwürfen und Beleidigungen des an der Aktion nicht beteiligten Publikums aussetzen. Sie müssen argumentieren, etwas einstecken, ausharren können. Auch diese Einflusskanäle sind sehr wichtig, wenn Frauen etwas bewegen wollen.

→ Werkzeuge
10. Kommst Du auch an die Demonstration?
→ Werkzeuge
12. Initiativen, Petitionen, Postulate

Unorthodoxe Einflusskanäle

Dies sind die Einflusskanäle der 'Frechen'. Das sind jene Menschen, die das Revolutionäre in sich entdecken und die Idee verwerfen, dass (vorauseilender) Gehorsam die erste BürgerInnenpflicht sei. Wer diese Kanäle nutzt, agiert im 'Gelände'. Die Formen sind nicht immer legal und vom Gesetz erlaubt. Es handelt sich um unbewilligte Kundgebungen, um Blockaden, um Haus- oder Bauplatz-Besetzungen, um Streiks, um Dienstverweigerungen. Menschen, die diese Formen wählen, brauchen Mut, Durchhaltevermögen, Widerstandskraft, Spontaneität. Die Wahl dieser Mittel muss gut überlegt sein. Sie müssen damit rechnen, dass die Polizei eingreift, Tränengas, Gummigeschosse oder Knüppel einsetzt und Beteiligte festnimmt.

Doch: Unorthodoxe Kanäle sind oft das letzte Mittel, wenn alle anderen nichts gebracht haben. Wichtige Errungenschaften der Weltgeschichte, auf die wir heute stolz sind, sind nur zustandegekommen, weil Männer und Frauen unorthodoxe Wege beschritten haben.

Je besser Frauen in den politischen Institutionen vertreten sind, umso effektvoller können sie die orthodoxen Einflusskanäle benutzen. Solange sie aber institutionell noch ungenügend verankert sind, brauchen sie auch die halborthodoxen und unorthodoxen Kanäle. Diese sind umso wirksamer, je zahlreicher die Frauen sind.

➔ Werkzeuge
10. Kommst Du auch an die Demonstration?

Die Männer-Netzwerke

Männer kennen sich häufig aus Zusammenhängen, die den Frauen nicht (oder nur am Rande) zugänglich sind. Sie halten in der Regel lebenslänglich an den in Männer-Netzwerken entstandenen Freundschaften fest und fördern sich gegenseitig. Das bedeutet: Rekrutierungen für Chefbeamtenposten, Verwaltungsratsmandate, Aufsichtskommissionen, politische Ämter, manchmal sogar diplomatische oder akademische Posten laufen immer wieder über diese Verbindungen.

Welches sind denn diese Männer-Netzwerke? Zu erwähnen sind vor allem die folgenden:

Die Armee

Männer sind in der Schweiz grundsätzlich wehrpflichtig, und je nachdem verbringen sie innerhalb eines Jahrzehnts rund zehn Dienstmonate mit immer den gleichen Leuten. Das kittet. Vor allem Offiziere und höhere Unteroffiziere – die ihre militärische Karriere weitgehend aus freien Stücken eingeschlagen haben und noch länger im Dienst weilen – bilden Netzwerke, die das ganze Leben lang halten. In Manövern und schwierigen Einsätzen lernen sie sich gegenseitig recht gut kennen. Oft treffen sie sich dann auch wieder in der Politik oder in den Wirtschaftsverbänden. Armeebekanntschaften haben schon manche zivile Karriere befördert.

Die Couleurbruderschaften

Die Studentenverbindungen sind in der Schweiz im 19. Jahrhundert entstanden und zeichnen sich dadurch aus, dass die Mitglieder Farben (Bändel und Mütze) tragen und einen Comment (strenge Regeln mit Trinksitten, Wichs, zum Teil auch Duell) kennen. Die wichtigsten sind die politisch offene, gemässigte Zofingia, die radikalere, freisinnig dominierte Helvetia, der katholische Schweizerische Studentenverein (StV) und der protestantische Falkensteinerbund. Fast alle nehmen nur Männer auf. Couleurbrüder bleiben als Alt-Herren ihr ganzes Leben lang der farbentragenden Korporation verbunden. So kommt es, dass diese zum Teil die Funktion einer Kaderschmiede besitzen. Zahlreiche heute aktive Spitzenpolitiker und Wirtschaftsführer trugen Farben.

Die Schützen

Neben dem obligatorischen Schiesswesen existiert das von der Armee inspirierte freiwillige, das die 3300 Schützenvereine der Schweiz rechtfertigt. An den vielen Wettschiessen sind die 'Schützenkameraden' praktisch unter sich. Auch Schützenfeste sind nach wie vor durchaus politische Manifestationen, und der Schweizerische Schützenverein mobilisiert denn auch seine 85'000 Mitglieder hin und wieder für eine Militärvorlage. Eine ähnlich männerbündlerische Atmosphäre herrscht bei den Schwingern und Hornussern.

Die Freimaurer

Die Grossloge Alpina entwickelte sich anfangs des 18. Jahrhunderts aus den Handwerkszünften der Steinmetze zu einem spirituellen Bund. Dieser will die Mitglieder geistig und sittlich vervollkommnen und sich der Wohltätigkeit widmen. Die Freimaurerei erweckt den Eindruck eines Geheimbundes, da die Mitglieder über Lehre, Ritus, Symbole und Erkennungszeichen Stillschweigen bewahren müssen. So ist oft auch nicht bekannt, wer dazugehört. Die katholische Kirche hat den Orden mehrfach geächtet. Im 19. Jahrhundert waren in der Schweiz eine grössere Zahl freisinniger Politiker Freimaurer. Heute liegt das Schwergewicht auf Freiberuflichen, Lehrern, Professoren, Technikern, Unternehmern. Auch sie helfen einander mit Rat und Tat.

Die Service-Clubs

Die verschiedenen Service-Clubs ähneln sich alle, trotz Unterschieden. Einer – Odd Fellows – entstand schon im 19. Jahrhundert in Grossbritannien. Die andern wurden im 20. Jahrhundert gegründet, mehrheitlich in den USA (so Rotary, Kiwanis, Lions), aber auch in der Schweiz (Ambassador). Das Ziel der Clubs ist, zu dienen und, wie es beispielsweise bei den Kiwanern heisst, «den humanen und geistigen Werten den Vorrang vor den materiellen Werten» zu geben. Mitglieder können – beispielsweise bei den Rotariern – nur Männer werden. Diese müssen selbständigerwerbend sein oder eine leitende Position einnehmen. Logischerweise gehören den Service-Clubs viele Unternehmer, hohe Militärs, Politiker, Chefbeamte und andere einflussreiche Männer an. Die Clubs üben Wohltätigkeit. Und ihre Mitglieder fördern einander nach Möglichkeit gegenseitig.

Zünfte und Korporationen

Die Zünfte, in denen die mittelalterlichen Organisationen der Handwerker und Kaufleute fortwirken, sind Männergesellschaften. Ihr Vereinsleben ist durchwirkt von manch männlich-militärischen Ritualen. Sie sind aber auch gegen aussen präsent. So tragen die Zünfte in Zürich das traditionelle 'Sechseläuten'. Und eine zunftähnliche Organisation, die drei Kleinbasler Ehrengesellschaften, pflegen in Basel den Volksbrauch des 'Vogel Gryff'. Auch die Korporationen der Innerschweiz, die sich um die Alpen, Wälder und Allmenden kümmern, waren bis vor kurzem ausschliesslich Männervereinigungen. Auch hier machen die Männer die Geschäfte in der Regel unter sich aus. Beide Organisationen können nützlich sein, wenn ein Mann später in die grosse Politik einsteigt.

Allerdings nimmt die Bedeutung all dieser Männer-Netzwerke langsam ab. Die Farbentragenden machen nur noch etwa vier Prozent aller Akademiker aus. Seit 1968 werden die Politiker, die Alt-Herren einer Studentenverbindung sind, immer rarer. Die Freimaurer sind eher unpolitisch geworden. In den Korporationen sind jetzt auch die Frauen zugelassen. Einzig die 85'000 Schützen und die Service-Clubs mit total gegen 15'000 Mitgliedern stellen Männer-Netzwerke mit unvermindertem politischem Einfluss dar. Aber den Service-Club, der nur Frauen offen steht, gibt es bereits: Er heisst 'Zonta' und wurde 1919 in den USA gegründet. Auch 'Lions' lässt neuerdings weibliche oder gemischte Clubs zu. Vor allem in der Westschweiz sind einige entstanden.

Und daraus ergeben sich die beiden Rezepte für die Frauen. Sie müssen einerseits darauf dringen, dass sich die Männer-Netzwerke – vor allem die Service-Clubs, aber auch die Zünfte – den Frauen öffnen, damit sie dort gleichberechtigt mitwirken können. Und sie müssen anderseits dort, wo dies nicht funktioniert, Gegen-Netzwerke, Frauen-Netzwerke aufbauen. Denn Netzwerke brauchen auch sie. Bloss andere.

Hier können Sie als Privatperson ganz direkt Einfluss nehmen

Wenn Sie sich einmischen wollen, haben Sie mehrere Möglichkeiten, um ganz direkt Einfluss zu nehmen.

Die Gemeindeversammlung

Die Gemeindeversammlung ist wichtig für alle Entscheide, die das Leben in der Gemeinde stark beeinflussen – und damit auch den Alltag der einzelnen. An der Gemeindeversammlung wird über die Ortsplanung mit der Zonenordnung, das Budget mit dem Steuerfuss, diverse Bauvorhaben (Schulhaus, Hallenbad, Feuerwehrmagazin, Strassen), den Busbetrieb, Schulfragen (Klassengrössen, Klassenzusammenlegungen, Schulabkommen) und andere Fragen abgestimmt. Frauen, die in der Gemeinde etwas bewegen wollen oder die mit Entwicklungen oder konkreten Anträgen nicht einverstanden sind, müssen sich an der Gemeindeversammlung bemerkbar machen: Mit einer Frage, mit einem Vorschlag, mit einer Kritik, mit einem Antrag. Oft ist es nützlich, sich mit Nachbarinnen oder andern Gleichgesinnten vorher abzusprechen. Wichtig ist, die erhältlichen Unterlagen zu studieren, also vorbereitet an die Gemeindeversammlung zu gehen.

Die Gemeindeversammlung tagt nicht häufig, in vielen Dörfern nur zwei- oder dreimal jährlich. Meist wechselt die Zusammensetzung ziemlich stark: Eine Gruppe von 'Stammgästen' ist immer da, je nach Geschäft stossen Direktinteressierte dazu. Wer sich zu Wort meldet, blickt also nicht unbedingt nur in vertraute Gesichter. Meist sprechen die RednerInnen vom Platz aus. Wichtig ist, nicht zuvorderst zu sitzen und nicht zuhinderst, sondern in der Mitte links oder rechts am Rand.

Die Hausfrau Barbara Egger aus der Gemeinde Bäriswil (BE) erzählt: «In unserem Dorf beschloss die Gemeindeversammlung kritiklos den Bau eines neuen Schützenhauses in einem Naturschutzgebiet. Da ich den Eindruck hatte, da sei nicht alles mit rechten Dingen zugegangen und die Sache sei nicht transparent, sammelte ich Unterschriften für eine Wiedererwägung an einer neuen Gemeindeversammlung. Diese kam zustande, aber schon bei der Unterschriftensammlung spürte ich die Feindseligkeit, vor allem der Schützen. Man drohte uns. Es wurde nicht verstanden, dass eine Einheimische und erst noch eine Frau Opposition machte. An der Gemeindeversammlung selber, zu der zweihundert Leute kamen und die in die Turnhalle verlegt werden musste, waren die Meinungen schon gemacht. Es brauchte natürlich schon Zivilcourage, dort das Wort zu ergreifen. Gerade als Frau – denn ich war meines Wissens die erste Frau, die an einer Gemeindeversammlung redete. Einer Frau trägt man ein solches Engagement ewig nach. Darum will wohl überlegt sein, ob man etwas sagen soll. Aber ich war einfach überzeugt von meiner Sache. Wir verloren zwar, erreichten aber immerhin, dass das Militär in unserem Schützenhaus nicht mehr schiessen darf.»

➔ Werkzeuge
6. Auf dem Weg zu Tribüne, Podium und Mikrofon

Politische Parteien

Die politischen Parteien – jedenfalls die grösseren – sind an der Basis in Ortssektionen oder in Stadtquartiersektionen organisiert. Diese Ortsparteien befassen sich einerseits mit den Gemeindeangelegenheiten, schlagen aber anderseits auch KandidatInnen für zahlreiche Ämter vor (Gemeindeparlament, Gemeinderat, Schul- und Fürsorgebehörden, Kantonsparlament, Gerichte). Sie sind die Kaderschmieden der Demokratie. In der Regel treffen sich Ortsparteien etwa vier- bis sechsmal jährlich zu Parteiversammlungen.

Parteien bieten die Chance, mit Mitgliedern des Gemeinderates und des Kantonsparlamentes etwas ungezwungener und direkter in Kontakt zu kommen als an der Gemeindeversammlung. Ausserdem können Frauen hier auch Ideen einbringen, die dann vielleicht in Form eines Vorstosses in die Gemeindeversammlung oder ins Gemeindeparlament gelangen. Vielfach ist die Atmosphäre fast familiär. Die Parteien präsentieren im Zuge der Frauenförderung zunehmend Wahllisten, auf denen ein Drittel bis die Hälfte der KandidatInnen Frauen sind. Denn Frauen (und viele Männer) wählen zunehmend Frauen, jedenfalls in Parlamentswahlen. Bei Wahlen für ein Regierungsamt ist der Frauenbonus noch nicht stärker als andere Kriterien.

Anne Mati (FDP), Ökonomin und wohnhaft in Binningen (BL), berichtet: «Der Familientradition folgend, trat ich der FDP bei, obwohl ich eigentlich eine reformorientiertere Partei vorgezogen hätte. Die ersten Parteiversammlungen erlebte ich als Bernerin dann in Basel, wurde aber nicht recht warm. Das änderte sich mit dem Wechsel in den Kanton Baselland. In Binningen bekam ich Kontakt mit dem kantonalen FDP-Arbeitskreis 'Frau und Politik' sowie mit der lokalen freisinnigen Frauengruppe. Das war meine Wellenlänge. Aber auch in der Sektion war ich rasch akzeptiert, da verschafften mir mein Beruf und mein akademischer Titel einen Bonus. Als ich dann Kandidatin für verschiedene Ämter war, schnitt ich schlecht, dann gut, dann wieder schlecht, dann wieder gut ab. Ich merkte, dass das Parteiestablishment dann, wenn ihm die Kandidatur einer Frau nicht so passte, über Kanäle verfügte, um den Erfolg zu hintertreiben. Die lokale Parteisektion bietet einer Frau eine gute Einstiegshilfe, aber wenn sie weiterkommen will, braucht sie zusätzliche Kanäle wie Netzwerke und Medien.»

➔ Werkzeuge
17. Diese Wahl ist unsere Wahl

Interessenverbände

Die Interessenverbände wie Gewerkschaften, Gewerbeverband, Bauernverband, Angestelltenverband, Arbeitgeberorganisationen, Krankenkassen sowie Verbände der MieterInnen und KonsumentInnen setzen die Schwerpunkte ihrer Aktivitäten etwas anders als die Parteien. Bei ihnen steht der Versammlungsbetrieb nicht so im Mittelpunkt. Wichtiger sind die Mitwirkung an Vernehmlassungen und in staatlichen Kommissionen sowie die Verhandlungen mit allfälligen Vertragspartnern. Und immer wieder geht es darum, Unterschriftensammlungen, Kundgebungen, allenfalls Streiks zu organisieren. In der Regel sind die Sekretariate der Interessenverbände besser ausgebaut als jene der Parteien. Dort bietet sich für interessierte Frauen oft ein Tätigkeitsfeld an. Wer sich in Interessenorganisationen engagiert, muss also nicht nur reden können, sondern bereit sein, konkrete Aufgaben zu übernehmen.

Marlis Gisler aus Oberdorf (NW) ist Sekretärin des kantonalen Gewerbeverbandes: «Ich bin im Verband meistens die einzige Frau. Aber ich wurde eigentlich auch in nationalen Gremien gut empfangen, die Männer freuten sich, dass eine Frau kommt, und wenn ich etwas sagte, hörten sie mir zu. Allein als Frau unter Männern zu sein, ist für mich etwas Gewohntes: Ich lernte Metallbauschlosserin und war schon dort immer unter Männern, und im Gemeinderat von Oberdorf war ich auch die einzige Frau. Am Anfang muss man sich jeweils etwas wehren, um sich durchsetzen zu können. Frauen müssen mehr 'den Mann' stellen. Aber das ist ein guter Antrieb, und ich sage mir jeweils: 'Ihr müsst nicht meinen, ihr könnt machen mit mir, was ihr wollt, ich zeige es euch schon.' Das heisst: Der Druck kommt fast mehr von mir selber, von innen, als von aussen.»

➔ Werkzeuge
16. Machen Sie Platz, Monsieur!

Themenspezifische Organisationen

Themenspezifische Gruppen entstehen oft spontan – beispielsweise zur Bekämpfung eines Waffenplatzes, eines Atomkraftwerks, einer Schnellstrasse – und sind daher offen und formbar. Allerdings sind meist auch Leute mit grosser politischer Erfahrung dabei, die dann ihr eigenes Süppchen kochen. In dieser Hinsicht gilt es, nicht allzu naiv zu sein. Viele themenspezifische Gruppen haben sich auf Dauer etabliert. Zum Beispiel die Umweltorganisationen (wie World Wildlife Fund/WWF, Greenpeace, Schweizerische Gesellschaft für Umweltschutz/SGU, Rheinaubund, Verkehrsclub Schweiz/VCS, Schweizerische Energiestiftung/SES, Gewaltfreie Aktion Kaiseraugst/GAK), die Gruppierungen der Friedensbewegung (Schweizerischer Friedensrat, Kriegsdienstgegner, Gruppe für eine Schweiz ohne Armee/GSoA), Entwicklungshilfe- und Solidaritätsgruppen (Erklärung von Bern, Mittelamerika-Komitee), die Frauenorganisationen, und, und, und... In themenspezifischen Gruppen können sich Frauen engagieren, denen ein Anliegen besonders wichtig ist. Meist ist der Zugang leicht, und wer aktiv sein möchte, stösst auf grosse Gegenliebe. Vielfach sind die Strukturen schwach; 'Zugrössli' müssen die Aktivitäten immer wieder ankurbeln. Trotzdem dominieren auch in solchen Gruppen in der Regel die Männer, die dann die Diskussionen nach ihren Vorstellungen strukturieren.

Renate Schoch wohnt in Zürich und ist Sekretärin der GSoA. Sie erzählt: «Unter den Mitgliedern und SympathisantInnen der GSoA sind fast die Hälfte Frauen, unter den Aktiven aber nur wenige. Das hat den Vorteil, dass ich gefördert werde und häufig öffentlich auftreten kann. Die Kehrseite ist aber, dass ich mich immer mit Leuten messen muss, die viel mehr politische Erfahrung haben als ich. Ich frage mich dann immer wieder, ob ich das schaffe. Gleichzeitig besteht ein Anpassungsdruck an eine von Männern gesetzte Norm. Innerhalb der GSoA gibt es viele Frauen in der Regionalgruppe Zürich. In der Koordinationsgruppe Deutschschweiz befinden sich aber zum Beispiel nur zwei Frauen. Oft bin ich an Sitzungen unter Männern allein. Und dann spielen die gleichen Mechanismen wie anderswo: Frauen werden weniger gehört und mehr unterbrochen, die Männer kreieren ein Klima von Wichtigkeit. Es gibt auch sexistische Sprüche. Die Rituale der Politik entstammen halt der Männerwelt; es sind Männerspiele.»

➔ Werkzeuge
6. Auf dem Weg zu Tribüne, Podium und Mikrofon

Die Landsgemeinde

Volksversammlung unter freiem Himmel

In den Kantonen Obwalden, Nidwalden, Glarus, Appenzell Ausserrhoden (AR) und Appenzell Innerrhoden (AI), in den sechs schwyzerischen Bezirken sowie in den meisten der 39 bündnerischen Kreise treten die Stimmberechtigten in der Regel einmal jährlich – in Graubünden alle zwei Jahre – zur Landsgemeinde zusammen. Diese Volksversammlungen fällen wichtige Wahl- und Sachentscheide. Sie üben die oberste Gewalt aus. Natürlich besteht zwischen einer bündnerischen 'Kreisbsatzig' im Schanfigg oder einer 'Cumin' im Lugnez und der Ausserrhoder Landsgemeinde in Trogen oder Hundwil ein grosser Unterschied. Hier trifft sich eine Hundertschaft, dort sind es an die zehntausend Menschen. Verschieden sind auch die Kompetenzen. Gemeinsam ist den Landsgemeinden, dass sie meistens unter freiem Himmel stattfinden und einen feierlichen, ja sakralen Rahmen und Ablauf haben.

Wer in diesen Gebieten wohnt und sich in den politischen Prozess einschalten will, muss an der Landsgemeinde teilnehmen. Allerdings ist die Beteiligung unterschiedlich schwierig. In Ausserrhoden wird nicht diskutiert. Die Anwesenden können lediglich Vorschläge für Wahlen rufen. In den anderen Kantonen finden hingegen oft heftige und lange Debatten statt. Und wer sich beteiligen will, muss auf den 'Stuhl' (in Innerrhoden), aufs 'Herdplättli' (in Nidwalden) oder auf die Tribüne (in Glarus, Obwalden) und von erhöhtem Podest aus zu 3000 bis 7000 Leuten sprechen. Das geht nicht ohne Lampenfieber ab. Aber wer klar, kurz und bündig und vielleicht auch noch mit etwas Humor seine Meinung sagt, stösst beim Landvolk auf viel Sympathie. Und Frauen, die neben den Landammann hinstehen und sich nicht scheuen, eine andere Ansicht zu vertreten, werden auch bewundert.

Regula Odermatt, Mitglied der Gruppe 'Demokratisches Nidwalden' und Landrätin von 1990 bis 1994, wohnt in Stans. Sie erinnert sich: «Als ich anfangs der achtziger Jahre an der Landsgemeinde das Wort ergriff, redeten das erste Mal Frauen – und zwar gleich drei. Ich vertrat einen Antrag für mehr Sozialabzüge im Steuergesetz. Mir ging es darum, das Anliegen den Leuten möglichst anschaulich nahezubringen. Offensichtlich sind Frauen darin erfolgreicher. Ich versuchte, es einfach so zu sagen, dass es für mich stimmt. Reden fällt mir leicht, wenn ich mir den Text aufgeschrieben habe. Es war auch leicht, nach vorn zu gehen, denn ich stand in meiner Gruppe, und die hat mich geschubst: 'Jetzt bist du dran'. Das Zurückgehen durch die Menge der Landleute hingegen fiel mir schwer. Der Weg war unendlich lang, ich wollte wieder untertauchen, plötzlich wurde mir bewusst, wie ausgestellt ich war. Seither habe ich indessen immer wieder an der Landsgemeinde geredet. Doch wenn eine Frau zu viel redet, wird ihr das angekreidet. Es braucht auch Mut. Denn ich erhalte nachher immer Morddrohungen und anonyme Telefone. Männer und bürgerliche Frauen erleben das nicht so. An den letzten Landsgemeinden haben übrigens eher mehr Frauen als Männer geredet. Wenn Frauen von etwas betroffen sind, reden sie eben, ohne lang zu zögern und zu taktieren.»

→ Werkzeuge
6. Auf dem Weg zu Tribüne, Podium und Mikrofon

Hier können Sie als Mandatsträgerin Einfluss nehmen

Die Schulpflege

Die Schulpflege gehört zu den Kommissionen auf Gemeindeebene, die einen bestimmten Bereich selbständig betreuen. Sie beaufsichtigt die Schule, wählt LehrerInnen, behandelt Probleme der Klassengrössen, der Klasseneinteilung, der Disziplin, der Sonderschulung. Da Familien mit Kindern ohnehin mit Schulproblemen konfrontiert werden, bietet die Schulpflege gerade Frauen eine ideale Möglichkeit für den Einstieg in ein politisches Amt. Denn die Mitglieder der Schulpflege müssen Dossiers studieren, zuhören, vernünftig abwägen und im kleinen Kreis der Schulpflege die Argumente vortragen können. Ausser der Präsidentin oder dem Präsidenten muss ein Mitglied kaum je vor einem grösseren Kreis reden.

Ideale Einstiegsmöglichkeit

Allerdings werden Mitglieder der Schulpflege gewählt. Wer sich zur Wahl stellt, muss allenfalls in Kauf nehmen, sie zu verlieren. Oft kommt es gar nicht zu Kampfwahlen, weil sich nur so viele Personen zur Verfügung stellen, als Sitze zu vergeben sind. Falls Kampfwahlen stattfinden, ist entscheidend, ob die KandidatInnen in der Gemeinde schon bekannt sind oder ob sie – mündlich an der Gemeindeversammlung oder in Flugblättern bei einer Urnenwahl – auf sympathische und eindrückliche Art vorgestellt werden.

Elsbeth Steiner ist Mitglied der SP und Präsidentin der Schulkommission von Bäriswil (BE): «In unserer Schulkommission stellen die Frauen zusammen mit der zuständigen Gemeinderätin die Mehrheit. Das ist wohl nicht ganz untypisch, in Schulkommissionen ist vermutlich der Frauenanteil landesweit am höchsten. Denn die Gemeinden wählen gerne junge Mütter mit schulpflichtigen Kindern, weil sie bei ihnen den nötigen Sachverstand vermuten. Frauen laufen in einer Schulkommission Gefahr, dass sie sich zuviele Aufgaben aufbürden, da die Männer doch immer so beschäftigt sind. Schwierig wird es für Frauen bei Fragen, für die sie kein oder wenig fachliches Know-how mitbringen. Zum Beispiel bei Bauvorhaben, Arbeitsvergaben oder einem Reparaturbudget. Da müssen sie sich entweder in das Thema einarbeiten oder die Detailbeurteilung den Männern überlassen, die handwerklich versiert sind. In Verhandlungen mit dem Gesamtgemeinderat müssen wir Frauen 'auf die Hinterbeine stehen' – aber wenn wir gut vorbereitet sind, bringen wir eigentlich immer alles durch. Schwierig ist es, wenn ich als Schulkommissionspräsidentin mit Eltern zu tun habe, die wegen Konflikten rund um ihre Kinder 'einfahren'. Da kommt es vor, dass der Mann die Schulkommissionspräsidentin als Frau einzuschüchtern versucht. Da muss ich eine gewisse Härte zeigen, ohne böse zu werden. Die Schülerinnen und Schüler hingegen akzeptieren eine Frau ohne weiteres als Autorität.»

Das Gemeindeparlament

Das Gemeindeparlament – die Volksvertretung in grösseren Gemeinden – zählt in der Schweiz in der Regel zwischen 40 und 120 Mitgliedern. Das Parlament entscheidet über Reglemente, Bauprojekte, Finanzen, Anschaffungen, es beaufsichtigt die Gemeindeexekutive und diskutiert aktuelle Fragen. Die Wahl erfolgt auf Parteilisten nach dem Proporzsystem. Frauen, die kandidieren, müssen etwas vorzuweisen haben, um gegen männliche Konkurrenten bestehen zu können: Entweder eine verantwortungsvolle berufliche Tätigkeit, ein Engagement in der Öffentlichkeit (Umwelt, Fürsorge, Entwicklungshilfe, Amnesty International, Rechtsberatung, Schulwesen, Kirche) oder einen hohen Bekanntheitsgrad dank künstlerischer Tätigkeit oder sportlicher Erfolge.

Frauen, die die Wahl schaffen, müssen sich mit den vielfältigsten Themen befassen. Wenn sie sich zu Wort melden, richten sie sich an eine grössere Zahl von ebenfalls sachkundigen Leuten, die sie aber mit der Zeit ziemlich gut kennen. Allerdings sind die Sitzungen öffentlich. Das heisst: Auf der Tribüne oder auf eigens bereitgestellten Stühlen im Saal können Mitbürgerinnen und Mitbürger die Verhandlungen verfolgen. Zudem sind Medienleute anwesend, die anschliessend in den Zeitungen und Lokalradios über die Sitzung berichten. Eine Parlamentarierin muss sich also etwas genauer überlegen, was sie sagt. Umgekehrt wäre es schrecklich, wenn Frauen wegen der Öffentlichkeit den Fehler vieler Männer nachahmen und nur noch eine inhaltslose und schwammige Politikersprache verwendet würden. Auch im Parlament darf frisch von der Leber weg gesprochen werden!

Regula Fischer (Grüne Partei) wurde 1992 in den Berner Stadtrat gewählt: «Im Berner Stadtparlament sitzen schon lange recht viele Frauen. Darum konnte man sich gut mit anderen Frauen zusammentun. Dabei ist wichtig, den Kontakt mit Frauen zu suchen, aber die politischen Differenzen nicht zu verleugnen. Man muss akzeptieren, dass andere Frauen aus anderen politischen Richtungen kommen, mit ihnen verhandeln und streiten. Da fehlt es noch an der Umgangskultur unter Frauen im öffentlichen Leben: Es braucht einerseits eine grössere Toleranz. Anderseits muss man auch mit Frauen um inhaltliche Fragen kämpfen und nicht verletzt sein, wenn man selber von Frauen angegriffen wird. Das können wir von den Männern lernen: Dass politische Differenzen nicht Feindschaften zu sein brauchen. Der Umgang mit den Männern im Parlament wird erleichtert, wenn man sich in den Formen etwas anpasst. Ich habe das beispielsweise mit der Kleidung getan. Sich anpassen, ohne sich zu verleugnen: Da muss jede Frau ihren eigenen Weg finden.»

➔ Wege
4. Pendlerinnen zwischen zwei Welten

Die lokale Exekutive

Die lokale Exekutive vollzieht die Beschlüsse der Gemeindeversammlung oder des Gemeindeparlamentes, löst Sachprobleme, verhandelt mit Dritten, wählt und beaufsichtigt die Gemeindeangestellten und übt die Polizeigewalt aus. Natürlich besteht ein riesiger Unterschied in der Problemlast und in der geforderten Professionalität zwischen dem Gemeinderat einer Zwerggemeinde wie zum Beispiel dem Juraort Ocourt und dem Stadtrat von Zürich. Darum besteht auch ein Unterschied, ob sich eine Frau in Dörfern wie Ocourt, Gonten (AI), Nusshof (BL) oder Scheunen (BE) für die Exekutive zur Verfügung stellt oder in Städten wie Zürich, Bern, Genf oder Lugano. Wer in einem Dorf gewählt wird, übernimmt eine zusätzliche nebenamtliche Aufgabe. Wer in einer grösseren Stadt in die Exekutive einzieht, tritt ein Vollamt an und beginnt eine neue berufliche Tätigkeit. Die Wahl trifft mehrheitlich das Volk. Nur in der Romandie wählt zum Teil das Gemeindeparlament die Exekutive.

In der Exekutive geht es fast familiär zu: Das Gremium ist klein, die Mitglieder kennen sich und duzen sich oft. Aber auch hier gibt es Rituale. Vor allem aber müssen Frauen, die einer Exekutive angehören, ihre Geschäfte auch vor dem Gemeindeparlament oder vor der Gemeindeversammlung vertreten. Sie müssen also reden, argumentieren können. Auch in der weiteren Öffentlichkeit (Parteien, Vereine, Verbände) sind sie als Referentinnen immer wieder gefragt.

Elisabeth Zulauf sitzt in der Exekutive der Gemeinde Bäriswil (BE): «Ich hatte keinerlei Probleme im Gemeinderat. Ich war eben auch nie die einzige Frau. Man darf sicher nicht schüchtern sein. Und man darf nicht empfindlich sein. Leute mit gesundem Menschenverstand werden akzeptiert. Wenn ich argumentiere, hören die andern ernsthaft zu. Es kommt natürlich auch auf das Ressort an. Es gäbe vielleicht mehr Misstrauen, wenn ich den Zivilschutz und die Wehrdienste zu vertreten hätte statt die Schule. Zudem gibt es in einer kleinen Gemeinde wenig spezifische Frauenfragen. Nicht im Gemeinderat, aber in gewissen Kommissionen kommt man sich allerdings als Frau manchmal schon vor wie auf einem anderen Planeten.»

➔ Werkzeuge
7. Könnten Sie mir da nicht entgegenkommen?

Kantonale Partei- und Verbandsgremien

Auf kantonaler Ebene sind die Parteien und Verbände bereits nicht mehr so offen wie auf Gemeindeebene. Die meisten Parteien beispielsweise kennen Parteitage oder Delegiertenversammlungen, an welche die Sektionen eine bestimmte Anzahl Delegierte schicken können. Jene, die dort auftreten, gehören daher bereits zum unteren und mittleren Kader, zum Parteiestablishment. Der Parteitag bestellt wiederum einen Parteirat oder Grossen Vorstand, der häufiger zusammentritt und wichtige Fragen der Parteipolitik bespricht. Das eigentliche Leitungsgremium ist dann der Engere Vorstand oder die Geschäftsleitung. In diesen Gremien sitzt das obere Parteikader.

Frauen müssen sich auch in diesen Gremien engagieren, denn da werden Programme geschrieben, Karrieren vorbereitet, Posten verteilt, Regierungsräte 'bearbeitet' – da wird handfest Politik gemacht. Frauen, die sich in diese Gremien begeben, müssen sich etwas zutrauen und sich nicht einschüchtern lassen. Denn die Männer, mit denen sie zu tun haben, sind sehr wohl liebe Parteifreunde oder Genossen, aber eben gleichzeitig auch Konkurrenten.

Beatrice Alder, Mitglied der SP Basel-Stadt, analysiert: «Grundsätzlich gibt es in der SP keine Schwierigkeiten für Frauen, sie sind voll integriert. Die Frauenförderung hat aber dann ein Ende, wenn es um Macht und Geld geht. Da spielen ganz subtile Mechanismen, über die bisher nie diskutiert worden ist. Dieser Diskurs müsste noch geführt werden. Frauen dürfen von der theoretischen Absicht ausgehen, dass die SP mehr Frauen auf wichtigen Positionen will. Sie müssen sich aber selber durchsetzen und werden dann, wenn die Luft dünn wird, der ganzen Schutzlosigkeit ausgesetzt. Im Hinblick auf die Utopie der Gleichwertigkeit wäre diese Schutzlosigkeit gar nicht so schlecht. Aber es ist noch zu früh dafür. Denn im Rahmen einer Frauenförderungspolitik ist dies ein zu abrupter Schrittwechsel.»

➔ Orte
2. Zahlen, Daten, Fakten – und ein paar Tricks

Das Kantonsparlament

Das Kantonsparlament bestimmt den Inhalt der Gesetze, fasst Finanzbeschlüsse, beaufsichtigt die Regierung, diskutiert aktuelle Fragen und erteilt Aufträge zur Gestaltung der künftigen Politik. Die Intensität dieser Aufgabe ist natürlich abhängig von der Grösse des Kantons. Der Innerrhoder Grosse Rat tagt vier- bis fünfmal jährlich, der Zürcher Kantonsrat wöchentlich. In den meisten Kantonen müssen die Parlamentsmitglieder indessen ihr Mandat als Halbamt betrachten. Denn die öffentlichen Sitzungen des gesamten Parlamentes stellen bloss die Spitze des Eisbergs dar. Gewissermassen unter der Wasseroberfläche verbergen sich die zahllosen nichtöffentlichen Sitzungen der parlamentarischen Kommissionen und der Fraktionen. Gewählt werden die Kantonsparlamente wie die Gemeindeparlamente auf Parteilisten nach dem Proporzsystem. Davon weichen allerdings Uri sowie die beiden Appenzell ab: Sie wählen ihre Parlamente im Majorzsystem.

In den 60- bis 200köpfigen Gremien gelten die gleichen Spielregeln wie in den Gemeindeparlamenten – nur dass sie noch ritualisierter sind. ParlamentarierInnen müssen sich daran gewöhnen, dass sie allenfalls von einem Redepult aus sprechen müssen. Oft hört ihnen nur ein Teil der Anwesenden zu, während die anderen Zeitung lesen oder miteinander tratschen. Die RednerInnen gehen nur teilweise aufeinander ein, und oft geben nicht die Argumente, sondern die Parteistärken den Ausschlag für ein Abstimmungsresultat. Zudem lösen Frauen, die klar Position beziehen und nicht gleich auf schlechte Kompromisse einlenken, bei vielen Männern aggressive Reaktionen aus. Die Erfahrung zeigt aber zugleich, dass Frauen oft zu den am besten vorbereiteten und profiliertesten Parlamentsmitgliedern gehören.

So erinnert sich Madeleine Jaques, die von 1975 bis 1993 für die Progressiven Organisationen (POCH) im Baselbieter Landrat sass: «Das Parlament ist letztlich eine Männerbastion, eine Institution mit patriarchalischen Strukturen. Das begann schon mit der Sprache, mit dem 'Fräulein' zum Beispiel. Die Männer im Parlament sind immer gleich beleidigt, wenn Frauen das weibliche Ritual nicht durchspielen. Es ist schwierig in diesem frauenfeindlichen Rahmen die Sensibilität und die Wachheit zu behalten. Ich musste immer als unverletzbar auftreten. Ich brauchte die Solidarität mit anderen Frauen – wobei es bei diesen Frauen ja unterschiedliche Standpunkte gab. Ich musste in meinem Umfeld verankert sein, musste mit anderen Frauen, ausserhalb des Parlamentes, über das, was da ablief, reden und auch lachen können. Wichtig war erstens, dass ich die innere Überzeugung behielt: Dass das, was ich tat, wichtig ist. Und dass ich zweitens bereit war, auch Niederlagen einzustecken, sie aber nicht als das zu empfinden. Es brauchte eine Portion Frechheit, Unverfrorenheit, Gradlinigkeit.»

→ Werkzeuge
16. Machen Sie Platz, Monsieur!

Die Kantonsregierung

Wahlkämpfe

In der überwiegenden Mehrheit der Kantone sind die fünf- bis siebenköpfigen Kantonsregierungen vollamtlich. Ihre Mitglieder leiten anspruchsvolle Departemente. Wer in eine Regierung eintritt, muss führen, verhandeln, politische Botschaften vermitteln, kämpfen und Geduld üben können. Ausser in den Landsgemeindekantonen gehen den Regierungsratswahlen aufwendige Wahlkämpfe voraus – denn Regierungsbeteiligung heisst für die Parteien Machtbeteiligung. Personen und Parteiansprüche stehen dabei gleichermassen zur Debatte. Frauen, die kandidieren, müssen bereit sein, einen oder zwei Monate lang praktisch jeden Abend an einer Versammlung aufzutreten und den Medien zahllose Interviews zu geben.

Regierungsrätinnen sind vielfach allein unter Männern. Die Ausnahmen in wenigen Kantonen bestätigen nur die Regel.

Sie können sich daher im Regierungskollegium in Sachfragen mit Argumenten durchsetzen, wenn sie sich zunächst im Stil anpassen. Dem eigenen Departement hingegen können sie ihren Stempel viel stärker aufdrücken.

Marianne Kleiner (FDP), Finanzdirektorin von Appenzell Ausserrhoden, erklärt: «Ich hatte vor meiner Wahl keinerlei politische Funktionen im Kanton, ausser dass ich die Spitex präsidierte, aber das auch nicht seit langem. Im Vorfeld gab es mehrere Podiumsgespräche. Da ich gewohnt bin, vor Leuten aufzutreten, wurde ich bald als Favoritin betrachtet. Zwar gab es zwei 'Tolggen' in meinem Reinheft: Ich war aus der Kirche ausgetreten und hatte für die Abschaffung der Armee gestimmt. An einem Podiumsgespräch erläuterte ich, warum. Das schockte einerseits die Leute, trug mir aber auch den Ruf ein, mutig und ehrlich zu sein. Unter den sechs kandidierenden Personen gab jedenfalls die Landsgemeinde den zwei Frauen den Vorzug. Wir wurden von den bisherigen Regierungsräten mit offenen Armen und grosser Freude empfangen. Ich erhielt zwar mit den Finanzen eine schwierige Direktion, in der für mich inhaltlich fast alles neu ist, aber Chefbeamte und Regierungskollegen unterstützen mich nachdrücklich. Auch der Kantonsrat reagierte positiv auf meine ersten Vorlagen. Im Regierungsrat hat sich im übrigen bereits eine Veränderung eingestellt: Statt dass langfädige Statements abgegeben werden, wird vermehrt offen und munter diskutiert und nach Lösungen gesucht.»

➔ Werkzeuge
9. Ach wie gut, dass niemand weiss...
➔ Werkzeuge
17. Diese Wahl ist unsere Wahl

Nationale Partei- und Verbandsgremien

Zweisprachige Verhandlungen

In den nationalen Partei- und Verbandsgremien sind erstens die Profis unter sich. Zweitens werden die Verhandlungen zweisprachig (in hochdeutsch und französisch) geführt. Das heisst: Jeder und jede spricht die eigene Sprache – ausser die TessinerInnen, die sich entweder französisch oder deutsch ausdrücken –, muss aber die andere Sprache verstehen. Diese Randbedingungen verlangen von den beteiligten Frauen einen zusätzlichen Effort. Denn die politisch hartgesottenen und mit allen Wassern gewaschenen Männer schenken den Frauen nichts.

Béatrice Geier ist die Verantwortliche des Frauenressorts der FDP Schweiz und wohnt in Liestal (BL): «Das Ressort

Frauen ist eine 'Mordsaufgabe' in der FDP. Denn die FDP ist eine Männerpartei. Nach der Bundesrätinnenwahl vom März 1993 brauchte es einen förmlichen Aufstand der Frauen, damit der Parteitag Frauenfragen behandelte. Beschlüsse durfte er keine fassen, nur einen Bericht über Entscheide des Delegiertenrates entgegennehmen. Es ist knallhart. Es gibt immer massiven Widerstand gegen die Anliegen von uns Frauen. Man muss unheimlich selbstsicher sein. Man muss eine bürgerliche Feministin sein. Das Umfeld nimmt uns nicht so ernst. Wir haben eben nicht den Zugang zu all den Netzwerken und Lobbies, wir müssen unsere Netzwerke selber knüpfen. Ich gehe immer wieder als 'commis voyageuse' für Frauenanliegen in die Kantonalparteien. Das mobilisiert auch. Aber es ist schwierig in bürgerlichen Parteien. Es braucht starke, unabhängige Frauen. Und wenn die FDP nicht riskieren will, dass ihr diese Frauen den Rücken kehren, dann muss das Parteiprogramm bald anders aussehen. Progressiver.»

→ Werkzeuge
15. Frauen fördern Frauen

Kommissionen und Fachorganisationen

Hinter verschlossenen Türen tagen Hunderte von Fach- und ExpertInnenkommissionen des Staates und der Wirtschaft, versammeln sich Vorstände von wissenschaftlichen, kulturellen und sportlichen Fachorganisationen. Sowohl die Kommissionen als auch die Fachorganisationen besitzen einen autonomen Bereich und werden in Vernehmlassungen vielfach konsultiert. Auch hier ziehen Hunderte von Personen an Fäden und üben Einfluss aus. Auch hier können sich Frauen bemerkbar machen. Allerdings sind die Wahlkriterien fachlicher Natur: Wer etwas von Film versteht und in den entsprechenden Fachorganisationen tätig ist, kann in die Eidgenössische Filmkommission gelangen. Wer im Kulturbereich zuhause ist, kann im Stiftungsrat der Pro Helvetia landen. Wer etwas von Wirtschaft versteht, kann in die Kartellkommission delegiert werden. Frauen, die nicht von der falschen Annahme ausgehen, die Männer seien sachverständiger als sie, können sich in diesen Gremien ohne weiteres entfalten.

Beatrix Mesmer ist Professorin für Geschichte an der Universität Bern und Präsidentin der Allgemeinen Geschichtsforschenden Gesellschaft der Schweiz. Sie beurteilt die Situation der Frauen in diesem Bereich so: «Rezepte gibt es nicht. Ich habe gute Erfahrungen damit gemacht, dass ich die Akten kenne, die Sitzungen gründlich vorbereite und darauf baue, dass dies bei der Mehrzahl nicht gleichermassen der Fall ist. Mühe hatte ich nie. In wissenschaftlichen Gremien, in denen Geld verteilt wird, sitzen bereits heute viele Frauen. Man ist kaum mehr irgendwo die einzige Frau unter Männern. Die Frauen zeichnen sich dadurch aus, dass sie mit Kompetenz auftreten. Was man nicht kann, ist, sofort das Gremium zu ändern. Das braucht Zeit. Sonst marginalisiert man sich.»

➔ Werkzeuge
8. Heute abend ist Sitzung...

Die Bundesversammlung (National- und Ständerat)
Die Bundesversammlung ist die oberste Gewalt des Bundes. Sie funktioniert grundsätzlich gleich wie die Gemeindeparlamente und Kantonsparlamente. Erschwerend kommt indessen dazu, dass in zwei Sprachen debattiert wird und dass die Geschäfte zwischen den beiden Kammern (Nationalrat und Ständerat) hin und her wandern, bis Übereinstimmung erzielt ist. Im 200köpfigen Nationalrat sind die Frauen stark untervertreten und müssen sich in einer oft schwer einzuschätzenden, unübersichtlichen, sich oft ändernden, nicht sehr disziplinierten Gruppe durchsetzen. Im 46köpfigen Ständerat, dem nur wenige Frauen angehören, ist das Klima familiärer.

Die CVP-Ständerätin Rosmarie Simmen aus Solothurn legt Gewicht auf folgende Punkte: «Eine Rolle spielt zunächst die Majorzwahl. Um gewählt zu werden, müssen Frauen bereits ein Profil, ein Netzwerk und einen Bekanntheitsgrad haben. Es ist kaum möglich, dass ein Kanton gerade beide Sitze mit Frauen besetzt, aber eine Frau – neben einem Mann – gilt heute schon in vielen Kantonen als chic. Im Ständerat selber sind wir Frauen deutlich in der Minderheit. Das führt zu einer ambivalenten Stellung: Wir fallen mehr auf, sind mehr im Rampenlicht, haben aber leichteren Zugang zu den Kommissionen, in denen doch in der Regel auch die Frauen vertreten sein sollten. Umgekehrt heisst es dann rasch: Eine Frau genügt; es braucht nicht zwei. In der Kommissionsarbeit spielt allerdings das Geschlecht überhaupt keine Rolle, ausser dann, wenn es um die Selbstdarstellung nach aussen geht. Dann drängen sich die Männer vor. Widerstand gegen unsere Arbeit gibt es indessen allenfalls auf persönlicher Ebene, nicht grundsätzlich gegen die Frauen. Weil wir gut sein wollen, strengen wir uns natürlich selber sehr an. Da die Entscheide im Ständerat selten in Blöcken, sondern sehr individualistisch fallen, kommt dies einer Minderheit wie den Frauen entgegen. Wir haben Chancen, uns durchzusetzen. Dabei muss man sehen, dass die Unterschiede unter den einzelnen Frauen mindestens so gross sind wie zwischen Frauen und Männern. Das heisst, dass sich Frauensolidarität nicht von selber einstellt; sie muss immer wieder gebildet werden. Und: Für Frauenanliegen brauchen wir immer eine Koalition mit gleichgesinnten Männern.»

Die Medien

Da die Menschen am Abend mit Vorliebe vor dem Fernseher sitzen und kaum mehr an politische Versammlungen gehen, hat die Versammlungskommunikation stark an Bedeutung eingebüsst. Umso wichtiger ist die Medienkommunikation geworden. Wer Schritte auf dem öffentlichen Parkett unternehmen will, muss daher auch mit den Massenmedien umzugehen wissen. Dabei kann die Initiative von den politisch Tätigen oder von den Medien ausgehen.

➔ Werkzeuge
9. Ach wie gut, dass niemand weiss...

Die Politologin Sybille Hardmeier aus Zürich schildert ihre Erfahrungen so: «Im Umgang mit den Medien kommt man meist in Kontakt mit Männern. Das ist die Regel. Je nach Thema hat man auch mit Frauen zu tun. Das ist immer sehr angenehm. Da ich nicht über eine kräftige Stimme verfüge, schätze ich das Radio sehr, denn da ist man immer nahe am Mikrofon und braucht nicht zu brüllen. Das gilt auch für das Fernsehen. Aber dort wird auch das Aussehen und die Aufmachung beurteilt, und das stresst zusätzlich. Vor einer Sendung musste ich mich immer überwinden, war verärgert, dass ich zugesagt hatte, war sehr nervös. Aber wenn es dann so weit war, ging alles gut, und ich machte es gerne. Grundsätzlich ist meine Erfahrung die, dass die Journalisten und Journalistinnen auch mit Wasser kochen. Sie wollen etwas von mir als Expertin und sind redlich bemüht, meine Aussage gut hinüberzubringen. Ich merkte, dass es nicht ihre Absicht ist, mich hereinzulegen. Im übrigen stehen den Frauen die Medientüren offen: Die Medien brauchen Frauen. Sie wollen Frauen, manchmal auch einfach Alibi-Frauen, damit sie nicht nur rein männliche Diskussionssendungen ausstrahlen müssen.»

Tips zum Weiterlesen

- Aubert, Jean-François: So funktioniert die Schweiz. Cosmos Verlag, Muri bei Bern 1984.
- Gabriel, Jürg: Das politische System der Schweiz. Haupt Verlag, Bern 1990.
- Levy, René/Duvanel, Laurent: Politik von unten. Bürgerprotest in der Nachkriegsschweiz. Lenos Verlag, Basel 1984.
- Tschäni, Hans: Wer regiert die Schweiz? Eine kritische Untersuchung über den Einfluss von Lobby und Verbänden in der schweizerischen Demokratie. Orell Füssli Verlag, Zürich 1983.

Wege

Pfade durch den Dschungel des öffentlichen Engagements

4

Pendlerinnen zwischen zwei Welten

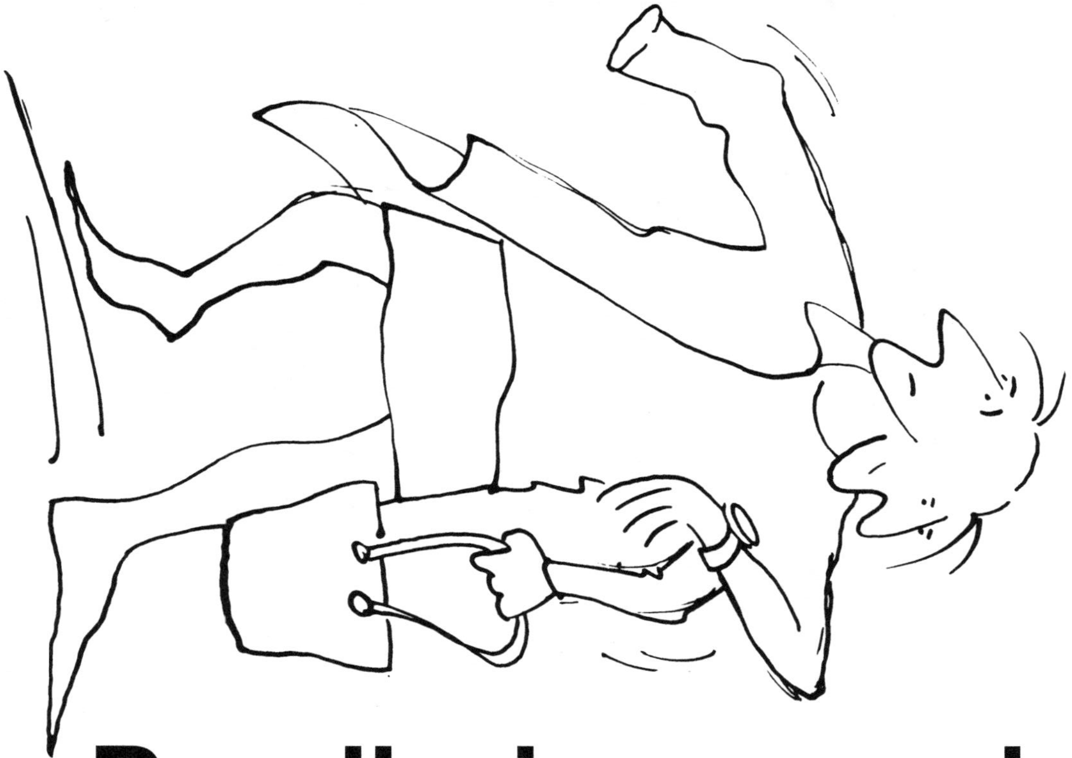

«Die Macht der Männer ist die Geduld der Frauen.»
Christina Perincioli, Regisseurin

Sie haben also Lust, sich zu engagieren. Und wissen, warum und wo. Sie haben sich mit Ihren Ängsten und Fähigkeiten auseinandergesetzt. Sie sind Feuer und Flamme – oder wütend über einen Missstand und voller Tatendrang. Also kann es losgehen.

Doch wie steht es mit der Durchführbarkeit Ihrer Ideen und Anliegen? Wo anfangen und nicht untergehen? Welches Ziel verfolgen Sie genau? Wie sind Ihre Chancen, dieses Ziel zu erreichen? Welche Wege der Veränderung schlagen Sie und Ihre MitstreiterInnen ein? Welche Visionen und Utopien begleiten Ihr Engagement, Ihre Wege in der Öffentlichkeit?

Carmen Jud, Friedensfrau und Mitarbeiterin beim Christlichen Friedensdienst, hat die Dimension zwischen Veränderungsträumen, Umsetzbarkeit, Handeln und möglichem Scheitern wunderschön aufgezeigt. «Wenn wir heute träumen, müssen wir spätestens morgen beginnen, Strategien der Veränderung zu erarbeiten. Zu oft schon blieben Träume im Stadium der faszinierenden grossen Idee stecken, weil die Angst, in den Einzelvorstellungen schmerzliche Gegensätze zu entdecken, grösser war als der Mut zur Veränderung. Aber vielleicht haben diese Träume nicht genug getaugt. Wir müssen deshalb grosse, bunte Träume träumen, die den Schmerz und die Freude, das Gelingen und das Scheitern kennen.»

Die Tradition hat Frauen kaum gelehrt, eigene oder gemeinsame Ziele zu entwerfen und auch hartnäckig zu verfolgen. Ihre gesellschaftlich zugeteilte Rolle als Organisatorin des Alltags und Hüterin der Familie verlangt von den Frauen Reaktionen auf das Alltägliche sowie die Anpassung und Unterstützung anderer in ihren Zielen. Die weibliche Rolle hat wenig Platz für den Entwurf und die Verfolgung klarer, etwa beruflicher Ziele – geschweige denn langfristiger gesellschaftspolitischer Ziele. Das macht die Entscheidung für ein Engagement sehr schwierig – wie auch die Suche nach sinnvollen Wegen der Einmischung.

Wie stellen Sie sich eine gleichberechtigte Gesellschaft vor? Wie ist die Rolle, die Männer, Frauen und Kinder darin haben? Wie werden die Familien zusammenleben, wie wird die Arbeit organisiert sein? Welche Aufgaben hat der Staat und welche die Wirtschaft? Ihre Vorstellungen, Visionen und Utopien werden die Wahl Ihrer Ziele – und die Wege und Mittel Ihres Engagements beeinflussen.

Seit Frauen sich gegen ihre Diskriminierung zu wehren begannen, gibt es unterschiedliche Visionen und Konzepte über die Gleichstellung zwischen Mann und Frau und ebenso über die Teilnahme, die Partizipation der Frauen in der Gesellschaft.

Chancengleichheit und Gleichstellung sind nur möglich, wenn die Aufteilung der Arbeit nicht mehr ans Geschlecht gebunden ist. Also wenn nicht einerseits vor allem die Männer die Erwerbsarbeit machen und sich auch sonst in der Öffentlichkeit profilieren und andererseits die Frauen die private Familien- und Hausarbeit gratis leisten. Erst wenn verschiedene Lebensmodelle für Männer und Frauen, gemäss ihren individuellen Bedürfnissen, möglich sind, auch gesellschaftlich anerkannt und gefördert werden, gibt es wirkliche Gleichstellung.

Welche Wege sind Frauen bisher gegangen?
- Sie gingen in die Politik
- Sie blieben draussen vor der Tür
- Sie pendelten zwischen den Welten

Ganz gleich, welche Vision Ihnen entspricht, welchen dieser Wege Sie wählen: Es wird eine Gratwanderung werden. Denn Sie befinden sich immer im Spannungsfeld zwischen der auf männliche Lebensmuster ausgerichteten Realität und Ihren Utopien. Doch wie sagte die Psychologin Margrit Brückner so treffend: «Solange wir unsere Träume nicht zu realisieren versuchen, können wir ohne Abstriche an ihnen festhalten.» Oder anders formuliert: Nur wer wirklich einen Weg geht, kann praktische Erfahrungen machen, kann aus Fehlern lernen, kann innehalten und zurückblicken – und neue Wege einschlagen.

Einige Gedanken zur Macht

Frauen, die sich engagieren und Schritte auf dem Weg in die Öffentlichkeit machen, entsprechen nicht dem traditionellen Rollenbild, das sich die Gesellschaft von Frauen macht. Das bedeutet auch: Wenn Sie sich einmischen und bei Fragen, die in der Öffentlichkeit behandelt werden, mitdenken und mitreden, werden Sie positive und negative Erfahrungen machen. Darauf müssen Sie gefasst sein. Sie werden immer wieder durch Ihre Umwelt oder durch verinnerlichte Wertvorstellungen der Gesellschaft mit den folgenden Fragen und Themen konfrontiert werden. Etwa mit der Frage der Konkurrenz, dem Umgang mit Widerständen und Konflikten – und dem für Frauen besonders heiklen Thema Macht.

Was bedeutet Macht für Sie, liebe Leserin? Viele, gerade engagierte Frauen reagieren mit Abwehr, wenn sie auf das Thema Macht angesprochen werden. «Mit diesem 'Machtklüngel' will ich nichts zu tun haben», ist eine häufig gehörte, spontane Antwort auf die Machtfrage. Der 'Machtklüngel' bezieht sich wahlweise auf 'die da oben' in der Firma oder in der Politik.

Macht ist ein Thema, das heute von Frauen viel diskutiert wird. Und zwar kontrovers und oft verwirrend. Da sind die einen, die schon das blosse Wort nicht hören mögen. «Das Wort Macht ist mir unsympathisch. Verantwortung, Mitbestimmung, Kompetenz, Einfluss! – ja. Aber Macht – nein!» Wird das Reizwort 'Macht' weniger gefährlich, wenn es durch harmlosere Wörter ersetzt wird? Andere fragen hoffnungsvoll: «Muss es denn immer Macht sein? Können wir nicht anders miteinander umgehen? Ich meine gleichwertig, ohne Machtansprüche? Gerade wir Frauen sollten doch andere Wege gehen.» Und gleich stellt sich die Frage: Sind Frauen die besseren Menschen, gehen sie anders, sprich besser mit Macht um? Da gibt es die Dritten die kurz und bündig feststellen: «Die Machtfrage interessiert mich nicht, denn ich habe keine Macht.» Stimmt das wirklich? Haben Frauen, wenn sie nicht in den sogenannt wichtigen Positionen sitzen, effektiv keine Macht? Dann gibt es jene, die behaupten: «Ohne Macht gibt es keine Veränderung. Wenn wir die Gleichstellung der Frauen durchsetzen wollen, geht das nicht ohne Macht.» Und wieder andere suchen nach dem dritten Weg unter dem Motto: «Weibliche Ohnmacht – nein danke! Männliche Machtausübung: Auch nicht! Wir müssen Macht neu definieren, das heisst, es soll keine zerstörerische Macht sein, die Gewalt über andere ausübt, sondern lebendige Ermächtigung.» Doch ist das in dieser Welt eine realistische Vorstellung?

Macht neu definieren

Es gibt viele offene Fragen und keine endgültigen Antworten. Auf jeden Fall kann sich keine Frau, die sich einmischen will, dieser brisanten Diskussion entziehen. Doch: Warum ist das Thema ausgerechnet für Frauen so brisant?

Definitionen von Macht

Um in diesem Punkt weiterzukommen, ist es notwendig, den Begriff Macht genauer unter die Lupe zu nehmen. Nach der klassischen Definition des Soziologen Max Weber ist Macht jede Chance, innerhalb einer sozialen Beziehung den eigenen Willen auch gegen Widerstreben durchzusetzen – gleichviel, worauf diese Chance beruht. Das Wort Macht bezeichnet somit immer eine vertikale Beziehung zwischen Menschen oder sozialen Systemen wie beispielsweise der Familie, gesellschaftlichen Organisationen und Institutionen sowie Nationen. Mit vertikaler Beziehung ist der unterschiedliche Zugang und die Kontrolle über Ressourcen und Mittel, Menschen und Ideen gemeint. Macht kann im Gegensatz zu Gewalt nur ausgeübt werden, wenn die Beteiligten die Grundlage der Macht akzeptieren. Die Zustimmung kann freiwillig geschehen oder durch Regeln, Normen oder staatliches Recht erzwungen werden. Ohne diese grundsätzliche Anerkennung haben die persönliche Macht und die strukturelle Herrschaft keine Chance.

Zugang und Kontrolle

Macht ist wie Geld – weder gut noch böse. Ob Macht negative oder positive Auswirkungen hat, hängt ausschliesslich davon ab, wie Menschen mit ihr umgehen, wie sie verteilt ist, welchen Zielen sie dient und welche Mittel benutzt werden, um Macht zu erreichen oder zu erhalten. Deshalb gehört zur Auseinandersetzung mit der Macht immer auch die Frage nach den Zielen – und die Frage, wie die Vorstellungen über eine andere Macht aussehen.

Gerade für Frauen, die sich einmischen und sich für mehr Gerechtigkeit einsetzen wollen, definiert Hannah Arendt einen positiven Aspekt der Macht: «Macht entspricht der menschlichen Fähigkeit, nicht nur zu handeln oder etwas zu tun, sondern sich mit anderen zusammenzuschliessen und im Einvernehmen mit ihnen zu handeln. Über Macht verfügt niemals ein Einzelner; sie ist im Besitz einer Gruppe und bleibt nur solange existent, als die Gruppe zusammenhält.»

Die Vision der positiven Macht wird von vielen Frauen mit Eigenschaften wie Offenheit, Kooperation und gemeinsames Handeln umschrieben. Angelsächsische und amerikanische Feministinnen haben den Begriff 'empowerment' für diesen Umgang mit Macht geschaffen, der von vielen Frauen bevorzugt wird. Empowerment kann übersetzt werden mit Befähigung.

Empowerment

Den Umgang mit dem Dilemma Macht hat Silvia Staub Bernasconi durch ihre wegweisende Denkarbeit wesentlich erleichtert. Ihr Anliegen lautet: Macht muss neu definiert werden, um ihren beiden Seiten – der negativen, zerstörerischen und der positiven, aufbauenden – gerecht zu werden. Angesichts der Tatsache, dass Macht nicht abgeschafft werden kann, ohne das Zusammenleben zwischen Menschen in einer komplexen Gesellschaft überhaupt abzuschaffen, hat Silvia Staub Bernasconi zwei Machtbegriffe geschaffen: den der negativen Behinderungsmacht und den der positiven Begrenzungsmacht. Dieses Konzept erlaubt es auch kritischen Frauen, Macht anzustreben, um Veränderungen durchzusetzen.

Behinderungsmacht

Behinderungsmacht liegt dann vor,

- wenn die Kontrolle und Verteilung von knappen Ressourcen (Land, Nahrungsmittel, Bodenschätze oder Geld) aufgrund von Merkmalen erfolgt, die nicht veränderbar sind. Also zum Beispiel aufgrund des Geschlechts, der Hautfarbe, des Alters, der familiären Abstammung, der ethnischen oder religiösen Zugehörigkeit.

- wenn die Kontrolle über Menschen, Regionen oder Nationen so institutionalisiert ist, dass die 'oben' ausschliesslich entscheiden und die 'unten' nur ausführen und gehorchen müssen. Ein Beispiel dafür sind totalitäre Diktaturen.

- wenn die Kontrolle über die Ideen und Denksysteme einer Gesellschaft so erfolgt, dass die Diskriminierung einzelner Bevölkerungsteile als von der Natur, von Gott oder der Geschichte gewollt dargestellt wird. Das geschieht häufig mit Frauen, mit Andersfarbigen oder Kastenangehörigen.

- wenn die Durchsetzung der Machtausübung mit Gewalt und Willkür erfolgt und nicht mit legitimierten, gesetzlichen Machtmitteln.

Begrenzungsmacht
Begrenzungsmacht liegt dann vor,

- wenn die Verteilung von knappen Ressourcen aufgrund von Kriterien wie Bedarf und Arbeitsleistung erfolgt – wobei auch die Haus- und Erziehungsarbeit eine Arbeitsleistung ist. Das zügellose Wachstum auf Kosten aller, die künstliche Verknappung von Gütern und die Anhäufung von Wissen durch einige wenige werden somit begrenzt.

- wenn das Zusammenleben der Menschen in verschiedenen Bereichen wie Familie, Wirtschaft, Politik, Religion so geregelt ist, dass immer auch Möglichkeiten der Mitsprache, der Kritik und der Rotation (zum Beispiel Wahlen) vorgesehen sind. Die Demokratie ist ein Beispiel für eine solche Begrenzungsmacht.

- wenn die Durchsetzung der gesellschaftlichen Regeln und Normen mit Selbstbegrenzung erfolgt. Das heisst, dass auf Gewalt und Willkür als letztes Mittel zur Durchsetzung verzichtet wird.

Der Preis der Macht
In unserer Kultur sind die Wörter Macht und Männlichkeit praktisch gleichbedeutend. Das macht die Machtfrage für Frauen so schwierig. Macht und Weiblichkeit hingegen schliessen sich in den Augen vieler geradezu aus. Wenn wir uns in der Welt umschauen, stimmt das auch oft. Wir gehen zur Arbeit – und treffen dort gewöhnlich einen Mann als unseren Vorgesetzten an. Wir schalten den Fernsehapparat ein – schöne Frauen sagen die Sendungen an, in denen uns Männer erzählen, wie

die Probleme der Welt aussehen und gelöst werden müssen. Wir kommen ins Krankenhaus – ein Arzt behandelt uns, während die Krankenschwester uns pflegt. Wir gehen einkaufen – eine Verkäuferin bedient uns, die Leitung des Ladens obliegt jedoch einem Mann. Die Botschaft ist klar: Männer geben Befehle, Frauen machen die Arbeit. Ausnahmen bestätigen die Regel, und sie nehmen in den letzten Jahren auch hoffnungsvoll zu.

Damoklesschwert 'Liebesverlust'

Dennoch spüren Frauen instinktiv, was die Psychoanalytikerin Margarethe Mitscherlich kurz und treffend formuliert hat: «Der Machtgewinn einer Frau muss heute noch immer mit Liebesverlust bezahlt werden.» Das über den Köpfen der Frauen hängende Damoklesschwert 'Liebesverlust' hat schon so mancher die Lust auf Macht, auf Einfluss und auf Handlungsfähigkeit äusserst wirkungsvoll genommen. Und zwar überall: zu Hause, am Arbeitsplatz, in der Politik!

Fehlende weibliche Vorbilder

Hinzu kommt: In Macht- und Führungspositionen sind Frauen noch selten anzutreffen – die weiblichen Vorbilder fehlen. Und die wenigen, die es geschafft haben, sind besonders exponiert. Sie wandern auf dem schmalen Grat des Rollenwechsels. Dort die Balance zu halten zwischen den übergrossen Erwartungen, dass sie alles anders – nämlich besser und menschlicher – machen müssten, und der gnadenlosen Kritik an ihrem unweiblich harten Machthunger, ist keineswegs leicht. So antwortet die Zürcher Stadträtin Ursula Koch auf die Frage, was die Macht mit ihr als Frau macht:

«Es ist einerseits faszinierend, und andererseits gefährlich und schwierig. Ich wurde für viele Menschen zu einer bequemen Projektionsleinwand. Sie entwickelten abstruse Fantasien darüber, wie eine Frau sich verhält, die in einer Position tätig ist, die traditionellerweise von einem Mann eingenommen wird. Viele begegneten mir sofort mit Misstrauen – aufgrund ihrer Vorstellungen über Macht und nicht aufgrund konkreter Erfahrungen mit mir. Sie sind sicher, dass ich nun plötzlich machtgierig und hart geworden bin, weil ich meine Arbeit als Stadträtin mache. Das heisst: Entscheidungen treffe, Entwicklungen einleite und zu Ende führe. Ich weiss, was ich will, und versuche, dies auch durchzusetzen. Von Männern in meinem Job würde man genau dies verlangen. Von Frauen erwartet man hingegen, dass sie vage bleiben, nicht deutlich sagen, was sie wollen und für richtig halten, und sich lenken lassen. Aufgrund meiner politischen Positionen wurde ich gewählt, von der Partei und von Freunden unterstützt und getragen. Gerade diese Menschen sind nun besonders kritisch. Ihr natürliches und auch gesundes Misstrauen gegenüber jeglicher Form der Macht übertragen sie auf meine Person. Das macht die politische Arbeit manchmal ganz schön schwierig.»

Noch viel zu viele Frauen befürchten vor allem eines: Dass der Preis, den sie zahlen müssen, um Einfluss nehmen zu können, zu hoch ist. Einsamkeit, Verletzbarkeit, Messer im Rücken, Verzicht auf Geborgenheit und Zuwendung – so heissen die dominierenden Ängste. Welchen Preis bezahlen jedoch die Frauen, wenn sie mehr oder weniger freiwillig auf Macht verzichten?

Machtmittel

Immerhin sind Frauen in unserer Gesellschaft nicht nur ohnmächtig, sie haben auch einige wichtige Machtmittel in der Hand – als Stimmbürgerin, Konsumentin, Arbeitnehmerin oder Mutter. Doch viel zu oft verhalten sie sich gegenüber diesen Mitteln gleichgültig und passiv. Dadurch werden aber die Mächtigen nur noch mächtiger. Warum schöpfen so viele Frauen ihre Machtmöglichkeiten – privat, beruflich und politisch – kaum aus? Ist es die Hoffnung, dass es auf der Welt weniger Macht gibt, wenn die Frauen auf Macht verzichten? Oder ist es die Resignation, dass sie sowieso nichts ändern können? Oder weil es einfach bequemer ist? Oder weil 'Nettsein als Erfolgsstrategie' für viele Frauen immer noch eine der wirksamsten Rollennormen ist?

«Wenn wir Frauen uns darauf festlegen lassen, dass wir nur gut sind, dann können wir zwischen zwei Rollen wählen: Die nährende Erdmutter oder das fliehende Opfer. Definieren wir uns als 'von Natur aus gut', dann sind wir machtlos. Macht beinhaltet immer, Gutes oder Böses tun zu können. Wo nicht beides möglich ist, geht es nicht um Macht. Das Feuer zum Beispiel kann einen Raum erwärmen oder ihn niederbrennen.» Das gibt Margaret Atwood, Autorin von wunderschönen bitterbösen Frauengeschichten, zu bedenken.

Zwar gibt es viele offene Fragen bei der Auseinandersetzung mit der Machtfrage. Doch eines scheint heute völlig klar: «Keine kann sich draussen halten», so Brigit Keller von der katholischen Bildungsstätte Paulus-Akademie in ihrem wegweisenden Referat an der Machttagung vom September 1993 in Zürich. Denn die Machtfrage geht alle etwas an, ob wir es wollen oder nicht. Die Machtstrukturen – also die unterschiedliche Verteilung von Besitz, Arbeit, Geld, Positionen sowie Bildung – und die Regeln, wer Zugang erhält und wer ausgeschlossen wird, existieren so oder so. Und auch Frauen sind davon betroffen – unabhängig davon, ob sie diese Tatsachen zur Kenntnis nehmen oder nicht.

Gleichstellung ist auch eine Machtfrage

Die weitverbreitete Negativsicht der Macht hängt auch damit zusammen, dass Frauen Macht oft ganz konkret als Herrschaft, Unterdrückung und Gewalt erfahren. Deshalb bewerten weite Teile der Frauenbewegung die Kosten der Macht höher als deren Nutzen. Ihre Kritik an der Macht hat wesentlich dazu beigetragen, unseren Blick für gesellschaftliche Missstände im allgemeinen und die Diskriminierung der Frauen im besonderen zu schärfen: Den Blick für die alltägliche Gewalt an Frauen und Kindern, für den offenen und versteckten Sexismus in Werbung, Medien und Öffentlichkeit.

Dabei blieb aber die Tatsache lange ausgeblendet, dass auch das Thema Gleichstellung eine Machtfrage ist. Wir können zwar zusammen mit Männern partnerschaftlich für das Ziel Gleichberechtigung kämpfen – was aber ist, wenn gar nicht alle Männer dieses Ziel wirklich erreichen wollen? Denn oft muss die Gleichberechtigung auch gegen die Interessen der Männer durchgesetzt werden. Mehr Rechte und Chancen für Frauen bedeutet automatisch weniger Macht für Männer. Oder noch konkreter: Mehr Stellen, Ämter, Geld und Zeit für Frauen bedeutet weniger davon für Männer. Denn es gibt nicht plötzlich die doppelte Menge davon. Insofern ist der Feminimus auch eine Machtstrategie. Er macht den Frauen klar, dass die Privilegien der Männer in unserer Gesellschaft nur so lange existieren, wie Frauen bereit sind, die eigene Ohnmacht und Abhängigkeit hinzunehmen und ihre Handlungsfähigkeit zu delegieren.

➔ Werkzeuge
16. Machen Sie Platz, Monsieur!

Über welche Machtquellen verfügen Frauen?

Der Dialog zwischen Frauen mit unterschiedlichen Machterfahrungen ist noch sehr jung. Jede Frau verfügt über eigene

Machtquellen – ganz gleich, ob sie in einer wichtigen öffentlichen Position Entscheidungen trifft, eine Kaderstelle in der Wirtschaft einnimmt oder den Haushalt managt. Nicht jede allerdings kennt und nützt diese Quellen auch. Zudem sind die Machtmöglichkeiten sehr unterschiedlich, weil Frauen nicht gleich sind. Sie leben in unterschiedlichen Verhältnissen und haben verschiedenen Zugang zu Machtmitteln wie Bildung, Arbeit, Geld oder einflussreiche Positionen. Um unsere Handlungsspielräume gestalten und ausweiten zu können, ist es wichtig, dass wir unsere Machtquellen realistisch kennenlernen. Denn nur so können wir aus diesen Quellen Energie und Kraft beziehen. Wo sind wir ohnmächtig? Wo sind wir mächtig? Wo haben wir Handlungsspielraum, um Veränderungen durchzusetzen? Ganz im Sinne der Mahnung von Audre Lorde: «Jede von uns verfügt über ein relatives Mass an Macht. Wenn wir diese Macht nicht in unserem Sinne für Veränderungen nutzen, können wir sicher sein, dass jemand sie gegen uns einsetzen wird.»

→ Werkzeuge
6. Auf dem Weg zu Tribüne, Podium und Mikrofon

Silvia Staub Bernasconi skizziert die weiblichen Machtquellen folgendermassen:

Materielle Macht

Zur materiellen Macht gehören Boden, Geld und Bildung. Vor allem im Bereich der Bildung haben Frauen in den letzten Jahren enorm zugelegt. Für die Machtquellen Boden und Geld lässt sich das leider nicht sagen. Darum ist auch der Kampf um Lohngleichheit so wichtig.

Artikulationsmacht

Artikulationsmacht ist die Fähigkeit, zu denken, zu fühlen, zu urteilen und zu reden. Diese Fähigkeiten sind – offen eingesetzt – grosse Machtquellen, denn sie machen Frauen sicht- und hörbar. Trauen Sie Ihrem Urteil, Ihrer Intuition. Sprechen Sie aus, was Sie an Sitzungen und Versammlungen, am Arbeitsplatz oder bei privaten Treffen wahrnehmen. Sie werden dadurch Einfluss nehmen können. Reden statt stumm zu bleiben, ist eine wirkungsvolle Macht.

Modellmacht

Unter Modellmacht verstehen wir Gedanken, Bilder, Theorien, Werte, Wissen und Visionen. Die Welt wird vorwiegend von Männern beschrieben, erklärt und definiert. Viele Normen und Regeln wurden nach ihren Wertvorstellungen und auf der Basis ihrer Lebensmuster entworfen. Frauen haben zum Teil andere Vorstellungen, andere Werte und andere Visionen. Entwickeln wir eigene Modelle und Theorien! Prüfen und beziehen wir uns auf Modelle von Frauen!

Handlungsmacht

Handlungsmacht zu haben, bedeutet: Rollen ausfüllen, kreativ sein, Vorstellungen und Ziele in Handlungen umsetzen, konkrete Schritte unternehmen. Und nicht nur darüber nachzudenken. «Wenn Frauen wollen, kommt vieles ins Rollen!» – dieser Slogan des Frauenstreiks vom 14. Juni 1991 hat einen Vorgeschmack darauf gegeben, was Handlungsmacht von Frauen bewirken kann.

Beziehungsmacht

Beziehungsmacht heisst, Beziehungen zu Personen mit Machtquellen aufzubauen und zu nutzen. Nur wer in Gruppen, Organisationen und Netzwerken mit Menschen verbunden ist, kann Einfluss nehmen und Positionen mit Macht erreichen. Diese Netze brauchen Frauen in der Politik, im Beruf – überall.

Positionsmacht

Wer Positionsmacht hat, nimmt eine führende Rolle ein, ist jemand. Als Präsidentin des Berufsverbandes haben Sie mehr Einfluss als ein einfaches Mitglied. Als Vorgesetzte von MitarbeiterInnen haben Sie mehr zu entscheiden, aber auch mehr Verantwortung zu tragen. Es gibt noch wenige Frauen, die Positionen innehaben, dank denen sie Macht ausüben können. Die wenigen stehen im Schaufenster und werden argwöhnisch beobachtet – nicht zuletzt von ihren Geschlechtsgenossinnen. Dabei sollte es einfach normal sein, dass Frauen auch Führungspositionen einnehmen und diese Aufgabe gut oder weniger gut erfüllen. Und dabei auch einmal einen oder zwei Fehler machen dürfen.

➔ Orte
2. Zahlen, Daten, Fakten – und ein paar Tricks
➔ Werkzeuge
14. Gemeinsam statt einsam
➔ Werkzeuge
15. Frauen fördern Frauen

Organisationsmacht

Organisationsmacht bedeutet: Dazu gehören, sich verbünden, organisieren, gemeinsam etwas bewirken, die Interessen vieler bündeln und gezielt einsetzen. Das verlangt zum Teil eine straffe Organisation, Vereinsstatuten und strategische Ziele.

Erzwingungsmacht

Die Erzwingungsmacht umfasst Weisungen und Befehle bis hin zu Gewaltanwendung. Viele Positionen mit Führungs- und Machtfunktionen bedingen klare Entscheidungskompetenzen. Mit den Kompetenzen allein ist es nicht getan – Sie müssen sie auch dazu benützen, etwas durchzusetzen.

Körpermacht

Auch der Körper ist eine Machtquelle. Dazu gehören die Sexualität und die Erotik ebenso wie das Präsentsein in wichtigen Momenten, bei Demonstrationen oder einem Hungerstreik. Wenn die 'Frauen für den Frieden' jede Woche eine Mahnwache vor dem Rathaus machen, um an die Grausamkeiten des Krieges in Ex-Jugoslawien zu erinnern, dann benutzen sie ein Mittel der Körpermacht.

Frauen werden sich immer bewusster, dass sie über Machtquellen verfügen. Dafür gibt es auf der ganzen Welt Beispiele:

- Etwa die Inderin Medha Paktar und ihre unzähligen Mitstreiterinnen. Mit ihrem entschlossenen Widerstand gegen den Narmada-Staudamm haben sie sogar die Weltbank zum Nachdenken und zum Rückzug aus dem unsozialen und ökologisch bedenklichen Projekt gezwungen.

- Etwa die 'Madres de la Plaza de Mayo' in Argentinien. Sie haben über Jahre hinweg die argentinische Militärjunta wegen ihren grausamen Menschenrechtsverletzungen angeprangert. Argentiniens Rückkehr zur Demokratie ist auch ihr Verdienst.

- Etwa die von der Israelin Arna Mer-Kharmis gegründete Organisation 'Care and Learning' – ein Projekt zur Ausbildung palästinensischer Kinder in den von Israel besetzten Gebieten. Für ihren Beitrag zu einer wirklichen Versöhnung zwischen dem palästinensischen und dem israelischen Volk hat Arna Mer-Kharmis nicht nur den 'Alternativen Nobelpreis' erhalten, sondern im kleinen dazu beigetragen, dass der Friedenshändedruck zwischen Arafat und Rabin möglich wurde.

- Oder etwa die vielen italienischen Frauen, die furchtlos einen Kampf aufgenommen haben, den in Italien vor ihnen noch niemand gewagt hat: Den Kampf gegen die Mafia, den Kampf für einen neuen, korruptionsfreien Staat.

Wo haben Sie selber Macht?
Haben Sie sich schon einmal gefragt, wo Sie über welche Machtquellen verfügen? Die Quellen Ihrer Macht sind Ihre soziale und berufliche Position, aber auch Ihre Persönlichkeit. Wie können Sie diese bei ihrem Engagement nutzen? Wo fehlen Ihnen wichtige Machtquellen zur Erreichung ihrer Ziele? Wie können Sie sie beschaffen?
Doch: Wie gehen Sie damit um, wenn Sie keine Mittel haben, um etwas zu verändern? Was tun Sie, wenn Sie mit Ihrer Empörung ins Leere laufen, weil Sie keine oder nur ungenügende Möglichkeiten haben zu handeln? Wenn Sie beispielsweise den Krieg in Ex-Jugoslawien und die Vergewaltigung

von Hunderten von Frauen nicht verhindern können? Wie können Sie mit Ihrer eigenen Ohnmacht umgehen? Oder wenn Sie trotz allen fachlich und menschlich überzeugenden Argumenten 'die andere Seite' nicht überzeugen können?

Ohnmacht

Zur Auseinandersetzung mit der Macht gehört auch jene mit der eigenen Ohnmacht. Manchmal sind wir einfach ohnmächtig. Manchmal liegt es nicht in unserer Macht – nicht in der individuellen, nicht in der gemeinsamen – jetzt und sofort etwas zu ändern. Das tut weh. Aber auch damit müssen Frauen, die sich einmischen, leben lernen. Trotz allem Mut, trotz allem Einsatz: Manchmal ist etwas einfach nicht zu ändern. Oder wenn, dann vielleicht erst nach Jahren und Jahrzehnten.

Tips zum Weiterlesen

- Meier-Seethaler, Carola: Ursprünge und Befreiungen. Eine dissidente Kulturtheorie. Arche Verlag, Zürich 1988.
- Randzio-Plath, Christa: Frauenmacht – Ausweg aus der Krise. Bund-Verlag, Köln 1987.
- Arendt, Hannah: Macht und Gewalt. Piper, München/Zürich 1985/1969.
- Schultz, Dagmar (Hg.): Macht und Sinnlichkeit. Ausgewählte Texte von Adrienne Rich und Audre Lorde. sub rosa Frauenverlag, Berlin 1983.
- Mitscherlich, Margarete: Die friedfertige Frau. S. Fischer, Frankfurt a. Main 1985.

Einige Gedanken zum Umgang mit Widerständen und Konflikten

Als Frau, die sich engagiert und einmischt, werden Sie möglicherweise auch mit einer Reihe von Widerständen und Konflikten konfrontiert werden.

- Sie werden beispielsweise Ihre eigene Meinung, Ihren Standpunkt an Orten vertreten, wo die Mehrheit anderer Meinung ist. Oder noch schwieriger: Sie werden trotz guter Argumente und überzeugender Präsentation von der anderen Seite nicht gehört.

- Sie werden mit Strukturen konfrontiert werden, die von Männern gemacht sind und die wenig Rücksicht auf weibliche Lebensmuster nehmen. Dazu gehören 'Banalitäten' wie Sitzungszeiten, die sich mit der Betreuung Ihrer Kinder nur schwer vereinbaren lassen.

- Sie werden in Ihrer Organisation oder in Ihrer Frauengruppe Auseinandersetzungen über unterschiedliche Vorstellungen austragen müssen. Sie werden sich über MitstreiterInnen ärgern, die zwar dabei sind, aber immer unverbindlich bleiben.

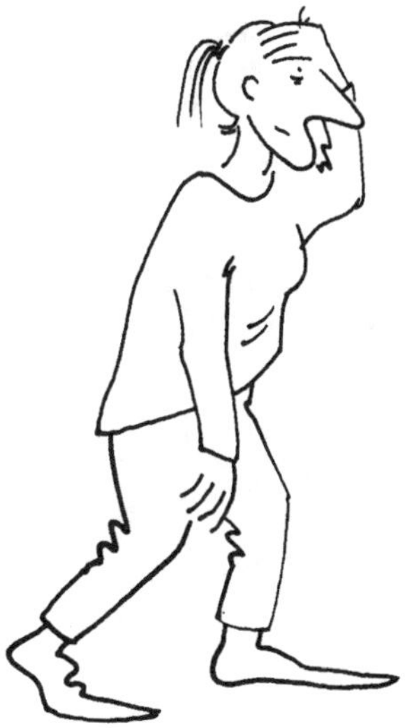

- Sie werden sich ab und zu in einer unangenehmen Sandwich-Position wiederfinden. Etwa zwischen den Ansprüchen und Erwartungen 'Ihrer' Gruppe und Ihrer Rolle als Mitglied einer Verhandlungsdelegation, in der Sie auch Kompromisse anstreben müssen. Sie haben sich abgerackert, stundenlange Sitzungen überlebt, mit sich und dem 'Gegner' gerungen und was passiert? Man dankt es Ihnen mit Kritik statt mit Anerkennung.

- Sie werden möglicherweise an einer von Ihrer Frauenorganisation beschlossenen Aktion nicht teilnehmen wollen, weil sie Angst vor den möglichen persönlichen Konsequenzen haben. Oder umgekehrt: Sie nehmen teil, fühlen sich aber so unwohl, dass sie kaum handlungsfähig sind.

Konflikte: Um was geht es wirklich?

Der Umgang mit Konflikten und Widerständen ist oft schwierig, weil es vielfach gar nicht klar ist, um was es geht. Persönliche Differenzen, persönliche Abneigungen und Antipathien oder Konkurrenz können das eigentliche Problem 'vernebeln' – gestritten wird dann scheinbar über eine vordergründige Sachfrage. Aber im Grunde geht es um die Verteidigung oder Etablierung von Macht, Privilegien und Positionen.

Konflikte lassen sich auf verschiedenen Ebenen beobachten:

- auf der Ebene von Werthaltungen und Einstellungen
- auf der sachlichen Ebene
- auf der Gefühlsebene

Auf dem öffentlichen Parkett geht es oft um Konflikte, die als Ursache unterschiedliche Wertvorstellungen oder Ziele haben. Denn viele politische Fragen werden nicht durch sachliche Argumente entschieden, sondern aufgrund von Überzeugungen. Auf die Frage «Wollen wir das Militär abschaffen?» gibt es eine grosse Zahl sachlicher Pro- und Kontra-Argumente. Wie die einzelnen Menschen diese Frage jedoch letztlich beantworten, hängt von ihren Wertvorstellungen ab. Was glauben Sie selber zum Beispiel, wie in der internationalen Staatengemeinschaft Konflikte geregelt werden können? Wie die Sicherheit der Bevölkerung garantiert werden kann?

Auch unterschiedliche Vorstellungen darüber, wie das Ziel erreicht werden kann, liegen vielen politischen Konflikten zugrunde. Gleichberechtigung und Frauenförderung – dafür sind heute fast alle Parteien und Arbeitgeber. Doch ob die Quotenregelung das richtige Mittel ist, dieses gemeinsame Ziel zu erreichen, darüber wird intensiv gestritten – auch und gerade unter Frauen. Das ist ein klassischer Methodenkonflikt.

Konflikte sind nie nur negativ. Im Gegenteil: Sie weisen auf Probleme hin, die es in der Beziehung zwischen Menschen, innerhalb von Organisationen und innerhalb einer Gesellschaft gibt. Wenn Sie damit konstruktiv umgehen, schaffen Sie die Voraussetzung für neue Lösungen und bewirken positive Veränderungen bei den beteiligten Menschen und in der Gesellschaft.

Der Umgang mit Konflikten

Wer sich engagiert, kommt immer wieder in schwierige, konfliktreiche Situationen, die sich durch ein flaues Magengefühl ankünden. Je nach Befindlichkeit und Situation wird daraus eine mittlere Panik oder Wut und Ohnmacht. Solche Widerstände und Konflikte sind normal und verbreitet. Erstaunlich ist nur, wie unterschiedlich Männer und Frauen darauf reagieren. Männer argumentieren, streiten und versuchen bis zuletzt, sich gegen den Widerstand durchzusetzen, im Konflikt die Oberhand zu behalten. Erst wenn sie die Aussicht, den Konflikt gewinnen zu können, endgültig begraben müssen, geben sie auf. Aber nur unter dem Motto: An einem Tag verlierst Du, und am nächsten gewinnst Du!

Viele Frauen hingegen ziehen sich bei Konflikten schnell zurück. Denn sie empfinden es als schwierig, selbstbewusst zu den eigenen Gefühlen und Standpunkten zu stehen, klare Entscheidungen zu treffen, entsprechend zu handeln und Konflikte offen auszutragen. Sie geben lieber nach. Verletzungen, Kränkungen, Wut, Fluchtgedanken, Rückzugsgelüste und Ausstiegsszenarien sind oft die Folge. Zumindest aber fühlen sie sich blockiert und handlungsunfähig. Frauen erleben Konflikte anscheinend häufig als totale Ablehnung der ganzen Person – und nicht nur als Ablehnung ihrer Ideen und Meinungen.

Es gibt verschiedene Verhaltensweisen, um mit Konflikten umzugehen. Welche die geeignete ist, hängt natürlich immer von der konkreten Situation und Ihren Zielen ab. Eines gilt jedoch auf jeden Fall: Sie müssen sich von der Vorstellung verabschieden, Konflikte würden sich von alleine lösen. Oder ein Streit würde nicht ausbrechen, wenn Sie sich anpassen. Das ist leider eine von vielen Frauen angewandte Strategie, um Konflikte zu vermeiden. Die heimliche Sehnsucht nach Harmonie verhindert konstruktive Konfliktregelungen.

Kommunikation und Konfrontation

Die häufigsten Strategien im Umgang mit Konflikten sind die Vermeidung oder die Konfliktunterdrückung. Aus Angst vor Auseinandersetzungen oder aus Zeitmangel verzichten die Beteiligten auf eine Bereinigung. Auch Gesprächsverweigerung wird oft eingesetzt, weil eine Seite vom Konflikt profitiert.

Konfliktunterdrückung

Nicht alle Konflikte sind lösbar. Wer jedoch eine Lösung sucht, sollte als ersten Schritt mit dem Gegenüber reden und im Gespräch bleiben. Denn das Gespräch ist die Voraussetzung dafür, dass eine Lösung des Konflikts überhaupt möglich wird. Sei das auf internationaler Ebene bei Friedensverhandlungen, sei das im kleinen in Ihrer Frauenorganisation. Häufiger und realistischer sind allerdings ausgehandelte Konfliktregelungen. Dabei handelt es sich um eine besondere Form des Kompromisses. Die Konfliktparteien benennen zuerst ihre Interessengegensätze klar und deutlich. Dann verhandeln sie Teilziele, denen alle Seiten zustimmen können. Obwohl damit noch keineswegs eine Angleichung der gegensätzlichen Haltungen erfolgt, ist dennoch eine weitere Zusammenarbeit in konkreten Bereichen möglich. Allerdings gilt auch hier: Nur wer die eigenen Interessen deutlich anmeldet, hat überhaupt eine Chance, in Verhandlungen über Konfliktregelungen einzusteigen. Wie das im Einzelfall gemacht wird, ist auch eine Frage der Strategie. Immer jedoch gilt: Die Ausgangsposition ist für Verhandlungen sehr wichtig.

Konfliktregelungen

➔ Werkzeuge
7. Könnten Sie mir da nicht entgegenkommen?

So stärken Sie Ihre Position in Konfliktsituationen

Konflikte gehören zum Leben

- Verabschieden Sie sich vom heimlichen Wunsch: «Mein Leben ist konfliktfrei möglich.» Denn Sie haben keine Chance, dass er je erfüllt wird. Auch wenn Sie sich nicht einmischen, auch wenn Sie immer nachgeben oder jede Konfrontation vermeiden – sie haben trotzdem Konflikte. Sie haben nur die Wahl zwischen zwei Haltungen: Sie können die Lösungen offen mitgestalten – oder ein Spielball der anderen bleiben.

Sie haben ein Recht auf eine eigene Meinung

- Nehmen Sie Ihren Standpunkt ernst und beharren Sie darauf! Sie haben ein Recht auf Ihre eigene Meinung, Ihre persönlichen Wertvorstellungen und Ihre eigene Sicht der Dinge.

Nur wenn Sie dieses Recht in Anspruch nehmen, wird das Gegenüber Sie ebenfalls ernst nehmen, nur so werden Sie zu einer respektierten Konfliktregelungs-Partei. Konfrontieren Sie die Beteiligten direkt. Es macht wenig Sinn, sich bei Freundinnen über Widerstände zu beklagen, aber dort zu schweigen, wo die Widerstände tatsächlich sind.

Hören Sie auf Ihre innere Stimme

- Hören Sie auf Ihre Gefühle und Ihre innere Stimme. Oft sind sie ein sehr genauer Gradmesser bei der Wahrnehmung von Konflikten und ihren Ursachen. Denken Sie immer daran: Sie haben ein Recht auf Ihre Gefühle. Sprechen Sie diese aus. Denken Sie aber daran: Über Gefühle lässt sich nicht verhandeln, sondern nur über konkrete Anliegen und Bedürfnisse, die Sie daraus ableiten und formulieren können.

Konzentrieren Sie sich auf das Problem

- Versuchen Sie, bei Widerständen und Konflikten das Problem zu sehen und nicht die beteiligten Personen anzugreifen. Und verlangen Sie das auch von den anderen. Lernen Sie, konstruktiv Kritik anzubringen.

Humor

- Auch wenn es schwierig erscheint: Humor ist oft die bessere 'Waffe' im Umgang mit Konflikten als giftige Angriffe.

Gehen Sie strategisch vor

- Gehen Sie bei Konfliktregelungen strategisch vor. Denken Sie daran: Es gibt verschiedene Methoden, um mit Konflikten umzugehen. Zwar ist der wichtigste Schritt immer das Gespräch und die Verhandlung. Es ist jedoch nicht zwingend, dass immer Sie den ersten Schritt machen müssen. Eine Regelung des Konflikts ist für alle Beteiligten zwar am besten zu erreichen, wenn es keine GewinnerInnen-VerliererInnen-Resultate gibt. Das heisst aber noch lange nicht, dass immer Sie zuerst den Kompromiss anbieten müssen. Bleiben Sie flexibel.

- Es gibt Momente, in denen ein Konflikt nicht mehr geregelt werden kann. Das gibt es sowohl bei politischen Entscheiden wie innerhalb von Organisationen. Dann müssen Sie sich fragen, ob Sie mit dem Konflikt leben können. Oder ob Sie Konsequenzen ziehen müssen. In einem solchen Fall sind meist nur noch 'harte Lösungen' möglich: Weggehen oder die Machtfrage stellen.

Tips zum Weiterlesen
– Stechert, Kathryn: Frauen setzen sich durch. Leitfaden für den Berufsalltag mit Männern. Campus-Verlag, Frankfurt/New York 1988.

Einige Gedanken zur Konkurrenz

Sie haben sich nach langem Überlegen und viel gutem Zureden von seiten Ihrer Kolleginnen dazu entschlossen, im Vorstand der Umweltorganisation mitzuarbeiten. Sie haben zwar Bedenken, ob Sie für dieses Amt über genügend Wissen verfügen – aber man motiviert und unterstützt Sie. Nicht zuletzt hat Sie ein Argument überzeugt: Es ist wichtig, dass mehr Frauen im Vorstand mitarbeiten. Und nun erfahren Sie, dass es für den Vorstand mehr KandidatInnen als Vakanzen gibt. Sie müssen in eine Wahl. Ihre Konkurrenz kann sich sehen lassen – es sind engagierte Männer und Frauen. Und Ihre erste Reaktion ist: «Ich ziehe mich zurück...»

Sie arbeiten seit Jahren im Unterstützungsverein des Frauenhauses. Eine Ihrer wichtigsten und immer wiederkehrenden Aufgaben ist das Beschaffen von Geldern und die Suche nach politischer Unterstützung. Diese Arbeit wird immer schwieriger. Die Stadt hat die Subventionen eingefroren und beabsichtigt, sie sogar noch zu senken. Auch die Spendengelder fliessen nicht mehr, tröpfeln ist der bessere Ausdruck. Ihr Budget für das nächste Jahr sieht entsprechend aus. Nun erfahren Sie, dass der Verein 'Nottelefon für vergewaltigte Frauen' mit dem Sozialamt über eine Subvention verhandelt. Neben ihre Freude mischt sich eine böse Stimme, die deutlich vernehmbar flüstert: «Hoffentlich bekommen sie kein Geld, sonst sind unsere Subventionen noch mehr gefährdet.»

Kommen Ihnen diese Situationen bekannt vor? Das ist kein Wunder. Denn wer sich öffentlich engagiert, kommt auch nicht darum herum, sich mit dem Thema Konkurrenz auseinanderzusetzen. Je mehr Frauen sich einmischen, desto eher werden sie mit Männern und mit anderen Frauen in Konkurrenz geraten. Sie werden mit anderen um öffentliche Aufmerksamkeit, um Positionen in Organisationen und um Ämter in Institutionen rivalisieren. Sie werden sich dem Wettbewerb um bessere Ideen und Lösungswege zur Bewältigung gesellschaftlicher Probleme stellen müssen. Das gibt Konflikte und Auseinandersetzungen. Auch Organisationen stehen zum Teil miteinander in Konkurrenz – sogar, wenn sie für die gleichen Ziele arbeiten. Werbung von Mitgliedern, Organisation von Spendengeldern und Präsenz in der Öffentlichkeit heissen die Felder, auf denen sich die KonkurrentInnen tummeln.

Für Frauen ist Konkurrenz ein schwieriges Thema. Denn oft befürchten sie, dass Konkurrenz die menschlichen Beziehungen schädigt.

Mit Konkurrenz fair umgehen: Einige Spielregeln

- Lernen Sie zu sehen, dass Konkurrenz nichts Schlechtes ist. Verabschieden Sie sich von der Vorstellung, Ehrgeiz sei unweiblich. Stehen Sie zu Ihren Ansprüchen – im Beruf oder in der Politik. Auch wenn Sie nicht die Superfrau sind, 'an der niemand vorbei kommt'.

- Klappern gehört zum Handwerk. Lernen Sie, Ihre persönlichen Leistungen oder jene Ihrer Organisation ins rechte Licht zu rücken.

- Anerkennen Sie die Leistungen der Konkurrenz! Eine Konkurrentin abzuwerten, ist nicht sehr souverän. Verwechseln Sie neidvolle Abwertungen nicht mit gerechtfertigter Kritik.

- Kooperation ist der Konkurrenz meist überlegen. Stellen Sie sich bei einer Konkurrenzsituation immer die Frage: Gibt es Möglichkeiten, zusammenzuarbeiten, Synergien herzustellen?

- Wenn es keinen anderen Weg gibt: Kämpfen Sie um ihre Ansprüche und zwar mit allen Mitteln, die Sie für ethisch vertretbar halten. Der offene Einsatz für sich selbst bringt Ihnen mehr als ein verdrückter Rückzug.

- Mobilisieren Sie Ihr Unterstützungsnetz! Bitten Sie ganz konkret um Hilfe. Fragen Sie andere Menschen ganz direkt, ob diese sich für Sie einsetzen wollen und können.

- Last but not least: Erkennen Sie, wenn das Konkurrenzspiel gelaufen ist. Seien Sie eine gute Verliererin oder eine kooperative Siegerin! Beides bedeutet, dass Sie mit ihren RivalInnen einen normalen Umgang pflegen. Hören Sie auf zu konkurrenzieren, wenn der Anlass erledigt ist. Das ist nicht immer einfach – aber sehr wichtig.

- Freuen Sie sich über erfolgreiche Frauen! Seien sie stolz auf das, was andere Frauen leisten, können, bewegen, denken – auch wenn es nicht Ihre persönliche Ansicht ist. Das ist eine gute Basis.

Selbst wenn offene Konflikte existieren oder Konkurrenzdenken herrscht, ist es keineswegs unmöglich, dass Frauen sich zusammenschliessen und in bestimmten Angelegenheiten gemeinsam kämpfen. Dazu benötigen sie jedoch ein Konzept der kritischen Solidarität.

Kritische Frauensolidarität

Auf Anhieb weckt das Wort Frauensolidarität bei vielen – vielleicht auch bei Ihnen – Sehnsüchte und Phantasien nach Schwesterlichkeit, Gleichheit, Geborgenheit, Power und Frauenmacht. Es erinnert an den Beginn der neuen Frauenbewegung. Damals war der Slogan «Frauen gemeinsam sind stark» für viele Frauen eine Offenbarung. Auf den zweiten Blick allerdings verursacht das Wort 'Frauensolidarität' sofort ein Gefühl des Unbehagens. Viele verbinden damit Behinderung, Nivellierung und Widerspruch. Keine Frau kann und will mit allen Frauen solidarisch sein. Die Interessen, Lebensumstände und politischen Meinungen sind doch zu verschieden.
Frauensolidarität ohne Wenn und Aber – damit kommen wir nicht weiter. Eine solche Solidarität verlangt eine grosse inhaltliche Übereinstimmung und gleichzeitig eine enge gefühlsmässige Verbundenheit. Dieser Anspruch ist viel zu hoch, um gesellschaftspolitisch wirksam zu sein. Er ist eine kaum zu überwindende Hürde im Kampf, die Stellung der Frauen konkret zu verbessern. Die Zeit des naiven 'Wir-Frauen-Gefühls' ist vorbei und weicht einer realistischen Einschätzung der Unterschiede zwischen Frauen.

Was wir brauchen, ist eine kritische und zielgerichtete Solidarität. Dazu gehört:

- Die öffentliche – und nicht nur die private – Auseinandersetzung mit Meinungen und Ansichten von Frauen. Wir dürfen uns nicht davor scheuen, öffentlich um Standpunkte zu streiten und kontroverse Diskussionen zu führen. Denn nur so nehmen wir einander ernst und profilieren uns gegenseitig. Frauen haben etwas zu sagen. Nehmen wir uns den Raum dazu – und zwar öffentlich!

Empowering

• Das Empowering. Das heisst, sich wo immer möglich auf Frauen und ihre Leistungen zu beziehen. Nicht auf alle, aber auf diejenigen, die zum Beispiel ähnliche Ziele wie wir vertreten. Oder solche, die uns durch ihre Fachkenntnisse oder ihr Auftreten beeindrucken. Damit gelingt es uns nicht nur, Frauen in der Gesellschaft überhaupt sichtbar zu machen. Wir stärken uns so auch gegenseitig den Rücken, machen einander Mut und polieren unser Selbstbewusstsein. Frauen leisten auf allen Gebieten viel: Machen wir es sichtbar!

Weibliche Seilschaften

• Die Pflege und das Benützen von weiblichen Beziehungsnetzen in Beruf, Politik und Kultur. Das bedeutet ganz konkret: Informationen austauschen; uns Feedback geben; den eigenen Einfluss für Frauen, die wir gut finden, nutzen; uns gegenseitig Stellen, Gelder, Einfluss oder Aufträge verschaffen. Entscheidend ist dabei nicht, dass wir einander mögen, sondern dass wir einander nützen können. Bauen wir weibliche Seilschaften auf: Wir brauchen sie!

Lobbying

• Das Lobbying. Das heisst, in einer bestimmten Sache gezielt Einfluss zu organisieren – über die ansonsten unterschiedlichen Meinungen, Positionen und Interessen hinweg. Zum Lobbying gehört auch, sach- und zweckbezogene Bündnisse einzugehen, um einem konkreten Anliegen zum Durchbruch zu verhelfen.

• Diese Art von Frauensolidarität ist heute schon ein Teil unseres Alltags. Wer genau beobachtet, sieht überall rund um uns fein gesponnene Netze. Darüber hinaus aber braucht jede Frau ein ganz enges Beziehungsnetz, das sie persönlich stützt. Und mindestens eine kritische Freundin, die ihr im Moment der Entscheidung, des Zweifels, der Trauer, der Schwäche sagt: «Mach weiter!»

Tips zum Weiterlesen:
- Kramer, Gisela: Wer ist die Beste im ganzen Land? Konkurrenz unter Frauen. Fischer Taschenbuch, Frankfurt a. Main 1993.
- Miner, Valerie/Longino, Helen (Hg.): Konkurrenz. Ein Tabu unter Frauen. Verlag Frauenoffensive, München 1990.
- Libreria delle donne di Milano: Wie weibliche Freiheit entsteht. Eine neue politische Praxis. Orlanda Frauenverlag, Berlin 1988.

Einige Gedanken zu Strategien

Frauen sollen in der Gesellschaft nicht nur mitreden, sondern mitentscheiden und mitbestimmen. Damit dieses Ziel erreicht werden kann, braucht es nicht nur Engagement, Mut und Durchhaltevermögen, sondern auch noch ein paar Gedanken zum Vorgehen. Damit sind wir bereits bei den Strategien. «Aber», werden viele Frauen einwenden, «Strategie ist doch ein Wort aus dem Militär und passt damit nicht zu uns Frauen.» Tatsächlich – das Wort 'Strategie' stammt vom griechischen Wort 'strategia' ab und bedeutet: Die Kunst der Heerführung, die Feldherrenkunst, die Kampfführung. Insofern ist die Ablehnung verständlich. In der Zwischenzeit hat sich die Sprache jedoch gewandelt, und das Wort 'Strategie' wird in einem allgemeinen Sinn für 'zielorientiertes, geplantes Vorgehen' benutzt.

Strategisches Denken heisst: Sich genau damit zu befassen, wie die gemeinsamen Ziele konkret umgesetzt werden können. Wie präsentiert sich die Ausgangslage? Mit welchen Mitteln und auf welchen Wegen können wir das Projekt verwirklichen? Es gibt nie nur eine Möglichkeit, etwas zu tun oder zu bewegen – sozusagen ein Patentrezept oder den Königinnenweg. Wenn Sie vernetzt und in Varianten denken, daraufhin entscheiden und gezielt handeln sowie eigene, selbstdefinierte Wege ausprobieren – dann denken und handeln Sie strategisch und einflussorientiert.

- Lesbische Frauen wollen um die Anerkennung ihrer Lebensform kämpfen. Mit welchen Forderungen, Zielen und Mitteln ist das möglich?

- Die Mütter, die sich täglich auf dem mickrigen Quartierspielplatz treffen, haben genug. Sie wollen endlich genügend Platz für ihre Kinder sowie mehr Sicherheit bei den Spielgeräten. Wie können sie vorgehen?

- Eine Gruppe von Architektinnen hat die Sicherheit der Stadt aus Frauenperspektive untersucht. Wie können ihre wichtigen Erkenntnisse umgesetzt werden, damit alle Frauen der Stadt davon profitieren?

Strategisches Vorgehen

Im folgenden Abschnitt werden die wichtigen Punkte erörtert, die Sie für ein strategisches Vorgehen benötigen. Welche davon für Ihre Gruppe oder Organisation wichtig und brauchbar sind, müssen Sie selbst entscheiden. Es hängt von Ihren Zielen wie auch von Ihren Vorstellungen ab, welchen Weg Sie einschlagen wollen. Selbstverständlich sind nicht alle strategischen Überlegungen bei allen Aktionen gleich wichtig. Immer geht es aber um die folgenden vier zentralen Punkte:

1. Ziele benennen
2. Wege entscheiden
3. Finanzierung organisieren
4. Einzelmassnahmen planen und umsetzen.

Bei der konkreten Arbeit können Sie folgendermassen vorgehen:

- Situationsanalyse erstellen

Eine genaue Analyse der Ausgangslage zwingt Sie, alle wichtigen Informationen zu berücksichtigen. Zusätzlich hilft sie Ihnen, einleuchtende Forderungen an die richtigen Adressen zu stellen.

Zur Situationsanalyse gehören Fragen wie: Was genau ist das Problem? Was müsste sich ändern? Wie liesse es sich lösen? Welche Informationen haben wir? Brauchen wir noch weitere? Wo bekommen wir sie?

- Ziele klären

Wenn Sie Veränderungen anstreben, brauchen Sie klare Vorstellungen darüber, wie Ihr Ziel aussieht. Wenn Sie das wissen, können Sie daraus auch allfällige Forderungen ableiten. Je konkreter Sie die Ziele formulieren, desto effektiver können Sie diese angehen und umsetzen. «Wir setzen uns für die Anerkennung lesbischer Lebensformen ein», ist zwar ein wichtiges Ziel – aber so allgemein kann es nicht umgesetzt werden. Effektives Engagement wird erst möglich, wenn Sie konkrete, überprüf- und erreichbare Teilziele benennen. Viele Menschen resignieren oder ziehen sich von einer Aufgabe zurück, weil die Ziele viel zu hoch gesteckt sind. Denn trotz all ihrer Arbeit ist ein Erfolg nie in Sicht. Wer mag sich schon ein Leben lang abrackern für so schwammige Ziele wie 'Die Sensibilisierung der Bevölkerung für....'? Formulieren Sie statt Lebensaufgaben Etappenziele!

Dabei helfen Ihnen folgende Fragen: Was genau wollen wir erreichen? An wen oder was richten sich die Forderungen? Wer ist sozusagen die Zielscheibe, wer sind die AdressatInnen der Veränderung? Welches sind unsere Maximalziele? Welches sind realistische Etappenziele?

- Kräfteverhältnis analysieren

Wer hat in dieser Sache Macht? Wer trifft die Entscheidungen? Sind es Personen, Institutionen oder Organisationen? Wie können wir sie beeinflussen? Und wie können wir sie für unsere Ziele gewinnen?

- Konflikte und Widerstände sehen

Wer wird voraussichtlich gegen unsere Ziele opponieren? Wie stark wird der Widerstand sein? Welche Mittel werden sie einsetzen? Welche Interessen stehen dahinter? Wie gehen wir mit Widerständen und Konflikten um? Was können wir dagegen halten – Argumente, Druckmittel oder Überzeugungsmassnahmen?

- Wege klären

Es gibt immer verschiedene Wege und Möglichkeiten, ein Ziel anzugehen. Darum ist es wichtig, die wirkungsvollsten Wege – im Zusammenhang mit anderen Faktoren – zu definieren. Dazu gehört die Berücksichtigung der vorhanden Ressourcen an Personen und Mitteln, die Sie einsetzen können, aber auch die Stilfrage und das Selbstverständnis der Gruppe.

Die Frage dazu lautet: Welche Wege wählen wir und warum?

- Stilfrage klären

Treten wir offensiv auf und hauen öffentlich auf die Pauke? Oder bevorzugen wir einen entgegenkommenden, mit Überzeugungsarbeit verbundenen Stil? Gibt es bei diesem Punkt in unserer Gruppe Differenzen? Wie gehen wir damit um?

- Organisationsform

Müssen wir uns speziell organisieren, um das Ziel zu erreichen? Gibt es schon Gruppen, die sich für ähnliche Ziele einsetzen? Können wir mit denen zusammenarbeiten? Gründen wir eine ad hoc-Gruppe oder brauchen wir einen Verein?

- Mittel organisieren

Welche Ressourcen und Mittel haben wir? Welche brauchen wir? Über welche Beziehungen – personell, finanziell und materiell – verfügen wir? Können wir unsere Ziele damit erreichen? Was fehlt noch? Und wo bekommen wir es?

- Unterstützung nutzen

Das Rad muss nicht immer neu erfunden werden. Bekanntlich setzen sich Menschen am meisten ein, wenn sie mit etwas gefühlsmässig eng verbunden sind. Das können ideelle Ziele sein oder noch mehr die Menschen, die sich für ein Anliegen engagieren. Deshalb die wichtige Frage: Wo finden wir Menschen – Bekannte und FreundInnen, informelle Netzwerke oder Organisationen, die wir für unsere Ziele aktivieren können?

- Aktionsplan erstellen

Planen Sie die einzelnen Schritte, mit denen Sie das Ziel erreichen wollen. Sie werden sehen, so können Sie Ihr Vorhaben bewältigen. Und auf die Motivation und das Engagement der Einzelnen und der Gruppe hat ein solcher Aktionsplan ebenfalls positive Auswirkungen. Darüber hinaus verhindert ein konkreter, immer wieder überprüfbarer Massnahmenkatalog, dass sich ein paar wenige in einem Überaktivismus verheizen und sich nach kurzer Zeit erschöpft und frustriert zurückziehen. Mit folgenden Fragen kommen Sie zu einem Aktionsplan: Welche konkreten Schritte braucht es? Zu welchem Zeitpunkt? Mit welchem Zeithorizont rechnen wir? Wie verteilen wir am besten die verschiedenen Aufgaben? Wer macht was, mit wem, bis wann?

- Bündnisfragen überlegen

Wer hat in dieser Frage das gleiche Interesse wie wir? Gibt es Organisationen, die unser Anliegen unterstützen können und wollen? Wie können wir zusammenarbeiten? Wie verhindern wir, dass sie uns für ihre eigenen Zwecke instrumentalisieren?

- Lobby aufbauen

Ein wichtiger Weg, sich Informationen zu beschaffen und Verbündete zu gewinnen, führt über das Lobbying. Der Begriff stammt aus der amerikanischen Politik. Im Gegensatz zu Amerika ist in unseren Breitengraden das Lobbying negativ besetzt – obwohl es alle tun. Die Grenzen zum vielkritisierten 'Filz' in der schweizerischen Politik sind fliessend. Eigentlich bedeutet Lobbying nichts anderes als das Geben und Einholen von Informationen, die in einer bestimmten Sache bedeutsam sind – und zwar zum richtigen Zeitpunkt. Bei der Lobbyarbeit geht es darum, potentielle UnterstützerInnen zu aktiven MitstreiterInnen zu machen. Die Mittel und Orte des Informationsaustausches sind oft informeller Art. Sie können nach den offiziellen Sitzungen in der Beiz stattfinden, während Tagungen und Versammlungen in den Mittagspausen oder bei persönlichen Treffen mit Personen, die in entscheidenden Gremien sitzen. Fast immer geht es bei diesen Anlässen ums Knüpfen und Nützen von informellen Kontakten. Dafür haben viele Frauen weder Zeit noch Lust. Dennoch sollten Sie die Möglichkeiten, die das Lobbying Ihnen bietet, beim Schopf packen. Sie müssen ja nicht unbedingt an langweiligen Empfängen oder Vernissagen herumhängen. Wichtig ist: Versorgen Sie die richtigen Leute zum richtigen Zeitpunkt gezielt mit relevanten Informationen über Ihr Anliegen.

Folgende Fragen helfen Ihnen, die gezielte Information zu nutzen und so mehr Möglichkeiten zu erhalten, um Einfluss zu nehmen: Welche Menschen, Organisationen und Institutionen müssen von unserem Anliegen wissen, weil sie es potentiell unterstützen könnten? Welches sind die Schlüsselpersonen, die speziell informiert und überzeugt werden müssen – zum Beispiel in Behörden, Parlamenten, grossen Organisationen? Gehören dazu auch VIPs – sehr wichtige und bekannte Persönlichkeiten –, die kein Amt haben, dafür aber Einfluss? Mit welchen Mitteln können wir sie effizient informieren – mit einem Brief oder mit einem Telefongespräch? Und wer kennt diese Menschen persönlich? Wann genau informieren wir sie?

Beeinflussungsstrategien kennen und nutzen

Wer etwas verändern will, muss jene Menschen, Organisationen und Institutionen überzeugen, die diese Veränderungen bewirken können. Oder sie durch Druck dazu bringen, die Forderungen umzusetzen. Das ist gar nicht einfach. Aus der Psychologie wissen wir, dass Menschen auf verschiedenen Ebenen beeinflussbar sind:

1. über das Wissen
2. über die Meinung
3. über das Gefühl
4. über das Verhalten, die Handlung.

Das heisst, Kenntnisse sind – etwa durch neue Informationen – leichter zu beeinflussen als Meinungen. Auf die Meinung einer Person können Sie leichter Einfluss nehmen als auf ihr Gefühl. Am schwierigsten ist es, das Verhalten von Menschen zu beeinflussen. Am eindrücklichsten zeigt sich das beim Umweltschutz. Fast alle Menschen befürworten einen konsequenten Umweltschutz. Aber nur wenige sind bereit, bei sich selbst anzufangen und beispielsweise aufs Auto zu verzichten.

Wenn Sie wollen, dass Ihre Ziele Wirklichkeit werden, müssen Sie sich auch mit Strategien der Beeinflussung auseinandersetzen. Wie gewinnen Sie Menschen als UnterstützerInnen? Wie überzeugen Sie Menschen, sich für Veränderungen einzusetzen?

Sie können die folgenden klassischen Beeinflussungsstrategien benutzen:

Die Schneeball-Strategie: Das Beziehungsnetz aktivieren

Diese Strategie ist sehr bekannt, einfach einsetzbar und effizient. Sie müssen nur Personen oder Organisationen finden, die bereit sind, Ihr Anliegen oder Ihr Thema weiterzutragen. Der Nachteil: Sie können die Weitergabe nicht kontrollieren und kaum planen. Das Schneeballsystem eignet sich für Aktionen, bei denen möglichst viele Menschen gebraucht werden, die mitmachen und handeln. Bedingung ist aber auch, dass der Schritt zum Handeln für die einzelne Person nicht sehr gross ist. Die Übertragung von Person zu Person kann persönlich, per Telefon, per Fax, per Brief oder im Computerzeitalter per Mailing erfolgen. Die lesbischen Frauen in unserem Beispiel könnten das Schneeballsystem zur Sammlung von Unterschriften für eine Petition benutzen. Und die Mütter vom Quartierspielplatz könnten damit unbürokratisch zu einer Versammlung einladen.

Die Basis-aufwärts-Strategie: Den Druck der Basis mobilisieren

Wenn Sie trotz guter Argumente nicht weiterkommen, können Sie sich überlegen, welche Druckmöglichkeiten es in Ihrem Fall gibt. Dabei sollten Sie ein wichtiges Prinzip bedenken: Die Beeinflussungsstrategie ist umso effektiver, wenn der Druck von 'Nahestehenden' ausgeübt wird.
Das Ziel der erwähnten Mütter ist die Neugestaltung des Spielplatzes. Dazu brauchen sie Geld und die Bewilligung der Regierung. Für die Planung ihrer Aktivitäten bedeutet das: Welche Personen können wir für diese Forderung mobilisieren? Die betroffenen Mütter? Die Quartiervereine? Die Parteien? ParlamentarierInnen? Sicher – alle Mütter sind potentielle Wählerinnen. Ein Stadtrat wird sich von 'seiner' Basis jedoch eher überzeugen lassen. Vielleicht ist es am wirkungsvollsten, die Frauen seiner Partei zu gewinnen? Oder sind es einzelne BeraterInnen in seiner engsten Umgebung?

Die Top-down-Strategie: Die Macht der Entscheidungsträger nutzen

Auch die umgekehrte Strategie ist möglich, um jemanden zu beeinflussen. Wenn Sie diese Strategie anwenden, müssen Sie die Spitzen einer Organisation oder einzelne Führungskräfte von Ihrem Anliegen überzeugen. Diese werden dann die Sache gegen 'unten' vertreten. Die Architektinnen beispielsweise haben sich entschlossen, diesen Weg auszuprobieren. Sie überzeugen die Präsidentin des Architekturverbandes davon, zum Thema 'Sicherheit in der Stadt – eine Untersuchung aus Frauenperspektive' eine Tagung für PlanerInnen und ArchitektInnen zu organisieren. Sie gewinnen ein wichtiges Mitglied der Planungskommission für ihr Anliegen. Das Mitglied stellt der Kommission das Inventar vor und regt eine Diskussion an. Sie machen dem Direktor des Gewerbeverbandes klar, dass die Untersuchung für seine Klientel etliche Vorteile hat. So wird es viel zu bauen geben, wenn die Vorschläge der Architektinnen verwirklicht werden.

Diese Strategie der Beeinflussung ist sehr effektiv, weil damit auch komplexe Inhalte ungefiltert bei den AdressatInnen ankommen. Und zudem werden nur einige wenige, aber wichtige Personen gebraucht, die den Beeinflussungsprozess initiieren.

Erfolge feiern und Niederlagen analysieren

Je nach Ziel, das Sie sich gesteckt haben, brauchen Sie einen langen Atem. Deshalb ist es so wichtig, Etappenziele zu definieren, Teilerfolge zu sehen und eventuell zu feiern. Diese Erfolge sind zudem fast immer ein Argument für weitere Schritte. Manchmal gilt es jedoch auch innezuhalten: Vielleicht müssen Sie, nachdem Sie das erste Etappenziel erreicht haben, Ihre Strategie neu überlegen. Oder nach einem Misserfolg das Ziel kritisch unter die Lupe nehmen.

Das Schwierige bei der Strategiediskussion ist: Alle Entscheide haben mit allen Fragen etwas zu tun. Je nach Mitteln, die Ihnen zur Verfügung stehen, können Sie andere Wege nutzen. Je nach Weg, für den Sie sich entscheiden, brauchen Sie andere Mittel und einen anderen Stil. Es gibt nur einen Gradmesser, um sich für die eine oder andere Strategie zu entscheiden. Das sind eigentlich immer die klar formulierten Ziele sowie die Möglichkeiten und Vorlieben der Menschen, die bei dem Projekt mitmachen.

Was es auch noch braucht: Den Mut zur rollenden Planung – falls sich im Laufe des Projektes wichtige Bedingungen ändern – und eine ganzheitliche Sichtweise. Über beides verfügen ja glücklicherweise viele Frauen. Was ihnen manchmal fehlt, ist das entsprechende Know-how sowie die langjährige Erfahrung. Beides können Sie sich erwerben. Nicht zuletzt mit diesem Handbuch und dem nun folgenden Werkzeugkasten!

Tips zum Weiterlesen
- De Groot, Lidwi/Veld ter, Elske: Mut zur Strategie. Wie Frauen in der Öffentlichkeit zielbewusst handeln können. Verlag Frauenoffensive, München 1985.

Werkzeuge

Nägel mit Köpfen machen

Bevor Sie auf die Reise gehen...

Sie kennen nun die Orte, wo Sie sich engagieren können, und wissen einiges über die Wege und Strategien dazu. Was brauchen Sie noch? Was braucht eine Frau, um erfolgreich ihre Schritte auf dem öffentlichen Parkett zu machen, ohne dabei auszurutschen? «Ich weiss zu wenig, ich trau mir das nicht zu» – solche Aussagen von Frauen hört man leider noch viel zu oft.

Politik ist lernbar. Denn im Prinzip ist Politik nur ein Bündel von Kenntnissen und Wissen, das sich mit der Zeit mit den eigenen Erfahrungen verbindet. Im Werkzeugteil dieses Handbuches finden Sie die wichtigsten Schlüsselqualifikationen konkret und praktisch dargestellt. Sie können sich von Kapitel zu Kapitel durchlesen oder über eine bestimmte Frage einsteigen – ganz nach Ihrem Geschmack. Sie finden dort Anleitungen, Tips und Tricks von erfahrenen Praktikerinnen sowie Checklisten und Übungsvorschläge. Nur eines müssen Sie selber tun: Den Schritt in die Praxis wagen. Sie haben noch nie eine Sitzung geleitet oder öffentlich eine Rede gehalten? Mit den Hinweisen im entsprechenden Kapitel, einer umsichtigen Vorbereitung und etwas Unterstützung durch Ihre Umgebung können Sie es durchaus wagen. Und denken Sie immer daran – auch die anderen kochen nur mit Wasser!

Das wichtigste Reisegepäck auf Ihrem Weg über das öffentliche Parkett ist das Wissen um ihre eigenen Rechte. Viele Frauen sind noch mit Botschaften aufgewachsen, die für ein öffentliches Engagement hinderlich sind. Denn diese Botschaften torpedieren ständig das Selbstbewusstsein. Dazu gehören beispielsweise «Nette Mädchen streiten nicht...» oder «Kleine Mädchen haben wir nur lieb, wenn sie still und artig sind». Ersetzten Sie dieses veraltete Lernprogramm durch ein neues!

Lernen Sie Ihre Rechte kennen und durchsetzen! Sie haben

- das Recht, respektvoll behandelt zu werden;
- das Recht, eigene Gefühle und Meinungen zu haben, und diese offen und direkt auszusprechen;
- das Recht, angehört und ernst genommen zu werden;
- das Recht, ohne Schuldgefühle nein zu sagen;
- das Recht, eigene Prioritäten und Ziele zu setzen;
- das Recht, Fehler zu machen;
- das Recht, auf Ihre Fragen Informationen und Antworten zu bekommen;
- das Recht, Wünsche und Bedürfnisse zu äussern;
- das Recht, nicht perfekt zu sein, bevor Sie eine Chance wahrnehmen;
- das Recht, ...

Den Mut, auch unbekannte Schritte zu wagen, finden Sie leichter, wenn Sie diese nicht alleine machen. Holen Sie sich Unterstützung in Ihrer Frauengruppe, bei KollegInnen, in Ihrem privaten Umfeld. Verabschieden Sie sich von der weit verbreiteten weiblichen Untugend, Sie müssten alles alleine und erst noch perfekt beherrschen, bevor Sie irgendwelche Ansprüche stellen können. Beherzigen Sie den Wahlspruch der Engländerinnen: «Support women, start with yourself!» – «Unterstütze Frauen, beginne bei Dir selbst!»

Wer sich informiert, weiss mehr

Informationen beschaffen

Nur wer informiert ist, kann handeln. Deshalb steht die Beschaffung von Informationen, die Recherche am Anfang jeder Aktivität. Je mehr Sie wissen, desto besser können Sie abschätzen, ob Ihr Projekt nicht völlig schief in der Landschaft steht. Denn es ist mehr als ärgerlich, wenn Sie viel Arbeit investieren und eines schönen Tages feststellen müssen, dass der ganze Aufwand 'für die Katz' war. Weil Sie zum Beispiel etwas fordern, das es schon gibt. Oder weil Sie einen wichtigen Entscheid nicht berücksichtigt haben – und deshalb noch einmal von vorne beginnen müssen. Sich Informationen zu verschaffen ist spannend, lehrreich und anregend. Auf der Suche nach Informationen finden Sie auch Verbündete und Gleichgesinnte, die mit Ihnen zusammen das gemeinsame Ziel anstreben. Recherchen sind Ihr erster Schritt auf dem öffentlichen Parkett.

● *Rita Tobler weiss nicht mehr, wo ihr der Kopf steht. Auf ihrem Schreibtisch stapelt sich die Arbeit. Drei Erbverträge und das Rechtsgutachten für das Reisebüro muss sie heute noch tippen. Und inzwischen ist es schon elf Uhr. «Die Chefin hat gut reden», denkt Rita Tobler bei sich, «sie hat ja auch keine Kinder. Überstunden – das sagt sich so leicht. Thomas wäre ja für einmal kein Problem. Aber Sandra hat heute nachmittag keinen Unterricht. Ich kann sie doch nicht schon wieder sich selbst überlassen. Vielleicht war es doch ein Fehler, dass ich nach der Scheidung von Bern weggezogen bin. Der Halbtagsjob in der Kanzlei ist zwar viel interessanter als meine frühere Arbeit, hier läuft wenigstens etwas. Aber die vielen Überstunden rauben mir noch den letzten Nerv. Zudem wartet daheim noch ein ganzer Berg Wäsche auf mich. Und die Schule mit ihren unmöglichen Stundenplänen und den vielen Hausaufgaben kann mir langsam auch gestohlen werden.» Rita Tobler weiss sehr gut, warum sie sich so ärgert. In Bern war das Wort 'Überstunden' eigentlich nie ein Problem. Da beide Kinder in die Tagesschule gingen, war es für sie ziemlich einfach, den Berufsalltag und die Betreuung der Kinder unter einen Hut zu bringen. Doch an ihrem neuen Wohnort gibt es keine Tagesschule. Und auf die spontane Hilfe ihrer*

Mutter kann sie auch nicht mehr zählen – dazu wohnt die alte Dame viel zu weit weg.

«Jetzt fehlen nur noch die Butter und die Milch, dann haben wir alles», sagt Rita Tobler am gleichen Tag nach einem kurzen Blick auf den Zettel. «Holst Du das Sandra, ich stelle mich inzwischen schon bei der Kasse an. Schau einmal, ist das nicht Frau Plüss?» Tatsächlich. Auch Lisbeth Plüss, die Mutter einer Klassenkameradin von Sandra, besorgt noch im letzten Moment ihre Einkäufe. Sie hat einen strengen Arbeitstag hinter sich. Und die genau gleichen Organisationsprobleme wie Rita Tobler. «Sie haben völlig recht», meint Lisbeth Plüss während des Gesprächs, «mit einer Tagesschule wäre alles viel einfacher. Aber das müssen wir vermutlich selber an die Hand nehmen, wenn wir nicht jahrelang warten wollen. Ich würde bei einem solchen Projekt jedenfalls sofort mitmachen.» ●

Ist-Zustand abklären

Am Anfang jedes Projektes steht, wie gesagt, das Beschaffen von Informationen. An diese Regel sollten Sie sich unbedingt halten. Zunächst einmal geht es darum, den Ist-Zustand abzuklären. Im Fall von Rita und Lisbeth steht fest, dass es in der Gemeinde noch keine Tagesschule gibt. Die erste Frage lautet also: Warum? Erlaubt es das Schulgesetz nicht? Fehlt das Interesse? Oder ist alles eine Finanzfrage? Hat die Gemeinde den Geldsäckel zugeschnürt? Gibt es schon politische Vorstösse? Oder ist eventuell eine Tagesschule in Planung, die demnächst realisiert wird?

Damit Sie sich ein wirklich umfassendes Bild der Situation machen können, sollten Sie sich immer bei verschiedenen Quellen informieren. Denn es gibt nicht nur eine Sicht der Dinge. Jede Auskunft, die Sie erhalten, ist gefärbt – und deshalb immer nur eine Teilinformation. Zudem sollten Sie bei Ihren Recherchen berücksichtigen, dass die Schweiz ein ausgeprägt föderalistischer Staat ist. Praktisch jede Gemeinde hat ihre eigenen Gesetze und Verordnungen.

● *«Schon Donnerstag», erschrickt Rita, als sie einen Blick in ihre Agenda wirft, «und beim Schulamt habe ich immer noch nicht angerufen.» Ihre Fragen hat sie sich zwar schon vor mehr als einer Woche notiert: Wer entscheidet über die Einführung einer Tagesschule? Gab es schon politische Vorstösse? Falls ja – warum sind sie gescheitert? Wer war dafür, wer dagegen? Hat der Gemeindeanzeiger darüber berichtet? Welche rechtlichen Möglichkeiten hat sie als Bürgerin, um eine Tagesschule in ihrer Gemeinde zu verlangen? Doch beim Aufstellen des Fragenkatalogs ist es dann geblieben – das Telefongespräch hat Rita immer wieder hinausgeschoben.*

Die beiden Frauen haben sich vor zwei Wochen zu einem Kaffee getroffen, um ihr Tagesschulprojekt miteinander zu besprechen. Dabei ist ihnen klar geworden, dass sie noch gar keine konkreten Schritte unternehmen können. Denn da gibt es noch viel zu viele offene Fragen. Zudem wollen sie herausfinden, ob es in der Gemeinde noch andere Mütter und Väter gibt, die ein Interesse an einer Tagesschule haben. Rita hat an jenem Samstag die Aufgabe übernommen, bei der Gemeindeverwaltung und im Schulamt den Ist-Zustand abzuklären. Und Lisbeth hat die Sache mit den Eltern übernommen. Sie war es auch, die darauf bestand, sich möglichst bald wieder zu sehen: «Wir müssen uns ein wenig unter Druck setzen und bald ein paar konkrete Anhaltspunkte haben. Sonst laufen wir Gefahr, dass sich unser gutes Projekt schnell einmal im Sande verläuft. Und das wäre schade.»

Das wäre tatsächlich schade, denkt Rita und gibt sich einen Ruck. Sie greift zum Telefonhörer – und versteht nach dem Anruf nicht mehr, wovor sie eigentlich so Bauchweh gehabt hat. ●

Praktisches Vorgehen

Gute Vorbereitung

Falls Sie vor dem ersten Telefonanruf Herzklopfen haben, sollte Sie das nicht weiter beunruhigen. Das ist ganz normal. Auch Profis geraten ab und zu ins Schwitzen. Der Anruf fällt Ihnen jedoch leichter, wenn Sie sich vorher präzis notieren, was Sie fragen wollen. Überhaupt: Die gute Vorbereitung ist bei der Informationsbeschaffung Gold wert. Erstens sparen Sie Zeit und Geld. Und zweitens bietet Ihnen die Vorbereitung

Gewähr dafür, bei ungenügenden Auskünften nachhaken zu können. Denn denken Sie daran: Jede – auch eine mangelhafte – Information beeinflusst Ihre weiteren Entscheide!

Bevor Sie zum Telefonhörer oder zum Briefpapier greifen, sollten Sie sich deshalb folgende Fragen überlegen:

- Was muss ich wissen?

Ist-Zustand, politische Vorstösse, frühere Versuche, rechtliche Situation, Kosten?

- Wer hat dieses Wissen?

Staatliche Ämter, private Beratungsstellen, PolitikerInnen, Organisationen, Fachleute?

- Wie verwende ich die Informationen?

Um mich zu orientieren, als Richtlinie für mein Projekt, als Druckmittel in der Öffentlichkeit, als Basis für einen politischen Vorstoss?

Frageliste

Natürlich sind diese Fragen meistens miteinander verwoben. Trotzdem lohnt es sich, sie zu notieren. Die Frageliste hilft Ihnen, bei der Recherche klarer zu sehen. Vergessen Sie nicht, dass sich weitere wichtige Fragen erst aus Informationen ergeben (können). Beginnen Sie einfach an einem Ende und rollen Sie den Faden langsam auf!

Schriftliche Notizen und Quellen

- Notieren Sie sich alle Fragen und Antworten schriftlich: Ihr Gedächtnis mag noch so gut sein – Notizen sind immer besser. Viele Informationen können Sie telefonisch einholen. Bei schwierigeren Sachverhalten und Abmachungen empfiehlt es sich jedoch, einen Brief zu schreiben. Oder zumindest sollten Sie sich die Auskünfte schriftlich bestätigen lassen. Gedruckte Informationen – Jahresberichte, Broschüren oder Zeitungsartikel – sind hilfreich. Zudem bewahren diese Sie vor Missverständnissen.

Persönliches Gespräch

- Manchmal ist es wichtig, sich die Information im persönlichen Gespräch zu verschaffen. Etwa wenn Sie ein Problem oder einen politischen Sachverhalt einschätzen müssen. Denken Sie auch daran, dass viele Informationen nonverbal sind: Die Atmosphäre in einer Gruppe, das Auftreten, die Gestik und Mimik von GesprächspartnerInnen oder die Büroeinrichtung in einer Beratungsstelle haben ebenfalls Aussagekraft. Geradezu Bände sprechen die Gepflogenheiten der Parlamente in Gemeinden, Kantonen und Bund. Besuchen Sie doch einmal eine Sitzung! Sie werden sich danach weniger Illusionen über die politische Schlagkraft unserer PolitikerInnen machen...

● *Etwas ungeduldig schaut Rita auf die Uhr. Sie brennt geradezu darauf, Lisbeth ihre Neuigkeiten zu erzählen. Als ihre Mitstreiterin nur wenig später endlich eintrifft, legt sie sofort los. «Ich habe nicht nur beim Schulamt angerufen, sondern auch mit zwei Schulpflegerinnen, einer Lehrerin und einer Schulpsychologin gesprochen. Wir stehen mit unserer Idee durchaus nicht neben den Schuhen. Im Rankacker-Schulhaus wird demnächst ein zweijähriger Probebetrieb aufgenommen – die Schulverwaltung konnte sich vor Anmeldungen fast nicht retten. Offenbar besteht ein enormes Bedürfnis. Aber die Gemeinde will erst den Probebetrieb abwarten, bevor sie auch in anderen Quartieren Tagesschulen einführt.» Lisbeth hat ähnliche Auskünfte erhalten. Sie hat mit der Elternvereinigung und dem Quartierverein Kontakt aufgenommen. Doch den ganz grossen Fund hat sie eher zufällig gemacht. Nach der Jazzgymnastik hatte sie einer Kollegin von ihrem Projekt erzählt. Diese erinnerte sich, dass Charlotte Lüdin sich im Gemeindeparlament während Jahren für eine Tagesschule eingesetzt hatte. Was daraus geworden war, wusste die Kollegin jedoch nicht. Zudem sei die Politikerin vor zwei Jahren von ihrem Amt zurückgetreten. Lisbeth notierte sich den Namen und rief am nächsten Abend an. Sie hatte Glück. Nebst vielen Hintergrund-Informationen erhielt Lisbeth von Charlotte Lüdin ein ganzes Paket Unterlagen: Ehemalige Vorstösse und die Antwort des Gemeinderates darauf, Beispiele aus andern Städten sowie Zeitungsartikel.* ●

Informationen ziehen neue Informationen an

Wer fragt, erhält Antwort. Informationen ziehen neue Informationen an. Deshalb: Bleiben Sie nicht auf Ihrem Wissen sitzen! Erzählen Sie FreundInnen, ArbeitskollegInnen, Bekannten und Verwandten von Ihrem Projekt – und nicht nur jenen Menschen, die daran interessiert sein könnten, sondern allen, die zuhören wollen.

Sie können Ihre Informationen auch ganz gezielt weitergeben. Wer hält Sie davon ab, zusammen mit ein paar Freundinnen im Quartier ein 'Frauenfrühstück' zu organisieren? An solch einem Anlass können Sie die Anwesenden nicht nur über Ihr Projekt informieren. Sie erfahren auch, ob es überhaupt auf ein breiteres Interesse stösst. Und finden eventuell sogar andere Menschen, die bei Ihrem Projekt mitmachen wollen.

Auch PolitikerInnen freuen sich über persönliche Briefe Ihrer WählerInnen. Sie sind meistens gerne bereit, Auskünfte zu erteilen oder in einer anderen Form weiterzuhelfen. Wer hält Sie davon ab, die Regierungsrätin Ihres Kantons zu fragen, ob und wie sie Ihr Projekt zu unterstützen gedenkt? Oder den zuständigen Gemeinderat zu bitten, Ihnen die besten Schritte für das weitere Vorgehen anzugeben?

→ Werkzeuge
9. Ach wie gut, dass niemand weiss...
→ Werkzeuge
10. Kommst Du auch an die Demonstration?

Orientieren Sie auch eine breitere Öffentlichkeit über Ihr Projekt! Denn auch hier gilt: Informationen ziehen neue Informationen an. Wann haben Sie eigentlich das letzte Mal einen Leserinnenbrief geschrieben? Oder im Quartierblatt einen Aufruf plaziert?

Quellen

Fachleute

Nutzen Sie das Wissen und die Erfahrungen anderer Menschen. Die besten Quellen bei der Beschaffung von Informationen sind Fachleute. Auch Menschen, die selber schon ein ähnliches Projekt wie Ihres auf die Beine gestellt haben, können Ihnen weiterhelfen. Denn sie verfügen nicht nur über Sachwissen, sondern auch über eine breite Palette von Erfahrungen. Übrigens: Parteisekretariate, Berufsverbände, Gewerkschaften, Frauenorganisationen oder Universitäten sind gute Anlaufstellen bei der Suche nach ExpertInnen. Und falls diese Ihnen keine Auskunft geben können, wissen sie sicher, wo Sie sonst noch anklopfen könnten. Ein Tip: Auch die Redaktionen von Fachzeitschriften sind eine gute Adresse, wenn Sie auf der Suche nach SpezialistInnen sind.

Verwaltungen, Ämter, Verbände und Organisationen

Verwaltungen und Ämter sind ebenfalls eine gute Quelle für Informationen. Und auch grössere Wirtschaftsunternehmen – wie Banken, Grossverteiler oder Industriebetriebe – verfügen über KundInnendienste oder Pressestellen, die für Auskünfte zuständig sind. Bei manchen Organisationen – wie Ombudsämtern, Gewerkschaften, Konsumentinnenorganisationen, Hilfswerken oder Umweltorganisationen – gehört die Informationsvermittlung zur normalen Dienstleistung. Diese Institutionen publizieren nützliche Unterlagen wie Jahresberichte, Fachblätter oder Magazine, die meistens kostenlos erhältlich sind.

Bibliotheken

Übrigens: Schriftliche Quellen gibt es jede Menge. Zum Beispiel in Bibliotheken. Dort können Sie normalerweise nicht nur in Romanen blättern, sondern auch in sehr nützlichen Sachbüchern wie dem Zivilgesetzbuch oder dem Obligationenrecht. Und sicher stossen Sie auch auf einige interessante Verzeichnisse – etwa auf jenes über die Verwaltungsratsmandate in der Schweiz. Und falls Sie trotzdem nicht finden, was Sie suchen: Fragen Sie doch einfach die Bibliothekarin!

Medien

Nutzen Sie die Medien! Ein eigenes Archiv mit Artikeln, Studien und Berichten zu Ihrem Thema ist eine sinnvolle Sache. Auch ins Amtsblatt Ihrer Gemeinde sollten Sie ab und zu die Nase stecken. Denn dort werden die politischen Beschlüsse und Ankündigungen der Verwaltung publiziert. Zeitungen sind generell eine gute Informationsquelle. Die grösseren Zeitungen verfügen zudem über ein ausgebautes Archiv, das Sie in manchen Fällen gratis oder gegen eine Gebühr benutzen können. Und eventuell kann Ihnen auch die zuständige Lokalredaktorin beim Recherchieren weiterhelfen.

→ Werkzeuge
6. Auf dem Weg zu Tribüne, Podium und Mikrofon

Tagungen

Der Besuch von Tagungen, Seminaren oder Vorlesungen an der Volkshochschule empfiehlt sich, wenn Sie sich in Ihr Thema vertiefen wollen. Hier treffen Sie in den meisten Fällen auf Fachleute und auf Menschen mit ähnlichen Interessen. Und es könnte durchaus sein, dass Ihnen das Gespräch mit einer anderen Teilnehmerin eine ganz neue Perspektive eröffnet...

Vorträge

Eine exklusive Art, sich weiterzubilden, ist die Organisation eines Vortrages. Das zwingt Sie zu einer sehr genauen Auseinandersetzung mit dem Thema. Am meisten profitieren Sie vermutlich, wenn Sie den Vortrag selber halten. Sie können jedoch auch eine Fachperson verpflichten.

Wann haben Sie genügend Informationen gesammelt?

Grundsätzlich ist die Informationsbeschaffung eine kontinuierliche Aufgabe, die nie endet. Aber Sie selber entscheiden, wieviel Sie wissen müssen oder wollen. Man kann das Bild eines Puzzles häufig schon erkennen, bevor alle Teile perfekt eingefügt sind. Sie sind überzeugt davon, dass Ihr Projekt richtig liegt? Sie wissen, wie Sie vorgehen müssen und wie lange der Weg bis zur Verwirklichung voraussichtlich sein wird? Sie kennen die Höhe Ihres Einsatzes? Aber Sie wissen auch, welchen Gewinn Sie erzielen können?

Auf was warten Sie noch – legen Sie los!

Tips zum Weiterlesen
- Publicus. Schweizerisches Jahrbuch des öffentlichen Lebens. Edition Schwab & Co., Basel.
- Tschäni, Hans: Wer regiert die Schweiz? Eine kritische Untersuchung über den Einfluss von Lobby und Verbänden in der schweizerischen Demokratie. Orell Füssli Verlag, Zürich 1983.
- Tschäni, Hans: Das neue Profil der Schweiz. Konstanz und Wandel einer alten Demokratie. Werd-Verlag, Zürich 1990.
- Duttweiler, Catherine/Meier, Isabelle/Mühlemann, Käthi/Stutz, Heidi: Wo Frauen sich erheben. Daten, Fakten, Adressen aus der anderen Hälfte der Schweiz. Lenos Verlag, Basel 1990.

Informationen beschaffen

- Was müssen Sie wissen? Wer hat dieses Wissen? Wozu brauchen Sie die Information? Wann haben Sie genügend Informationen gesammelt?

- Wo finden Sie Informationen? In dieser Hinsicht sind Ihrer Phantasie kaum Grenzen gesetzt. Zum Beispiel bei: Ämtern, Berufsorganisationen, Berufsschulen, Bibliotheken, Buchhandlungen, Büros für die Gleichstellung von Frau und Mann, Dokumentationsstellen, Frauenvereinen, Gewerkschaften, Messen, Museen, Parteisekretariaten, Schulungszentren, Telefondiensten (Abfalltelefon, Medikamenten-Information), Umweltfachstellen, Volkshochschulen, Zeitungen...

- Recherchieren ist zeitaufwendig. Teilen Sie die Beschaffung der Informationen untereinander auf! Sprechen Sie sich ab: Wer besucht wen? Und wer stellt wem welche Fragen? Vergleichen Sie die Informationen. Sie werden sehen, dass es auf eine Frage mehrere Antworten geben kann.

- Falls die erhaltenen Auskünfte vage sind, liegt das nicht unbedingt an der Auskunftsperson allein. Sondern möglicherweise auch an Ihren Fragen. Überlegen Sie sich genau, was sie wissen wollen und wissen müssen! Formulieren Sie die Fragen präzise.

- Bedenken Sie, dass jede Information subjektiv gefärbt ist. Jeder Mensch wertet und gewichtet anders. Erkundigen Sie sich deshalb bei mehreren Stellen und versuchen Sie, Personen mit (politisch) unterschiedlichen Standpunkten zu befragen. Meinungsvielfalt rundet das Bild ab und erlaubt eine eigene Meinungsbildung.

- Sind Ihre Informationen harte Fakten, Einschätzungen, Kommentare, Vermutungen, Gerüchte?

- Überprüfen Sie Ihr Projekt immer wieder darauf, ob Sie es aufgrund der eingeholten Informationen verändern müssen.

Auf dem Weg zu Tribüne, Podium und Mikrofon

6

Öffentlich auftreten, sicher reden

«Die Frau hat das Recht, das Schafott zu besteigen, gleichermassen muss ihr das Recht zugestanden werden, eine Rednertribüne zu besteigen.» Dies schrieb die französische Frauenrechtlerin Olympe de Gouges vor mehr als zweihundert Jahren in ihrer 'Deklaration der Rechte der Frau und Bürgerin'. Man nahm sie beim Wort: Im November 1793 wurde sie enthauptet. Heute ist es zum Glück nicht mehr so gefährlich, wenn Sie als Frau öffentlich das Wort ergreifen. Das Reden in der Öffentlichkeit, die Diskussion von verschiedenen Meinungen, die Darstellung von Ideen, die Präsentation neuer Lösungen, die Formulierung von Kritik, die Verbreitung von Informationen – das alles geschieht auch durch den Gebrauch des Wortes, der öffentlichen Rede. Sie ist ein wirkungsvolles Instrument der Einflussnahme.

● *Angelika betreibt zusammen mit ihrem Mann ein kleines Hotel am Fusse des Rigi. Seit Jahren sitzt sie im Vorstand des örtlichen Gewerbevereins – doch bisher hat sie sich an den Sitzungen nur selten zu Wort gemeldet. So auch an diesem Abend. Die Runde diskutiert, ob sich der Gewerbeverein an der Weihnachtsbeleuchtung der Hauptstrasse finanziell beteiligen soll. Die Meinungen sind rasch gemacht. Der Gewerbeverein macht selbstverständlich mit, denn die festliche Dekoration ist eine gute Werbung für das Dorf. Und an der Einweihung der neuen Beleuchtung wird ein Mitglied des Vorstandes eine kleine Rede halten. Doch wer? Alle Augen richten sich auf Angelika. «Wie wär's denn mit Dir?» fragt der Präsident. Angelika wehrt sofort ab: «So etwas habe ich noch nie gemacht.» Doch der Vorsitzende lässt den Einwand nicht gelten. «Dann wird es aber höchste Zeit dafür», meint er. «Überhaupt wäre es gut, wenn einmal eine Frau den Gewerbeverein in der Öffentlichkeit präsentieren würde. Schliesslich haben wir auch viele weibliche Mitglieder.» Doch alle seine Überredungskünste nützen nichts, Angelika will nicht. Auf dem Heimweg ärgert sie sich aber über sich selbst. «Eigentlich hätte ich sogar Lust gehabt, diese kleine Rede zu halten. Aber irgendwie traue ich mich einfach nicht. Zudem muss ich einen solchen Entscheid erst einmal überschlafen. Ich bin halt nicht wie Jakob, der sofort zugesagt hat.»* ●

Sie kennen ähnliche Situationen? Kein Wunder. Immer noch fehlt vielen Frauen der Mut, sich öffentlich zu äussern, obwohl sie etwas zu sagen hätten. Das ist schade. Denn Reden zu halten, ist lernbar. Der Weg zur Einmischung in Diskussionen, Versammlungen und Konferenzen, zu Podium, Tribüne und Mikrofon ist zwar gepflastert mit Übung, vielleicht sogar mit kleinen Niederlagen. Aber er ist spannend. Und zudem können Sie, wenn Sie sich auf das kleine Abenteuer einlassen, dabei viel gewinnen: Selbstsicherheit zum Beispiel.

«Ein Mann, ein Wort – eine Frau, ein Wörterbuch»

Öffentlich zu reden, ist nicht leicht. Eine amerikanische Untersuchung hat aufgedeckt, dass mehr als vierzig Prozent aller Menschen – Frauen und Männer – Hemmungen haben, vor grossen Gruppen zu sprechen. Vor allem Frauen scheinen besonders Angst vor einem solchen Auftritt zu haben. Die Hälfte der befragten Frauen gab bei der Studie an, alle öffentlichen Redesituationen zu vermeiden. Die gleiche Zurückhaltung beim Reden üben jedoch nur ein Fünftel der befragten Männer. Das erklärt auch, warum in unserer Gesellschaft vor allem Männer das grosse Wort führen und Frauen eher im Publikum sitzen. «Männer reden, um sich darzustellen, Frauen, um Gemeinsamkeit herzustellen» – so ein Fazit der Linguistin Senta Trömel-Plötz.

Viele Frauen profilieren sich jedoch nicht ganz freiwillig als geduldige Zuhörerinnen. Denn sie wissen, dass Frauen in der Öffentlichkeit sozusagen unter 'verschärften Bedingungen' reden müssen. Frauen sind besonders exponiert und ausgestellt – und sie spüren das ganz genau. Denn der öffentliche Auftritt passt nicht zur klassischen weiblichen Rolle. Den Frauen ist das Private – Familie, Haus und Kinder – zugeordnet, den Männern die öffentliche Arena in Beruf und Politik. Diese einseitige Rollenzuweisung ist heute zwar veraltet, unterschwellig wirkt sie jedoch immer noch mit. Der Volksmund spricht unverblümt aus, was viele Frauen unbewusst vom Reden abhält: «Mädchen, die reden, und Hühner, die krähen, denen sollte man den Hals umdrehen.» Oder: «Ein Mann, ein Wort – eine Frau, ein Wörterbuch.»

Die Rollenerwartung hindert nicht nur viele Frauen daran, öffentlich das Wort zu ergreifen. Sie beeinflusst auch die Wahrnehmung der ZuhörerInnen. Jede kennt die hämischen und überkritischen Bemerkungen über Frauen, die öffentlich reden. «So wie die aussieht, sollte sie lieber schweigen!» ist nur ein Beispiel von vielen. Sprachforscherinnen haben längst aufgezeigt, was abläuft. Frauen trauen sich nicht nur weniger zu beim Reden als Männer. Sie erhalten vom Publikum auch weniger Aufmerksamkeit, wenn sie es trotzdem tun. In den Parlamenten beispielsweise steigt der Geräuschpegel massiv an, wenn eine Frau das Wort ergreift. Und in Diskussionen reden Frauen nicht nur seltener als Männer – sie werden dabei auch noch viel häufiger unterbrochen.

Die Einsamkeit der Rednerin

Die Geschichte der Rhetorik ist darum auch eine Geschichte von mehr oder weniger berühmten Männern mit mehr oder weniger guten Reden. Frauen hingegen kommen darin nicht vor. Oder kennen Sie Bücher mit den gesammelten Reden berühmter Frauen? Unterdessen haben jedoch viele Frauen die Podeste und Redebühnen erobert. Sie sind damit aus der ihnen zugeschriebenen Rolle gefallen, haben die Einsamkeit der Rednerin erlebt, haben gezittert und gewonnen. Jede hat klein angefangen. Und ist trotzdem in ihrem Umfeld zum Vorbild geworden. Denn jedesmal, wenn eine Frau öffentlich spricht, erweitert sie den Spielraum für andere Rednerinnen. Bis es irgendwann nicht mehr auffällt, dass überall, wo geredet, diskutiert und entschieden wird, Frauen mit von der Partie sind.

Lampenfieber – und was sich dagegen tun lässt

● *«Stell Dir vor, jetzt bin ich 47 Jahre alt – und immer noch zittern mir die Knie!» ärgert sich Bettina, als sie der Freundin von ihrem Auftritt erzählt. Die Krankenschwester hatte vor kurzem aus beruflichem Interesse eine Podiumsdiskussion besucht. Der Titel der Debatte 'Die Krankenkosten explodieren – können wir uns Gesundheit noch leisten?' und die prominenten Redner hatten viel Publikum angezogen. Im Verlauf der Diskussion verlangte ein Experte, die Krankenkassenprämien für Frauen müssten wieder angehoben werden. Denn diese seien häufiger krank als Männer und verursachten deshalb weit höhere Kosten. Nur so könne man die ständig wachsenden Ausgaben im Gesundheitswesen stoppen. Was dann geschah, schildert Bettina ihrer Freundin so: «Du kennst ja den grossen Saal im Kongresszentrum. Mehr als zweihundert Menschen sitzen dort, ich etwa in den mittleren Reihen. Das unqualifizierte Votum dieses Versicherungsheinis hat mich masslos geärgert. Der hat ja keine Ahnung von der Wirklichkeit, der sieht nur seine Statistiken. Die Publikumsdiskussion hat schon begonnen. Meine Hände sind feucht, mein Puls rast. Aber ich weiss, wenn ich jetzt nichts sage, ärgere ich mich eine ganze Woche über mein Schweigen. Ich gebe mir einen Ruck, stehe auf und gehe Schritt für Schritt bis zum Saalmikrofon. Ich habe etwas zu sagen! Schliesslich bin ich gut ausgebildet, stehe mit beiden Beinen im Leben und bin sonst auch nicht auf den Mund gefallen – was kann mir da schon passieren? Trotzdem: Meine Knie zittern. Der Weg ist endlos. Und dann dieses scheussliche Gefühl, diese innere Stimme: Alle schauen dich an. Sie werden sehen, wie du rot wirst. Und sie werden deine abgelaufenen Absätze mit einem sehr kritischem Blick mustern. Warum hast du dumme Kuh nur vergessen, dich vor der Veranstaltung auf dem WC zu pudern? Du glänzst ja wie eine Speckschwarte! Ich rede mir leise zu, beruhige und konzentriere mich, suche nach freundlichen Gesichtern im Publikum. Vor mir spricht schon eine andere Frau. Die Panik packt mich: Hilfe, ich bringe kein Wort heraus, es wird nur piepsen...»* ●

Lampenfieber ist normal

Dieses Lampenfieber, Sie kennen es auch? Dann sind sie nicht allein. Alle, auch die erfahrensten RednerInnen, leiden ab und zu darunter. Denn Lampenfieber ist etwas Normales. Es bewirkt, dass Sie voll da sind, konzentriert und auf Draht. Lampenfieber äussert sich sehr unterschiedlich. Von der leichten Nervosität über starke körperliche Reaktionen bis zu Denkblockaden ist alles möglich. Sie suchen das Patentrezept gegen die Redeangst? Leider gibt es das nicht. Aber einige Hausmittel können wir anbieten, die anderen Menschen schon geholfen haben. Welches bei Ihnen wirkt, müssen Sie selbst herausfinden. Am besten probieren Sie einfach alle einmal aus.

Tips gegen das Lampenfieber

- Setzen Sie sich mit den Ursachen ihrer Redeangst auseinander. Vor was genau haben Sie Angst? Ist es die Angst, sich zu blamieren, stecken zu bleiben, Fehler zu machen, der Kritik ausgesetzt zu sein oder auf Missverständnisse zu stossen? Ist es das Gefühl, zu versagen, sich schlecht auszudrücken, zu wenig zu wissen? Ist es die Hemmung vor Autoritäten, vor fremden Menschen, vor unbekannten Situationen? Versuchen Sie, den Gründen Ihres Lampenfiebers auf die Spur zu kommen. Schauen Sie die Angst genau an – verdrängen nützt nichts! Nur wer seine Angst kennt, kann etwas dagegen tun. Manchmal helfen schon Kleinigkeiten.

Übung und Erfahrung

- Nur 'nichts sagen' ist schlimmer als die Angst. Denn jedesmal, wenn sie wieder geschwiegen statt geredet haben – obwohl Sie etwas zu sagen hätten –, wird sich die Angst vergrössern. Ebenso ihre innere Wut über sich selbst. Das wirkungsvollste Mittel gegen grosses Lampenfieber ist immer noch Übung und Erfahrung. Es verbietet Ihnen auch niemand, aus Ihren Fehlern zu lernen.

Gute Vorbereitung

- Bereiten Sie sich auf Ihre Rede, Ihren Vortrag gründlich vor. Hoffen Sie nicht einfach, dass die Muse Sie schon küssen wird. Musen sind leider sehr unzuverlässig – vor allem in Stresssituationen!

Stichwortzettel

- Benutzen Sie einen Stichwortzettel, an den Sie sich halten können. Auch in einer spontanen, ungeplanten Situation finden Sie immer Zeit, um sich die zwei bis drei wichtigsten Argumente zu notieren.

- Denken Sie immer daran, dass die ZuhörerInnen – im Gegensatz zu Ihnen selbst – Ihren inneren Stress kaum bemerken. Körperliche Reaktionen wie Herzklopfen, feuchte Hände oder weiche Knie kann man nicht sehen. Sogar Ihre 'zitternde' Stimme ist kaum hörbar. Denn wir hören uns mit den eigenen Ohren anders und intensiver als die ZuhörerInnen.

Selbstsuggestion

- Trainieren Sie die Kunst der Selbstsuggestion. Sagen Sie sich immer wieder kurze Ermunterungssätze wie «Ich kann's» oder «Meine Meinung ist wichtig» oder «Diese Rede wird ein Erfolg». Das hilft, Ihre eigenen negativen Gedanken zu stoppen und positiv zu wenden.

Abschied von der Perfektion

- Verabschieden Sie sich von der Vorstellung, nur dann reden zu dürfen, wenn Ihre Gedanken einmalig neu und perfekt formuliert sind! Solche Naturtalente gibt es zwar. Aber für den normalen Redealltag reicht es, wenn sie mit Wasser kochen.

Atemtechnik

- Atmen Sie tief ein und vor allem wieder aus, bevor sie mit dem Reden beginnen. Sprechen Sie laut und richten Sie das Votum an eine freundliche, eventuell Ihnen bekannte Person. Das erleichtert den Anfang und hilft über den Einstiegsschreck hinweg.

- Überprüfen Sie vor Ihrem Auftritt den Raum, die Bühne, das Podium, die technischen Hilfsmittel, einfach alles, was Sie brauchen. Leben Sie sich in den Raum ein.

- Halten Sie Wasser bereit, genehmigen Sie sich einen Schluck. Probieren Sie aber die Wirkung vorher aus. Auch hier gilt: Allzuviel ist ungesund.

- Kümmern Sie sich mindestens eine halbe Stunde vor Beginn nicht mehr um den Inhalt der Rede. Sie haben schliesslich alles gut vorbereitet. Jede Änderung, die Sie jetzt noch hektisch einfügen, wird die Rede nicht besser – aber Sie nervöser machen.

Entspannungsübungen

- Trainieren Sie Atem- und Entspannungsübungen. Die helfen in Stresssituationen wirklich. Konsultieren Sie entsprechende Kurse, Bücher und Kassetten.

Übung macht die Meisterin

- Das wirkungsvollste Mittel gegen grosses Lampenfieber ist immer noch: Üben, üben, üben... Es ist noch selten eine Meisterin vom Himmel gefallen. Schaffen Sie sich deshalb selbst Übungssituationen im Alltag. Die garantieren Ihnen auch schnell die notwendigen Erfolgserlebnisse. Warten Sie nicht, bis Sie reden müssen. Auf den kleinen Bühnen erarbeiten Sie sich jene Sicherheit, die es ihnen erlaubt, in die grosse Redearena zu steigen.

● *«Ich stehe also», erzählt Bettina weiter, «vor dem Mikrofon und denke, die Welt geht unter. Ich atme tief durch, langsam und rhythmisch, wie ich es im Rhetorikseminar gelernt habe. Ich konzentriere mich auf die Füsse, spanne und entspanne die Muskeln, gehe hoch zu den Händen, spanne und entspanne die Muskeln. Und tatsächlich: Es wirkt! Bis ich dran bin, bin ich einigermassen ruhig. Ich spüre den Boden unter den Füssen, schaue auf meinen Notizzettel und beginne. Ich höre mich. Ich widerspreche, sage, was mich stört, zeige ein Stück Realität. Denn immerhin sind es die Frauen, die daheim die Angehörigen meistens gratis und franko pflegen. Meine Rede hat anscheinend Erfolg gehabt, das Publikum hat jedenfalls applaudiert. Ich sag Dir, ich war nachher vollkommen k.o. Aber auch mächtig stolz auf mich.»* ●

Eine Rede halten

Redeanlässe gibt es viele – und auch diffuse Ängste davor. Ein Elternabend zum Beispiel, an dem Sie sich für die Aidsprävention in der Schule stark machen wollen. Oder die Delegiertenversammlung Ihrer Frauenorganisation, an der Sie sich für ein bestimmtes Geschäft engagieren werden. Oder ein Referat an einer Tagung, zu der Sie als Fachfrau eingeladen worden sind. Der Tag rückt näher, Ihre innere Nervosität steigt, und im letzten Moment starten Sie eine Nacht- und Nebelaktion, die Sie an den Rand Ihrer Energie bringt. Diese 'Kopf-in-den-Sand'-Strategie ist zwar weitverbreitet, aber nicht empfehlenswert. Bedeutend besser ist es, wenn Sie mit den Vorbereitungen rechtzeitig anfangen. Das ist gar nicht so schwierig. Dabei kommt es nicht darauf an, wo Sie reden. Oder ob Ihr Vortrag vier oder vierzig Minuten dauert. Denn die Spielregeln sind in etwa immer gleich. Wichtig sind auf jeden Fall: Ein überzeugender Inhalt und eine sichere Präsentation. Beides können Sie vorbereiten.

● *Der Kauf der Weihnachtsbeleuchtung muss noch von der Gemeindeversammlung bewilligt werden. Denn inzwischen sind im Dorf auch gegnerische Stimmen laut geworden. Den einen ist die Beleuchtung zu teuer, für die anderen sind Umweltschutzgründe massgebend. Angelika kann das nicht ver-*

stehen. Für sie überwiegen die Vorteile. Sie beschliesst, an der Gemeindeversammlung für den Kauf zu reden. Ihr Mann unterstützt sie und bietet ihr an, die Rede vorher ein wenig mit ihr zu üben. ●

Die Vorbereitung

Bereiten Sie jede Rede vor, sogar 'spontane' Voten. Auch wenn Sie vor Ihrem Auftritt nur wenige Minuten Zeit zur Verfügung haben, können und sollten Sie sich den Inhalt in ein paar Stichworten notieren. Längere Reden erfordern entsprechend mehr Aufwand.

Rahmenbedingungen und Ziele abklären

Sicher: Der Inhalt Ihrer Rede ist das Wichtigste. Aber bei der Vorbereitung kommt er trotzdem erst an zweiter Stelle. Denn es ist sinnvoller, zuerst einmal die Rahmenbedingungen abzuklären. An was für einem Anlass werden Sie reden? Wie sieht der Ort des Geschehens aus? Müssen Sie stehen oder können Sie sitzen? Sind Hilfsmittel wie Hellraumprojektor, Flipchart oder Mikrofon verfügbar? Wie setzt sich das Publikum zusammen? Stehen die Leute Ihrem Thema voraussichtlich eher kritisch oder eher zustimmend gegenüber? Wann und wie lange sollen Sie reden? Welches ist Ihr Redeziel, der Kern Ihrer Botschaft? Was wollen Sie bei den ZuhörerInnen bewirken? Geht es vor allem darum, Informationen zu vermitteln, oder wollen Sie die Anwesenden von einer bestimmten Meinung überzeugen? Soll Ihr Beitrag unterhalten, nachdenklich stimmen, zur Diskussion anregen oder die ZuhörerInnen zu einem bestimmten Handeln auffordern? Werden Sie dem Publikum vorgestellt oder müssen Sie das im Rahmen Ihres Beitrages selber tun?

Seminare zum Üben
Beim Reden ist es wie beim Erlernen einer Fremdsprache: Nur Übung macht die Meisterin. Für das stressfreie Lernen in angstfreier Atmosphäre – gerade auf dem Gebiet der Rhetorik – sind spezielle Frauenkurse besonders geeignet. Unterdessen bieten viele Organisationen oder VeranstalterInnen (zum Beispiel Volkshochschulen oder die Clubschulen von Coop und Migros) solche Redekurse für Frauen an.

● *Für Angelika ergibt sich nach der Beantwortung dieser Fragen folgende Ausgangslage: Sie wird stehend in ein Mikrofon reden müssen, das in den Gängen zwischen den Stuhlreihen steht. Sie wird sich kurz selbst vorstellen müssen, weil das so üblich ist.* ●

Das Redekonzept

Wenn Sie diese Fragen beantwortet haben, können Sie das inhaltliche Konzept sowie den klaren Aufbau Ihrer Rede entwickeln. Machen Sie sich mit dem Thema vertraut. Aber denken Sie daran: Sie dürfen sich auch äussern, wenn Sie nicht alle Details kennen. Und vergessen Sie Ihr Redeziel nicht! Es ist sozusagen der ständige Wegweiser durch die vielfältigen Ideen und Argumente, Beispiele und Erfahrungen, mit denen Sie ein Thema ausleuchten können. Denn es gibt nichts Langweiligeres und Unverständlicheres als eine Rede ohne roten Faden. Grenzen Sie das Thema ein und entscheiden Sie sich für die Gewichtung.

Roter Faden

● *So ist Angelika zum Beispiel gut beraten, in ihrer Rede nicht zu viele verschiedene Argumente zu erwähnen, die für den Kauf der Weihnachtsbeleuchtung sprechen. Sondern sie sollte sich gezielt überlegen, welches die zentrale Aussage des Votums sein wird. Sie nimmt sich vor, die noch unentschlossenen BesucherInnen der Gemeindeversammlung zu überzeugen. Auch wenn die Meinung dieser StimmbürgerInnen noch nicht feststeht, werden sie vermutlich Vorbehalte gegenüber den Kosten haben. Denn 20 000 Franken sind doch eine Menge Geld.* ●

Aufbau und Struktur der Rede

Ihre Rede muss – ganz gleich, ob sie lang oder kurz ist – klar und einleuchtend gegliedert sein. Ein klarer Aufbau macht Ihre Rede für das Publikum nicht nur verständlicher. Er zwingt Sie auch, gezielt zu denken und ebenso gezielt zu sprechen. Eine einfache und wirkungsvolle Struktur, die immer wieder benützt wird, ist der Drei-Schritt: Einleitung – Hauptteil – Schluss.

Die folgende Variante eignet sich für die Gliederung von Anträgen, die Präsentation von Ideen oder für kleinere Überzeugungsreden:

1. Einleitung: Situationsbezogener Einstieg
- Warum rede ich?

2. Hauptteil: In drei Schritten:
- Ist-Zustand: Was ist, was war?
- Ziel: Was müsste sich ändern, was soll erreicht werden?
- Weg: Wie soll das erreicht werden?

3. Schluss: Appell, Kernbotschaft
- Das will ich von euch!

Für kurze Meinungsäusserungen und Statements in einer Diskussion eignet sich folgende Variante der Drei-Schritt-Gliederung:

1. Einleitung: Situationsbezogener Einstieg
- Warum rede ich?

2. Hauptteil
- Behauptung oder Meinung
- Begründung
- Beispiel, Illustration

3. Schluss: Wiederholung der Kernbotschaft
- Schlussfolgerungen

● *Angelika beschliesst, ihre Rede vor der Gemeindeversammlung folgendermassen aufzubauen:*

Einleitung

Ich bitte Sie, dem Kredit für die Weihnachtsbeleuchtung zuzustimmen. Gerade als Hotelbesitzerin und Mitglied des Gewerbevereins weiss ich, wie wichtig diese Verschönerung für unser Dorf ist.

Hauptteil

Einige unter Ihnen finden, dass der Betrag von 20 000 Franken unsere Gemeindekasse zu sehr belastet. Ihnen möchte ich folgendes sagen: Dieser Betrag ist eine einmalige Investition in die Zukunft unseres Dorfes, die sich mehrfach auszahlen wird.

Durch die Weihnachtsbeleuchtung wird unser Dorf auch im Winter ein attraktiver Ort zum Bummeln und Einkaufen. Davon profitieren nicht nur jene, die wie ich vom Tourismus leben, sondern alle Detailhandelsläden in unserem Ort. Das zeigt die Erfahrung anderer Dörfer. Das Gewerbe kann diese Unterstützung – gerade in den heute wirtschaftlich schwierigen Zeiten – gut gebrauchen. Deshalb beteiligt sich der Gewerbeverein auch an den Anschaffungskosten. Diese betragen nämlich effektiv rund 40 000 Franken. Die Gemeinde übernimmt von diesen Kosten 20 000 Franken. Der Rest des Geldes – immerhin die Hälfte – wird durch Spenden von privater Seite aufgebracht. Sie sehen also, dass wir mit wenig Einsatz mehr als das Doppelte zurückerhalten. Und schliesslich handelt es sich um eine einmalige Ausgabe.

Schluss

Bedenken Sie diese wirtschaftlichen Vorteile. Und gönnen Sie uns allen diese stimmungsvolle Verschönerung des Dorfes in der Adventszeit. Stimmen Sie deshalb dem Kredit zu! Es ist gut investiertes Geld. ●

Mit diesen beiden Gerüsten können Sie die Mehrheit Ihrer Voten klar strukturieren. Für längere Reden erweitern und verfeinern Sie einfach das Gerüst. Vergessen Sie nicht, die ZuhörerInnen während des Referates auf die Gliederungen hinzuweisen, damit sie das Gesagte einordnen können. Denn Struktur in einer Rede ist für das Verständnis sehr nützlich. Wenn Sie einen Zeitungsartikel oder ein Buch lesen, helfen Ihnen Überschriften, Absätze, Numerierungen oder verschiedene Schriften, den Text besser zu verstehen. Beim Reden müssen Sie das bessere Verständnis durch Gliederung und Regieanweisungen schaffen. Achten Sie vor allem auf interessante Anfangs- und wirkungsvolle Schlusssätze. Beides sind strategische Stellen in Ihrer Rede. Mit einem spannenden Anfang wecken Sie das Interesse des Publikums. Und gleichzeitig reden Sie sich über die ersten Schrecksekunden. Vermeiden Sie negativ formulierte Einleitungen oder Entschuldigungen im Stil «Ich mache das leider zum ersten Mal». Das mag für Sie persönlich ein Problem sein, das Publikum jedoch interessiert das nicht. Was in einer Rede zuletzt gesagt wird, bleibt am längsten haften. Deshalb ist es mehr als unvorteilhaft, die Formel «ich habe geschlossen» zu verwenden. Der Schluss soll Ihre Aussage noch einmal wirkungsvoll unterstreichen. Ein guter Auftritt und ein starker Abgang ist schon die halbe Rede, sagen erfahrene RednerInnen.

Die Notizen

Es gibt verschiedene Möglichkeiten, wirkungsvolle Gedankenstützen schriftlich vorzubereiten.

Reden nach Stichworten

Für die meisten Redesituationen im Alltag genügt ein Stichwortmanuskript. Das heisst: Sie schreiben nur die wichtigsten Hauptgedanken in Form von Schlüsselbegriffen auf. Und zwar genau in der Reihenfolge, in der Sie die Gedanken vortragen wollen. Ihr Vorteil dabei ist: Sie sprechen weitgehend frei, können sich aber jederzeit an Ihren Stichwörtern orientieren. Sie sind flexibel, können auf Fragen reagieren und bestimmte Punkte kürzen oder ausführen. Sie reden spontaner, ohne aber die Gliederung, das heisst den roten Faden zu verlieren. Machen Sie ruhig einen oder zwei Versuche – Sie werden sehen, dass das Reden nach Stichworten gar nicht so schwierig ist.

Stichwortzettel

- Verwenden Sie Papierkarten in der Grösse A6 oder A5.

- Beschriften Sie die Karten nur einseitig. Schreiben Sie mit grosser Schrift, die auch bei schlechten Lichtverhältnissen gut lesbar ist.

- Notieren Sie pro Karte höchstens zwei Hauptgedanken mit zwei bis drei Unterpunkten. Sonst wird das Stichwortkonzept unübersichtlich.

- Betonen und gewichten Sie mit Farben oder Leuchtstiften. Schreiben Sie Zahlen genau und Zitate wörtlich auf.

- Numerieren Sie die Karten der Reihe nach durch. Wenn Ihnen die Karten einmal durcheinander geraten, können Sie sie so schnell wieder ordnen.

- Markieren Sie jene Karten, die Sie weglassen können, falls Sie während dem Reden kürzen möchten.

- Schreiben Sie bei grosser Unsicherheit den Anfangs- und Schlusssatz wörtlich auf.

- Nehmen Sie leere Karten mit. Auf ihnen notieren Sie spontane Einfälle oder Antworten auf Argumente Ihrer VorrednerInnen. Ordnen Sie diese Karten flexibel (zum Beispiel: Nr. 6/a) in Ihr Stichwortkonzept ein. So sind Sie immer topaktuell, flexibel und gut vorbereitet.

Ausformuliertes Manuskript

Ein wörtlich ausformuliertes Manuskript lohnt sich nur bei sehr wichtigen Reden, bei denen die präzise Formulierung entscheidend ist. Die Rede wird vollständig schriftlich formuliert – und zwar in der Sprechsprache! Eine 1. August-Rede werden Sie vermutlich in Dialekt schreiben. Auf keinen Fall dürfen Sie das Manuskript hochdeutsch schreiben und die Rede im Dialekt halten. Das tönt erstens unmöglich! Und zweitens merken es die ZuhörerInnen sofort.

Achten Sie auf eine klare, übersichtliche Gestaltung der Manuskriptseiten! Tippen Sie mit einer sehr grossen Schrift, verwenden Sie die doppelte Zeilenschaltung, machen Sie deutliche Abstände und beschriften Sie nur die oberen zwei Drittel einer A4-Seite. Den unteren Rest können Sie beim Reden nicht mehr lesen, ohne den Kopf deutlich vom Publikum abzuwenden.

Halten Sie unbedingt die abgemachte oder übliche Redezeit ein! Und denken Sie daran: Jede Rede, die länger als 40 Minuten dauert, überfordert nicht nur Ihre Stimmbänder, sondern auch das netteste Publikum. Gerade beim Reden gilt oft: «In der Kürze liegt die Würze!» Übrigens: Um eine A4-Seite mit 30 Zeilen zu 60 Anschlägen (grosser Zeilenabstand) vorzutragen, brauchen Sie etwa zwei bis zweieinhalb Minuten.

Attraktives Formulieren

Ihre Rede lebt nicht nur vom Inhalt. Entscheidend ist auch eine attraktive Formulierung. Verständlichkeit und Anschaulichkeit erreichen Sie durch folgende Tricks:

- Formulieren Sie kurze Sätze, Hauptsätze. Im Gestrüpp von Schachtelsätzen verliert nämlich nicht nur ihr Publikum, sondern auch Sie selbst den Faden.

- Gehen Sie sparsam mit Fremdwörtern um. Verwenden Sie keine unbekannten Abkürzungen.

- Passen Sie Sprache und Stil dem Publikum an. Der interne Jargon Ihrer Frauengruppe eignet sich nicht unbedingt für den Auftritt in einer Gemeindeversammlung. Das heisst aber nicht, dass Sie sich inhaltlich anpassen oder gar anbiedern müssen. Bleiben Sie in der Sache konsequent, entwickeln Sie Ihren persönlichen Redestil, aber berücksichtigen Sie die Unterschiede bei den ZuhörerInnen.

- Schmücken Sie Ihre Aussagen mit Beispielen, Vergleichen und persönlichen Erfahrungen. Oder weben Sie aktuelle Ereignisse oder Erfahrungen des Publikums in der Rede ein. Eine bildhafte Sprache macht Ihre Rede lebendig.

- Verwenden Sie gliedernde Zwischenbemerkungen. «Zu diesem Aspekt möchte ich drei Überlegungen anstellen. Erstens....» oder «Damit schliesse ich diese Frage ab und komme zum zweiten Punkt...» Das sind die Wegweiser, die den ZuhörerInnen erlauben, den roten Faden Ihrer Rede mitzuverfolgen.

- Vermeiden Sie allzuviele Zahlen und Statistiken.

- Verwenden Sie eine aktive statt eine passive Sprache und positive statt negative Formulierungen. Warum reden Sie das Publikum nicht einmal direkt an? Wie wäre es mit einer rhetorischen Frage, die Sie selbst beantworten?

Der letzte Schliff: Üben und Korrigieren

Das Redekonzept, der Stichwortzettel oder das Manuskript sind ausgearbeitet. Jetzt sind noch Korrekturen möglich. Ist der Aufbau inhaltlich logisch und verständlich? Stimmen die Beispiele und Vergleiche? Sind die Übergänge zwischen den Hauptgedanken und Abschnitten klar oder holpern sie noch? Nun überprüfen Sie, ob Sie mit der vorgesehenen Zeit auskommen.

Ganz gleich, ob Sie nach Stichworten oder mit Manuskript sprechen: Probieren Sie die Rede unbedingt laut aus. Auch wenn Sie sich komisch vorkommen, die Rede Ihrer Katze, dem Spiegel oder einem Blumenstock vorzutragen: Machen Sie eine Sprechprobe! So bekommen Sie ein Gefühl für die Rede und entdecken rhetorische Schwächen rechtzeitig. Besonders nützlich ist es, einer Person die Rede vorzutragen, die sich in Ihrem Thema nicht oder kaum auskennt. Hilfreich kann es auch sein, die Rede auf Tonband zu sprechen und abzuhören. Dann merken Sie rasch, ob die Aussagen klar, die Gliederung logisch und die Formulierungen stimmig sind.

Die selbstsichere Präsentation

Körpersprache

Ein spannender Inhalt, kurzweilig und verständlich formuliert, ist erst die halbe Rede. Entscheidend ist auch, wie Sie Ihre Aussagen präsentieren. Studien haben gezeigt, dass mindestens die Hälfte einer Botschaft durch die Körpersprache vermittelt wird. Erst wenn Sie sozusagen von Kopf bis Fuss aufs

Reden eingestellt sind, werden Sie die Aufmerksamkeit Ihrer ZuhörerInnen gewinnen. Selbstsichere Körperhaltung, klare Stimme und Blickkontakt: Das sind die Zutaten, aus denen ein selbstbewusster Redeauftritt gestrickt wird.

Blickkontakt

Halten Sie Blickkontakt mit dem Publikum. Der Tisch, die Decke, das Manuskript oder der ferne Winkel im Raum sind für Ihre Worte die falschen Adressaten. Schauen Sie Ihr Publikum an – denn Blickkontakt schafft Kontakt und Aufmerksamkeit! Sie werden erleben, dass es ZuhörerInnen gibt, die Sie freundlich anschauen und zustimmend nicken. Es hilft, wenn Sie sich zuerst an eine Ihnen bekannte Person im Publikum wenden.

Körperhaltung

Ihre Körperhaltung ist wichtig für die innere und äussere Sicherheit. Hochgezogene Schultern, eine verkrampfte Haltung oder Hände, die wild in der Luft herumfuchteln, lassen Ihre interessanten Gedanken verblassen. Zudem werden Sie selbst nur noch nervöser. Nutzen Sie die Wechselwirkung von äusserer aufrechter Körperhaltung und innerer Sicherheit. Nehmen Sie sich ruhig Raum, bevor Sie mit dem Reden anfangen. Viele Frauen müssen das richtig üben. Denn uns ist schon als Kind beigebracht worden, möglichst wenig Raum zu beanspruchen. Wir mussten in einengenden und unsicheren Stellungen sitzen oder damenhaft unsicher stehen, bescheiden den Blick senken und leise sprechen. Beim öffentlichen Reden sind diese Verhaltensweisen mehr als hinderlich. Verschaffen Sie sich Halt. Benutzen Sie die ganze Stuhlfläche, wenn Sie sitzen! Stellen Sie beide Füssen fest auf den Boden und legen Sie die Hände auf den Tisch.

Kopfhaltung

Sie müssen beim Reden stehen? Achten Sie auf Ihren Rücken, halten Sie ihn gerade. Ihre Beine sollten auf dem Boden fest verankert sein, das Körpergewicht ausgeglichen verteilt. Die grazile Standbein-Spielbeinhaltung vergessen Sie am besten sofort. Halten Sie den Kopf gerade. Eine schräge Kopfhaltung schwächt Ihre Aussagen ab. Sie signalisieren damit: «Ich meine es nicht so ernst, ich weiss nicht genau, ob es stimmt, ich bin unsicher.» Erstaunlich viele Frauen benutzen diese abschwächende Kopfhaltung. Sie ist ein Ausdruck der weiblichen Erziehung, die auf Harmonie ausgerichtet ist.

Hände

Wohin mit den Händen? Zum Beispiel auf das Redepult. Sie können damit aber auch die Notizzettel halten oder die Arme entspannt hängen lassen. Starr wirkt es, wenn Sie die Arme verschränken oder die Hände hinter dem Rücken verstecken. Machen Sie keine einstudierten Gesten, sondern überlassen Sie die Hände sich selbst.

Stimme

Der Inhalt Ihrer Rede kann noch so brillant sein – wenn Sie leise und undeutlich sprechen, werden Sie kaum die erhoffte Wirkung erzielen. Vermeiden Sie zudem eintönige, monotone Aufzählungen und variieren Sie Tempo und Lautstärke. Für die Stimme gilt: Sprechen sie laut, deutlich und bestimmt! Lautstärke und Körperhaltung hängen eng zusammen. Nur wer gerade steht oder sitzt, gibt der Stimme im Brustkorb genügend Resonanzboden. Und erst dadurch erhält Ihre Stimme ein entsprechendes Volumen. Trainieren Sie Ihre Stimme, falls Sie eher zu den Leisen gehören. Machen Sie Pausen zwischen einzelnen Abschnitten, und atmen Sie ein und aus. Hetzen Sie nicht atemlos durch Ihre Gedanken, sonst kann das Publikum Ihnen nicht folgen. Achten Sie darauf, dass Ihre Stimme am Ende eines Satzes nicht höher wird – ausser wenn Sie wirklich eine Frage stellen. Betonen Sie Wichtiges. Notieren Sie sich entsprechende 'Regiehinweise' in Ihrem Manuskript. Etwa indem Sie am Ende eines Absatzes vermerken: «Ins Publikum schauen, Pause.»

Mikrofon

Sie werden mit einem Mikrofon sprechen müssen? Dann achten Sie darauf, dass es mit Ihrer Stimmlage in Einklang gebracht wird. Leider sind die meisten Frequenzbereiche standardmässig auf Männerstimmen eingestellt. Das ist auch der Grund, warum viele Frauenstimmen, die mit einem Mikrofon verstärkt werden, piepsig tönen. Machen Sie deshalb, wenn möglich, vorher eine Sprechprobe! Welche Distanz zum Mikrofon verstärkt Ihre Stimme optimal? Denken Sie daran: Jedes Wenden des Kopfes unterbricht die Übertragung, wenn Sie in ein festmontiertes Mikrofon sprechen müssen!

Hilfsmittel

Benutzen Sie, wann immer es Sinn macht, Hilfsmittel. Zum Beispiel Dias oder Folien. Das lockert Ihre Rede auf. Aber lassen Sie dem Publikum genügend Zeit, die Bilder auch anzuschauen. Verwenden Sie anschauliche Hellraumfolien mit so grosser Schrift, dass man sie auch in den hinteren Reihen noch sehen und lesen kann. Auch hier gilt: Allzuviel ist ungesund. Veranstalten Sie keine Folienschlachten! Übrigens: Schon manche Rednerin ist fast verzweifelt, weil der Hellraumprojektor nicht funktioniert hat. Überprüfen Sie die Geräte vorher!

Kleidung und Schmuck

Nun noch ein Wort zur Kleidung. Bequeme, dem Anlass und Ihrem Geschmack entsprechende Kleider sind sehr wichtig für Ihre Selbstsicherheit. Auch hier gilt – ausprobieren geht über studieren. Bedenken Sie: Der moderat kurze Jupe kann beim Sitzen auf einem erhöhten Podium ganz anders aussehen. Schöne Armreife klimpern leider in der Nähe eines Mikrofons äusserst störend. Und elegante Schuhe sind nicht immer bequeme Schuhe.

Und wenn Sie...

- von Zwischenrufen gestört werden?

Lassen Sie sich nicht aus dem Konzept bringen! Sie können Zwischenrufe, sofern sie nicht beleidigend sind, einfach übergehen. Handelt es sich um sachliche Einwände, verweisen Sie die RuferInnen auf die Möglichkeit, später Fragen zu stellen und Einwände zu diskutieren. In jedem Fall sollte Ihre Antwort kurz sein. Weisen Sie beleidigende, unverschämte oder polemische ZwischenruferInnen kurz, aber bestimmt in ihre Schranken: «Auf diesem Niveau diskutieren wir hier nicht.»

- leicht rot werden?

Kaschieren Sie den Hals mit einem leichten Schal. Verwenden Sie ein deckendes Make-up und achten Sie nicht weiter darauf.

- ein Blackout oder Gedächtnislücken haben?

Gehen Sie davon aus, dass nur wenige ZuhörerInnen die Panne überhaupt mitbekommen. Wenn Sie das Ende eines Satzes nicht mehr finden, hören Sie am besten mitten im Satz auf und fangen den Gedanken einfach nochmals neu an. Es ist auch keine Schande, kurz zuzugeben, dass Sie den Faden verloren haben. Suchen Sie in Ruhe auf Ihren Redenotizen den nächsten Gedanken und fahren Sie einfach dort weiter.

Podiumsdiskussionen

Viele öffentliche Redesituationen sind mit Diskussionsveranstaltungen verbunden. Eine klassische Form soll hier stellvertretend für andere genauer vorgestellt werden: Die Podiumsdiskussion. Sie wird gerne benützt, um ein Thema vor Publikum auszuleuchten oder kontrovers zu diskutieren. Manchmal findet die Diskussion ausschliesslich unter den eingeladenen Gästen auf dem Podium statt, manchmal wird sie gegen Schluss auch für Beiträge aus dem Publikum geöffnet.

● *Gestern ist Bettina angefragt worden, ob sie an einer Podiumsdiskussion zum Thema 'Spitex in unserer Gemeinde: Zu teuer oder ein Beitrag zur Senkung der Gesundheitskosten?' teilnehmen kann. Hintergrund dieser Veranstaltung ist eine heftig diskutierte Streitfrage: Kann sich die Gemeinde jetzt, wo die Kassen leer sind, überhaupt einen weiteren Ausbau der Spitex-Angebote leisten? Konkret geht es um die Anstellung einer Gesundheitsschwester. Unter Spitex werden sämtliche spitalexternen Angebote zur Pflege von kranken und alten Menschen verstanden. Dazu gehören beispielsweise die Hauspflege. Soll sie zusagen?* ●

Halt, stopp! Zusagen können Sie später noch!
Bevor Sie oder Bettina zusagen, müssen Sie sich einige Überlegungen machen und den VeranstalterInnen gezielte Fragen stellen. Denn erst wenn Sie ausreichend informiert sind, wissen Sie, auf was Sie sich vorbereiten müssen. Dazu gehören folgende Fragen:

Ihre Rolle
Warum werden gerade Sie angefragt? Was erwartet man von Ihnen? Bei Bettina sind das in erster Linie ihre fachlichen Kenntnisse und ihr verbandspolitisches Engagement. Sie arbeitet seit Jahren als Krankenschwester im Regionalspital. Zudem ist sie Präsidentin des örtlichen Haus- und Krankenpflegeverbandes.

Die anderen TeilnehmerInnen
Wer sitzt ausser Ihnen noch auf dem Podium und vertritt welchen Standpunkt? Für Bettinas Spitexveranstaltung wurden bisher eingeladen: Der zuständige Gemeinderat sowie die Leiterin des Regionalspitals. Beide sind gegen einen weiteren Ausbau der Spitexdienste. Auf der Pro-Seite werden – zusammen mit Bettina – der Vertreter der katholischen Kirche sitzen, der den Hauspflegedienst organisiert, sowie eine Ein-

wohnerin der Gemeinde, die ihre pflegebedürftige Mutter zuhause betreut. Geleitet wird das Podium vom Redaktor des Gemeindeanzeigers.

Das Ziel und die Rahmenbedingungen

Ist die Veranstaltung ein Diskussionsforum? Hat sie die Meinungsbildung des Publikums oder eher einen rhetorischen Schaukampf zum Ziel? Wieviele Podiumsgäste sind eingeladen? Welcher Zeitrahmen ist vorgesehen? Greifen Sie ruhig zum Rechner: Wenn sechs TeilnehmerInnen während zwei Stunden miteinander diskutieren, ergibt das eine ungefähre Redezeit für jede und jeden von 20 Minuten! Das ist nicht viel und bedeutet, dass Sie sich auf die wesentlichsten Botschaften konzentrieren müssen.

Befürchten Sie, dass Sie einseitig in der Minderheit sind? Glauben Sie, dass Sie zu diesem Podium nur als 'Alibi', sozusagen als farbiger, aber unwichtiger Tupfer eingeladen werden? Werden auf dem Podium derart dominante Dauerredner sitzen, dass Sie vermutlich kaum zu Wort kommen? Haben Sie aus irgendeinem Grund das Gefühl, Ihre Position an dieser Veranstaltung sei zu schwach? Sagen Sie trotzdem nicht einfach ab. Versuchen Sie, Einfluss auf die Rahmenbedingungen zu nehmen. Sie können beispielsweise andere oder zusätzliche Mitwirkende vorschlagen; oder mit dem Gesprächsleiter vereinbaren, wie die Sitzordnung aussieht; oder dass Sie zuerst sprechen werden; oder...

Das Publikum

Wer wird voraussichtlich an diese Veranstaltung kommen? Ist eine Diskussion mit dem Publikum vorgesehen? An das Spitexpodium können alle EinwohnerInnen der Gemeinde kommen, die am Thema interessiert sind. Eine andere Sache wäre es für Bettina jedoch, wenn das Podium vor einem Fachpublikum stattfinden würde.

● *Nun weiss Bettina genug. Sie sagt zu und macht sich an die Vorbereitung. Sie dokumentiert sich gezielt. Unter anderem holt sie die gesetzlichen Grundlagen des Spitex aus der Schublade und wirft wieder einmal einen Blick hinein. In ihrem Archiv findet sie im Mäppchen 'Spitex' zudem noch einige ausführliche Reportagen und Broschüren von anderen Gemeinden. Dann entwirft sie ihre Hauptargumente und übt die Diskussion mit ihrer Vorstandskollegin Johanna. Diese spielt den 'advocatus diaboli' und vertritt die Argumente der GegnerInnen mit viel Überzeugungskraft. Ab und zu greift Johanna die Kollegin sogar rhetorisch an, damit Bettina ihre Schlagfertigkeit trainieren kann.* ●

Die strategische Vorbereitung

- Einarbeiten ins Thema

Zur Vorbereitung gehört, das Sie sich über das Thema umfassend dokumentieren. Die wichtigsten Informationen sollten Sie während der Veranstaltung übersichtlich und griffbereit zur Hand haben. Benutzen Sie als Informationsquellen aktuelle Zeitungsartikel oder Stellungnahmen von Organisationen, die sich mit dem Thema befassen. Befragen Sie auch Fachpersonen. Ein kurzes Telefon an die richtige Adresse erspart Ihnen oft lange eigene Recherchen.

➔ Werkzeuge
5. Wer sich informiert, weiss mehr

- Ihr Standpunkt

Welches sind die wichtigsten Botschaften, die Sie dem Publikum mitteilen wollen? Bereiten Sie ein kurzes Einstiegsvotum vor. Überlegen Sie, welche Argumente Sie in jedem Fall an den Mann oder an die Frau bringen wollen – auch wenn die Diskussion unter Umständen einen anderen Verlauf nimmt. Berücksichtigen Sie dabei die zur Verfügung stehende Zeit!

- Die anderen Standpunkte

Wie werden die anderen PodiumsteilnehmerInnen ihren Standpunkt begründen? Diese Frage hilft Ihnen, mögliche Gegenargumente zu entwickeln. Oder Ihre eigenen Argumente zu überprüfen und zu festigen. Erstellen Sie zu den wichtigsten Streitfragen ein bis zwei Argumentationsfelder.

➔ Arbeitsblatt 2
Themenblätter

- Ihre Unterstützung

Gehen Sie, wenn möglich, nicht allein an die Veranstaltung! Nehmen Sie eine Freundin oder eine Vertrauensperson mit, die Sie moralisch unterstützt. Bei sehr kontroversen Themen mit anschliessender Publikumsdiskussion ist es sinnvoll, wenn ein paar Personen von 'Ihrer' Seite im Saal sitzen. Diese können gezielte Fragen an Sie richten, die es Ihnen erlauben, Ihre

Gedanken noch eindrücklicher zu präsentieren. Es erleichtert auch sehr, wenn im Publikum Leute sitzen, die eine ähnliche Meinung wie Sie vertreten – und diesen Standpunkt mit eigenen Argumenten begründen.

Ihre Diskussionsstrategie

Schaffen Sie sich Raum und Zeit für die wichtigsten Botschaften. Sprechen Sie nicht nur die anderen TeilnehmerInnen auf dem Podium, sondern auch das Publikum an! Versuchen Sie vor allem, die Unentschlossenen anzusprechen. Denn Menschen, die bereits eine fixe Meinung haben, überzeugen Sie nicht in so kurzer Zeit. Greifen Sie Ihre 'GegnerInnen' nicht frontal an – ausser bei einem rhetorischen Schaukampf. Sondern nehmen Sie die Aussagen der 'GegnerInnen' als Aufhänger, um Ihre Meinung mit positiven Argumenten zu unterstreichen. Berichtigen oder relativieren Sie Gegenargumente. Das wirkt viel überzeugender als negative Angriffe. Hüten Sie sich vor allem vor 'rhetorischen Ping-Pong-Duellen' – da freut sich nur Ihre Gegenseite, die sich so besser darstellen kann. Das Hauptziel Ihrer Diskussionsstrategie muss sein, Raum und Redezeit für die Präsentation der eigenen Anliegen zu erhalten.

Und wenn Sie...

- unfair angegriffen werden?

Geben Sie nicht mit gleicher Münze zurück. Weisen Sie den Angriff kurz, aber bestimmt zurück und gehen Sie wieder zu Ihren Sachargumenten über. Das wirkt überlegen und sicher.

- etwas nicht wissen?

Lassen Sie sich nicht aus dem Konzept bringen, wenn Sie eine Frage nicht beantworten können. 'Nobody is perfect.' Sie können nie alles wissen – auch nicht, wenn Sie bestens vorbereitet sind. Geben Sie die Frage einfach weiter. «Dazu kann ihnen Frau XY mehr sagen.» Oder umgehen Sie die Frage, indem Sie ein anderes Argument ansteuern. «Das mag zwar wichtig sein. Aber bei unserem Thema ist die Überlegung entscheidend, ob wir...»

Tips zum Weiterlesen
- Schlüter-Kiske, Barbara: Rhetorik für Frauen. Wir sprechen über uns. Wirtschaftsverlag Langen-Müller, München 1987.
- Berckhan, Barbara/Krause, Carola/Räder, Ulrike: Schreck lass nach! Was Frauen gegen Redeangst und Lampenfieber tun können. Kösel-Verlag, München 1993.
- Brückner, Christine: Wenn du geredet hättest, Desdemona. Ungehaltene Reden ungehaltener Frauen. Hoffmann und Campe, Hamburg 1994 (18. Auflage).
- Pusch, Luise: Das Deutsche als Männersprache. Aufsätze und Glossen zur feministischen Linguistik. Suhrkamp-Verlag, Frankfurt/Main 1984.

Feedback-Katalog

Am meisten lernen Sie bekanntlich durch Übung. Nutzen Sie deshalb möglichst jede Gelegenheit, um öffentlich zu reden! Das bringt Ihnen nicht nur mehr Gewandtheit und Sicherheit, sondern vor allem viel Erfahrung. Dazu gehört zum Beispiel die Erfahrung, dass Sie einmal gut, einmal schlecht und einmal durchschnittlich sind – je nach Tagesform. Oder das Wissen: Jede Redesituation ist zwar neu, es gibt aber trotzdem viele Ähnlichkeiten. Wenn Sie gezielt lernen wollen, nehmen Sie am besten zu jedem Auftritt eine vertraute Person mit. Diese kann Ihnen nachher eine Beurteilung, ein Feedback geben. Was war gut, was schlecht an Ihrer Rede?

Die Begleitperson sollte folgende Kriterien beurteilen:

- Ist der Einstieg interessant?
- Hat die Rede einen klaren Aufbau und deutlich gegliederte Gedanken?
- Werden die zentralen Aussagen deutlich?
- Ist die Sprache klar und verständlich? Werden attraktive Formulierungen wie bildhafte Redewendungen, Vergleiche, Beispiele passend benutzt?
- Wie wird die Rede vorgetragen? Lautstärke, Betonungen, Pausen, Sprechtempo, Mimik, Körperhaltung, Gestik? Stimmt die Präsentation mit dem Inhalt überein?
- 'Sitzt' der Schluss?

Arbeitsblatt 1

Atem- und Entspannungsübung

Die folgende Übung hat schon vielen Frauen geholfen, ihre Anspannung und innere Nervosität zu lösen. Sie hilft Ihnen in Stresssituationen allerdings nur, wenn Sie sie vorher viel geübt und regelmässig benutzt haben.

Setzen Sie sich bequem hin, mit geradem Rücken. Beide Füsse berühren mit der ganzen Sohle den Boden. Die Hände liegen entspannt auf den Oberschenkeln. Schliessen Sie die Augen. Atmen Sie durch die Nase tief ein und aus. Sie sitzen entspannt und bequem und atmen regelmässig ein und aus. Verfolgen Sie Ihren Atem durch den Körper. Spüren Sie, wie er zuerst vom Kopf über den Nacken in den Bauch fliesst und wieder zurück. Dann ins Becken und wieder zurück; in die Arme und Hände und wieder zurück; in die Oberschenkel und wieder zurück; in die Füsse und wieder zurück. Konzentrieren Sie sich ausschliesslich auf Ihren Atem und Ihren Körper. Hören Sie auf zu denken. Wiederholen Sie diese Atemübung solange, bis Ihr Kopf vollkommen leer ist. Stellen Sie sich einen schönen Ort vor, wo Sie sich gerne aufhalten – vielleicht an einem Fluss oder auf Ihrem Balkon oder unter einem Baum in einer Wiese liegend. Oder stellen Sie sich Ihre Lieblingsfarbe vor: ein kühles Blau, ein intensives Gelb, ein schönes Rot. Atmen Sie dabei immer weiter tief ein und aus.

Im Bett – zum Beispiel vor dem Einschlafen – können Sie diese Übung übrigens auch liegend machen. Mit ein wenig Training werden Sie die Atem- und Entspannungsübung auch mitten unter vielen Menschen, beim Warten auf Ihren Redeauftritt, beherrschen. Lassen Sie zur Not die Augen offen, aber fixieren Sie einen bestimmten Punkt. Wenn Sie mehr Ruhe brauchen: Benutzen Sie für die Übung die Toilette, die nächste Telefonkabine oder die Garderobe...

Themenblätter

Jedes Thema kann auf einer A4-Seite so verdichtet werden, dass Sie eine gute Stütze für öffentliche Diskussionen haben. Mehr als eine A4-Seite sollten Sie nicht vollschreiben, weil Sie sonst den Überblick verlieren. Verdichten Sie die Informationen auf die wichtigsten Zusammenhänge, Fakten, Zahlen und Zitate. Eine mögliche Anwendung zeigt das untenstehende Beispiel. Sie können Ihr Thema aber auch nach ganz anderen Kategorien gliedern. Diese Vorbereitungstechnik lohnt sich vor allem für jene RednerInnen, die oft zum gleichen Thema auftreten. Denn sie können die Unterlagen immer wieder verwenden und bei Bedarf kurz aktualisieren.

Thema: Spitex in unserer Gemeinde

1. Informationen, Fakten, Zahlen, Geschichte...

- Welche Spitexangebote gibt es in unserer Gemeinde?
- Wie sind sie entstanden?
- Was kosten sie? Wer bezahlt was?
- Wie funktionieren die Angebote? Wer ist dafür verantwortlich?
- Ein Zahlenbeispiel: Ein Tag Spitalpflege kostet 550 Franken, ein Tag Hauspflege nur 150 Franken.

2. Unsere/meine Positionen, Vorschläge, Argumente, Leistungen....

- Die Erfahrungen des Haus- und Krankenpflegeverbandes
- Wo sehen wir Lücken, wo gibt es noch Bedarf?
- Vorschlag zur Gesundheitsschwester: Koordination mit Nachbargemeinden

3. Haltung und Gegenargumente der 'anderen' Seite, Zitate und Stellungnahmen von Behörden oder PolitikerInnen...

- Zitat aus dem Gesundheitsleitbild des Gemeinderates
- Ein Vergleich: Bis jetzt hat die Gemeinde für die Beteiligung am Spital 20 Millionen Franken ausgegeben, für Spitex-Leistungen jedoch nur 1 Million Franken.
- Bei den letzten Wahlen haben die Parteien versprochen: Zitate aus Parteiprogrammen

Arbeitsblatt 3

Argumentationsfelder

Damit können Sie sich auf die Teilnahme an kontroversen Diskussionen gezielt und schriftlich vorbereiten. Am besten benutzen Sie A5-Karten. Beschränken Sie sich auf ein paar zentrale Argumente. Allzuviele Karten sind unübersichtlich. Bei der Erarbeitung und auch bei der Benutzung eines Argumentationsfeldes können Sie von beiden Seiten aus denken und argumentieren: Von Ihren eigenen Argumenten oder von jenen der Gegenseite.

Thema / Gegenstand:
Anstellung einer Gesundheitsschwester
Meine drei bis vier wichtigsten Argumente/Gedanken/Botschaften:

1. Prävention: Vorbeugen ist billiger als gesundpflegen
2. Kostenersparnis durch Spitalentlastung
3. ....

Mögliche Gegenargumente:
1. Prävention ist nicht Aufgabe des Staates
2. Spitalbetten stehen sowieso leer
3. ....

Meine Entgegnungen darauf:
1. Hinweis auf das Gesundheitsleitbild der Gemeinde
2. Abbauen statt teuer besetzen
3. ....

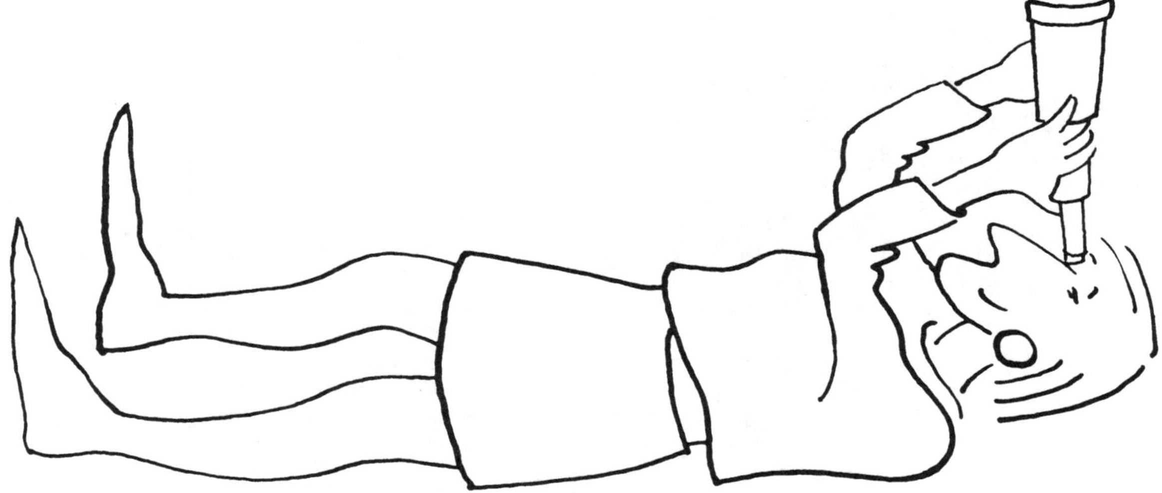

Könnten Sie mir da nicht entgegenkommen?

Verhandlungen führen

Ob Sie wollen oder nicht: Sie müssen immer wieder verhandeln. Das gilt sowohl für das Berufsleben wie für das Privatleben. Auch wenn Sie sich engagieren und öffentlich Einfluss nehmen, kommen Sie oft in Verhandlungssituationen. Es ist bekannt, dass es Frauen oft schwer fällt, sich für ihre Forderungen einzusetzen. Oder kennen Sie eine Freundin, die locker und ohne Hemmungen beim Bewerbungsgespräch über ihre Lohnhöhe verhandelt? Anders sieht es hingegen aus, wenn Frauen sich für die Anliegen anderer Menschen einsetzen. Doch auch hier gilt: 'Gewusst wie' erleichtert das Engagement.

● *Der durch Spenden finanzierte, private Verein 'Frauen beraten Flüchtlingsfrauen' sucht zwei zusätzliche Räume. Denn es ist für alle Beteiligten eine Zumutung, wenn die vielen Beratungen weiterhin in dem kleinen Büro durchgeführt werden. Das Budget des Vereins ist jedoch jetzt schon sehr knapp bemessen. Die zusätzlichen Kosten für die Miete der Räume übersteigen die finanziellen Möglichkeiten massiv. Deshalb beschliesst der Vereinsvorstand, mit dem Sozialamt des Kantons zu verhandeln. Es sollte doch möglich sein, dass ihnen der Kanton die beiden Räume gratis zur Verfügung stellt. Die Ausgangslage schätzen die Vorstandsfrauen als relativ gut ein. Schliesslich übernimmt der Verein eine wichtige gesellschaftliche Aufgabe. Und alle Beraterinnen, Fachfrauen aus verschiedenen Bereichen, arbeiten ehrenamtlich.* ●

Verhandeln heisst nicht nur reden

Eine erfolgreiche Verhandlung ist meist das Resultat einer guten Vorbereitung und Planung – mit brillanter Rhetorik allein kommen Sie nicht weit. Wichtig ist, dass Sie die Rahmenbedingungen der Situation genau und richtig einschätzen. Erst dann können Sie Ihre Ziele definieren, die Sie bei der Verhandlung erreichen wollen. Und diese Einschätzung hilft Ihnen auch, die effektivste Strategie zu entwickeln, um das gewünschte Ergebnis zu erreichen. Voraussetzung für eine Verhandlung ist zudem, dass Ihr 'Gegenüber' verhandeln will. Vielleicht sieht die andere Partei das Problem völlig anders?

Möglicherweise gibt es in ihren Augen überhaupt keinen Anlass für eine Unterredung? Das Verhandlungsgespräch ist deshalb oft nur eine Massnahme unter vielen, die für eine erfolgreiche Verhandlung notwendig sind.

Ausgangssituation abklären

Das Geheimnis jeder erfolgreichen Verhandlung liegt, wie oben schon gesagt, in einer guten Vorbereitung. Dazu gehört eine umfassende Analyse der Ausgangssituation und das Zusammentragen der benötigten Informationen.

● *Für die Frauen des Beratungsvereins ist diese Aufgabe nicht besonders schwer zu erfüllen. Sie kreisen das Thema mit folgenden Fragen ein: Kennen wir konkrete Räume, die der Kanton uns zur Verfügung stellen kann? Mit welchen Ämtern und Personen nehmen wir am besten Kontakt auf? Welches ist der richtige Verhandlungsort, um unser Anliegen zu unterbreiten? Gibt es Alternativen zu den kantonalen Räumen?*

Die Frauenkommission der Gewerkschaft 'Erde und Steine' hat es da schon schwieriger. Denn die Kolleginnen wollen durchsetzen, dass ihr Verband bei den nächsten Verhandlungen über einen neuen Gesamtarbeitsvertrag (GAV) vor allem für die Durchsetzung der Lohngleichheit und die Verlängerung des Mutterschaftsurlaubs kämpft. Um dieses Ziel erreichen zu können, müssen sie ein wesentlich komplexeres Umfeld abklären. Dazu gehören Fragen wie: Wann sind die nächsten GAV-Verhandlungen? Welche wichtigen Ziele werden die Arbeitgeber durchzusetzen versuchen? Wo setzt die Gewerkschaft den Hebel an? Wer von den KollegInnen wird bei der gewerkschaftlichen Verhandlungsdelegation dabei sein? Sind unsere Forderungen umstritten? Wenn ja, warum? Mit welchen politischen Entwicklungen sind unsere Forderungen verknüpfbar? ●

➔ Werkzeuge
5. Wer sich informiert, weiss mehr

Verhandlungsziele definieren

In einem zweiten Schritt sollten Sie nun das oder die Verhandlungsziele definieren. Nur wenn Sie oder Ihre Gruppe genau wissen, welches Ziel Sie anstreben, können Sie eine möglichst erfolgreiche Strategie entwickeln. Das Verhandlungsziel ist sozusagen der rote Faden des weiteren Vorgehens. Oft braucht es eine längere Diskussion, um ein klares Verhandlungsziel herauszuschälen. Normalerweise werden in solch einer Debatte bereits verschiedene Strategien besprochen, mit denen das Ziel erreicht werden könnte. Ein klares Ziel zu haben, heisst jedoch nicht, stur zu werden. Oft sind gute Verhandlungsergebnisse das Resultat einer flexiblen Haltung der beiden GesprächspartnerInnen.

Zu Ihrer Vorbereitung gehört deshalb auch, dass Sie sich die Teilziele, Minimal- und Maximalforderungen sowie allfällige Kompromisse schon vorher überlegen. Berücksichtigen Sie bei der Diskussion um die Ziele immer auch die Rahmenbedingungen und die Verhandlungsspielräume der anderen Seite. Und zwar nicht, weil Sie in erster Linie einen Kompromiss anstreben sollen. Aber wenn Sie eine kluge Verhandlungsstrategie entwickeln wollen, gehören diese Überlegungen mit dazu. Vergessen Sie nicht: Vielleicht braucht es zwei oder drei Verhandlungsrunden? Beziehen Sie diese Möglichkeit in die Zieldiskussion mit ein. Es gibt sehr verzwickte Situationen, in denen Sie mit einem Ziel, einem Gespräch und einem Verhandlungspartner wenig bis gar nichts erreichen.

● *Das hat auch die Frauenkommission der Gewerkschaft 'Erde und Steine' herausgefunden. Was sie wollen, wussten die Gewerkschaftsfrauen schon bald. In der nächsten GAV-Verhandlung sollen zwei Ziele erreicht werden. Erstens sollen in den drei untersten Lohnklassen die Frauenlöhne denjenigen der Männer stufenweise angeglichen werden. Es geht immerhin um eine Lohndifferenz von zwanzig Prozent. Und zweitens soll der Schwangerschaftsurlaub von acht auf zwölf Wochen erhöht werden. Bei der Diskussion um das weitere Vorgehen stellt sich aber rasch heraus, dass es noch einige andere Schritte braucht, bevor diese Forderungen mit den Arbeitgebern verhandelt werden können.*
1. Der Vorstand muss dem Antrag zustimmen.
2. Die Delegiertenversammlung muss die beiden Punkte als Gegenstand der GAV-Verhandlungen anerkennen.
3. Die Frauenkommission will in der Verhandlungsdelegation vertreten sein.

Die Gewerkschafterinnen wissen jedoch, dass ihre Forderungen in den eigenen Reihen nicht unbestritten sind. Deshalb diskutieren sie auch die Kompromiss- und Minimalziele, die sie innerhalb der Gewerkschaft verhandeln wollen. Das Minimalziel ist rasch klar: Die Durchsetzung der Lohngleichheit! Darauf können und wollen sie nicht verzichten. Sie einigen sich jedoch auf verschiedene Varianten, wie das Ziel erreicht werden soll. Diese Varianten können sie – je nach Verlauf der gewerkschaftsinternen Diskussion – in der Verhandlung als Kompromisse vorschlagen. ●

Die Verhandlungsstrategien

Jetzt ist es an der Zeit, sich über Ihre Verhandlungsstrategie Gedanken zu machen. Sie werden sich an diesem Punkt auch entscheiden, ob Sie Ihre Ziele mit einer konsensorientierten oder einer machtorientierten Strategie erreichen wollen. Die zentrale Frage dabei ist: Mit welchem Verhalten und mit welcher Taktik erreichen Sie oder Ihre Gruppe das Ziel am besten? Daraus ergibt sich die Strategie, mit der Sie bei der Verhandlung arbeiten werden.

Die konsensorientierte Verhandlungsstrategie

Wenn Sie die konsensorientierte Verhandlungsstrategie wählen, gehen Sie davon aus, dass beide Seiten ein hohes Interesse an der Konflikt- oder Problemlösung haben. Sie sind zudem der Ansicht, dass es möglich sein sollte, die 'Gegenseite' mit guten Argumenten und Vorschlägen von Ihrem eigenen Verhandlungsziel zu überzeugen.

Diese Voraussetzungen brauchen Sie für die konsensorientierte Strategie:

- Ihre Beziehung zu oder die Zusammenarbeit mit Ihren VerhandlungspartnerInnen war und ist neutral oder gut.
- Sie streben für die Zukunft eine gute Zusammenarbeit an. Beide Seiten sind bemüht, im Rahmen ihrer Möglichkeiten einen Beitrag zur Konflikt- oder Problemlösung zu leisten.
- Der Wille für ein offenes Gespräch ist vorhanden. Sie und Ihre Gruppe streben von Anfang an einen offenen Informationsaustausch an. Auch aus Ihren Zielen und Vorhaben machen Sie kein grosses Geheimnis.
- Ihre Gruppe ist zu Kompromissen bereit. Sie sind auch anderen Lösungen gegenüber aufgeschlossen. Sie sind nicht

auf ein einziges Ziel fixiert, sondern flexibel in der Verhandlungsführung.
- Ihre Forderungen oder Ihre Anliegen könnten auch für die 'Gegenseite' attraktiv sein.
- Sie und Ihre Gruppe verzichten auf Druck und Drohungen. Denn ein solches Verhalten kann bei der konsensorientierten Strategie nicht gebraucht werden, da das Verhandlungsklima sehr darunter leidet. Es ist eine alte Wahrheit, dass Druck immer Gegendruck erzeugt – bis hin zu Kampfmassnahmen.

● *Für die Vorstandsfrauen des Vereins ist schnell klar, dass sie beim Kanton nicht auf die Pauke hauen werden. Schliesslich arbeitet der Verein seit einigen Jahren auf verschiedensten Ebenen mit den Behörden zusammen. Und die guten Kontakte zum Sozialamt, zur Fremdenpolizei, zum Gleichstellungsbüro und zum Arbeitsamt wollen sie keineswegs leichtfertig aufs Spiel setzen.*

Nicht so klar ist der Entscheid für die Gewerkschaftsfrauen. Sie wissen, dass die Kollegen ihren Forderungen gegenüber sehr skeptisch eingestellt sind – von den Arbeitgebern ganz zu schweigen. Es zeichnet sich ab, dass in der nächsten GAV-Verhandlung der Kampf um den Teuerungsausgleich im Vordergrund stehen wird. Zudem hat die Gewerkschaft den Grundsatz der Lohngleichheit schon bei den letzten Verhandlungen durchgesetzt. Er ist schriftlich im GAV verankert. Deshalb finden viele Kollegen, dass jetzt endlich wieder andere Gewerkschaftsforderungen Priorität haben müssen. Auch wenn die Lohngleichheit nur auf dem Papier und nicht in Wirklichkeit existiert. ●

Die machtorientierte Verhandlungsstrategie

Die machtorientierte Verhandlungsstrategie geht davon aus, dass die Gegenseite nicht überzeugt werden kann. Es braucht den notwendigen Druck, um sie für eine Konflikt- oder Problemlösung zu 'gewinnen'. Die Interessen liegen zu weit auseinander, das Machtgefälle ist zu gross.

Diese Voraussetzungen brauchen Sie für die machtorientierte Strategie:
- Sie stellen nach einer sorgfältigen Analyse der Ausgangssituation und nach ersten Kontakten mit dem Verhandlungs-

partner fest, dass Sie mit Überzeugungsarbeit und konsensorientiertem Vorgehen nicht weiterkommen.

- Sie stellen fest, dass Sie und Ihr Gegenüber sich bereits auf den unterschiedlichen Positionen festgefahren haben. Oft ist das der Fall, wenn die Positionen schon veröffentlicht wurden und deshalb nicht mehr ohne Gesichtsverlust zurückgezogen werden können. Oder dass nur eine 'Entweder-wir-oder-Ihr-Position' möglich ist, weil der zu verteilende 'Kuchen' viel zu klein ist.
- Ihre Argumente und Vorschläge sind für die Gegenseite nicht überzeugend oder attraktiv genug? Dann müssen Sie durch die Demonstration von Stärke und Solidarität oder mit Druckmitteln zeigen können, dass es für die Gegenseite nachteilig sein kann, wenn sie Ihre Forderungen ablehnt.
- Das heisst: Sie und Ihre Gruppe müssen einen minimalen Druck organisieren können. Etwa indem Sie die Basis mobilisieren oder indem Sie die Öffentlichkeit beeinflussen. Weitere mögliche Druckmittel wären das Lobbying oder die Drohung mit Sanktionen – etwa durch Streiks, Boykotte oder den gerichtlichen Weg. Wenn Sie über keinerlei Druckmittel verfügen, hat es keinen Sinn, eine machtorientierte Verhandlungsstrategie anzusteuern. Sie werden nur verlieren. Und in Zukunft wird man Sie nicht mehr ernst nehmen.

● *Für die Gewerkschaftsfrauen zeichnet sich eine schwierige Entscheidung ab. Denn die Bereitschaft der Kollegen ist gering, schon wieder für die Frauenlöhne zu kämpfen. Sie wollen in den GAV-Verhandlungen den Teuerungsausgleich und die 5. Ferienwoche durchsetzen. In der Frauenkommission sind die Meinungen hingegen geteilt. Für die einen ist die Position der Kollegen verständlich und politisch sinnvoll. Für die andern muss das Prinzip der Lohngleichheit jetzt endlich in die Tat umgesetzt werden. Nach längerer Diskussion beschliesst die Kommission, an ihren Forderungen festzuhalten. Doch bei der Vorgehensweise scheiden sich die Geister wieder. Die meisten befürworten innerhalb der Gewerkschaft eine konsensorientierte Verhandlungsstragie. Da meldet sich Simone zu Wort: «Liebe Kolleginnen, so geht das nicht. Ihr wisst, ich bin vor allem eine überzeugte Gewerkschafterin und nicht in erster Linie Feministin. Aber in der Verhandlungstaktik kenne ich mich aus. Ihr müsst aufs Ganze gehen, wenn ihr die Forderun-*

gen wirklich durchsetzen wollt. Sonst zeigt ihr den Männern einmal mehr, dass sie euch nicht ernst nehmen müssen. Ihr werdet jetzt seit Jahren vertröstet – unter anderem auch, weil ihr es zulasst!

Deshalb würde ich euch ein anderes Vorgehen empfehlen. Macht den Kollegen und dem Vorstand klar, dass ihr auf der Durchsetzung der Lohngleichheit bestehen werdet. Geht mit eurem Anliegen an die Öffentlichkeit, mobilisiert dafür eure Basis, baut jetzt schon ein Unterstützungsnetz mit anderen Frauenorganisationen auf. Versucht, einzelne einflussreiche Kollegen für euer Anliegen zu gewinnen. Bringt ihnen bei, dass die Lohngleichheit so oder so kommen wird. Entweder wird sie jetzt in den GAV-Verhandlungen durchgesetzt – oder sonst mit einer Lohnklage, die die Gewerkschaft finanzieren muss. Ihr solltet langsam begreifen, dass euer Gegner nicht nur auf der anderen Seite bei den Arbeitgebern, sondern auch in den eigenen Reihen sitzt.» ●

Je nach Einschätzung der Ausgangssituation und dem Ziel, das Sie erreichen wollen, werden Sie die eine oder andere Strategie wählen. Da die Strategien von anderen Voraussetzungen ausgehen, ist es kaum möglich, beide parallel zu verfolgen. In gewissen Fällen kann es jedoch sinnvoll sein, nach einer gescheiterten Überzeugungsstrategie auf ein machtorientiertes Vorgehen umzuschwenken. Völlig unmöglich ist hingegen der umgekehrte Fall. Wenn Sie im Verhandlungspoker auf die machtorientierte Strategie gesetzt haben, müssen Sie dabei bleiben. Es plötzlich mit der Überzeugungsstrategie zu versuchen, hat keinen Sinn. Denn dazu fehlt inzwischen das notwendige offene Verhandlungsklima.

Das Verhandlungskonzept

Wenn Sie die Ihnen zusagende Strategie gewählt haben, ist es Zeit, das passende Verhandlungskonzept zu entwickeln. Dazu brauchen Sie verschiedene Zutaten.

Die Verhandlungsmethode

Egal, ob Sie sich für ein konsens- oder machtorientiertes Vorgehen entschieden haben – die Verhandlung selbst sollte fair verlaufen. Dabei hilft Ihnen folgende Grundhaltung:

- Verhandeln Sie immer für Ihre Anliegen und Forderungen – und nicht gegen die anderen Menschen (Arbeitgeber sind immer Ausbeuter, Gewerkschafter sind normalerweise Frauenfeinde) oder die andere Partei (Behörden sind immer stur, denen muss man alles abtrotzen). Anerkennen Sie die verschiedenen Interessenlagen als gegeben – aber als verhandelbar.
- Stellen Sie das Problem (wir haben keine Beratungsräume) und dessen Lösung (zwei Räume) in den Mittelpunkt! Gehen Sie von den Gemeinsamkeiten und dem gegenseitigen Nutzen aus (als GewerkschafterInnen kämpfen wir gemeinsam für gerechte Arbeitsbedingungen, dazu gehört auch die Lohngleichheit). Begründen Sie Ihre Forderungen mit sachbezogenen Argumenten.
- Behandeln Sie Ihre VerhandlungspartnerInnen als ProblemlöserInnen. Präsentieren und begründen Sie Ihre Forderungen und Vorschläge. Befragen Sie jedoch auch die Gegenseite, wie Sie sich denn die Lösung des Problems vorstellen würde. Damit entsteht Raum für andere Lösungen.
- Behandeln Sie Menschen, Interessen und das Problem getrennt voneinander. Versuchen Sie, den Standpunkt der Gegenseite zu verstehen – Sie brauchen ihn deshalb noch lange nicht zu akzeptieren. Verzichten Sie im Gespräch auf Schuldzuweisungen oder moralische Vorwürfe! Das macht Ihre GesprächspartnerInnen nur aggressiv. Sie fühlen sich manipuliert oder erpresst und gehen in Abwehrposition. Dadurch wird es für Sie sehr viel schwieriger – wenn nicht unmöglich –, das Verhandlungsziel zu erreichen. Natürlich sind Ethik und Moral gewichtige Argumente, allerdings sind sie nur in der öffentlichen Diskussion wirkungsvoll.
- Beziehen Sie Ihr Gegenüber in die Lösung des Problems mit ein. Damit ermöglichen Sie es Ihren VerhandlungspartnerInnen, das Gesicht zu wahren.
- Setzen Sie sich nicht auf unverrückbaren Positionen fest (wenn der Kanton uns nicht sofort zwei Räume gibt, dann brechen wir die Verhandlungen ab). Selbstverständlich sollen Sie das Ziel klar verfolgen. Es lohnt sich aber, wenn Sie dabei flexibel bleiben. Das einseitige Beharren auf dem einzig richtigen Ergebnis der Verhandlungen verhindert die Suche nach einer alternativen Lösung. Diese könnte jedoch für beide Seiten einen Gewinn darstellen.

– Ihre VerhandlungspartnerInnen sind in erster Linie Menschen und verhalten sich auch als solche. Ganz gleich, welche Rolle sie im Moment spielen. Ob Ihr Gegenüber eine Organisation repräsentiert oder als Vertreterin einer Behörde auftritt – es sind in erster Linie Menschen. Und Menschen werden von Gefühlen, tiefverwurzelten Wertvorstellungen und eingeprägten Erfahrungen geleitet. Sie können sich ärgern, Dinge persönlich nehmen und einander missverstehen. Nach dem Motto «Der Verstand denkt, der Bauch lenkt» vermischen Ihre GesprächspartnerInnen – oft unbewusst – ihren Standpunkt mit persönlichen Motiven. Auch Sie selbst funktionieren so! Die daraus entstehenden Kommunikationsbarrieren müssen Sie im Verhandlungsgespräch berücksichtigen. Falls Sie eine solche Barriere entdecken, sollten Sie sie direkt ansprechen. Vermischen Sie sie nicht mit dem Gegenstand der Verhandlung.

Die Kontaktaufnahme

Welches ist der beste Weg, um mit Ihren VerhandlungspartnerInnen Kontakt aufzunehmen? Schriftlich, per Telefon, über die Medien – etwa mit einem offenen Brief – oder an einer Podiumsdiskussion in der Öffentlichkeit?

In der Regel ist die schriftliche Kontaktaufnahme üblich. Sie erlaubt Ihnen auch, Informationsmaterial – wie Projektbeschreibungen, Finanzpläne, Statuten, Broschüren, Jahresberichte – mitzuschicken. Am besten ist es, wenn Sie sich mit Ihrem Brief direkt an die zuständige Person richten (vorher abklären!) und darin kurz Ihr Anliegen formulieren. Bitten Sie den Empfänger oder die Empfängerin, Ihnen einen Vorschlag für ein Treffen zu machen. Falls Sie innert nützlicher Frist keine Antwort erhalten haben, können Sie telefonisch 'nachfassen'. Dabei sollten Sie sich über das Vorgehen erkundigen: Wie lange dauert es, bis ein Treffen möglich ist? Nebenbei können Sie beim Gespräch auch noch ausloten, ob die Unterlagen genügen, oder ob Ihre GesprächspartnerInnen noch mehr Informationen wünschen.

Versuchen sie möglichst, mit konkreten Menschen ins Gespräch zu kommen. Man kann nicht erfolgreich mit abstrakten Begriffen wie 'dem Kanton', 'der Stiftung' oder 'dem Vorstand' verhandeln. Sie sind übrigens gut beraten, wenn Sie diese Menschen überzeugen und mit Argumenten beliefern – auch wenn sie nicht allein entscheiden können. Aber Ihre Informationen erlauben es Ihren GesprächspartnerInnen, das Anliegen 'weiter oben' gut zu vertreten.

Der Zeitpunkt und der Verhandlungsort

Berücksichtigen Sie bei Ihren Verhandlungen immer auch die Zeit und den Ort! Wenn Ihre Forderung – etwa eine Subvention – durch das Parlament bewilligt werden muss, wird Ihr Zeitplan unweigerlich durch die Agenda des Parlamentes bestimmt (Budgetdebatte). Planen Sie deshalb rechtzeitig und möglichst ohne Zeitdruck. Bedenken Sie, dass Ihre VerhandlungspartnerInnen sich in ihren eigenen Organisationen ebenfalls an Entscheidungsabläufe halten müssen. Das braucht manchmal mehr Zeit, als Ihnen lieb ist. Und auch die Vorbereitung einer Begleitkampagne kann recht viele Stunden in Anspruch nehmen.
Auch dem Verhandlungsort sollten Sie genügend Aufmerksamkeit schenken. Ob das Treffen bei Ihnen, bei der Gegenseite oder auf 'neutralem Boden' stattfindet, hängt von der Situation ab. Sie wollen etwas von Ihren GesprächspartnerInnen? Dann überlassen Sie am besten der Gegenseite die Wahl des Ortes. Manchmal kann es jedoch von Vorteil sein, die andere 'Partei' auch zu sich einzuladen. Etwa wenn Sie ihnen etwas über Ihr Projekt zeigen können. Achten Sie auf jeden Fall von Beginn an darauf, ob Sie sich im Verhandlungsraum wohl fühlen. Ist der Raum zu laut? Sehen Sie Ihren Verhandlungspartner nicht, weil Sie von der Sonne geblendet werden? Das sind schlechte Verhandlungsbedingungen. Sprechen Sie das offen an – jetzt können Sie die Situation noch beeinflussen!

Die Zusammenstellung der Verhandlungsdelegation

Wichtig ist auch, wer mit der Gegenseite verhandelt. Passen Sie die Zusammensetzung der Delegation dem Inhalt der Verhandlung und den Gepflogenheiten der Gegenseite an. Achten Sie bei der Auswahl der Personen auf eine sinnvolle Mischung aus Funktion und Fachwissen. Die Vereinsfrauen könnten eine Delegation zusammenstellen, die aus der Vereinspräsidentin, der Kassiererin und einer Beraterin besteht.

Die Gewerkschaftsfrauen werden sich für die verbandsinterne Diskussion mit Verbündeten aus den ordentlichen Gremien – Vorstandsmitglieder, Delegierte – zusammentun. Gehen Sie, sofern möglich, nie allein an Verhandlungen! Denn vier Ohren hören besser als zwei. Aber stellen Sie auch nicht eine zu grosse Gruppe als Verhandlungsdelegation zusammen.

Die Vorbereitung des Verhandlungsgesprächs
Sprechen Sie die verschiedenen Rollen ab. Wer führt die Verhandlungen und stellt die Delegationsmitglieder vor? Wer schreibt die wichtigsten Punkte als Gedankenstütze auf? Wer ist für welche Fachfragen zuständig? Über welche Fragen darf die Verhandlungsdelegation ohne Rücksprache mit der Gruppe selbst entscheiden? Im Fachjargon heisst das: Wie weit geht das Verhandlungsmandat der Delegation? Ist eine nächste Sitzung der Gruppe geplant? Es könnte ja sein, dass Sie vor einer weiteren Verhandlungsrunde noch etwas in der Gruppe diskutieren müssen. Welches Gremium entscheidet darüber? Reicht die Arbeitsgruppe, ist es der Vorstand, oder muss eine Delegiertenversammlung den Entscheid fällen?

Das Verhandlungsgespräch

Der Einstieg
Jedes Verhandlungsgespräch hat einen ähnlichen Ablauf. Es beginnt mit einer gegenseitigen, freundlichen Begrüssung. Schütteln Sie den Anwesenden persönlich die Hand, falls die Verhandlungsrunde nicht zu gross ist. Dieser Einstieg ermöglicht es allen Beteiligten, miteinander in Kontakt zu treten. Mit dem Händedruck betonen Sie den Beziehungsaspekt und signalisieren: Auch wenn es harte Verhandlungen werden – wir respektieren einander als Menschen. Zur Begrüssung gehört unter Umständen auch der Dank, dass sich Ihre GesprächspartnerInnen überhaupt Zeit für das Treffen genommen haben.

Die Präsentation und Begründung der Forderungen
Im Verhandlungsgespräch stellen Sie Ihre Forderungen noch einmal kurz, klar und präzise vor. Das gilt auch dann, wenn Sie die Forderungen schon schriftlich deponiert haben. Ver-

gessen Sie jedoch langatmige Präsentationen! Damit ermüden oder langweilen Sie die Beteiligten nur. Begründen Sie Ihr Anliegen mit klaren Argumenten. Verschiessen Sie jedoch nicht alle aufs Mal – vielleicht sind Sie ganz froh, wenn Sie nach einiger Zeit noch eine weitere gute Begründung aus dem Köcher ziehen können.

Das Ausloten der Situation

Seien Sie froh, wenn Ihr Gegenüber Fragen stellt; geben Sie Ihren GesprächspartnerInnen genügend Raum dafür. Fordern Sie Fragen heraus. Und versuchen Sie, Unklarheiten, Hindernisse und Widerstände mit eigenen Fragen herauszufinden. Nur so können Sie diese mit Informationen beheben oder mit Argumenten entkräften. Gut gefragt, ist halb gewonnen. Denn nicht jede Frage eignet sich für jedes Ziel. Wenn Sie offene Fragen stellen, erhalten Sie Informationen, Meinungen und Lösungsvorschläge (Können Sie mir bitte das weitere Vorgehen erklären?). Geschlossene Fragen (auf die man nur mit ja oder nein antworten kann) verwenden Sie zur Sicherung von Ergebnissen und zur Klärung des Verhandlungsspielraums (Sie werden der Subvention also zustimmen?).

Die Verhandlung über das Anliegen

Die eigentliche Verhandlung ist eine offene Diskussion der Gemeinsamkeiten und unterschiedlichen Interessen der beiden Parteien. Dabei können Sie Ihren Verhandlungsspielraum erkennen.

Die Suche nach Alternativen

Suchen Sie andere Lösungen und Kompromisse, falls Sie das Verhandlungsziel nicht durchsetzen können. Seien Sie in diesem Punkt flexibel und kreativ! Wie können Ihre VerhandlungspartnerInnen Sie unterstützen, damit Sie das Ziel erreichen?

Das Festhalten der Ergebnisse

Halten Sie das Ergebnis der Verhandlung fest. Sprechen Sie die gehörten Abmachungen aus. «Habe ich Sie richtig verstanden, dass Sie uns zwar keine Räume zur Verfügung stellen können, dass Sie aber die Miete übernehmen würden?»

Das Verhandlungsergebnis muss von beiden Seiten ausgesprochen werden. Nur so werden Missverständnisse klar. «Nein, das habe ich nicht gesagt. Wir bieten Ihnen an, uns an den Mietkosten zu beteiligen. Über die Höhe müssten wir noch reden.» Erst wenn das Resultat eines Verhandlungspunktes festgehalten ist, kommt der nächste an die Reihe. Suchen die Vereinsfrauen nun zuerst die Räume und verhandeln später noch einmal mit dem Kanton über die Höhe seiner Beteiligung an den Kosten? Kann ihnen der Kanton bei der Raumsuche behilflich sein? Kann er den Verein bei der Suche mit einem Empfehlungsbrief unterstützen?

Manchmal ist es nötig, an dieser Stelle die Verhandlung zu vertagen. Denn es kann sein, dass eine der beiden Seiten sich den allfälligen Kompromiss zuerst noch überlegen will. Oder dass beide Parteien noch mit anderen Gremien oder Instanzen Rücksprache nehmen müssen. Dann wird das als Ergebnis festgehalten und auf dieser Basis das weitere Vorgehen besprochen.

Der Abschluss

Beim Abschluss der Verhandlung werden die Ergebnisse kurz bestätigt und gesichert. Wer macht was, bis wann und schickt es wohin? Braucht es eine schriftliche Bestätigung des Resultates? Falls nötig wird der nächste Termin vereinbart. Vergessen Sie die persönliche Verabschiedung nicht.

Die Nachbereitung des Gesprächs

Sind Sie mit dem Ergebnis der Verhandlung zufrieden? Welche Schritte sind nun nötig, um das Ergebnis umzusetzen? Und welche anderen braucht es, um die nächste Verhandlungsrunde vorzubereiten? Eigentlich hätten Sie das Ergebnis des Gesprächs jetzt doch ganz gerne schriftlich. Leider stellen Sie dieses Bedürfnis erst nach dem Treffen fest. Kein Problem: Schreiben Sie der anderen Partei einen Brief, und halten Sie darin das Resultat des Gesprächs fest. Bei dieser Gelegenheit können Sie sich auch noch einmal bedanken.

Falls Sie mit Ihrem Anliegen vollkommen abgeblitzt sind, sollten Sie überlegen, wie Sie Ihr Ziel anders erreichen können. Fragen Sie Ihre VerhandlungspartnerInnen offen nach den Gründen der Ablehnung. Die Antworten helfen Ihnen bei der Suche nach anderen Möglichkeiten. So könnten Sie zum Beispiel nach einem neuen Verhandlungspartner Ausschau halten. Oder Ihre bisherigen GesprächspartnerInnen durch die Präsentation neuer Argumente überzeugen. Oder Sie könnten aufgrund der Antwort des Gegenübers Ihre Strategie ändern und beginnen, öffentlichen Druck zu erzeugen...

→ Werkzeuge
9. Ach wie gut, dass niemand weiss...
→ Werkzeuge
10. Kommst Du auch an die Demonstration?
→ Werkzeuge
11. Money makes the world go round...

Tips zum Weiterlesen:
- Fischer, Roger/Ury, William: Das Harvard-Konzept. Sachgerecht verhandeln – erfolgreich verhandeln. Campus Verlag, Frankfurt a. Main 1990.

Heute abend ist Sitzung...

8

Versammlungen und Sitzungen durchführen und leiten

● *Martina bewirtschaftet zusammen mit ihrer Familie einen zehn Hektaren grossen Hof im Emmental. Vor zwei Jahren ist sie in den Vorstand der landwirtschaftlichen Genossenschaft gewählt worden. Im Gegensatz zu den üblichen monatlichen Sitzungen geht es heute hoch zu und her. Seit einer halben Stunde wird im kleinen Saal des 'Bären' heftig über Gentechnologie diskutiert. Die Meinungen der Vorstandsmitglieder – neun Männer und drei Frauen – sind sehr unterschiedlich. Martina ärgert sich – nicht etwa über die anderen, sondern über sich selbst. Obwohl sie das Thema brennend interessiert, obwohl sie dazu einiges weiss, hat sie sich noch immer nicht zu Wort gemeldet. Die Diskussion ist spannend, es geht um gentechnologisch verändertes Saatgut, um gentechnisch hergestelltes Lab zur Produktion von Käse, um die Auswirkungen auf die Lebensmittel und die Reaktion der Konsumentinnen und Konsumenten darauf. Sie ist gut informiert und hat sich Argumente zurechtgelegt. Die anderen reden frisch von der Leber, sagen teilweise, was Martina auch gedacht hat. Sie hat immer noch nichts gesagt. Langsam wird sie angespannt und nervös. Es fällt ihr immer schwerer, der Diskussion zu folgen. Sie ärgert sich über gewisse Männer, die sehr lang reden. Ruedi und Sämi sind zwei bekannte Langredner. Sie tragen ihre Meinung offen und bestimmt vor. Auch Beatrice und Esther scheinen keine Zweifel zu kennen. Doch die Männer unterbrechen sie häufig, beziehen sie nicht in die Diskussion ein, überhören sogar ihre Vorschläge. Walter, der Präsident, macht keine Anstalten, die Langredner zu unterbrechen oder Martina zu helfen, damit sie auch einmal etwas sagen kann. Sie ist wütend und resigniert. Wieder nichts gesagt, wieder dieser Frust, wieder eine dieser langweiligen Sitzungen. Ob sie nicht doch besser zurücktreten soll?* ●

Ist Ihnen diese Situation vertraut? Haben Sie sich auch schon vorgenommen, sich an der Sitzung, an der nächsten Diskussionsrunde zu beteiligen – und dann doch nichts gesagt? Oder sich nur auf kurze Bemerkungen der Zustimmung oder Ablehnung beschränkt? Das ist schade. Denn nur wenn Sie sagen, was Sie denken, können andere Sie wahrnehmen. Nur wenn Sie Ihre Meinung kundtun, kann man Sie hören. Die Zeiten, in denen es noch hiess, «das Weib schweige in der Gemeinde», sind doch schon längst passé.

Wenn Sie sich an Sitzungen und Diskussionen aktiv beteiligen, gewinnen Sie nicht nur an Profil. Sie werden auch das eine oder andere Mal erleben, dass Ideen, die aus Ihrer eigenen Küche stammen, verwirklicht werden. Damit die anderen Ihre Vorstellungen und Meinungen hören können, müssen Sie jedoch laut und deutlich das Wort ergreifen. Schliesslich sitzen Sie ja mit diesen Menschen zusammen, um eine bestimmte Aufgabe, ein gemeinsames Projekt oder eine strittige Frage zu diskutieren. Wenn Sie jedoch während den Sitzungen nie den Mund aufmachen und immer nur schweigen, wird man Ihre Ansichten nicht zur Kenntnis nehmen. Sie verzichten nicht nur darauf, Einfluss zu nehmen und mitzuentscheiden. Sie laufen auch Gefahr, sich und die anderen fürchterlich zu langweilen.

Doch: Was müssen Sie tun, damit Ihre Ideen und Meinungen in Sitzungen zur Geltung kommen? Wie nehmen Sie Einfluss, und wie verhelfen Sie Ihren Vorschlägen zum Durchbruch? Wie verschaffen Sie sich Gehör, selbst wenn Sie die einzige Frau unter vielen Männern sind? Wie planen Sie Sitzungen, an denen das Wort Frust unbekannt ist? Wie organisieren Sie Versammlungen, von denen alle Beteiligten profitieren können? Und 'last but not least': Wie leiten Sie selbst am besten eine Sitzung? Und ganz generell: Wie können Sitzungen besser – nämlich interessanter und speditiver – gestaltet werden? Antworten auf diese Fragen finden Sie im folgenden Kapitel.

Die aktive Sitzungsteilnehmerin

Eine Sitzung verläuft normalerweise gut, wenn sich alle Beteiligten darauf vorbereiten. Es ist mühsam und braucht sehr viel Zeit, wenn die TeilnehmerInnen die vorher verschickten Unterlagen erst an der Sitzung selbst lesen. Oder wenn sie weder die Traktandenliste kennen noch sich überlegt haben, was sie zu den einzelnen Themen sagen wollen. Diesen Mangel kann selbst die beste Sitzungsleiterin nicht ausgleichen.

Sicher: Es kommt immer wieder einmal vor, dass jemand keine Zeit hat, sich vorzubereiten. Doch das sollte eine seltene Ausnahme bleiben.

Für eine gute Vorbereitung hilft Ihnen folgendes Vorgehen:
- Orientieren Sie sich an der Einladung und der Traktandenliste. Lesen Sie, sofern vorhanden, die Unterlagen. Auch das Protokoll der letzten Sitzung gehört zu Ihrer Lektüre, falls eines der Einladung beigelegt wurde.

- Bereiten Sie sich auf Themen vor, in die Sie kurz einführen müssen. Stichworte genügen völlig. Diese Vorbereitung eignet sich auch, wenn Sie den anderen SitzungsteilnehmerInnen einen Vorschlag unterbreiten wollen. Oder wenn Sie jetzt schon wissen, welche Meinung Sie bei einem Traktandum vertreten wollen.

→ Werkzeuge
6. Auf dem Weg zu Tribüne, Podium und Mikrofon

- Überlegen Sie sich nicht nur Begründungen, die Ihre eigene Position unterstützen, sondern suchen Sie schon jetzt nach Antworten auf mögliche Gegenargumente. Falls die Diskussion für Sie sehr wichtig ist, kann Ihnen eine Trockenübung mit einer Person Ihres Vertrauens die nötige Sicherheit und Standfestigkeit geben.

→ siehe weiter unten im gleichen Kapitel: Mut zur Strategie

- Fallen Sie nicht gleich mit der Tür ins Haus! Sie wollen an der Sitzung einen Antrag unbedingt durchbringen? Oder Sie brauchen die Unterstützung der anderen, damit ein Projekt realisiert werden kann? Dann sollten Sie sich vorher genau überlegen, wie Sie vorgehen müssen, um Ihr Ziel zu erreichen.

Aller Anfang ist schwer: So steigen Sie ein!
Sie wollen sich aktiv an der Sitzung und der Diskussion beteiligen, sind aber noch keine sehr routinierte Rednerin. Dann sollten Sie den Einstieg auf keinen Fall verpassen. Warten Sie nicht zu lange, bevor Sie sich ins Gespräch einmischen. Versuchen Sie, in den ersten zehn Minuten das Wort zu ergreifen. Sie brauchen übrigens nicht sofort eine grosse Rede zu halten. Zwei, drei Sätze genügen völlig. Mit einem solch kurzen Statement überwinden Sie die Einstiegshürde. Erstens haben die anderen Sie schon einmal gehört. Zweitens verringert sich bei Ihnen der innere Stress, dass Sie jetzt endlich

einmal etwas sagen müssen. Zudem stehen Ihre Chancen gut, dass das, was Sie sagen, bisher noch nicht ausgesprochen wurde. Je länger Sie warten, desto höher ist die Wahrscheinlichkeit, dass Ihnen jemand zuvorkommt.

Wichtig ist, dass Sie folgenden Teufelskreis durchbrechen: Wer wenig sagt, erhält wenig Resonanz. Wer wenig Beachtung findet, hat wenig Einfluss und wird noch weniger sagen. Am Schluss steht das Schweigen. Gerade bei Sitzungen oder Versammlungen, die regelmässig stattfinden, sollten Sie gegen dieses Verhalten ankämpfen. Übernehmen Sie die Verantwortung für Ihr Engagement. Gehen Sie in die Offensive statt in den Rückzug! Sie werden sehen: Ihre Sicherheit und Ihr Selbstvertrauen steigen mit jedem noch so kleinen Erfolgserlebnis. Und zudem werden Sie sich an einer Sitzung vermutlich nur noch selten langweilen.

Einstiegstechniken: So kommen Sie zu Wort!
Sie müssen sich selbst darum kümmern, dass Sie zu Wort kommen. Das gilt vor allem dann, wenn die Diskussion recht turbulent ist. Denn die Person, die die Sitzung leitet, kann diese Aufgabe normalerweise nicht auch noch übernehmen – ausser wenn bei der Sitzung vereinbart wurde, dass eine RednerInnenliste geführt wird.

Sie haben verschiedene Einstiegsmöglichkeiten, um sich in die Diskussion einzuklinken:

- Beziehen Sie sich auf die Vorrednerin und ergänzen, unterstützen oder kommentieren Sie deren Aussage.

- Greifen Sie ein Argument, einen Vorschlag oder die Idee einer Diskussionsteilnehmerin auf und führen Sie diese weiter aus.

- Widersprechen Sie Ihrem Vorredner und seinen Argumenten. Präsentieren Sie ihre eigenen Gedanken zum Thema. «Das sehe ich ganz anders....»

- Machen Sie einen rhetorischen statt einen inhaltlichen Bezug zu Erklärungen Ihrer Vorrednerin. «Das finde ich interessant. Meine Überlegungen sind jedoch folgende...»

Sie kommen trotz allen Ihren Bemühungen nicht zu Wort? Dann kann es notwendig sein, dass Sie andere Diskussionsteilnehmerlnnen auch einmal unterbrechen. Auch wenn das Ihren inneren Höflichkeitsregeln widerspricht – beim Diskutieren gilt: Unterbrechen ist erlaubt, ständig ins Wort fallen nicht!

Wie können Sie unterbrechen?

- Warten Sie bei Ihrem Vorredner die Atempause ab. Steigen Sie in diesem Moment in die Diskussion ein, reden Sie einfach weiter. Lassen Sie sich nicht vor Schreck, dass Sie jetzt das Wort tatsächlich haben, gleich wieder unterbrechen.

- Signalisieren Sie mit dem Körper, dass Sie am Gespräch teilnehmen wollen. Beugen Sie den Oberkörper nach vorn, sozusagen in die Runde hinein. Sie werden sehen, das hilft enorm.

- Sprechen Sie aus, dass Sie etwas zu sagen haben. Zuerst höflich: «Dazu möchte ich etwas sagen.» Wenn das nichts nützt, können Sie auch entschlossener dazwischenfahren: «Sie haben Ihre Gedanken ausführlich präsentiert, jetzt möchte ich endlich etwas sagen.» Nur wer es zulässt, dass andere die ganze Redezeit für sich beanspruchen, kommt selbst nicht zu Wort. Es hilft Ihnen nichts, wenn Sie sich innerlich über Langrednerlnnen aufregen und dabei stumm bleiben. Wehren Sie sich für Ihr Wort – ausser Ihnen tut es sonst niemand!

Strukturiert argumentieren: So überzeugen Sie!

Sie wollen andere von Ihrer Meinung überzeugen? Dann sollten Sie darauf achten, dass Ihre Argumente klar gegliedert und verständlich sind.

Für den Aufbau eines Meinungsbeitrages eignet sich folgende, einfache Struktur:

➔ Werkzeuge
6. Auf dem Weg zu Tribüne, Podium und Mikrofon

1. Behauptung oder Meinung nennen. «Ich finde, dass...»
2. Diese kurz begründen, eventuell mit einem Beispiel illustrieren.
3. Schlussfolgerungen daraus ableiten. «Deshalb schlage ich vor, dass wir...»

Diese Struktur ist nicht nur beim Argumentieren selber nützlich. Sie hilft Ihnen auch, die vielleicht noch diffusen Gedanken und Vorstellungen in Ihrem Kopf zu ordnen. Das Resultat dieser Ordnung sind Argumente, die eine gewisse Logik haben. Vergessen Sie nicht: Sie können andere nur überzeugen, wenn diese Ihre Argumente auch verstehen.
Falls Sie die anderen SitzungsteilnehmerInnen von einer Meinung, einem Anliegen oder einem Vorschlag überzeugen wollen, gehen Sie am besten strategisch vor.

- Verpulvern Sie nicht sofort alle guten Argumente! Denn erstens können die ZuhörerInnen gar nicht so viele Begründungen auf einmal aufnehmen. Und zweitens ist es wichtig, dass Sie auch noch im letzten Teil der Diskussion gute Argumente haben. Wenn Sie Ihre Begründungen, Einwände und Erklärungen auf die ganze Diskussion verteilen, fahren Sie besser.

- Formulieren Sie präzise, nicht langatmig. Kommen Sie rasch zum Kern der Sache. Verzichten Sie auf lange Einleitungen. Das verwirrt die anderen nur. Benutzen Sie ein wichtiges Argument lieber mehrmals – aber in möglichst wenig Worten –, als es einmal ellenlang auszuführen. Die Länge eines Votums hat nichts mit seiner Überzeugungskraft zu tun.

- Stellen Sie keine allgemeinen Behauptungen auf, die Sie nicht beweisen können. Sie sind leicht zu widerlegen. Wählen Sie statt dessen Vergleiche und Beispiele. Die bleiben länger im Gedächtnis haften als abstrakte Formulierungen.

- Zählen Sie ruhig selber auf, was gegen Ihren Standpunkt spricht. Dadurch nehmen Sie allfällige Einwände vorweg und können Sie gleich selbst entkräften oder relativieren.

- Betonen Sie in einer Diskussion das Gemeinsame – ohne jedoch die Unterschiede zu verharmlosen. Sie können so mithelfen, Lösungen zu finden. Denn ein solches Vorgehen baut Aggressionen ab. Zeigen Sie dabei die Vorteile auf, die für Ihren Vorschlag, Ihre Idee sprechen.

Diskussionsstrategien: So nehmen Sie Einfluss!

Eine Diskussion ist immer mehr als die Summe der einzelnen Äusserungen und Lösungsvorschläge. Als Teilnehmerin können Sie Einfluss auf das ganze Geschehen nehmen – selbst wenn Sie bei einzelnen Themen keine feste Meinung oder keinen eigenen Vorschlag haben. Ein Statement ist nur eine von vielen Möglichkeiten, um sich an der Diskussion zu beteiligen. Sie können – wie alle anderen auch – den Inhalt und den Verlauf der Diskussion mitsteuern. Was besprochen und wie es diskutiert wird, liegt auch in Ihrer Hand. Sie können Vorschläge zum Vorgehen machen, den Diskussionsverlauf ansprechen, Fragen stellen, Informationen prüfen, Zustimmung oder Ablehnung äussern, Argumente oder Themen weiterentwickeln und vertiefen, Schlussfolgerungen und Konsequenzen eines Entscheides abwägen und nicht zuletzt prüfen, ob Vorschläge und Ideen realisierbar sind. Die Qualität einer Diskussion steigt enorm, wenn es nicht nur MeinungsträgerInnen gibt, sondern auch Personen, die sich um die Vertiefung, Umsetzbarkeit und das Vorgehen kümmern.

● *Martina hat unterdessen gelernt, sich in Diskussionen zu äussern, nicht einfach stumm zu bleiben und zu resignieren. Sie ist froh darum. Denn auch in der landwirtschaftlichen Genossenschaft ist die Gentechnologie-Diskussion noch lange nicht abgeschlossen. Heute abend steht die Verwendung von gentechnisch hergestelltem Lab für die Produktion des Käses auf der Traktandenliste. Martina ist dagegen; in ihrem Betrieb, der auch Käse herstellt, wird sie das sicher nicht zulassen. Die Diskussion an der letzten Vorstandssitzung hat ihr jedoch gezeigt, dass mindestens drei wichtige Mitglieder des Vorstandes – nämlich Ruedi, Sämi und Esther – für die Verwendung des Gen-Labs sind. Franz hingegen hat sich kritisch geäussert. Von Beatrice und den anderen kennt sie die Meinung noch nicht. Martina bereitet ihre Argumente vor, sammelt die wichtigsten Informationen zum Thema, übt die Diskussion zusammen mit ihrem Mann und ist fest entschlossen, für ihre Meinung zu kämpfen.* ●

Wie kann Martina am geschicktesten vorgehen, um die anderen Vorstandsmitglieder von ihrer Ansicht zu überzeugen? Wie gehen Sie vor, wenn Sie Ihre GesprächspartnerInnen für eine Idee oder einen Vorschlag zu gewinnen versuchen? Wer überzeugen will, muss in der Diskussion nicht nur über fundierte Informationen und gute Argumente verfügen. Er oder sie muss auch noch wirkungsvolle Strategien benutzen.

Wirkungsvolle Strategien

Generell gilt: Sprechen Sie in erster Linie für Ihr eigenes Anliegen, für Ihre eigene Meinung! Wenn Sie andere Menschen von Ihren Gedanken überzeugen wollen, nützt Ihnen wenig, wenn Sie vor allem die Ansichten der GegnerInnen zerpflücken. Das heisst praktisch: Martina muss für ihre Kritik am Gen-Lab möglichst viel Raum und Zeit in Anspruch nehmen und mit guten Argumenten versuchen, die nötige Unterstützung für ihre Position zu finden. Das ist möglich, wenn sie Informationen, Beispiele, Erfahrungen und Begründungen bringt, die für ihre Meinung sprechen. Wenn sie jedoch als erstes gegen die Anhänger des Gen-Labs 'einfährt', hat sie noch nichts für ihr Anliegen gewonnen.

Darüber hinaus können Sie in einer Diskussion folgende Strategien berücksichtigen:

- Die erste Phase einer Diskussion ist wichtig. In ihr werden die Themen und Anliegen 'gesetzt'. Entscheidend ist nicht, wer beginnt. Entscheidend ist, dass Martina nicht zu lange wartet, bis sie ihre Meinung präsentiert und begründet. Wenn Sie erst im letzten Teil einer Diskussion mit einem neuen Vorschlag oder einer anderen Meinung auftreten, haben Sie kaum noch Chancen, die anderen zu überzeugen. Dann haben sich die meisten ihre Ansicht des Problems nämlich schon gemacht.

- Ihr Vorschlag oder Ihre Idee erhält mehr Gewicht, wenn Sie das Thema von verschiedenen Seiten beleuchten, gewichten, verstärken und unterstützen. Vor allem TeilnehmerInnen, die sich noch kein definitives Urteil über das Thema gebildet haben, lassen sich durch anschauliche Beispiele und nachvollziehbare Argumente eventuell überzeugen.

- Nehmen Sie die Anliegen und Meinungen ihrer Gegner ernst – aber reden Sie immer wieder über das eigene Thema!

BündnispartnerInnen

- Nutzen Sie das Potential der Gruppe. Eine Meinung erhält eine grössere Bedeutung, wenn sie von verschiedenen Leuten – und zwar mit jeweils eigenen Worten und Beispielen – unterstützt wird. Beziehen Sie deshalb DiskussionsteilnehmerInnen, die eine gleiche oder ähnliche Ansicht wie Sie selbst haben, als BündnispartnerInnen mit ein. Sprechen Sie diese Personen direkt an, sorgen Sie dafür, dass sie ins Gespräch eingreifen können. Nicht aus Selbstlosigkeit, sondern weil sie für Ihr Thema sprechen.

- Bedenken Sie: EinzelrednerInnen nutzen sich in einer Gruppe immer ab, auch wenn sie rhetorisch noch so gut sind. Verschiedene Menschen reagieren auf verschiedene Argumentationen positiv.

- Daraus folgt: Auch wenn Ihre Vorrednerin genau die gleichen Argumente verwendet, die Sie in das Gespräch einwerfen wollten – sagen Sie sie trotzdem noch einmal! Es ist wichtig, dass Sie sich für Ihre Meinung selber äussern. Erstens geben Sie ihr dadurch mehr Gewicht. Und zweitens weiss niemand, welche Meinung Sie unterstützen, wenn Sie stumm bleiben.

Vermeiden Sie kontraproduktive Strategien. Sie wirken nie überzeugend. Bestimmte Gesprächsstrategien, die häufig in öffentlichen 'Schaukampfdiskussionen' benutzt werden, gehören dazu. Damit überzeugen Sie Ihre GesprächspartnerInnen nicht. Im Gegenteil: Sie machen sie nur wütend und aggressiv. Sie bewirken eventuell sogar, dass einige oder alle sich gegen Sie verbünden. Zu den kontraproduktiven Diskussionsstrategien gehören: Unterschwellige moralische Vorwürfe, persönliche Abwertungen und das Anführen von Sachzwängen statt von fundierten Argumenten. Auch Ping-Pong-Duelle sollten Sie vermeiden. Wenn zwei TeilnehmerInnen sich wie bei einem Tennismatch stundenlang die Argumente vor die Füsse knallen, langweilt das die anderen SitzungsteilnehmerInnen – sie klinken sich aus der Diskussion aus.

Strategien sind keine Wundermittel, die Ihnen jederzeit helfen, Ihre Meinung in Diskussionen durchzusetzen. Sie sorgen lediglich dafür, dass Sie Ihre Anliegen optimal vertreten können. Und sie helfen Ihnen dabei, mit Ihren Energien haushälterisch umzugehen und jene Menschen zu überzeugen, die sich ihre Meinung selbst bilden. Personen, deren Urteil bei einem Thema schon felsenfest steht, können in einer Diskussion vom Gegenteil kaum überzeugt werden. Ausser Sie verfügen über andere Machtmittel als die des Wortes.

Mut zur Strategie: So bereiten Sie das Terrain vor!

Sitzungen sind die Arenen, in denen Entscheidungen gefällt werden. Doch ohne Kenntnisse über die innere Mechanik von Sitzungen, ohne gute Planung verlassen Sie den Ring vermutlich als Verliererin. Wenn Sie einer Idee zum Durchbruch verhelfen, wenn Sie die Chancen eines Vorschlages optimieren wollen, dann müssen Sie Ihre Sache gut vorbereiten. Die einen sagen dem 'die Hausaufgaben machen', die anderen nennen es 'Lobbying'. Ganz gleich, wie Sie das Kind taufen: Gehen Sie davon aus, dass Ihre Ideen, Anträge oder Vorschläge wesentlich bessere Chancen haben, wenn Sie das Terrain mit etwas Taktik vorbereiten!

● *Gehen wir zurück zu Martina. Sie hat sich gut gehalten bei der Gentechnologiediskussion. Zwar wurde ihre Meinung nur von einer Minderheit des Vorstandes der Emmentaler Landwirtschaftlichen Genossenschaft geteilt. Einen Pluspunkt sieht sie trotzdem: Zum erstenmal hat ihr eine Diskussion, ja die Sitzung als Ganzes, auch Spass gemacht. Doch die Geschichte mit dem Lab geht ihr nicht mehr aus dem Kopf. Es ist ihr zwar nicht gelungen zu verhindern, dass die Landwirtschaftliche Genossenschaft von sich aus auf die Verwendung des Gen-Labs verzichtet. Aber sie möchte wenigstens, dass die KonsumentInnen wissen, was sie kaufen und essen. Wie ist das möglich? Sie bespricht sich mit Esther. Diese hatte ganz zu Beginn der Diskussion im Vorstand für das Gen-Lab votiert. Die Argumente von Martina haben sie jedoch vom Gegenteil überzeugt: Seit der letzten Vorstandssitzung nimmt auch sie eine kritische Haltung ein.*

Die Idee ist bald geboren: Eine Deklarationspflicht muss her, und die Landwirtschaftliche Genossenschaft soll sich dafür einsetzen. Denn die KonsumentInnen können nur selbst ent-

scheiden, welchen Käse sie essen wollen, wenn sie wissen, ob er mit Gen-Lab hergestellt wurde oder nicht. Martina will diese Idee an der nächsten Vorstandssitzung vorschlagen. Doch Esther plädiert dafür, zuerst ein wenig Lobbying zu betreiben, damit der Antrag auch Chancen hat, durchzukommen. ●

Wie können Esther und Martina das Terrain für ihren Vorschlag vorbereiten? Wie können Sie Ihre Ideen mit Taktik und Strategie durchbringen? Die folgenden Punkte sollten Sie beachten:

- Klären Sie schon vor der Sitzung ab, wer von den TeilnehmerInnen Ihre Idee möglicherweise unterstützen wird. Reden Sie mit diesen Personen, bitten Sie sie darum, sich aktiv für die Idee einzusetzen.

- Sprechen Sie auch mit möglichen GegnerInnen der Idee. Welches sind ihre Argumente? Das hilft Ihnen zu klären, ob Sie alle wichtigen Informationen, Argumente und Einwände berücksichtigt haben. Ein Vorschlag kann meistens verbessert werden, wenn Sie die Gegenargumente berücksichtigen.

- Beziehen Sie die interne Gruppendynamik in Ihre Vorbereitung mit ein. Wer hat in Ihrem Gremium viel Gewicht? Wen müssen Sie für ihr Vorhaben möglichst gewinnen? Und wen sollten Sie zumindest dazu bringen, sich neutral zu verhalten? Manchmal hilft es auch, gewisse Leute beiläufig daran zu erinnern, dass man ihren letzten Vorschlag auch unterstützt hat.

- Überlegen Sie sich, ob es sinnvoll ist, schriftliche Unterlagen zum Thema vorzubereiten. Bei komplizierteren Sachverhalten kann es sich auch lohnen, Skizzen oder Grafiken anzufertigen. Folien und ein Hellraumprojektor sind nicht immer überflüssig.

- Benutzen Sie während der Diskussion eine aktive Strategie. Sprechen Sie Personen, die sich nicht zu Ihrem Thema oder Ihrem Vorschlag äussern, direkt an. Es ist wichtig für Sie zu wissen, wer die Idee unterstützt und wer dagegen ist. Dadurch verhindern Sie auch, dass die TeilnehmerInnen – ohne vorher Stellung beziehen zu müssen – den Vorschlag einfach niederstimmen können.

• Auch die Sitzordnung ist wichtig. Falls sie nicht durch Ritual und Gewohnheit festgelegt ist, können Sie schon mit der Platzwahl Ihre Chancen verbessern. Wenn Sie etwas durchbringen wollen, empfiehlt sich die Schmalseite von langen Sitzungstischen. Damit sichern Sie sich eine gute Ausgangsposition. Alle SitzungsteilnehmerInnen können Sie sehen – und Sie können alle sehen.

Wenn mehrere Personen sich gegenseitig unterstützen wollen, ist es besser, wenn sie sich verteilen. Bei einer Sitzung sollten sie nicht an einer, sondern an allen vier Seiten des Tisches sitzen. Und bei einer grossen Versammlung verstreuen sie sich mit Vorteil über den ganzen Saal. So können sie sich gegenseitig 'den verbalen Ball zuspielen', sie sehen sich, können einander gut ansprechen und in die Diskussion einbringen.

Welche dieser Techniken Sie benutzen wollen, um das Terrain wirkungsvoll vorzubereiten, hängt immer von der Situation ab. Es lohnt sich aber, verschiedene auszuprobieren. Auf jeden Fall ist es nicht sehr effektiv, einen Vorschlag ohne Vorabklärungen in einer Sitzung zur Abstimmung zu bringen. Das gilt vor allem dann, wenn der Antrag sicher Kontroversen auslösen wird. Durch Absprachen im informellen Rahmen, also ausserhalb des offiziellen Entscheidungsgremiums 'Sitzung', bereiten Sie das Terrain vor. Deshalb: Entwickeln Sie mehr Mut zur Strategie!

Sich als Frau Gehör verschaffen

Sicher haben Sie das auch schon erlebt: Sie oder eine andere Frau machen einen Vorschlag, und niemand in der Runde nimmt Notiz davon. Kurze Zeit später stellt ein Mann die genau gleichen Überlegungen an. Er formuliert sie nur ein bisschen anders – und sofort beginnt eine lebhafte Diskussion. Was ist passiert? Waren Ihre Argumente nicht schlüssig oder kam der Vorschlag zum falschen Zeitpunkt? Nichts von alledem. Die Ursache liegt im geschlechtsspezifischen Gesprächsverhalten. Männer haben in gemischten Gruppen einen Redebonus. Das ist zwar für Frauen ärgerlich, aber dagegen gibt es wirkungsvolle Massnahmen. Doch zunächst müssen Sie wissen, wie das geschlechtsspezifische Gesprächsverhalten funktioniert.

Das Gesprächsverhalten von Frauen und Männern

Sprache und Gesprächsverhalten spiegeln immer auch gesellschaftliche Verhältnisse und gruppendynamisches Machtgefälle – in diesem Fall die Diskriminierung der Frauen. Aus den Untersuchungen von Sprachforscherinnen wissen wir, dass es im männlichen und im weiblichen Diskussions- und Gesprächsverhalten eklatante Unterschiede gibt. Sie sind im wesentlichen durch die unterschiedliche Erziehung, aber auch durch die gesellschaftlich ungleiche Position von Männern und Frauen begründet. Vereinfacht gesagt reden Frauen, um Beziehungen herzustellen, Männer hingegen, um sich selbst darzustellen. Besonders in gemischten Gruppen und Gremien, wo Frauen in der Minderheit sind, ist das unterschiedliche Gesprächsverhalten oft stark ausgeprägt und hat für Frauen drastische Nachteile. Diese sind mit ein Grund, warum Frauen in männerdominierten Gremien oft resignieren. Was passiert dort?

- Frauen nehmen sich weniger Zeit und Raum, wenn sie etwas sagen. Und wenn sie sprechen, werden sie dabei häufiger unterbrochen als Männer – übrigens auch von Frauen.

- Frauen bringen neue Ideen oder Vorschläge in die Diskussion ein. Das lohnt sich für sie aber häufig nicht. Oft nehmen Männer diese Ideen auf und 'verkaufen' sie – leicht abgeändert – als ihre eigenen.

- Frauen schwächen ihre Aussagen oft selbst ab. Sie stellen einleitende Fragen wie: «Ist es nicht so, dass...?» oder «Meinen Sie nicht auch, dass...?», anstatt klare Aussagen zu machen. Sie benutzen den überhöflichen Konjunktiv: «Ich würde sagen, dass...» oder «Vielleicht könnte man das auch so sehen...». Und immer wieder – beispielsweise bei der Präsentation eines Vorschlages – werten sie ihr eigenes Wissen ab: «Das ist nur so eine Idee von mir....» oder «Ich weiss nicht, ob Sie damit etwas anfangen können...» sind oft gehörte Sätze von Frauen. Dadurch verlieren ihre Äusserungen jedoch an Gewicht und Klarheit. Bildlich gesprochen stellen sich die Frauen beim Reden und Argumentieren so selber ein Bein.

- Männer hingegen formulieren ihre Aussagen oft als generelle Tatsachen und Behauptungen. Sie tragen ihre persönliche Meinung zum Beispiel häufig im allgemeingültigen 'Wir-Stil' vor: «Wir sind uns doch alle darüber im klaren, dass...» oder «Jetzt sollten wir doch langsam zum Wesentlichen kommen, und zwar...».

- Redebeiträge von Frauen werden von den GesprächspartnerInnen seltener aufgenommen und inhaltlich weiterentwikkelt.

- Frauen stellen eher Fragen und unterstützen die Äusserungen anderer GruppenteilnehmerInnen stärker – oft auch nonverbal, mit Gesten oder einem zustimmenden Nicken

- Frauen werden seltener direkt angesprochen und zu einer Stellungnahme oder Meinungsäusserung aufgefordert.

- Frauen reden in der Regel nicht, wenn ihre Argumente bereits gesagt wurden. Männer wiederholen unbeschwerter Voten, die bereits ein- oder mehrmals gesagt wurden, und geben damit sich und ihren Argumenten mehr Bedeutung.

- Frauen reden im Schnitt eher kürzer und leise, Männer eher länger und laut – unabhängig vom Inhalt.

Fazit: In Gesprächen und Diskussionen von gemischten Gruppen machen Männer den Frauen das Leben normalerweise schwer. Und zu viele Frauen wehren sich nicht gegen dieses Verhalten. Sie lassen es sich gefallen, weil sie Angst haben, als aggressiv und unweiblich verschrien zu werden. Sicher kann es nicht darum gehen, den für viele Frauen charakteristischen kooperativen Gesprächsstil aufzugeben und sich dem männlichen Stil anzupassen. Es gibt bessere Mittel, um den Männerbonus in Sitzungen zu neutralisieren.

So setzen Sie sich in Männergremien durch!

Abschwächungen vermeiden

- Formulieren Sie klar und bestimmt. Vermeiden Sie Abschwächungen. Verschlechtern Sie ihre Ausgangslage nicht, indem Sie – unbewusst – angelernte sprachliche Signale der Unsicherheit senden. Es hilft, wenn Sie sich innerlich entscheiden, dass man Sie in Sitzungen, Versammlungen und Diskussionen nicht lieben, sondern respektieren muss.

Unterbrechungen verhindern

- Lassen Sie sich nicht unterbrechen! Wenn es trotzdem geschieht, sprechen Sie weiter. Weisen Sie die Unterbrecher in die Schranken, wenn diese Ihnen mehrmals das Wort abschneiden wollen. Entlarven Sie die Gesprächsstrategien, die Sie mundtot machen sollen: «Moment, ich bin noch nicht fertig» oder «Warten Sie, bis ich meine Gedanken zu Ende geführt habe». Wer sich wehrt, wird eindeutig weniger unterbrochen. Beginnen Sie ihre Voten mit klaren Aussagesätzen, nicht mit einer Bitte. «Das Problem mit dem Gen-Lab im Käse sehe ich so...» und nicht «Darf ich zum Genkäse auch etwas sagen...».

Frauen unterstützen

- Unterstützen Sie andere Frauen, indem Sie ihnen helfen, in die Diskussion einzusteigen. Beziehen Sie sich auf ihre Beiträge – vor allem auch, wenn Sie nicht gleicher Meinung sind. «Mich interessiert auch, was Frau Meier dazu meint» oder «Mit den Überlegungen von Beatrice bin ich nicht einverstanden. Ich finde es wichtiger, dass...». Damit wird klar, dass Frauen in diesem Gremium etwas zu sagen haben, gehört und auch ernstgenommen werden.

Klare Aussagen statt Fragen verwenden

- Formulieren Sie Ihre Vorschläge, Ideen und Meinungsäusserungen nicht in Frageform, sondern als klare Aussage. «Ich finde es wichtig, dass wir uns als Landwirtschaftliche Genossenschaft für die Deklarationspflicht von gentechnologisch behandelten Lebensmitteln einsetzen.» Und nicht: «Ist es nicht so, dass wir uns dafür einsetzen sollten?» Lassen Sie sich nicht hetzen, nehmen Sie sich die Redezeit, die Sie für die Präsentation Ihrer Argumente brauchen!

Nachdoppeln

- Lassen Sie es nicht zu, dass man Ihre Ideen und Vorschläge einfach überhört. Wenn Sie auf eine Anregung keine Reaktion erhalten, dann doppeln Sie nach: «Ich habe gerade einen Vorschlag gemacht, was meint Ihr dazu? Werdet Ihr die Deklarationspflicht unterstützen?» Reagieren Sie aktiv, wenn jemand Ihre Idee einfach als die eigene verkauft. «Ich freue mich, dass Du meinen Vorschlag gut findest und unterstützen wirst.» Damit wird klar, von wem die Idee stammt – nämlich von Ihnen! Gleichzeitig sorgen Sie mit einer solchen Bemerkung dafür, dass Ihr Bündnispartner in der Sache das Gesicht wahren kann. Beruhigen Sie sich nicht mit dem Gedanken: «Die Hauptsache ist ja, dass der Vorschlag durchkommt.» Das ist eine kurzfristige Strategie. Wer sich ständig seine Ideen, Argumente oder Vorschläge kommentarlos wegschnappen lässt, wird in einer Runde mit der Zeit nicht mehr ernst genommen.

Sie sehen, es gibt verschiedene Strategien, sich in von Männern dominierten Sitzungen und Diskussionen als Frau Gehör zu verschaffen. Allerdings brauchen Sie dafür den Mut und den Willen, sich einzumischen. Und oft auch eine gehörige Portion Energie. Etwas einfacher wird es dort, wo Frauen nicht mehr in der Minderheit sind.

➔ Werkzeuge
16. Machen Sie Platz, Monsieur!

Die souveräne Sitzungsleiterin

● *Martina, Esther und Beatrice sind auf dem Heimweg vom monatlichen Emmentaler Landfrauentreff. Esther, die das Auto steuert, wettert los: «Jetzt ist es wieder kurz vor Mitternacht. Das nächste Mal warte ich das Ende der Sitzung jedenfalls nicht mehr ab. Immer überziehen wir. Und unsere Sitzungen sind total unstrukturiert. Doris hat die Leitung einfach nicht im Griff. Jedem Anliegen gibt sie nach und verliert dann den Faden.» Martina verteidigt die Präsidentin: «Es ist aber auch nicht leicht, den vielfältigen Bedürfnissen aller Teilnehmerinnen gerecht zu werden. Und schliesslich liegt es auch an uns. Wir lassen Doris einfach schmoren und sind alle froh, dass wir uns um nichts kümmern müssen.» Esther senkt ihr Stimme, sie lenkt ein: «Eigentlich hast Du recht. Es gibt keine Vorbereitung und keine klaren Ziele. Einmal nehmen wir zu einer Vorlage der Regierung Stellung, einmal organisieren wir einen Bazar und einmal machen wir eine Informationsveranstaltung mit dem Referat einer Fachfrau. Wir überlassen das einfach alles Doris.» Beatrice hat eine Idee: «Eigentlich wäre es sinnvoll, die Themen etwas langfristiger zu planen, nicht nur von Monat zu Monat. Kleine Arbeitsgruppen könnten ja jeweils die inhaltliche Vorbereitung machen.» Martina findet den Vorschlag gut: «Genau. Die Frauen aus den Arbeitsgruppen könnten auch die Sitzung leiten, dann muss das nicht immer die gleiche tun.» Esther, sichtlich erleichtert: «Vielleicht ist das die Lösung. Morgen rufe ich Doris an, um es mit ihr zu besprechen. Auf jeden Fall will ich am nächsten Treffen über unsere Sitzungen reden.»* ●

So planen Sie eine Sitzung

Bei der Planung spielt es keine Rolle, ob die Sitzung immer von der gleichen Person – meist der Präsidentin – oder abwechslungsweise von mehreren Personen geleitet wird. In jedem Fall ist eine gute Vorbereitung unabdingbar. Das Vorgehen bei der Planung ist immer gleich – ganz egal, ob die Planung lange vorher gemacht wird oder direkt am Anfang der Sitzung geschieht.

- Verteilen Sie die Aufgaben vor der Sitzung

Wer leitet die Sitzung? Wer schreibt das Protokoll? Wer übernimmt die Einführung in das Thema? Alle diese Aufgaben sollten bereits vor der Sitzung verteilt sein. Es gibt nichts Mühsameres, als die verzweifelten Appelle am Anfang einer Sitzung, dass jetzt doch bitte jemand das Protokoll schreiben soll.

- Sammeln Sie die Traktanden oder Themen

Das Sammeln von Traktanden oder Themen kann vor der Sitzung von einer Vorbereitungsgruppe – zum Beispiel dem Vorstand – gemacht werden. Oft wird auch der oder die Vorsitzende Themen auf die Traktandenliste setzen. Auch den Mitgliedern steht diese Möglichkeit offen. Wenn sie schriftliche Anträge einreichen können, ist es sinnvoll, dafür einen Termin festzusetzen. Auch das Traktandum 'Mitteilungen' hat sich schon oft bewährt.

- Ordnen Sie die Themen

Vor der Sitzung sollten Sie die Themen ordnen. Handelt es sich um eine Information, die diskussionslos mitgeteilt werden muss? Braucht es eine Ideensammlung oder eine Diskussion dazu? Muss eine Entscheidung getroffen und die Umsetzung des Beschlusses geplant werden?

- Setzen Sie die Prioritäten und die Reihenfolge fest

Kurze Informationen kommen am Anfang. Die weitere Reihenfolge wird durch die Dringlichkeit und Wichtigkeit der Traktanden bestimmt.

- Bestimmen Sie den Zeitrahmen

Eine Sitzung sollte in der Regel nicht länger als zwei Stunden dauern. Rechnen Sie für kontroverse Themen am meisten Zeit ein! Es kann sich lohnen, umfangreichen Themen eine ganze Sitzung zu widmen. Damit sich die TeilnehmerInnen der Sitzung orientieren können, sollten Sie ihnen die für das Thema vorgesehene Zeit mitteilen. Falls die Zeit nicht reicht, muss klar sein, welche Traktanden verschoben werden können.

So leiten Sie eine Sitzung

Uferlose und ergebnislose Diskussionen sind der häufigste Grund dafür, dass viele Menschen über die Sinnlosigkeit von Sitzungen klagen. Speditiver und interessanter werden Sitzungen, wenn die Beteiligten die Spielregeln kennen. Die oder der Vorsitzende wacht darüber, dass die Spielregeln – die Sie gleich zu Beginn einführen sollten – eingehalten werden. Folgende Hinweise helfen Ihnen, Sitzungen souverän zu leiten:

Begrüssung

- Begrüssen Sie die TeilnehmerInnen mit ein paar netten Worten, auch wenn sich alle gut kennen. Ein kleines Begrüssungsritual hilft allen, sich auf die gemeinsame Sitzung einzustimmen. Fangen Sie immer pünktlich an, selbst wenn noch nicht alle da sind. Denn sonst werden immer die Pünktlichen bestraft!

Ziele definieren

- Sie haben als Vorsitzende die Aufgabe übernommen, dafür zu sorgen, dass das Ziel der Sitzung erreicht werden kann. Geben Sie deshalb das Ziel am Anfang einer Sitzung bekannt. Die gleiche Regel gilt auch, wenn Sie die Anwesenden in ein Thema einführen. Erläutern Sie, wie Sie vorgehen wollen. Weisen Sie darauf hin, wenn vom Thema abgewichen wird.

Zeitrahmen einhalten

- Sie sind dafür verantwortlich, dass die vorgesehene Zeit nicht überschritten wird (Uhr nicht vergessen!) und die Sitzung wie geplant abläuft. Wenn Sie merken, dass ein Thema mehr Zeit als vorgesehen benötigt, sollten Sie zusammen mit den Anwesenden das weitere Vorgehen bestimmen. Unterbrechen wir das Thema hier und fahren damit an der nächsten Sitzung weiter, oder lassen wir andere Traktanden fallen? Vermeiden Sie, wenn immer möglich, ein unkommentiertes Überziehen der Sitzungzeit. Das demotiviert und entmutigt die TeilnehmerInnen.

Alle SitzungsteilnehmerInnen einbeziehen

– Sorgen Sie dafür, dass alle TeilnehmerInnen zu Wort kommen. Sprechen Sie Schweigende an, unterbrechen Sie VielrednerInnen. Machen Sie eine RednerInnenliste, wenn sich viele Personen zu Wort melden. Führen Sie das Erstredeprinzip ein. Das heisst: Personen, die noch nichts gesagt haben, werden vor jenen berücksichtigt, die bereits gesprochen haben. Wenn es sich um eine lebhafte Diskussion handelt, an der sich viele beteiligen wollen, können Sie die Drei-Minuten-Regel einführen. Das heisst: Jede Person erhält drei Minuten Zeit – und nicht mehr! – um sich zu äussern.

Die eigene Rolle beachten

– Als Sitzungsleiterin diskutieren Sie in der Regel inhaltlich nicht mit. Wenn das aber dennoch der Fall ist, müssen Sie Ihr Votum vorher als Diskussionsbeitrag deklarieren.

Pausen einlegen

– Machen Sie bei längeren Sitzungen regelmässig kurze Pausen. Das erfrischt und erhöht die Konzentration der Anwesenden. RaucherInnen können sich ihre notwendige Zigarette anzünden, und der Raum kann kurz gelüftet werden. Kurze Pausen helfen auch, wenn die Runde in Konflikten oder Diskussionen festgefahren ist. Eine kurze Pause zur rechten Zeit hat schon viele Konflikte entschärft, neue Lösungen von Problemen ermöglicht – oder auch ganz einfach die erhitzten Gemüter beruhigt.

Zusammenfassungen machen

– Fassen Sie, bevor Sie über ein Traktandum abstimmen lassen, das Wichtigste nochmals zusammen. Das erleichtert den Anwesenden den Überblick. Und auch die protokollführende Person wird Ihnen für diese Hilfe dankbar sein.

Überblick behalten

– Sie leiten die Abstimmungen und sind dafür verantwortlich, dass alle Anträge behandelt werden. Vergessen Sie nicht, dass die einmal gefassten Beschlüsse auch umgesetzt werden sollten. Bei der Planung hilft Ihnen die klassische W-Frageliste: Wer macht was, bis wann, mit wem und gibt die Ergebnisse an wen weiter?

Umsetzungen planen

– Legen Sie am Ende der Sitzung das weitere Vorgehen fest.

Vielleicht haben Sie noch weitere Ideen, wie Sie die Sitzungen verbessern könnten. Diskutieren Sie diese Ideen mit Ihrer Gruppe und probieren Sie verschiedene Möglichkeiten aus. Vergessen Sie nicht: Jede Gruppe und jeder Verein ist wieder ein wenig anders. Was bei den einen bestens funktioniert, ist

für die anderen unbrauchbar. Jede Gruppe muss sich eine eigene Sitzungskultur erarbeiten und sie auf die eigenen Bedürfnisse abstimmen.
Auf jeden Fall gilt: Eine gute Sitzungsleiterin nimmt die Verantwortung für den Verlauf der Sitzung nicht einsam und selbstlos auf die eigene Kappe. Sondern sie macht aus den TeilnehmerInnen Beteiligte. Das heisst auch, dass sie nicht alleine die Verantwortung trägt, wenn eine Sitzung misslingt. Denn jede Teilnehmerin und jeder Teilnehmer muss ebenfalls dazu beitragen, dass die Sitzung produktiv und interessant wird.

Die 10 häufigsten Sitzungssünden

1. Immer die gleiche Person übernimmt die Leitung, auch wenn sie dafür nicht geeignet ist.
2. Die Anwesenden diskutieren nicht, sondern konkurrenzieren und profilieren sich.
3. Die Zielsetzung und die Dauer der Sitzung sind den Beteiligten nicht klar.
4. Die TeilnehmerInnen sind nicht vorbereitet.
5. Die Sitzungszeiten werden ständig massiv überzogen.
6. Ein Thema, das nur zwei Personen betrifft, wird in der gesamten Runde behandelt.
7. Die Pendenzenkontrolle gerät regelmässig unters Eis. Das heisst: Es wird nicht kontrolliert, ob gefasste Beschlüsse, verteilte Aufgaben und andere Vereinbarungen auch durchgeführt worden sind.
8. Es werden keine konkreten Massnahmen besprochen und geplant, um die Entscheide umzusetzen.
9. Es reden und schweigen immer die gleichen Personen.
10. Es wird nie darüber geredet, ob die Sitzungen von den TeilnehmerInnen als produktiv erlebt werden und wie die Arbeitsweise für alle verbessert werden könnte.

Tips zum Weiterlesen
– Trömel-Plötz, Senta: Frauensprache. Sprache der Veränderung. Fischer Taschenbuch Verlag, Frankfurt a. Main 1982.
– Landolf, Walo: Versammlungen planen, gestalten, durchführen. Gewerkschaftliche Bildungszentrale Schweiz (sabz), Bern 1991.
– Klebert, Karin/Schrader, Einhard/Straub, Walter G.: Kurzmoderation. Windmühle-Verlag, Hamburg 1987.
– Tannen, Deborah: Du kannst mich einfach nicht verstehen. Ernst Kabel Verlag, Hamburg 1991.

Checkliste 1

Grundmuster einer Sitzung

Begrüssung	
Einstieg	Überblick über Ziel und Zeitrahmen geben
Mitteilungen	nur kurze
1. Traktandum	
Einführung	Ziel und Vorgehensweise darstellen Notwendige Informationen geben
Diskussion	Meinungsbildung Vorschläge zur Lösung des Problems
Zusammenfassung	Gegensätze herausarbeiten Vorschläge ordnen Ergebnisse, Gemeinsamkeiten, Unterschiede zusammenfassen
Beschlussfassung	Abstimmung
Abschluss	Umsetzung planen Weiteres Vorgehen festlegen Was - wer - bis wann - wohin / an wen?
Nächstes Traktandum / Thema	
Varia	
Schluss	ev. nächste Sitzung mit Traktanden festlegen
Verabschiedung	

Checkliste 2

Versammlungen: So planen Sie einen Erfolg

Folgende Punkte helfen Ihnen, Sitzungen und grössere Versammlungen vorzubereiten und durchzuführen. Denken Sie auch daran, dass lange vor der Versammlung schon etliche Vorbereitungen gemacht werden müssen. Das gilt vor allem dann, wenn Sie kompetente ReferentInnen und attraktive Versammlungslokale für viele TeilnehmerInnen brauchen. Stellen Sie sich in diesem Fall darauf ein, dass Sie Wochen und zum Teil Monate vor dem eigentlichen Termin gewisse Arbeiten erledigen und Vereinbarungen treffen müssen. Im weiteren ist zu beachten:

- Stellen Sie die Traktandenliste zusammen.

Welche Themen? In welcher Reihenfolge? Wieviel Zeit benötigen diese Themen, wieviel Zeit steht insgesamt zur Verfügung?

- Klären Sie ab, welche Personen welche Aufgaben übernehmen.

Wer leitet die Versammlung, wer macht das Protokoll? Wer führt in welches Thema ein? Bei welchem Thema braucht es Expertinnen? Ist es sinnvoll, eine Fachfrau einzuladen? Wer holt die Referentin vom Zug ab?

- Diskutieren Sie den Umgang mit der Öffentlichkeit.

Bei Ihrem Anlass handelt es sich nicht um eine interne Sitzung, sondern um eine grössere Versammlung. In diesem Fall sollten Sie sich folgende Fragen stellen: Soll der Anlass öffentlich bekannt gemacht werden? Wie? Sollen die Medien dazu eingeladen werden? Oder wird nach der Sitzung nur ein Communiqué verschickt? Oder beides?

- Klären Sie die statutarischen Vorschriften ab.

Dürfen alle über ein Thema abstimmen? Oder nur Mitglieder? Wie wird das kontrolliert?

- Stellen Sie die Unterlagen zusammen.

Welche Unterlagen müssen verschickt werden? Welche müssen für die Versammlungen vorbereitet werden?

- Schreiben und verschicken Sie den Einladungstext.

Sind alle Traktanden oder das Versammlungsthema gut verständlich aufgeführt? Sind der genaue Ort, die Adresse, die Tramverbindungen aufgeführt? Ist die Anfangszeit festgehalten? Sind alle Unterlagen beigefügt?

- Bereiten Sie die Sitzung vor.

Wie sollen die Anwesenden begrüsst werden? Wer muss namentlich begrüsst, verdankt oder erwähnt werden? Welche Informationen zu welchen Themen braucht es? Wie sollen die Referentinnen vorgestellt werden? Welches sind die Ziele der einzelnen Traktanden? Wo sind Schwierigkeiten zu erwarten?

- Planen Sie die Gestaltung des Raumes.

Wie werden die Stühle und Tische angeordnet? Welche Hilfsmittel braucht es? Funktionieren sie? Steht zum Beispiel ein Hellraumprojektor zur Verfügung? Braucht es ein Verlängerungskabel? Soll der Saal dekoriert werden? Wenn ja, wie, von wem?

- Diverses.

Oft liegt die Teufelin im Detail. Es ist ärgerlich, wenn eine Versammlung oder Sitzung durch Pannen gestört wird, die durch gute Vorbereitung hätten verhindert werden können. Entwickeln Sie deshalb eine auf Ihren Anlass zugeschnittene Checkliste und benutzen Sie diese als regelmässiges Planungsinstrument. Damit garantieren Sie auch, dass Sie Ihr Know-how später ohne grosse Probleme an andere Personen weitergeben können.

Ach wie gut, dass niemand weiss…

Öffentlichkeitsarbeit machen

Wir leben in einer Mediengesellschaft. Informationen aus zweiter Hand, vermittelt durch die elektronischen Medien wie Radio und Fernsehen oder durch Druckerzeugnisse wie Zeitungen, Magazine und Broschüren, prägen unsere eigene und die öffentliche Meinung mehr als persönliche Erfahrungen. Wer in der Politik und in der Gesellschaft etwas bewirken will, muss sich deshalb in der Öffentlichkeit Gehör verschaffen. Die Formen sind vielfältig: Sie reichen von der Standaktion bis zur Medienkonferenz, vom Strassentheater bis zur Talk-Show im Fernsehen.

● *Obwohl Bettina selbst an einer relativ ruhigen Quartierstrasse wohnt, beschäftigt sie sich seit einiger Zeit mehr als ihr lieb ist mit dem Autoverkehr. Genauer: Seit ihre Tochter Mimi den Kindergarten 'Heugumper' besucht. Denn nur zwei Querstrassen weiter ist es mit der Ruhe vorbei. Auf dem stark befahrenen City-Ring sind Geschwindigkeitsübertretungen und Verkehrsunfälle an der Tagesordnung. Erst vor drei Wochen wurde wieder ein Kind von einem Lastwagen überfahren. Bettina hat schon mehrere Briefe an das Baudepartement, die Erziehungsdirektion und die Kindergarteninspektion geschrieben und die zuständigen Stellen gebeten, etwas gegen die Verwilderung des Verkehrs zu unternehmen. Sie hat zwar ein paar beschwichtigende Antwortschreiben erhalten – geschehen ist jedoch nichts.*

Am Elternabend des 'Heugumpers' äussert Bettina ihre Besorgnis über die gefährliche Situation. Ihr Votum löst eine längere, teilweise heftige Diskussion aus. Auch die anderen Mütter und der einzige anwesende Vater teilen ihre Befürchtungen. Als zudem Susann, die Kindergärtnerin, ebenfalls von mehreren ergebnislosen Briefen an die zuständigen Behörden berichtet, fängt es in der Gruppe an zu brodeln. «Im Prinzip wäre es das Gescheiteste, wenn wir den Verkehr einfach stoppen», wirft Annemarie plötzlich in die Runde. Die besorgten Mütter sind zwar alles keine Revoluzzerinnen, und mit Barrikaden haben sie auch keine Erfahrung. Trotzdem findet Annemaries Idee offene Ohren. Denn die Eltern haben keine Lust mehr, noch länger von Pontius zu Pilatus zu laufen, bis end-

lich jemand etwas unternimmt. «Wir könnten eine Protestaktion machen und den Autofahrern Flugblätter verteilen», schlägt Bettina vor. «Damit könnten wir sie über das Problem informieren und sie auffordern, vorsichtiger zu fahren.» Alle nicken, niemand hat einen Einwand. Nur Susann macht noch eine wichtige Bemerkung: «Ich finde die Idee sehr gut. Aber wir sollten nicht nur die Lastwagenfahrer und die Automobilistinnen ansprechen. Wenn wir schon die ganze Arbeit auf uns nehmen, ist es wichtig, dass wir auch die breitere Öffentlichkeit – zum Beispiel die Zeitungen – über unsere Aktion informieren.» ●

Öffentlichkeitsarbeit kann auf zwei Ebenen stattfinden: Sie haben einerseits die Möglichkeit, das Zielpublikum direkt anzusprechen. Sie können aber auch an die Medien gelangen, die Ihr Anliegen einem grösseren Publikum bekannt machen. Die direkte Anrede oder der Weg über die Medien verlangen unterschiedliche Vorgehensweisen. Denn beide Ebenen haben jeweils andere Bedürfnisse und müssen deshalb mit verschiedenen Mitteln bedient werden. Übrigens: Es ist nie nur der eine oder andere Weg richtig – meistens lohnt es sich, beide einzuschlagen.

Direkte Öffentlichkeitsarbeit

Um für Ihre Öffentlichkeitsarbeit die richtigen Instrumente auswählen zu können, müssen Sie sich zuerst die Frage nach dem Zielpublikum stellen. Wen will ich erreichen: Eltern, WählerInnen, KonsumentInnen oder LehrerInnen? Die weiteren Fragen folgen der ersten auf dem Fuss. Was muss mein Zielpublikum wissen: Den Grund der Aktion, die Darstellung des Problems, unsere Forderungen? Was ist bereits bekannt: Durch die Medien, durch eigene Erfahrungen, durch Klatsch? Wo kann ich das Zielpublikum direkt ansprechen: Auf der Strasse, an der Universität oder beim Ausgang des Kinos?

➔ Werkzeuge
10. Kommst Du auch an die Demonstration?

Nun sollten Sie bestimmen, welches Gewicht Ihre Öffentlichkeitsarbeit haben soll. Ein Boykott, eine Aktion gegen rassistische und sexistische Auswüchse, eine Initiative oder Wahlkampagnen brauchen eine breite Öffentlichkeit. Denn nur öffentlicher Druck bewegt etwas.

Die Öffentlichkeitsarbeit wird somit zu einem tragenden Pfeiler der ganzen Aktion. Sie muss deshalb gut koordiniert werden, und sie verlangt auch eine grössere Investition: Den Einsatz von Geld, Arbeit und Know-how. Bei einer langfristigen Aktion oder Kampagne, die über Monate geht, kann die Öffentlichkeitsarbeit in Stufen gesteigert werden. Der Weg geht dabei zum Beispiel von der ersten Direktinformation mit einem Flugblatt über eine Medienkonferenz bis hin zur Inseraten-Kampagne. Letztere ist empfehlenswert, wenn Sie mit Ihrer Aktion gegen (finanz)starke Kräfte in Politik, Wirtschaft und Gesellschaft vorgehen wollen.

Natürlich bestimmen oftmals äussere Sachzwänge wie die verfügbare Zeit oder das vorhandene Geld den Umfang der Öffentlichkeitsarbeit mit. Bleiben Sie bei der Planung realistisch, seien Sie aber nicht zu pessimistisch! Schränken Sie sich nicht von vorneherein ein, suchen Sie lieber nach Verbündeten und nach Unterstützung. Gehen Sie Quartiervereine, Fachorganisationen, Stiftungen oder andere Gruppen um Hilfe an. Manche Institutionen verteilen zwar kein Bargeld, sie übernehmen dafür jedoch vielleicht den Druckauftrag oder stellen kostenlos Grafiken oder Fotos zur Verfügung.

Aktionen mit prozesshaftem Charakter – wie etwa der Aufbau eines Verbandes – lassen sich auch mit einer beschränkten, dafür umso gezielteren Öffentlichkeitsarbeit verwirklichen. Wichtig ist hier die direkte Information des Zielpublikums, bei der auch Gelegenheit für Diskussionen, Rückfragen oder Abklärungen geboten werden soll.

→ Werkzeuge
14. Gemeinsam statt einsam

● *«Okay», schliesst Bettina das Traktandum ab, «das Flugblatt hätten wir also. Ich fasse noch einmal kurz zusammen. Zuerst werden alle Unfälle der letzten drei Jahre in diesem Abschnitt des City-Rings aufgeführt. Dann kommen die Ängste und Sorgen der Eltern. Bei diesem Punkt wird zudem in einem Nebensatz die Situation der älteren Bewohnerinnen und Bewohner des Quartiers aufgelistet. Schliesslich liegt das Pro Senectute-Zentrum ebenfalls in der Nähe des City-Rings. Dann kommen unsere Vorschläge zur Verkehrsberuhigung und zum Schluss die Aufforderung an jede Autofahrerin und jeden Autofahrer, sich rücksichtsvoll zu verhalten. Auf dem Flugblatt», wendet sich Bettina an Susann, die die Gestaltung übernommen hat, «musst Du zudem eine Skizze unterbringen, auf der die besonders gefährlichen Stellen der Strasse markiert sind. Aber das schaffst Du sicher mit links – schliesslich hast Du ja jetzt den neuen Computer! Hat sonst noch jemand eine Frage zu diesem Traktandum?» Annemarie nickt: «Im Prinzip ist es keine Frage, sondern ein Vorschlag. Ihr wisst ja, dass ich bei der Lokalzeitung im Archiv arbeite. Letzthin sind mir zufällig mehrere Artikel zum Thema in die Hände geraten. Und dabei habe ich mir überlegt, ob wir nicht eine Broschüre machen sollten. Darin könnten wir viel ausführlicher auf die Verkehrsproblematik eingehen und einige Statistiken publizieren. Etwa Unfallstatistiken oder Angaben über die Umweltbelastung. Und die spezielle Situation des Quartiers könnten wir ebenfalls beleuchten. Wie wäre es zum Beispiel, wenn wir die Verbesserungsvorschläge des Verkehrsclubs und des neutralen Quartiervereins abdrucken würden?»*

Die erste Reaktion auf Annemaries Vorschlag ist nicht gerade überwältigend. Die meisten sind eher skeptisch. «Wer soll eine solche Broschüre schreiben? Und wer bezahlt den Druck? Und für was können wir sie überhaupt gebrauchen?» lauten die Fragen. Doch nach einer Stunde kann Bettina das Traktandum doch noch beenden: Die Gruppe hat beschlossen, die Broschüre zu machen. Annemarie kennt eine frei-

schaffende Texterin, die sie anfragen will. Bettina wird die Druckerei im Quartier bitten, ob sie nicht eine etwas günstigere Offerte machen könnte. Und um das nötige Geld für die Druckkosten zu sammeln, wird Birgit verschiedene Organisationen – vom Quartierverein über die Pro Senectute bis hin zu den politischen Parteien – um einen Zustupf bitten. Die Gruppe hat zudem noch einen weiteren Beschluss gefällt: Bevor sie mit den Flugblättern auf die Strasse gehen, werden sie zuerst Unterschriften für eine Petition sammeln. Der Inhalt ist auch schon klar: Wir verlangen jetzt und nicht irgendwann Massnahmen, die den Verkehr beruhigen! Beim Sammeln der Unterschriften werden sie die Broschüre sehr gut gebrauchen können – der Stand würde sonst ein wenig leer aussehen. Und der Termin für die Flugblattaktion steht inzwischen auch fest: Es wird der Tag sein, an dem die Gruppe dem Baudepartement die Petition übergibt... ●

Die Instrumente

Nicht immer drängt sich eine Broschüre auf, oft reicht auch ein Flugblatt. Im folgenden Abschnitt finden Sie diverse Instrumente der Öffentlichkeitsarbeit, die für den einen oder anderen Zweck dienlich sein können. Denken Sie daran, dass Sie auch mehrere miteinander kombinieren können!

Flugblätter, Kleinformat-Plakate

Mit Flugblättern und Kleinplakaten erreichen Sie ein breites, aber eher zufälliges Publikum. Flugblätter eignen sich für Ankündigungen, Einladungen, Manifestationen, Kommentare, Prostestnoten oder Informationen. Sie sind ein gutes Mittel, um mit PassantInnen ins Gespräch zu kommen, oder sie dienen als Ergänzung zu Aktionen. Für vertiefte und ausführlichere Informationen sind sie ungeeignet.

Flugblätter und Kleinplakate können mit wenig Geld und Aufwand hergestellt werden. Die Gestaltung können Sie in eigener Regie machen. Früher wurden dazu oft Klebebuchstaben verwendet. Heute wissen auch viele, wie sie mit der Computer-Textverarbeitung und dem Layout-Programm umgehen müssen. Wenn Sie jedoch eine längere Aktion oder Kampagne mit mehreren Drucksachen planen, ist ein Besuch bei einer Grafikerin oder einem Typografen empfehlenswert. Das kostet zwar etwas. Dafür kommen dann Ihre Drucksachen erstens einigermassen einheitlich daher und sind zweitens erst noch professionell und nicht handgestrickt gestaltet.

Verwenden Sie viel Sorgfalt auf den Text. Die fünf 'W' – Was? Wo? Wann? Wer? Warum? – müssen beantwortet sein. Schreiben Sie kurz, knapp und verständlich. Vergessen Sie den Namen und die Adresse Ihres Komitees, Ihrer Quartiergruppe oder Ihrer Frauenorganisation nicht!

Um Flugblätter an den Mann oder an die Frau zu bringen, braucht es persönlichen Einsatz. Verteilen können Sie sie: In Briefkästen, wenn flächendeckend gestreut werden soll; bei Standaktionen als begleitende Information; vor Poststellen, Bahnhöfen, Schwimmbädern, Marktplätzen, Fussgängerzonen, Einkaufszentren – am Samstag und während des Abendverkaufs hat es meistens viele Leute auf der Strasse. Übrigens: In grösseren Städten reagieren viele PassantInnen gar nicht oder unwirsch auf FlugblattverteilerInnen – es gibt einfach zuviele davon.

Sie können sich auch erkundigen, ob Sie das Flugblatt dem Versand einer Gruppe, Organisation oder Partei beilegen können. Ihre Erfolgschancen sind umso höher, wenn Ihr Anliegen auch ein Anliegen der jeweiligen Organisation ist. Ziehen Sie eine Beilage im Quartieranzeiger oder in einer Wochenzeitung in Betracht – klären Sie vorher aber die Kosten ab.

Fragen Sie Buchläden, Kulturzentren, Bibliotheken, Restaurants, Quartierbäckereien oder Arztpraxen, ob diese das Flugblatt auflegen. Bitten Sie Reinigungen oder Boutiquen, Ihr Flugblatt im Schaufenster aufzuhängen.

Kleinplakate können Sie überall dort aufhängen, wo sich eine Plakat-Ecke etabliert hat. Kleben Sie nicht auf bezahlte Plakatplätze – das wird gebüsst!

Rundbrief, Broschüre, Agenda, Heft, Zeitung

Diese Mittel eignen sich, wenn Sie Inhalte vertieft aufbereiten wollen. Der Aufwand ist gross, unterschätzen Sie ihn nicht! Aber er lohnt sich, wenn Sie interessantes Material haben, das einen neuen Blickwinkel in eine festgefahrene Diskussion bringt. Oder wenn Sie damit an vergessene Geschichten erinnern können. Oder wenn Sie annehmen, dass für Ihre Informationen ein breites Interesse vorhanden ist. Auch für die Verbreitung von Zahlen, Statistiken, Grafiken, Karikaturen, Bildern und Fotos eignen sich diese Mittel der Öffentlichkeitsarbeit.

Druckmaterialien sind auch zu empfehlen, um Diskussionen von gesellschaftlicher Bedeutung anzukurbeln. Sie sind als Basismaterial für Podiumsveranstaltungen oder Seminare ein geeignetes Mittel.

Solche Publikationen herzustellen, kann zudem ein eigentliches Aktionsziel sein. Das lohnt sich vor allem dann, wenn Ihre Inhalte in den üblichen Medien keine Aufnahme finden oder wenn Sie eine Gegenöffentlichkeit schaffen wollen.

Periodika sind wichtig, wenn Sie einen Verein oder eine Institution gegründet haben, die mit Mitgliederbeiträgen finanziert werden. Sie können in der Publikation Rechenschaft über die verwendeten Finanzen ablegen, über Ihre Tätigkeit orientieren, Aufrufe publizieren oder neue Mitglieder gewinnen. Die Aufmachung braucht nicht in jedem Fall aufwendig zu sein. Manchmal genügen auch geheftete Kopien.

➔ Werkzeuge
10. Kommst Du auch an die Demonstration?

Mailings

Mailings sind Bettelbriefe, die aber gleichzeitig für die Information benützt werden. Sie eignen sich für ein breites, nichtspezifiziertes Publikum. Der Aufwand ist relativ gross und die ganze Sache auch ziemlich teuer: Text, Druck, Adressenkauf und Porto summieren sich schnell zu beträchtlichen Zahlen. Mailings lohnen sich aber, wenn Sie eine Adresskartei aufbauen wollen. Da heute viele Organisationen Mailings als Spendeninstrument einsetzen, gibt es eine gewisse Übersättigung.

➔ Werkzeuge
11. Money makes the world go round...

Inserate, Radio- und Fernsehwerbung, Kinodias, Spots

Die Reichweite dieser Werbemittel ist normalerweise sehr gut. Das heisst: Sie erreichen damit viele Menschen. Zudem sprechen Sie mit diesen Instrumenten der Öffentlichkeitsarbeit ein breitgefächertes Publikum an. In der Regel eignen sich diese Werbemittel als Ergänzung zu einer geplanten Aktion oder Veranstaltung sowie als Bestandteil einer breit angelegten Kampagne. Auch wenn ein Thema – wie etwa Umweltschutz oder Gewalt von Männern gegen Frauen – in der Öffentlichkeit bereits seit einiger Zeit diskutiert wird, kann sich ihr Einsatz lohnen.

Aber aufgepasst: Inserate und Werbespots kosten in der Regel ziemlich viel Geld. Nicht nur die Herstellung, die mit Vorteil von Profis gemacht wird, ist teuer. Auch die Plazierung hat ihren Preis. Kleinere Gruppen beschränken sich deshalb meistens auf Inserate und Kinodias, um ihr Anliegen oder ihre Botschaft bekanntzumachen. Trotzdem kann sich in gewissen Fällen auch die Investition in einen Radio, Fernseh- oder Kinospot auszahlen. Denn vor allem junge Menschen konsumieren regelmässig Clips und Spots, sie sind ein Bestandteil ihrer Alltagskultur. Und deshalb auch ein Werbemittel, das von ihnen am leichtesten verstanden wird. Sie können überdies – vor allem wenn Sie Witz und Humor verwenden – quasi durch die Hintertür viele Sympathien und eventuell auch Unterstützung für Ihr Anliegen gewinnen.

Finanzielle Folgen beachten

Spots können zudem vielseitig weiterverwendet werden. Zum Beispiel als Bestandteil eines Vortrages, an Standaktionen oder bei Volksfesten. Aus dem Spot lassen sich auch weitere Produkte für die Öffentlichkeitsarbeit abzweigen. Das Sujet kann Postkarten, Ansteckknöpfe und Pins, Kleber oder das Briefpapier Ihrer Gruppe zieren. Durch die Mehrfachverwendung können auch die Kosten reduziert werden – etwa indem Sie gewisse Produkte verkaufen.

Wenn Sie sich für eines dieser Mittel entscheiden, sollten Sie unbedingt Fachleute beiziehen. Denn ein dilettantisch gestaltetes Inserat oder ein handgestrickter Spot ist eher peinlich – damit verscherzen Sie sich leicht das Wohlwollen des Publikums. Lassen Sie die Finger von Bastelarbeiten! Versuchen Sie lieber SponsorInnen zu finden, die das Inserat oder den Spot produzieren. Eventuell erklären sich Ihre GeldgeberInnen auch bereit, die Kosten für die Plazierung des Inserates oder des Spots zu übernehmen.

Zusammenarbeit mit Fachpersonen

Und übrigens...

- Als erstes müssen Sie Aufwand und Ertrag einer Drucksache berechnen. Ziehen Sie für die exakte Kalkulation eine Fachperson bei, die weiss, welche Posten abgeklärt werden müssen. Bei einer Broschüre zum Beispiel ist es mit den Druckkosten nicht getan. Auch das Honorar der Texterin und Grafikerin, die Abdruckrechte für Fotos und die Ausgaben für die Belichtung summieren sich schnell.

- Suchen Sie sich für Text, Grafik, Layout/Gestaltung oder Übersetzungen die entsprechenden Fachleute. Sie können sich dieses Wissen zwar auch selber erwerben – zum Beispiel in Medienkursen für Nonprofit-Organisationen. Aber das dauert seine Zeit.

- Beschummeln Sie sich nicht, was Aufwand, Zeit und Energie, aber auch Nutzen, Sinn und Zweck der geplanten Publikation betrifft. Wir werden heutzutage alle von Werbematerial und Informationsschriften regelrecht überflutet – da ist weniger manchmal mehr.

- Übernehmen Sie ruhig gute Ideen von anderen und machen Sie nach, was Ihnen gefällt. Das Rad muss nicht jedesmal neu erfunden werden. Lieber eine geklaute Superidee als eine müde Eigenkreation!

Medienarbeit

Die Medien – Presse, Radio, Fernsehen – haben eigene Bedürfnisse, die sich nicht unbedingt mit denen decken, die Sie selbst haben. Sie sollten diese Bedürfnisse aber kennen und wenn möglich befriedigen, wenn Sie daran interessiert sind, einen guten Zugang zu den Medien zu haben. Über den richtigen Umgang mit der vierten Gewalt im Staat sind ganze Bücher geschrieben worden – uns fehlt der Platz dazu. Deshalb beschränken wir uns darauf, Ihnen jene Mittel zu präsentieren, mit denen Sie schnell und einfach arbeiten können. Die Hinweise sind als Anregung gedacht. Denn in der Medienarbeit gibt es keine ehernen Gesetze, sondern viele Möglichkeiten. Probieren Sie verschiedene Wege aus!

● *«Und was ist eigentlich mit den Medien?» fragt Susann. Die Broschüre ist im Druck, den Petitionstext haben die Frauen noch einmal überarbeitet, und die Verkehrs-Aktion ist eingefädelt. «Du hast recht», antwortet ihr Bea, «die haben wir ganz vergessen. Die sollten wir natürlich auch noch informieren.» Obwohl es sich nur um eine lokale Sache handelt, sind sich die Frauen einig, dass die Zeitungen und das Radio an ihrer Aktion Interesse haben werden. Denn das Problem des überbordenden Verkehrs ist von gesamtgesellschaftlichem Interesse – es betrifft und tangiert viele Menschen. «Zudem», fügt Bea bei, «ist es wichtig, dass ein breites Publikum von unserer Aktion erfährt. Dadurch steigt der Druck auf die Politiker, endlich etwas zu tun.» Susann schlägt vor, eine Medienkonferenz durchzuführen. Bei dieser Gelegenheit könnten sie die neue Broschüre, die Petition und ihre Forderungen vorstellen. «Und was ist mit der Strassen-Aktion?» fragt Bettina. «Müsste die Konferenz vorher oder nachher stattfinden?» Nach langem Hin und Her einigen sich die Frauen schliesslich darauf, die Journalistinnen und Reporter direkt an die Flugblattaktion einzuladen. So können sie sich von der unbefriedigenden Situation und dem Verlauf der Aktion selber ein Bild machen. Die Idee der Medienkonferenz lassen sie fallen.* ●

Nachfolgend finden Sie einige Hinweise, wie Sie bei der Medienarbeit vorgehen können. Es lohnt sich, diese zu beachten.

Etwas sollten Sie jedoch nie vergessen: Sie haben ganz generell kein Anrecht auf die Veröffentlichung eines Communiqués, eines LeserInnenbriefes oder eines Veranstaltungshinweises. Und die Medien entscheiden auch selber, ob sie einen Journalisten an Ihre Pressekonferenz oder eine Redaktorin zu Ihrem Anlass schicken. Trotz dieser Einschränkung lohnt sich eine gute und kontinuierliche Medienarbeit auf jeden Fall.

Übrigens: Zu einer guten Medienarbeit gehört auch, dass Sie Angebote nutzen. Wenn eine Journalistin Sie zum Beispiel auffordert, ihr ein Interview zu geben, sollten Sie nicht aus falscher Bescheidenheit absagen. Packen Sie die Gelegenheit beim Schopf!

Die Mittel

Die geläufigsten Mittel der Medienarbeit sind Communiqués, Medienkonferenzen, Veranstaltungshinweise und LeserInnenbriefe. Sie können einer Journalistin aber auch Informationen, Hintergrundmaterial oder eine Geschichte direkt und exklusiv anbieten. Dies empfiehlt sich, wenn Sie eine Journalistin persönlich kennen und ihr vertrauen. Das selbe Vorgehen kann sich auch eignen, wenn ein Redaktor bei Ihrem Thema schon Spezialist ist und sich damit einen Namen gemacht hat. Übrigens: Wochenzeitungen und Magazine ziehen exklusive Geschichten vor. Lokalzeitungen, Fachzeitschriften oder kleinere Publikationen sind hingegen oft bereit, einen von Ihnen verfassten Artikel zu veröffentlichen. Dies ist vor allem dann der Fall, wenn Sie bei einem Thema als kompetent gelten.

Communiqué/Pressemeldung

Ein Communiqué eignet sich für Stellungnahmen, Kommentare, Ankündigungen, Informationen über Entscheide, Besprechungen oder Hinweise. Es sollte nie mehr als eine Seite Text umfassen. Da Pressemeldungen von vielen Gruppen und Organisationen verwendet werden, sind die Redaktionen damit reichlich eingedeckt. Die Chance, dass Ihr Communiqué abgedruckt wird, ist entsprechend. Pressemeldungen werden am ehesten noch von Tageszeitungen, Radios oder aktuellen Fernseh-Sendungen (Nachrichten) verwendet. Wochenzeitungen und Magazine sind daran weniger interessiert. Trotzdem sollten Sie Ihre Mitteilung diesen Redaktionen ebenfalls zustellen. Denn Ihr Communiqué kann vielleicht den Anstoss zu einer umfangreicheren Recherche oder für einen grösseren Artikel geben.

Medienkonferenz

Eine Presse- oder Medienkonferenz zu organisieren, lohnt sich, wenn Sie etwas Wichtiges, Neues oder Brisantes mitzuteilen haben. In der Regel können Sie in einem solchen Fall davon ausgehen, dass der Besuch der Konferenz recht gut ist. Zudem hat eine Medienkonferenz den Vorteil, dass Sie viele JournalistInnen auf einen Streich informieren können. Normalerweise sind Pressekonferenzen jedoch für die VeranstalterInnen interessanter als für die Medienleute. Denn am anderen Tag haben alle Zeitungen die gleiche Nachricht im Blatt, die zudem schon vorher im Radio oder im Fernsehen gemeldet worden ist. Da die Redaktionen mit Einladungen zu Medienkonferenzen oft regelrecht überschwemmt werden, sieben sie auch entsprechend aus. Überlegen Sie sich deshalb vorher gut, ob Sie die JournalistInnen extra aufbieten wollen. Es wäre schade, wenn Sie sich viel Arbeit machen und nachher niemand kommt. Vielleicht reicht ja ein Communiqué völlig aus, um Ihr Anliegen bekanntzumachen.

LeserInnenbrief

LeserInnenbriefe machen nicht nur wenig Arbeit, sie sind auch ein erfolgversprechendes Mittel der Öffentlichkeitsarbeit. Die Zeitungsredaktionen drucken sie meistens problemlos ab. Zudem gehören LeserInnenbriefe zu den Beiträgen, die besonders viel und gern gelesen werden. Ihr Beachtungsgrad ist recht hoch. Es gibt sogar Zeitungen, die für LeserInnenbriefe ein bescheidenes Honorar zahlen.

Sie können Ihren Leserinnenbrief zu einem bereits erschienenen Artikel schreiben oder zu irgendeinem Thema, das Sie speziell interessiert. Je aktueller das Thema ist, desto besser sind Ihre Chancen, dass der Brief abgedruckt wird. Der Entscheid über einen Abdruck liegt jedoch bei der Redaktion. Diese ist auch nicht verpflichtet, den Brief in voller Länge zu bringen, sie kann ihn kürzen. LeserInnenbriefe sind ein minimes Mittel der Mitsprache in Ihrem Leibblatt. Sie haben damit durchaus einen (bescheidenen) Einfluss auf den politischen Redaktionskurs – auch wenn das niemand zugeben wird. Manche Gruppen und Parteien organisieren deshalb vor Abstimmungen oder Wahlen konzertierte LeserInnenbriefaktionen. Bei den Redaktionen sind diese Aktionen allerdings sehr verpönt.

Veranstaltungshinweis

Ein Hinweis auf eine Veranstaltung wird von den Medien meistens problemlos publiziert. Sie gehören zum normalen Dienstleistungsangebot. Viele Zeitungen und auch Radiosender haben spezielle Rubriken für Veranstaltungshinweise. Einige grössere Blätter kennen sogar spezielle Beilagen. Beachten Sie bei der Planung, dass diese Rubriken oder Beilagen oft einen früheren Redaktionsschluss haben; erkundigen Sie sich nach den Abschlusszeiten. Ein kurzer Text wird von den LeserInnen übrigens eher beachtet als die nackten Angaben der Daten. Bitten Sie die Redaktion in einem separaten Begleitbrief, den Hinweis zu publizieren. Und laden Sie die Journalistin oder den Redaktor gleichzeitig ein, Ihre Veranstaltung zu besuchen und darüber einen Bericht zu publizieren.

Falls Sie eine grosse Veranstaltung planen, können Sie – zusätzlich zu Ihrem Hinweis – bei der Redaktion telefonisch anfragen, ob diese eventuell Interesse an einer grösseren Vorschau hat.

Tips zur Organisation

Wenn Sie eine Aktion oder eine Medienkonferenz organisieren, sollten Sie die folgenden Tips beachten:

Einladung

- Laden Sie die diversen Redaktionen und JournalistInnen rechtzeitig ein. Das heisst: Mindestens zehn Tage vor dem Ereignis. (Falls es die Aktualität erfordert, ist jedoch auch eine kürzere Frist möglich.) Schreiben Sie in der Einladung klar, um was es geht. Achten Sie darauf, dass die fünf 'W' enthalten sind: Was? Wer? Wo? Wann? Wie? – die Reihenfolge ist beliebig. Überlegen Sie, ob sich Ihr Anlass für Fotos eignen würde. Falls ja, sollten Sie es ausdrücklich in der Einladung erwähnen.

- Bereiten Sie Unterlagen vor, die Sie den JournalistInnen abgeben können. Die Pressemappe kann zum Beispiel ein Communiqué, ein Flugblatt, eine Broschüre oder verschiedene Dokumente enthalten. Wenn Sie den Medienleuten Zahlen, Daten oder Statistiken vermitteln wollen, sind schriftliche Unterlagen sehr nützlich, um Missverständnisse zu vermeiden.

Pressemappe

- Geben Sie, sobald die Aktion über die Bühne gegangen ist, mit einer Pressemeldung (eigene Adresse und Telefonnummer nicht vergessen!) das Resultat bekannt. Es ist sinnvoll, das Communiqué vorzubereiten. Dann müssen Sie nach dem Anlass nur noch einige Ergänzungen beifügen und können es sofort den Medien faxen. Rufen Sie zudem noch jene Redaktionen an, die am Anlass nicht vertreten waren, und bieten Sie ihnen die Dokumentation an. Es ist immer möglich, dass eine Journalistin oder ein Redaktor noch weitere Fragen hat: Bleiben Sie deshalb telefonisch erreichbar!

Communiqué

Welche Medien müssen Sie berücksichtigen?

Auf diese Frage gibt es keine eindeutige Antwort. Grundsätzlich gilt jedoch: Schränken Sie sich in der Auswahl nicht zu sehr ein. Sicher: Je mehr Einladungen oder Communiqués Sie verschicken, desto höher sind auch Ihre (Porto-) Spesen. Denken Sie jedoch daran: Informationen sind immer Investitionen! Und diese Investition lohnt sich meistens. Überlassen Sie den Medien den Entscheid, ob Ihr Anliegen interessant ist oder nicht!

Agenturen

Zu den wichtigsten Medien, die Sie bei Ihrer Öffentlichkeitsarbeit immer berücksichtigen sollten, gehören die Agenturen. In der Schweiz sind das in erster Linie die Schweizerische Depeschenagentur (sda) und die Associated Press (AP). Agenturen sind eigentliche Multiplikatorinnen. Sie verarbeiten zum Beispiel Ihr Communiqué und übermitteln es den anderen Medien. Die JournalistInnen der Agenturen besuchen zudem auch grössere Medienkonferenzen oder interessante Anlässe. Vor allem kleinere Zeitungen leben zu einem grossen Teil von Agenturmeldungen.

Presse

Vergessen Sie neben den Tages- und Wochenmedien auch die Fachpresse und alternative Publikationen nicht! Adressen finden Sie im «Impressum», das in grösseren Bibliotheken und Dokumentationsstellen steht.

Freischaffende JournalistInnen

Beliefern Sie auch freischaffende JournalistInnen mit Hintergrundmaterial, Communiqués und Einladungen zu Medienkonferenzen. Auch für exklusive Informationen sind freie JournalistInnen dankbare AbnehmerInnen. Schliesslich verdienen sie sich ihren Lebensunterhalt in der Regel mit guten Geschichten und Reportagen. Viele freie JournalistInnen arbeiten zudem für mehrere Medien – und haben meistens einen guten, persönlichen Draht zu den Redaktionen.

Doppelt genäht hält besser! Sie können Ihre Mitteilung oder Einladung ohne weiteres auch einer ganz bestimmten Redaktorin der Lokalzeitung oder des Fernsehens schicken. In diesem Fall sollten Sie jedoch nicht vergessen, die Redaktion ebenfalls zu beliefern. In manchen Redaktionen wird die persönlich adressierte Post nicht geöffnet, sie bleibt also unter Umständen liegen.

➔ Anhang/Bibliographie

Apropos: Falls Sie von einer Redaktorin eine Absage erhalten, sollten Sie es nicht noch bei mehreren anderen versuchen. Das ist der beste Weg, es sich mit der ganzen Redaktion zu verderben.

● *Eine Woche nach der Aktion ziehen die Frauen Bilanz. Bis in die Tagesschau haben sie es nicht gebracht. Dazu war der Anlass vermutlich doch zu lokal. Aber drei Radios und vier Zeitungen haben über die Flugblattaktion berichtet. Ein Gratisanzeiger hat einen ziemlichen Verriss geschrieben – von Aufwiegeln und Terror war die Rede. Denn bedingt durch das Verteilen der Flugblätter stockte der Verkehr einige Male, es gab sogar einen kleineren Stau. Vor allem Birgit ist der Bericht sauer aufgestossen. Am liebsten würde sie der Redaktion sofort einen geharnischten Brief schreiben. Bea mahnt zur Zurückhaltung. «Es bringt uns nichts, wenn wir emotional reagieren und den Journalisten beschimpfen. Viel sinnvoller ist es, den Artikel durch einen Leserinnenbrief richtigzustellen.» Unangenehm überrascht hat die meisten Frauen der Gruppe, dass die JournalistInnen praktisch nur über den Ablauf der Aktion berichtet haben. Über die enorme Verkehrsbelastung des Quartiers war kaum etwas zu lesen. Dabei hatte Bea wirklich gute Unterlagen erstellt. «Die Presse», seufzt sie, «sitzt halt immer am längeren Hebel.»* ●

Umgang mit den Medien

Grundsätzlich sind JournalistInnen auf Informationen angewiesen. Was aber nicht heisst, dass sie alles auch aufnehmen müssen, was Sie ihnen anbieten. Verkaufen Sie Ihre Informationen – ob schriftlich oder mündlich – so, dass Sie Interesse wecken. Interessant ist immer das Neue, das Überraschende, das Einmalige.

Spielregeln der Medien beachten

Lesen Sie selber Zeitungen und beobachten Sie, was in den Medien wie aufbereitet wird. Halten Sie sich an die Spielregeln der Medien, auch wenn Sie damit nicht immer einverstanden sind. Sie können die JournalistInnen nicht erziehen – aber Sie können Ihre Informationen so vermitteln, dass sie ohne grosse Änderungen publiziert werden. Das bedingt korrektes Deutsch, saubere Aufmachung, Fakten statt Meinungen, klare Aussagen, grosse Verständlichkeit.

Beschränkung auf die Hauptaussage

JournalistInnen gewichten oft anders, als sie das Ihrer Meinung nach tun sollten. Sie können das nicht verhindern, aber Sie können es steuern. Vermitteln Sie möglichst nur eine Hauptaussage! Bringen Sie nicht zuviele Details und Hintergründe, die von der Hauptaussage ablenken. Streichen Sie Sinn und Zweck einer Aktion heraus. Und lassen Sie die ganze Entstehungsgeschichte lieber auf der Seite – der Werdegang ist selten spannend. Seien Sie sich stets bewusst: Sie befassen sich mit dem Thema schon seit einiger Zeit, der Journalist – wie auch die LeserInnen und das Publikum – hingegen nicht. Setzen Sie nicht zuviel Wissen voraus, geben Sie lieber die Basisinformationen zweimal durch! Und vergessen Sie nicht: JournalistInnen beschäftigen sich täglich mit vielen Themen – Ihre Information ist nur ein kleiner Teil davon.

Lassen Sie sich nicht entmutigen, wenn eine Information nicht veröffentlicht wird. Und nehmen Sie auch nicht sofort an, dass eine (politische) Absicht dahintersteckt. Oftmals sind andere Umstände – Platzmangel, zu spätes Eintreffen der Meldung, abgedroschenes Thema – der Grund. Versuchen Sie es später noch einmal.

Lob und Kritik

JournalistInnen sind auch nur Menschen; sie reagieren auf Lob und Kritik wie andere auch. Lassen Sie die Journalistin wissen, wenn Sie sich über einen Text gefreut haben. Und formulieren Sie allfällige Kritik an den Redaktor so, dass sie nicht verletzend wirkt.

Tips für die erfolgreiche Medienarbeit

Haben Sie in der Zeitung auch schon einen schlechten Text zu lesen begonnen – und rasch weitergeblättert? Oder das Interview am Radio abgestellt, weil sie vor lauter Fremdwörtern und Fachausdrücken nicht verstanden haben, um was es bei dem Gespräch eigentlich geht? Ihnen passiert so etwas als erfolgreiche Medienarbeiterin nicht. Denn Sie berücksichtigen bei Ihren Auftritten in den Medien jeweils die folgenden Hinweise.

Texte

Vielen Männern und Frauen fällt das Verfassen von Texten schwer. Das gilt auch für (erstaunlich viele) Profis! Nehmen Sie sich Zeit! Schreiben Sie die Pressetexte nicht in letzter Sekunde. Bemühen Sie sich um eine einfache, klare Sprache. Originalität können sich nur grosse Talente leisten, Ironie verstehen nur ganz wenige Menschen. Konsultieren Sie Rechtschreibebücher und Fremdwörterduden.

Setzen Sie das Wichtigste an den Anfang: Das Wichtigste ist immer das Neue! Beginnen Sie nicht mit dem Werdegang der Aktivität und nicht mit einer langatmigen Beschreibung des Problems, sondern bringen Sie Ihre Informationen im ersten Satz auf den Punkt.

Fragen Sie sich immer, ob Ihr Text verstanden wird. Lassen Sie ihn von mehreren Personen gegenlesen – und beherzigen Sie die Kritik!

Interviews

Interviews müssen gut vorbereitet sein. Dazu gehört, dass Sie sich vorher nach den Fragen und dem ungefähren Gesprächsverlauf erkundigen. Lassen Sie sich jedoch nicht aus dem Konzept bringen, wenn die Fragen dann doch ganz anders lauten. Schreiben Sie sich auf, was Sie unbedingt sagen wollen. Lernen Sie diese Punkte auswendig. Lassen Sie sich von den Fragen nicht auf eine andere Fährte locken. Versuchen Sie, dem Gespräch die Richtung zu geben, die Ihrem Anliegen entspricht. Notfalls können Sie jede Frage umbiegen. Etwa mit der Bemerkung: «Das ist eine gute Frage, aber das wirklich Wichtige (Entscheidende, Kritische, Bedenkliche, Erfreuliche, Neue) ist...»

Falls das Interview in einer Zeitung oder einem Magazin erscheint, sollten Sie es autorisieren. Verlangen Sie, den Text lesen zu können, bevor er gedruckt wird! So können Sie verhindern, dass im Interview etwas Falsches steht. Auch ungeschickte oder missverständliche Aussagen können Sie so noch korrigieren.

Wenn Ihr Interview im Radio oder Fernsehen ausgestrahlt und die Sendung aufgezeichnet wird, können Sie die Journalistin oder den Redaktor bitten, Ihnen das Band vorzuspielen. Falls Sie mit Ihrem Auftritt nicht zufrieden sind, können Sie ungeniert um eine Wiederholung der Aufnahme bitten.

Radio und Fernsehen

Radio und Fernsehen pflegen im stärkeren Mass als die Printmedien eine Mischung aus Information und Unterhaltung, das sogenannte Infotainment. Radio ist ein Begleitmedium, Fernsehen naturgemäss ein visuelles Medium, bei dem Auftritt und Verpackung ebenso wichtig oder sogar noch wichtiger sind als die Botschaft oder der Inhalt. Das verlangt von Ihnen, dass Sie in wenigen Sekunden zuerst das Interesse der Hörer und Zuschauerinnen gewinnen müssen. Nur Naturtalente beherrschen das auf Anhieb – wir Normalsterblichen müssen das üben! Ein paar Hinweise dazu:

→ Werkzeuge
6. Auf dem Weg zu Tribüne, Podium und Mikrofon

Bereiten Sie sich sehr gut vor. Notieren Sie sich die drei wichtigsten Punkte, die Sie unbedingt vermitteln wollen. Üben Sie kurze, prägnante Aussagen (Statements); vermeiden Sie Bandwurmsätze und Fremdwörter. Reden Sie möglichst natürlich. Greifen Sie auf Metaphern, auf Sprach-Bilder zurück, die bei den Zuhörerinnen oder Zuschauern eine Vorstellung heraufbeschwören. Ein Beispiel: «Wollen wir die Ein-Kind-Familie im Süden, damit sich der Norden die Zwei-Auto-Familie leisten kann?» Auch Sprichwörter sind gut, vor allem wenn sie leicht verfremdet werden.

Achten Sie für Fernsehauftritte auf Ihre Kleidung: Winzige Muster und reines Weiss wirken negativ. Zurückhaltende Farbtöne und Mischfarben sind empfehlenswert. Auffälliger Schmuck lenkt von Ihren Aussagen ab. Denken Sie daran, dass Ihre Körperhaltung und Gestik vieles über Sie aussagen.

Achten Sie auf den Hintergrund, vor dem Sie gefilmt werden. Stehen Sie beim Interview – das wirkt aktiver als wenn Sie sich hinter einem Tisch verschanzen.

Tips zum Weiterlesen

– Impressum. Schweizer Medien-Handbuch. Bürex-Medienpublikation, Äugstertal.
– Peltzer, Karl: Das treffende Wort. Ott Verlag, Thun 1973.
– Schneider, Wolf: Deutsch für Profis. Stern-Buch, Gruner + Jahr Verlag, Hamburg 1983.
– Schneider, Wolf: Deutsch fürs Leben. rororo-Sachbuch, Reinbek 1994.
– Schweizer PR- & Medien-Verzeichnis. Ed. Renteria SA, Zürich.

Checkliste 1

Öffentlichkeitsarbeit

- Bevor Sie sich für das eine oder andere Mittel der Öffentlichkeitsarbeit entscheiden: Klären Sie zuerst ab, ob dafür überhaupt ein Bedürfnis besteht. Diese Regel gilt immer – ganz gleich, ob das Werbemittel teuer ist oder mit wenig Aufwand hergestellt werden kann. Auch ein billig produziertes Flugblatt ist zu teuer, wenn es ohne Umwege direkt im Altpapier landet.

- Klären Sie das Zielpublikum ab. Ist es die Quartierbevölkerung? Sind es alle Mitglieder der Kirchgemeinde? Oder sind es AusländerInnen, GewerkschafterInnen, JuristInnen, SportlerInnen oder Feministinnen?

- Wo erreichen Sie dieses Zielpublikum? Am Arbeitsplatz, beim Einkaufen, am Quartierfest, im Schwimmbad, an einem Vortrag oder bei einem Weiterbildungskurs?

- Füllen Sie mit Ihrer Publikation wirklich eine Marktlücke? Oder gibt es bereits ähnliche Drucksachen?

- Wie bringen Sie das fertige Produkt an die Öffentlichkeit? Stecken Sie das Flugblatt in jeden Briefkasten des Dorfes? Oder suchen Sie einen Verlag oder eine Verlagsvertreterin, die Ihre Publikation den Buchhandlungen der Stadt anbietet? Verkaufen Sie die Broschüre am Kiosk? Oder direkt auf der Strasse? Braucht es dafür unter Umständen eine Bewilligung?

- Wie erfahren die interessierten LeserInnen, dass Ihre bahnbrechende Publikation existiert? Bieten Sie das Buch den Zeitungen zur Besprechung an? Organisieren Sie eine Lesung? Oder halten Sie einen Vortrag darüber?

Checkliste 2

Medieninstrumente

- Communiqué/Pressemeldung

Aufbau

– Die Pressemeldung braucht Titel, Vorspann (Lead), Lauftext, AbsenderIn und Adresse.

– Der Titel muss Interesse wecken und spannend sein. Er sollte auf den Lead Bezug nehmen.

– Der Vorspann enthält die fünf bis sieben 'W': Wer? Was? Wo? Wann? Wie? Warum? Welche Quelle?

– Im Vorspann gehört das Wichtigste (das Neue) an den Anfang. Erklärungen, Erläuterungen, Begründungen kommen an zweiter Stelle.

Form

– Schreiben Sie niemals von Hand, sondern mit Maschine.

– Lassen Sie zwischen den Zeilen und am Rand genügend Platz.

– Gliedern Sie den Text in zwei, drei Abschnitte.

– Vergessen Sie den Namen Ihrer Organisation, die Adresse und die Telefonnummer nicht.

– Geben Sie eine Kontaktperson an, die für Rückfragen zur Verfügung steht. Das können auch Sie selbst sein. Sorgen Sie dafür, dass diese Person auch wirklich erreichbar ist. Falls das nicht möglich ist: Geben Sie die Zeit an, wann die Kontaktperson telefonisch zu erreichen ist, oder führen Sie mehrere Namen von Personen an, die Auskunft geben können.

– Falls Sie die Pressemeldung faxen, sollten Sie auf die Zeit achten. Am besten ist der spätere Vormittag (Mittagsnachrichten!). Wenn Ihr Communiqué erst gegen Abend eintrifft, sind die Zeitungen normalerweise schon voll. Die Meldung wird übrigens nur in seltenen Fällen auf den nächsten Tag verschoben. In der Regel wandert sie in den Papierkorb.

- Medienkonferenz

Vorbereitung

– Bevor Sie den Termin der Medienkonferenz festsetzen, sollten Sie sich erkundigen, ob an diesem Tag noch andere vorhersehbare, wichtige Ereignisse stattfinden. Wenn Ihr Anlass nicht so wichtig ist, sollten Sie sich ein anderes Datum suchen. Falls Sie über eine Frauenkulturwoche informieren wollen und das andere wichtige Ereignis die Präsentation des neuen Fussballtrainers ist, müssen Sie diese Regel nicht unbedingt beachten. Wenn jedoch am gleichen Tag mehrere Kultur- und Lokalereignisse vorgesehen sind, sollten Sie lieber verschieben.

– Wählen Sie einen Ort, der (auch mit öffentlichen Verkehrsmitteln) gut erreichbar ist. In allen anderen Fällen sollte er wenigstens originell sein und zu Ihrem Anliegen passen. Beginnen Sie nicht vor 9.30 Uhr und nicht nach 14.00 Uhr.

– Laden Sie einen Redner oder eine Referentin ein, die bekannt ist und zu Ihrem Thema etwas zu sagen hat. Je prominenter Ihr Gast, desto attraktiver wird Ihre Medienkonferenz.

– Verschicken Sie die Einladungen zwei Wochen vor der Medienkonferenz. Laden Sie auch freischaffende JournalistInnen, KorrespondentInnen und die Fachpresse ein. Beschreiben Sie in der Einladung knapp und klar, um was es geht. Anspielungen bringen nichts; sie halten die Redaktorin oder den Journalisten nur vom Besuch der Konferenz ab. Listen Sie alle ReferentInnen und Themen der Referate auf. Kontrollieren Sie dreimal, ob Sie Ort, Zeit und Datum richtig geschrieben haben. Fügen Sie der Einladung einen Anmeldetalon bei. Machen Sie einen Vermerk, dass Sie die Unterlagen auf Verlangen auch jenen zusenden, die die Medienkonferenz nicht besuchen können.

– Zwei Tage vor der Medienkonferenz können Sie telefonisch bei jenen Redaktionen oder JournalistInnen nachfragen, von denen Sie keine Reaktion erhalten haben. Vorsicht: Nicht alle schätzen diese Nachfrage!

– Stellen Sie eine Pressemappe zusammen. Sie enthält im Idealfall: Das Inhaltsverzeichnis der Mappe; ein Communiqué, in dem der Inhalt der Konferenz, die Aussagen und Forderungen zusammengefasst sind; Originalreferate der RednerInnen oder gekürzte Versionen; biographische Angaben zu den RednerInnen; Hintergrundmaterial; Blätter mit Zahlen oder Statistiken sowie Illustrationen (Fotos, Bilder, Karikaturen). Auf die Pressemappe gehören eine Sperrfrist (Zeitpunkt ist der Beginn der Medienkonferenz), die Adresse und die Telefonnummer, wo Sie für Kurzinterviews und Rückfragen nach der Medienkonferenz erreichbar sind.

Ablauf

– Die Medienkonferenz sollte nicht länger als eine Stunde dauern. Vier RednerInnen sind genug, mehr sind zuviel. Die einzelnen Referate sollten nicht länger als fünfzehn Minuten dauern. Lesen Sie das Manuskript nicht ab, das nervt! Bringen Sie ruhig ein paar Informationen, die nicht in den Presseunterlagen enthalten sind – etwa Beispiele, Geschichten oder Erlebnisse. Diese bleiben auch länger im Gedächtnis haften als Analysen und Fakten. Auch Dias, Kurzfilme oder Folien können zur Illustration dienen. Machen Sie aus der Medienkonferenz jedoch kein Happening und keine Vorlesung der Volkshochschule. Die JournalistInnen wollen in erster Linie Informationen. Räumen sie genügend Zeit für Fragen ein.

– Schicken Sie nach der Medienkonferenz die Unterlagen per Express an die wichtigen Zeitungen, Agenturen und freien JournalistInnen, die nicht erschienen sind. Oder faxen Sie zumindest das Communiqué aus der Pressemappe. Und noch einmal: Bleiben Sie für Nachfragen erreichbar!

– Radios und Fernsehen leben von Ton und Bild. Deshalb werden Sie nach der Medienkonferenz vielleicht für ein kurzes Statement angefragt. Bereiten Sie sich darauf vor! Üben Sie, in fünfzehn Sekunden die Hauptsache zu sagen.

- LeserInnenbrief

– Schreiben Sie kurz und klar – kurze Briefe haben die grösseren Chancen, veröffentlicht zu werden.

– Wenn Sie sich auf einen Artikel beziehen, müssen Sie sofort reagieren und nicht erst eine Woche verstreichen lassen. Bis der Brief tatsächlich in der Zeitung erscheint, dauert es ohnehin ein paar Tage – und am Ende wissen die LeserInnen gar nicht mehr, was Sie ansprechen. Fassen Sie kurz jene Punkte zusammen, auf die Sie sich beziehen.

– Sie können nicht nur an die Zeitungen, sondern auch an Radio und Fernsehen schreiben. Auch diese Medien haben spezielle Gefässe, um Anregungen oder Kritiken von HörerInnen und ZuschauerInnen aufzunehmen.

– Schreiben Sie nie anonym. Werden Sie nie ausfällig, selbst wenn die Wut riesengross ist. Ausfälligkeiten fallen immer auf Sie selber zurück.

- Veranstaltungshinweise

– Schreiben Sie einen kurzen Text, in dem die fünf 'W' (Was? Wann? Wo? Wer? Warum?) enthalten sind. Kontrollieren Sie mehrfach, ob Sie Datum, Ort und Namen richtig wiedergegeben haben.

– Schicken Sie den Hinweis rechtzeitig ab. Erkundigen Sie sich bei Zeitungen und Radiosendern mit separaten Veranstaltungskalendern oder Sendegefässen nach dem Redaktionsschluss.

– Sie planen eine grosse oder ungewöhnliche Aktion? Dann fragen Sie ungeniert eine oder mehrere Redaktionen an, ob sie eventuell Interesse haben, eine grössere Vorschau zu veröffentlichen.

– Zum Veranstaltungshinweis gehört ein Begleitbrief. Bitten Sie darin die Redaktion, Ihren Hinweis zu veröffentlichen. Laden Sie die Zeitung, das Radio oder das Fernsehen zudem im gleichen Brief ein, den Anlass zu besuchen und darüber zu berichten.

Kommst Du auch an die Demonstration?

10

Aktionen machen

Mit Aktionen können Sie die Öffentlichkeit auf ein Anliegen aufmerksam machen, sich Gehör verschaffen, Druck aufsetzen, Inhalte vermitteln und das Leben in unserer Gesellschaft mitgestalten. Die Formen von Aktionen sind äusserst vielfältig: Sie reichen vom Fest bis zum Boykott, von der Demonstration bis zum historischen Frauenstadtrundgang. Öffentlichkeitsarbeit kann zur Aktion werden, die Durchführung einer Bildungsveranstaltung ebenso. Aktionen können sich an ein kleines Publikum richten oder die breite Masse erreichen. Wichtig ist, dass die Aktion etwas bewegt: Nicht zuletzt Sie selber!

● *«Da muss man doch etwas tun! Schliesslich stehen massenweise Büros leer – aber zahlbare Wohnungen gibt es im Quartier bald keine mehr», sagt Gaby. «Du allein wirst da nicht viel ausrichten. Zudem geht es Dich ja gar nichts an, schliesslich wohnst Du nicht in dem Haus», entgegnet Judith und dreht sich vom Rücken auf den Bauch. «Was meinst Du, gehen wir noch einmal ins Wasser?» Gaby schüttelt den Kopf: «Für mich wird es langsam Zeit, es ist schon sechs Uhr. Ich habe Frau Keller versprochen, ihr noch Milch und Brot einzukaufen.» In der Umkleidekabine des Schwimmbades denkt Gaby über das Gespräch mit Judith nach. Sie hat heute von Frau Keller erfahren, dass das Nachbarhaus verkauft wurde. Der neue Besitzer will den Altbau abreissen und stattdessen ein Bürogebäude hochziehen. «Mich bringen sie hier nur mit den Füssen voran heraus», hatte Frau Keller resigniert gesagt. «Die AHV reicht mir ja jetzt schon nur knapp. Wie soll ich denn da noch eine dieser teuren Neubauwohnungen bezahlen? Zudem wohne ich jetzt, wie die meisten anderen Nachbarinnen und Nachbarn auch, seit fast dreissig Jahren in diesem Haus.»*

Zwei Wochen später ist die Dufourstrasse kaum wiederzuerkennen. An den meisten Häusern hängen Transparente, auf denen gegen den geplanten Abbruch von Nummer 75 protestiert wird. Und auf der Strasse stehen unzählige Stühle, Sessel und Sofas, die die AnwohnerInnen angeschleppt haben. Auch die betagte Frau Keller hat es sich in ihrem Schaukelstuhl bequem gemacht – die friedliche, bewilligte Sitzdemonstration ist in vollem Gange. Sogar das Fernsehen hat eine Equipe geschickt – Gaby hat alle Hände voll zu tun, die

JournalistInnen über den Grund der Aktion zu informieren. Auch Judith, Ida und Mario sind auf den Beinen und sammeln bei Passanten und Nachbarinnen Unterschriften für die Petition.

«Ich hatte recht, man kann nicht immer alles den anderen überlassen!» denkt Gaby, bevor sie das Licht löscht. Sie ist zufrieden und auch ein wenig stolz auf sich selber. «Sogar die Pfarrerin und der Präsident des neutralen Quartiervereins haben auf einem Sofa Platz genommen. Ohne die Hilfe von Ida, Judith und den anderen Anwohnern, ohne die Unterstützung der Grauen Panther und den Zustupf des Mietervereins hätte ich es zwar nicht geschafft – die Vorbereitung und die Aktion selber waren recht anstrengend. Doch wenn ich mich nicht ans Telefon gesetzt hätte, wäre heute gar nichts passiert. Und die Sitzdemonstration ist gut gelaufen – hoffentlich schaffen wir es jetzt auch noch, dass die Gemeinde die Abbruchbewilligung nicht erteilt.» ●

Aktionen oder: Die Qual der Wahl

Bevor Sie sich für die eine oder andere Aktion entscheiden, sollten Sie sich einige Fragen stellen, die auch für die Öffentlichkeitsarbeit wichtig sind. Denn eine Aktion ist schliesslich auch eine Form des öffentlichen Auftritts.

➔ Werkzeuge
9. Ach wie gut, dass niemand weiss...

Die Fragen lauten:

- Auf was habe ich, haben wir spontan Lust? Was können wir am besten? Wo sind unsere Stärken? Wovon verstehen wir am meisten?

- Welche Form passt am besten zum Inhalt? Stimmt das Bild, das wir mit der Aktion der Öffentlichkeit vermitteln, mit uns und unserem Anliegen überein? Wie transportieren wir unsere Forderungen oder unseren Protest, wie erreichen wir unser Zielpublikum?

- Haben wir genügend Kräfte? Reicht der Atem für eine langfristige Kampagne? Oder schaffen wir nur einen einmaligen Auftritt? Können wir uns mit der Zeit steigern? Und wo gibt es Menschen oder Organisationen, die uns unterstützen, mit denen wir uns absprechen und vernetzen können?

➔ Werkzeuge
5. Wer sich informiert, weiss mehr
➔ Werkzeuge
11. Money makes the world go round...
➔ Werkzeuge
14. Gemeinsam statt einsam
➔ Werkzeuge
15. Frauen fördern Frauen

Diese Fragen machen eines deutlich. Bei der Wahl der Aktionsform kommt es vor allem auf Sie selber an: Auf Ihre Phantasie und Fähigkeit, auf Ihren Durchhaltewillen und Ihre verfügbaren Kräfte und Mittel. Einige Aktionen – wie etwa ein Fest – brauchen viele helfende Hände, andere wieder verlangen einen langen Atem. Zu den letzteren gehören etwa Boykotte. Wieder andere – etwa ein Wahlkampf – kosten vor allem Geld. Es gibt aber auch Aktionsformen, mit denen Sie die finanziellen Mittel Ihrer Gruppe aufstocken können.

Grundsätzlich können Sie für fast jedes Anliegen fast jede Aktionsform benützen. Eine gewisse Balance von Form und Inhalt ist jedoch sehr zu empfehlen. Es hat keinen Sinn, mit Kanonen auf Spatzen zu schiessen. Wenn Sie die Sache mit einem Gespräch regeln können, sollten Sie sinnvollerweise darauf verzichten, einen Streik auszurufen. Denken Sie zudem daran: Eine ernste Forderung können Sie auch mit Witz und Spott vertreten. Lebenslust und Humor finden oft mehr Anklang – und damit auch ein Publikum, an das Sie sonst nicht herankommen. Wenn Sie Ihren eigenen Wahlkampf zum Beispiel als Theaterspektakel gestalten – und so den Politikbetrieb ein wenig auf die Schippe nehmen – können Sie vielleicht auch Menschen ansprechen, die von Politik normalerweise nichts wissen wollen.

Die Informativen

Standaktionen, Podiumsdiskussionen, Vorträge, Symposien, Workshops

Diese Aktionen eignen sich besonders, wenn Sie Informationen vermitteln wollen. Dabei spielt es keine Rolle, ob Sie Unterschriften sammeln, eine neue Broschüre vorstellen oder die EinwohnerInnen der Gemeinde über die Ziele Ihrer Organisation in Kenntnis setzen wollen. Die Vorbereitungen der informativen Aktionen sind unterschiedlich aufwendig, in der Regel aber auch von AnfängerInnen zu bewältigen. Sie bieten eine gute Gelegenheit, mit Menschen ins Gespräch zu kommen, neue InteressentInnen anzusprechen oder Mitglieder zu gewinnen. Sie eignen sich auch besonders gut als Einstieg in eine längere Kampagne. Aber auch zur Aufbesserung der Kasse – eine Kollekte nach dem Vortrag oder der Verkauf von

➔ Werkzeuge
9. Ach wie gut, dass niemand weiss...
➔ Werkzeuge
11. Money makes the world go round...

Pins an einem Stand sind nur zwei von vielen Beispielen – können Info-Aktionen gebraucht werden.

Nutzen Sie diese Aktionen auch, um zu überprüfen, ob Ihr Anliegen bei anderen Menschen überhaupt Interesse und Verständnis findet. Apropos: Falls Unverständnis dominiert, sollten Sie nicht das Anliegen streichen – sondern sich eingehend damit auseinandersetzen, ob die Form richtig gewählt war!

Die Klassiker

Demonstrationen, Umzüge, Mahnwachen, Kundgebungen, Manifestationen

Diese Aktionen drücken Emotionen und Gefühle aus – sie sind deshalb ein besonders gutes Transportmittel für Protest, Trauer oder Freude. Die Klassiker unterstreichen Forderungen mit dem nötigen Nachdruck oder sie erinnern an ein bedeutendes Ereignis, das nicht vergessen gehen sollte. Demonstrationen können aufrütteln und der sogenannten 'schweigenden Mehrheit' eine Stimme geben. Vergessen Sie aber nicht: Kundgebungen können in der Öffentlichkeit auch Ärger oder Ablehnung hervorrufen! Das sollten Sie bei der Planung und Gestaltung von Ihren Aktion immer berücksichtigen.

Rahmenbedingungen

Normalerweise verstehen wir unter einer Demonstration eine Kundgebung mit Hunderten oder Tausenden von TeilnehmerInnen. Es geht jedoch auch in bescheidenerem Rahmen und mit geringem Aufwand. Wenn Sie Ihre MitstreiterInnen zum Beispiel mit Trillerpfeifen oder Trommeln ausrüsten, findet auch eine kleinere Gruppe Beachtung. Es gibt Formen wie den Tatzelwurm, der mit wenigen Personen durchgeführt werden kann: Mit einem Dutzend Frauen und Männern spazieren Sie in Endlosschlaufen über den Fussgängerstreifen – der Verkehr wird so vorübergehend beruhigt.

Organisation

Für grössere Aktionen ist die Organisation jedoch meistens aufwendig. Sie müssen nicht nur die Route der Demonstration festlegen. Wenn Sie nach der Manifestation eine Schlusskundgebung planen, sollten Sie sich auch nach sprachgewandten, prominenten RednerInnen umsehen. Je nach Ort der Kundgebung und Anzahl der TeilnehmerInnen, die Sie erwarten, kann es sich auch lohnen, Sonderzüge zu reservieren oder Sammeltransporte zu organisieren. Zu den Vorbereitungen gehört auch die Produktion von Plakaten, Inseraten und Flugblättern. Damit machen Sie auf die Demonstration aufmerksam und informieren die Öffentlichkeit über den Inhalt Ihres Anliegens. Vergessen Sie nicht: Sie müssen die Aktion von den zuständigen Behörden genehmigen lassen! Die Bewilligung muss in der Regel von der Person eingeholt werden, die auch für die Durchführung der Demonstration verantwortlich ist.

Öffentlichkeitsarbeit

Die Informationsvermittlung beschränkt sich bei den Klassikern auf einige wenige Kernaussagen, die auf Transparenten oder Plakattafeln Platz haben. Deshalb sollte das Thema einer breiteren Öffentlichkeit bereits bekannt sein. Die Demonstrationen gegen Atomkraftwerke, Mahnwachen gegen den Golfkrieg oder der Protest der Frauen während der letzten Bundesratswahl vom März 1993 sind einige bekannte Beispiele dafür.

Kernaussagen

Wenn Sie sich schon die ganze Arbeit machen, sollten Sie auch dafür sorgen, dass Sie möglichst viele Menschen mit Ihrer Aktion direkt ansprechen können. Wählen Sie deshalb eine Zeit für Ihre Demonstration, in der viele PassantInnen unterwegs sind. Auch bei der Wahl der Route sollten Sie diese Regel beachten. Bestimmen Sie für die Schlusskundgebung einen zentralen Ort, der ebenfalls stark frequentiert wird. Verteilen Sie den am Strassenrand stehenden ZuschauerInnen Flugblätter, auf denen das Anliegen der Demonstration erklärt wird.

Wahl von Route und Ort

Apropos: In grossen Städten finden viele Demonstrationen statt, weshalb bei der Bevölkerung dieser Orte eine gewisse Übersättigung festzustellen ist. Das sollte Sie anspornen, den Umzug und die Kundgebung originell, auffallend und lustvoll zu gestalten. Nehmen Sie Musikinstrumente und Blickfänge mit: Transparente, Tafeln, Kerzen, Lampions, Ballone, Ansteckknöpfe, Kleber, Megaphon, Trommeln oder Trillerpfeifen.

Originalität pflegen

Da die Organisation von klassischen Aktionen viel Arbeit verursacht, ist es empfehlenswert, sich mit andern Gruppierungen oder Organisationen zusammenzuschliessen. Dies ist nicht zuletzt deshalb wichtig, weil der Erfolg von Demonstrationen oder Kundgebungen auch an der Menge der TeilnehmerInnen gemessen wird. Übrigens: Geben Sie den Medien immer eigene Schätzungen über die Anzahl der Teilnehmer-

Zusammenarbeit mit anderen Organisationen

Innen bekannt – die Polizei schätzt aus Prinzip zu tief ein. Sie haben aber auch die Möglichkeit, sich einer bestehenden traditionellen Kundgebung – Beispiele dafür sind der 1. Mai-Umzug, der Ostermarsch, der Frauentag oder der Velotag – anzuschliessen. Obwohl diese Anlässe thematisch eingegrenzt sind, ist es erlaubt, auf ein anderes – nämlich Ihr Anliegen – aufmerksam zu machen.

Medienarbeit

Sehr wichtig ist in jedem Fall eine gute Medienarbeit. Denn nicht nur die PassantInnen, die ganze Bevölkerung soll wissen, warum Sie auf die Strasse gehen oder als Mahnwache vor der Botschaft, dem Parlament oder dem multinationalen Konzern stehen. Informieren Sie die Medien rechtzeitig und sorgen Sie dafür, dass Fernsehen und FotografInnen anwesend sind. Bereiten Sie Informationsmaterial vor, das Sie den JournalistInnen abgeben können. Laden Sie die ReporterInnen vor Beginn der Demonstration zu einer Medienkonferenz ein, an der Sie über Ihren Anlass und die Beweggründe informieren. Geben Sie den Medien nach der Aktion einen Situationsbericht durch. Bieten Sie eigene Fotos von der Kundgebung an.

➔ Werkzeuge
9. Ach wie gut, dass niemand weiss...

Die Kulturellen

Strassentheater, Benefizkonzerte, Feste, Stadtrundgänge, Galadiners, Lesungen

Die kulturellen Aktionen schaffen Sympathie und Atmosphäre; sie kreieren ein Image und geben Raum für Begegnungen; sie sind Angebot und Einladung an das Publikum. Wer eine solche Veranstaltung besucht, muss keine Farbe bekennen. Deshalb erreichen Sie mit kulturellen Aktionen in der Regel mehr Menschen als mit einer strikt politisch ausgerichteten Aktion. Zudem bleiben die Inhalte, die Sie mit Kunst und Kultur vermitteln, oft sehr viel nachhaltiger in Erinnerung als ein trockener Vortrag.

Für kulturelle Aktionen können Sie die unterschiedlichsten Ausdrucksformen wie Musik, Theaterspiel, Tanz, Sketchs, Cabarets oder Erzählungen brauchen. Sie eignen sich auch gut als Einstieg in eine Kampagne oder einen Wahlkampf. Nehmen wir einmal an, Sie sind politisch interessiert, aber keiner Partei verpflichtet. Denn kein Parteiprogramm sagt Ihnen wirklich zu. Deshalb wollen Sie an den nächsten Wahlen eine Frauenliste auf die Beine stellen. Das können Sie aber nicht alleine tun, dazu brauchen Sie MitstreiterInnen. Um Ihre Idee zu verbreiten und zu überprüfen, organisieren Sie am Wochenende einen Brunch, zu dem Sie die Frauen Ihres Quartiers öffentlich einladen. Mit andern Worten: Statt sofort etwas von den Frauen zu fordern, nämlich politisches Engagement, bieten Sie ihnen zuerst etwas an, nämlich eine Plattform für Gespräche.

Die Vorbereitung und Durchführung von kulturellen Aktionen ist aufwendig. Oft müssen sie frühzeitig geplant werden: Eine Theatergruppe und ein Streichquartett zu engagieren, den Saal zu mieten, die Bewilligungen einzuholen und die Werbung in Auftrag zu geben, brauchen Zeit und kosten auch viel Geld. Fragen Sie in Ihrem Bekanntenkreis um Hilfe und Unterstützung – oft entdeckt man auf diesem Weg überraschend Talente! Sie können sich auch viel Arbeit ersparen, wenn Sie sich mit bestehenden Institutionen zusammensetzen, die lange Erfahrung bei der Organisation solcher Anlässe oder eine gute Infrastruktur haben. Mögliche Anlaufstellen könnten Quartier- und Kulturzentren oder freie Theatergruppen sein. Lassen Sie Ihre Phantasie walten!

Wichtig ist eine gute Öffentlichkeitsarbeit – und zwar vor dem eigentlichen Anlass. Denn damit Ihre kulturelle Aktion erfolgreich ist, brauchen Sie eine gute, möglichst flächendeckende Ankündigung der Aktion. Dazu dienen Ihnen Inserate, Flugblätter, Plakate, Spots oder Hinweise in den Medien. Selbstverständlich sollten Sie die Medien auch einladen, über den Anlass zu berichten. Das ist besonders dann sinnvoll, wenn die Aktion über längere Zeit dauert und der Bericht das Interesse anderer potentieller ZuschauerInnen weckt. Übrigens gilt bei kulturellen Aktionen das alte Wort: Ein Verriss ist besser als gar nichts!

➔ Werkzeuge
9. Ach wie gut, dass niemand weiss...

Die Aktion selber ist fast immer defizitär! Viele, vor allem junge Menschen, lassen sich davon jedoch nicht abhalten, den Versuch zu wagen, ein Benefizkonzert zu organisieren. In der Regel ist der Umgang mit den 'Stars' für sie dabei der eigentliche Anreiz. Wichtiger wäre aber in jedem Fall ein sorgfältiges Budget, das nicht zu optimistisch kalkuliert wird. Die Kosten einer kulturellen Aktion können reduziert werden, wenn

➔ Werkzeuge
11. Money makes the world go round...

Sie einen günstigen Auftrittsort suchen oder Läden und Firmen um (Natural-)Spenden bitten. Erkundigen Sie sich nach der Möglichkeit, eine Defizitgarantie zu bekommen. Halten Sie nach SponsorInnen Ausschau!

Die Radikalen

Boykotte, Go-Ins, Sitz- und Hungerstreiks

Bei radikalen Aktionen ist die Gefahr oft gross, dass die Grenze zur Illegalität überschritten wird. Sie können dazu beitragen, auf schlimme Umstände aufmerksam zu machen oder Unrecht aufzudecken, wenn alle anderen Mittel ausgeschöpft sind. Dabei ist Gewaltfreiheit oberstes Gebot! Die radikalen Aktionen verlangen Selbstdisziplin und ein grosses Verantwortungsbewusstsein. Die OrganisatorInnen sollten besorgt sein, dass sich die TeilnehmerInnen der Aktion über die möglichen Folgen im klaren sind. Denn bei Gesetzesübertretungen werden die TeilnehmerInnen persönlich haftbar gemacht und nicht die Gruppe oder Organisation.

Übrigens...

Ein Streik oder ein Boykott muss nicht unbedingt bitterernst sein. Auch hier gilt: Humor ist möglich und holt mehr Sympathien. Ein Lachen schafft KomplizInnen. Denken Sie daran: Sie sind auf breite Sympathien in der Bevölkerung angewiesen. Sie brauchen den nötigen Druck der Öffentlichkeit, wenn Sie Veränderungen durchsetzen wollen.

Tips zum Weiterlesen

- Levy, René/Duvanel, Laurent: Politik von unten. Bürgerprotest in der Nachkriegsschweiz. Lenos Verlag, Basel 1984.
- Fisher, Roger/Ury, William: Das Harvard-Konzept. Sachgerecht verhandeln – erfolgreich verhandeln. Campus Verlag, Frankfurt a. Main 1990.

Money makes the world go round...

Geld und Mittel beschaffen

● *«Eigentlich müsste die Stelle sowieso vom Kanton bezahlt werden», behauptet Esther. «Kann schon sein, dass es Sache der Stadt oder des Kantons wäre», wendet Hannah ein, «aber das nützt uns nichts, wenn einfach nichts passiert. Auf jeden Fall sollten wir mit einem Stand an der 1. Mai-Feier präsent sein. Irgendwo müssen wir doch anfangen.» Die Diskussion ist in vollem Gange, und einig ist sich die kleine Gruppe eigentlich nur über eins: Um interessierten Frauen den Durchblick im Dschungel der Zweitausbildungen zu erleichtern, braucht es eine Beratungsstelle.*

«Ich glaube nicht, dass uns ein Stand an der 1. Mai-Feier etwas bringt. Das ist doch zu einem grossen Teil gar nicht unser Publikum. Gescheiter wäre es, diverse Frauenorganisationen zu bitten, uns ihre Adressen zu liefern, und dann einen Bettelbrief zu schreiben!» wendet Esther ein. «Die Adressen bekommst Du nie, schon allein aus Gründen des Datenschutzes», erwidert Hannah gereizt. «Zudem ist es ist viel wichtiger, mit der Unterschriftensammlung vorwärts zu machen – deshalb brauchen wir diesen Stand.» «Und wer bezahlt den Stand?» fragt Esther erbost zurück.

Da schaltet sich Evelyne, die Vorsitzende des Trägervereins 'Frauenberatungsstelle 2. Bildungsweg' ein: «Ich denke, es wäre gut, wenn wir am 1. Mai einen Stand hätten. Denn bestimmt treffen wir dort auf Menschen, die bereit sind, uns zu unterstützen. Die Unterschriftensammlung lässt sich zudem mit Esthers Idee verbinden – so kommen wir auch an Adressen. Selbstverständlich müssen wir uns überlegen, wie der Stand finanziert wird. Aber das lässt sich lösen. Ihr beide wärt jedenfalls das ideale Team, um das notwendige Geld zu beschaffen: Esther mit ihrem Sinn für Realität und Hannah mit ihren guten Ideen.» Der Vorschlag von Evelyne findet allgemeine Zustimmung. Die Frauen einigen sich darauf, dass Esther und Hannah zusammen einen Plan ausarbeiten, wie und wo das notwendige Geld für den Stand am 1. Mai aufgetrieben werden könnte. Zudem werden sich die beiden Frauen Gedanken über die Organisation machen und überlegen, welches Material es dazu braucht. ●

Woher nehmen und nicht stehlen? – diese unangenehme Frage taucht häufig zu Beginn eines Projektes auf. Es braucht Geld und niemand weiss so recht, woher es kommen soll. Welche Möglichkeiten gibt es, Ihre Projekte und Organisationen zu finanzieren? Und welche Voraussetzungen müssen erfüllt sein, damit andere Menschen Ihnen mit den notwendigen Mitteln unter die Arme greifen? Damit Sie die Welt ebenfalls rundum drehen lassen können, wie es der Titel dieses Kapitels sagt. Diese beiden Fragen sollten Sie nach der Lektüre dieses Kapitels beantworten können.

Spenden sind nicht gratis

Eines ist klar: Jede Summe, die für ein gemeinnütziges Projekt benötigt wird, kommt irgendwann einmal zusammen. Darüber brauchen Sie sich keine Sorgen zu machen. Aber meistens soll das Ziel ja möglichst schnell und nicht irgendwann in ferner Zukunft erreicht werden. Und damit das klappt, müssen Sie zuerst einmal ein wenig Arbeit investieren. Denn nichts ist gratis – auch gespendetes Geld nicht!

Da Ihr Projekt nötig und für Sie sehr wichtig ist, sind Sie gerne bereit, diesen Aufwand auf sich zu nehmen. Besonderes Talent braucht es dazu eigentlich nicht, Mittelbeschaffung ist keine Hexerei. Aber ein paar Punkte sollten Sie beachten, bevor Sie sich in die Arbeit stürzen. Dazu gehört in erster Linie eine gute Vorbereitung. Denn meistens reicht es nicht aus, einfach bei potentiellen SpenderInnen überzeugend um Geld zu bitten. Notwendig ist auch, genau zu wissen, welche Dinge Sie benötigen. Schliesslich ist es Ihre Aufgabe, möglichst schnell möglichst 'billiges' Geld zu organisieren. Unter Geld versteht man bei der Mittelbeschaffung jedoch nicht in jedem Fall eine Zwanzig-Franken-Note. Dazu gehört zum Beispiel auch, dass andere Menschen gratis und franko gewisse Arbeiten für Sie erledigen. Oder Ihnen nützliche Dinge zur Verfügung stellen. Und nicht zuletzt brauchen Sie eine gute Portion an Koordinationsfähigkeit und Geschick im Umgang mit Menschen.

Prioritäten setzen

Eines sollten Sie sich zudem bewusst sein: Sie werden Prioritäten setzen müssen. Denn es gibt soviele verschiedene Möglichkeiten, Mittel zu beschaffen, wie es Menschen gibt, die bereit sind, Geld, Material oder Arbeit zu spenden. Der Massstab dafür, wo Sie als Mittelbeschafferin mit Ihren Anstrengungen beginnen, sind Sie selber und Ihre Arbeit. Und den Wert dieser Arbeit sollten Sie nicht unterschätzen. Selbst wenn Sie ehrenamtlich tätig sind, lohnt es sich, immer wieder nachzurechnen, wieviel Zeit und Energie Sie für die geplanten Mittelbeschaffungsaktionen investieren müssen. Denn nichts ist frustrierender, als gratis zu arbeiten und am Schluss den Eindruck zu haben, dass es nicht viel genützt hat. Darum lautet die erste Regel der Mittelbeschaffung: Beginnen Sie mit dem, was am wenigsten kostet und am meisten bringt!

Die ganze Rechnung enthält mehr als Zahlen

Bei Ihren Überlegungen und Berechnungen sollten Sie jedoch nicht vergessen, dass die bei einer Aktion eingegangenen Spenden oder der Erlös aus einem Fest nur ein Teil des Ertrages sind. Die blanken Zahlen allein sind nicht aussagekräftig genug, um sich für die eine oder andere Aktion zu entscheiden. Ein Fest auf dem Marktplatz wird vielleicht bei einer ersten Aufstellung der geplanten Mittelbeschaffungsaktionen zuunterst auf Ihrer Prioritätenliste landen. Denn die Organisation ist teuer, während der finanzielle Gewinn eher klein ist. Nach dem Fest wissen jedoch viele Leute im Quartier oder in der Stadt über Ihr Projekt Bescheid. Zu einem späteren Zeitpunkt dürfte es deshalb einfacher sein, diese Menschen um politische Unterstützung zu bitten oder für Sach- und Geldspenden zu gewinnen.

Deshalb lautet die zweite Regel für eine erfolgreiche Mittelbeschaffung: Beziehen Sie immer auch den Wert der Kommunikation in Ihre Erfolgsrechnung mit ein! Am sinnvollsten ist es, wenn Sie die geplanten Aktionen vorgängig mit den Personen besprechen, die in Ihrer Organisation für die Öffentlichkeitsarbeit zuständig sind. Denn schliesslich ist die Mittelbeschaffung immer auch Information. Zwar braucht es mehr als Information, um jemanden zum Spenden zu bewegen. Aber wenn Sie jemanden bitten, Ihr Projekt finanziell oder persönlich zu unterstützen, machen Sie im gleichen Augenblick auch Ihr Anliegen bekannt. Und kommen dadurch Ihrem Ziel ein Stück näher.

Voraussetzungen für die Mittelbeschaffung

Die Beschreibung des Projektes und der Organisation

Wer spendet, tut dies nur, um eine Sache zu unterstützen, die er oder sie für unterstützenswert hält. SpenderInnen wollen zudem möglichst genau wissen, wofür die Spende eingesetzt wird.

Deshalb gehört eine detaillierte Beschreibung des Projektes zu Ihren wichtigsten – internen – Arbeitsmitteln. Denn mit Hilfe dieses Grundlagenpapiers können Sie sich die nächsten Schritte überlegen: Welche Mittelbeschaffungsaktionen kommen in Frage? Wen könnten wir um Spenden bitten? Und wie sollen wir dabei vorgehen? Die folgenden Punkte sollten im Projektbeschrieb enthalten sein:

• Um was geht es beim Projekt?
Wer sind wir? Was wollen wir? Was ist unser Ziel?

• Was bringt das Projekt?
Wofür soll es gut sein? Welche Vorteile hat unser Projekt? Welche Gründe sprechen dafür? Welche Probleme löst es? Welche Visionen verwirklicht es?

• Wem nützt es?
Wer hat ein Interesse daran, dass wir unser Ziel verwirklichen? Wer hat direkte oder indirekte Vorteile dadurch? Wem ist daran gelegen? Wer muss sich (aufgrund des Berufs oder des Amtes) dafür interessieren? Wen geht es etwas an? Für wen löst es ein Problem? Wem macht es Spass? Wem erleichtert es das Leben?

• Wann soll unser Ziel erreicht sein? Welche Zwischenschritte braucht es? Welche Aktivitäten sind schon geplant und wann? Welche Fristen müssen beachtet werden? Wer ist wann verfügbar? Welche Termine müssen eingehalten werden?

• Wer ist für was zuständig? Wer macht was? Wen – zum Beispiel SpezialistInnen oder Freiwillige – brauchen wir noch?

→ Werkzeuge
14. Gemeinsam statt einsam

- Was haben wir schon? Was brauchen wir noch? Welche Dinge brauchen wir? Welche Arbeiten und Dienstleistungen brauchen wir? Wieviel Geld brauchen wir?

Das Mittelbeschaffungs-Team

Mittelbeschaffung ist vor allem eine Koordinationsaufgabe. Einerseits sind Sie verantwortlich für die Planung, Budgetierung, Durchführung und Abrechnung der Aktionen. Andererseits müssen Sie auch dafür besorgt sein, dass alle Gelegenheiten genutzt werden, um die Anliegen der Gruppe oder des Projekts zu vermitteln. Diese Arbeit können Sie zwar sicher auch alleine machen. Sinnvoller und effizienter – und sicher interessanter – ist es jedoch, wenn die Arbeit im Team erledigt wird.

Andere Menschen um Geld oder Unterstüzung zu bitten – auch wenn es für einen guten Zweck ist –, liegt nicht allen. Genausowenig wie es Sache einer jeden ist, Geld zu verschenken und gratis zu arbeiten. Das ideale Mittelbeschaffungs-Team besteht deshalb aus mindestens zwei Leuten. Die eine steckt immer voller Ideen, möchte am liebsten alles schon gestern fertig haben, ist gern mit Menschen zusammen und kann diese mit ihrem Enthusiasmus mitreissen. Die andere konzipiert und plant gerne, legt Wert auf Details und liebt es, wenn die Dinge zusammenpassen. Und beide haben selbstverständlich schon einmal Geld für eine gute Sache gespendet oder gemeinnützige Zwecke unterstützt. Denn sie müssen beide Seiten kennen.

Der Mittelbeschaffungsplan

Haben Sie auch schon einmal eine gute Gelegenheit verpasst? Und sich nachher fürchterlich darüber geärgert, dass es so war? Das kann Ihnen auch bei der Mittelbeschaffung passieren – wenn Sie Ihre Aktionen dem Zufall überlassen. Mit ein bisschen Planung und Voraussicht fahren Sie auf jeden Fall besser. Der Mittelbeschaffungs-Plan leistet Ihnen dabei gute Dienste. Und er bietet Gewähr dafür, dass Ihre Aktionen sowohl inhaltlich wie zeitlich zum Projekt passen.

Dazu benötigen Sie zuerst einmal einen Terminplan. Mit Ihrem wichtigsten Arbeitsmittel, der Projektbeschreibung (siehe oben), haben Sie die für den Terminplan notwendigen Unterlagen schon bereit.

- In einem ersten Schritt halten Sie fest, welche Aktivitäten bereits geplant sind und wann sie stattfinden sollen. Führen Sie möglichst alles auf – ganz gleich, ob es sich um ein Mediencommuniqué, die Lancierung einer Petition, ein Treffen mit den lokalen Behörden, einen für Ihre Sache besonders wichtigen Stichtag oder einfach nur um ein Treffen aller Mitarbeitenden handelt. Vergessen Sie auch Ihre Ferien und die Ferien besonders wichtiger Kontaktpersonen der Gruppe nicht!

Auflistung aller Aktivitäten

  Sie wissen jetzt schon, dass Sie mehr als ein Jahr benötigen, um das gesteckte Ziel zu erreichen? Dann ist es sinnvoll, die Detailplanung nur für ein halbes oder für ein Jahr zu machen. Selbstverständlich dürfen Sie aber in diesem Fall nicht vergessen, ein weiteres wichtiges Datum festzulegen: Die Sitzung, an der Sie den weiteren Verlauf der Mittelbeschaffungs-Kampagne planen. Warten Sie damit nicht bis zum Schluss. Es erleichtert Ihre Arbeit sehr, wenn Sie schon ein, zwei Monate vorher wissen, wie es nachher weitergehen wird.

- Wenn der Terminplan im Rohgerüst steht, können Sie an die Feinarbeit gehen. Notieren Sie, welche Sachmittel, Dienstleistungen und wieviel Geld Sie bis zu welchem Zeitpunkt brauchen.

  Wenn Ihr Terminplan soweit gediehen ist, haben Sie bereits eine Vorstellung davon, wann welche Mittelbeschaffungsaktion Sinn machen würde. Und Sie wissen auch, ob und wann Sie und der Rest Ihrer Gruppe Zeit haben, sich darum zu kümmern. Jetzt beginnt der kreative Teil und hierfür brauchen Sie auf jeden Fall eine Gesprächspartnerin oder einen Gesprächspartner.

Auflistung der benötigten Mittel

- Stellen Sie mit Hilfe der Informationen über mögliche SpenderInnen und Finanzierungsmodelle und über die verschiedenen Methoden der Mittelbeschaffung ein 'Mittelbeschaffungs-Programm' zusammen, das zu Ihrem Projekt und zu den bestehenden Plänen passt. Sie brauchen dringend noch freiwillige Helferinnen? Da wäre die Gemeindeversammlung, an der sie sowieso sprechen wollen, eine gute Gelegenheit. Vielleicht könnten Sie dort noch einige Gleichgesinnte um ihre Mitarbeit bitten. Sie sammeln Unterschriften für eine Initiative? Doch leider gehen der Druck und die Portokosten ganz schön ins Geld. Dann sollten Sie nicht vergessen, einen oder mehrere Spendenaufrufe einzuplanen. In einem Monat wird die Präsidentin Ihres Vereins einen Vortrag über das geplante Projekt halten. Da liegt es doch nahe, eine Türkollekte zu machen. Oder einen Informationstisch einzurichten, auf dem selbstverständlich auch Einzahlungsscheine Ihres Vereins liegen.

➔ Siehe auch die Abschnitte 'SpenderInnen' und 'Mittelbeschaffung' in diesem Kapitel

Realistische Planung

• Erfolgreiche Mittelbeschaffung ist nur möglich, wenn sie von realistischen Annahmen ausgehen. Auf dem Papier ist es sehr einfach, hochfliegende Pläne zu machen. Überlegen Sie sich deshalb immer, ob Ihre Aktion überhaupt den geplanten Erfolg haben kann! Sollten Sie also beabsichtigen, mit zwei FirmeninhaberInnen zu reden, damit diese je 5000 Franken für Ihr Projekt locker machen, so ist das Scheitern Ihrer Aktion vermutlich vorprogrammiert. Aber vielleicht könnten Sie das gesteckte Ziel erreichen, wenn Sie bei zehn oder zwanzig Geschäftsleuten anklopfen...

• Vergessen Sie nicht, Ihre eigenen Vorlieben zu berücksichtigen. Denn Mittelbeschaffung darf durchaus Spass machen!

Das Einnahmen- und Ausgabenbudget

Der Mittelbeschaffungs-Plan ist erstellt – und Sie verlieren jetzt langsam aber sicher den Überblick. Sie wissen zwar über den Daumen gepeilt, wie hoch die Kosten sein werden. Und auch die Einnahmen können Sie in etwa abschätzen. Als erfolgreiche Mittelbeschafferin brauchen Sie jedoch genauere Angaben. Die liefert Ihnen das Einnahmen- und Ausgabenbudget. Das macht zwar zuerst ein bisschen Arbeit – aber dafür haben Sie nachher den Kopf wieder für wichtigere Dinge frei. Zudem hat es zwei Vorteile: Sie wissen erstens jederzeit, über wieviel Geld Sie noch verfügen können. Und zweitens wissen Sie auch, was am Schluss für Ihr Projekt herausschauen sollte.

Mit dem Budget allein ist es natürlich nicht getan. Wichtig ist, dass Sie die tatsächlichen Einnahmen und Kosten regelmässig auf dieselbe Art notieren. So können Sie die Realität immer mit Ihrem Plan vergleichen. Und wenn Sie nicht den beabsichtigten Erfolg haben, können Sie schnell reagieren und zusätzliche Aktivitäten planen.

Die SpenderInnenkartei

Es ist wichtig, dass Sie sofort damit anfangen, die Namen und Adressen von Menschen, Organisationen, Firmen und Institutionen zu sammeln, die Ihre Sache unterstützen. Tun Sie dies so systematisch wie möglich – am besten in einer Kartei. Dabei spielt es keine Rolle, ob Sie lieber mit Karteikarten arbeiten oder Ordnerblätter vorziehen. Wenn Sie Zugang zu einem Computer haben, lohnt es sich hingegen, eine Computer-Kartei anzulegen, weil diese einfach und schnell benutzt werden kann. Falls Sie nicht wissen, wie das gemacht wird, hilft Ihnen sicher jemand aus Ihrem Bekannten- oder Verwandtenkreis.

Aufbau und Pflege der Kartei

- Sorgen Sie dafür, dass die Adressen und Informationen Ihrer Kartei regelmässig und einheitlich nachgeführt werden. Wenn die Informationen darin nicht nachgeführt sind oder falsch und uneinheitlich erfasst sind, ist die Kartei nutzlos. Denn Sie gehört zu Ihren wichtigsten Arbeitsgrundlagen. Sie werden die Kartei benutzen, wenn Sie Spendenaufrufe oder Einladungen verschicken wollen. Sie werden sie aber auch brauchen, um herauszufinden, ob Ihre Mittelbeschaffungsaktionen erfolgreich sind. Und auch für die Abrechnung und das Planen zukünftiger Aktionen ist die Kartei sehr dienlich. Denn die Kartei ist mehr als eine Adressenverwalterin: Sie ist Ihr Mittelbeschaffungs-Gedächtnis.

Wenn Sie den Computer benützen, sollten Sie die folgenden Punkte beachten:

- Legen Sie die Kartei so an, dass Sie die gewünschte Information nach verschiedenen Kriterien (Namen, Postleitzahlen, Adressen) suchen können. Es muss auch möglich sein, Listen oder Etiketten sortiert nach Name und Postleitzahl auszudrucken. Hilfreich und zeitsparend ist, wenn die Adressen für Serienbriefe verfügbar sind.

- Es gibt immer wieder Situationen, in denen Sie nur einen Teil der Adressen oder ganz spezielle Informationen benötigen. Achten Sie bei der Erstellung Ihrer Kartei darauf, dass Ihnen diese Möglichkeiten zur Verfügung stehen.

- Für die Erfolgskontrolle und Abrechnung muss der Computer verschiedene Fragen beantworten können. Zum Beispiel: Wer hat den Spendenaufruf im Januar erhalten? Wie hoch ist der Gesamtbetrag dieser Spenden?

SpenderInnen und Finanzierungsmöglichkeiten

Prinzipiell lassen sich die möglichen GeldgeberInnen in folgende vier Kategorien unterteilen:

1. Private SpenderInnen
2. Firmen und Unternehmen
3. Die Öffentliche Hand
4. Organisationen, Stiftungen und Vereine

In der Regel werden Sie sich bei der Planung Ihrer Mittelbeschaffungsaktionen in den seltensten Fällen nur auf eine dieser Finanzquellen konzentrieren. Naheliegender ist, dass Sie mehrere oder sogar alle vier in Ihre Überlegungen miteinbeziehen. Jede dieser Finanzquellen hat jedoch eigene Gesetzmässigkeiten. Deshalb ist es für Sie von Vorteil, wenn Sie schon bei der Planung diese Unterschiede berücksichtigen – und Ihre Bitten um Unterstützung oder Ihre Anträge entsprechend gestalten.

Zeitpunkt der Spendenaktion

Achten Sie in jedem Fall darauf, dass Sie den richtigen Zeitpunkt für Ihr Anliegen wählen – davon kann der Erfolg oder Misserfolg Ihrer Spendenaktion abhängen. Privatpersonen haben meist ein regelmässiges Einkommen, der Lohn ist am 25. des Monats auf dem Konto. Etwa zu diesem Zeitpunkt sollte auch Ihre Anfrage um finanzielle Unterstützung eintreffen. Denn die Chance, dass Ihr Anliegen auf offene Ohren und gefüllte Portemonnaies stösst, ist grösser, als wenn Sie am 15. des Monats um Unterstützung bitten. Mittlere und grosse Firmen hingegen arbeiten mit einem Jahres- oder Halbjahresbudget. Erkundigen Sie sich im einzelnen, wann der günstigste Zeitpunkt für einen Antrag wäre.

Private SpenderInnen

Von den vier Finanzquellen sind die privaten SpenderInnen am sichersten und am leichtesten zu 'berechnen'. Das Budget von Einzelpersonen ist jedoch in der Regel begrenzt – und damit auch die Höhe der Spendenbeträge. Normalerweise liegen sie unter tausend Franken. Um ein Projekt oder gar eine Organisation mit privaten Spenden zu finanzieren, braucht es deshalb viele Einzelspenden. Aber Sie werden immer Menschen finden, die – genauso wie Sie selbst – gewillt sind, sich durch Arbeit oder finanziell für Ihre Sache einzusetzen.

Planen Sie deshalb auch Mittelbeschaffungsaktionen ein, die sich an Privatpersonen richten. Es lohnt sich auf jeden Fall. Denn der Aufwand steht normalerweise in einem guten Verhältnis zum Ertrag. Sie können Ihre potentiellen GeldgeberInnen im direkten Gespräch, per Telefon oder schriftlich um einen finanziellen Beitrag bitten. Das kostet Sie erstens nicht viel. Und ist zweitens auch leicht zu bewerkstelligen.

Sammeln von Adressen

Je mehr Menschen Sie ansprechen, desto besser wird der Erfolg Ihrer Aktion sein. Voraussetzung dafür ist, dass Sie aktiv Adressen sammeln. Aber wie?

In der Schweiz sind fast alle Adressen im elektronischen Telefonbuch erfasst und können gemietet werden. Zudem bieten eine ganze Reihe von Agenturen und Listenbesitzern Adressen zum einmaligen Anschreiben (mieten) oder seltener zum Kauf an. Aber aufgepasst: Die Erfahrung zeigt, dass sich diese Form der Adressenbeschaffung für kleinere Organisationen oder zeitlich befristete Einzelprojekte nicht lohnt. Normalerweise kommt sie sehr teuer zu stehen. Denn Ihre Spendenbitte landet bei den meisten AdressatInnen mit grosser Wahrscheinlichkeit im Papierkorb.

Wenn Sie jedoch planen, Ihre SpenderInnenkartei systematisch und langfristig aufzubauen, könnte diese Art der Adressenbeschaffung für Sie durchaus eine Möglichkeit sein. In diesem Fall sollten Sie jedoch zuerst Fachleute – zum Beispiel eine Spezialistin für Mittelbeschaffung – um Rat fragen. Auch eine Agentur für Direktwerbung kann Ihnen beim Entwurf einer Adressenbeschaffungsaktion und der Auswahl von Test-Listen sicher behilflich sein.

Für kleinere Organisationen und Einzelprojekte gehört das Adressensammeln im engeren Rahmen jedoch ebenfalls zum A und O einer erfolgreichen Mittelbeschaffung.

Die Adressen aller ehrenamtlichen MitarbeiterInnen, die bei Ihrem Projekt oder Ihrer Organisation mitmachen, gehören unbedingt in Ihre Kartei. Vergessen Sie auch jene nicht, die früher aktiv waren und unterdessen – zum Beispiel aus Zeitmangel – nicht mehr mitmachen.

Bitten Sie alle, Ihnen Adressen von FreundInnen, Bekannten, NachbarInnen und Verwandten zu geben, die sich ebenfalls für Ihr Projekt interessieren könnten. Oder die bereit wären, Ihr Projekt zu unterstützen.

Benützen Sie alle Anlässe im Rahmen Ihres Projekts, um Adressen zu sammeln. Lassen Sie Kreativität walten! Bei Vorträgen und Informationsveranstaltungen können Präsenzlisten nützlich sein – aber nur, wenn die ZuhörerInnen auch deutlich gebeten werden, sich einzutragen. Auch ein 'Gästebuch' kann ein guter Adressenlieferant sein.

Spenden in bar haben den Nachteil, dass Sie von den betreffenden Personen keine Adresse haben.

Ebenfalls eine gute Quelle für neue Adressen sind die bisherigen SpenderInnen. Möglicherweise kennen sie in ihrem Bekannten- und Verwandtenkreis noch jemanden, der oder die sich für Ihre Sache interessiert. Fragen Sie ungeniert danach – zum Beispiel in einem Dankesbrief oder in einem Spendenaufruf.

Menschen, die schon einmal eine Idee oder eine Sache unterstützt haben, sind meistens gerne bereit, wieder zu helfen. Überlegen Sie sich deshalb, ob es in Ihrer Umgebung in den letzten zwei bis drei Jahren ähnliche Projekte wie Ihres gegeben hat. Vielleicht erhalten Sie bei diesen Organisationen oder Gruppen sogar noch eine Adressliste dieser Personen.

Nicht alle Menschen wollen oder können Ihre Sache auf die gleiche Weise unterstützen – und nicht für jedes Projekt braucht es die gleiche Art von Unterstützung. Dem sollten Sie Rechnung tragen. Überlegen Sie sich deshalb genau, was Sie brauchen. Und bieten Sie den Angesprochenen eine ganze Palette von Möglichkeiten an, wenn Sie um Hilfe bitten. Übrigens: Für Privatpersonen ist Spenden eine emotionale Angelegenheit. Wer spendet, tut dies, weil sie oder er das Gefühl hat, damit einen wesentlichen Beitrag zu leisten. Sorgen Sie deshalb dafür, dass es genügend gute Gründe gibt, auf Ihre Bitte einzugehen.

Im folgenden werden einige mögliche Unterstützungsformen aufgezeigt. Sie sollten beachten, dass es unzählige Spielarten der einzelnen Punkte gibt.

Spenden

- Wenn wir in der Schweiz von einer Spende sprechen, denken wir in der Regel an einen Betrag von etwa zwanzig Franken. Dieser Betrag ist aber keineswegs zwingend. Getrauen Sie sich ruhig, eine höhere Zahl vorzuschlagen! Zum Beispiel, indem Sie die für das Projekt benötigte Summe durch die Anzahl Menschen teilen, an die der Spendenaufruf geht: «Wenn jede und jeder X Franken spendet, kann das Projekt realisiert werden.» Eine Spende ist einmalig und verpflichtet – auch moralisch – zu nichts.

Mitgliederbeiträge, Clubbeiträge

- Mitglieder fühlen sich einer Idee oder einem Projekt stärker verpflichtet als SpenderInnen. Sie sind deshalb auch bereit, regelmässig und über einen längeren Zeitraum hinweg einen Mitgliederbeitrag zu bezahlen. Diese Form der Unterstützung eignet sich aus diesem Grund besonders für Organisationen. Die Gestaltung der Mitgliederbeiträge ist Ihnen überlassen – es kann solche für Einzelmitglieder, Familien, Firmen, Kinder oder Jugendliche geben. Sie können auch dazu anregen, Mitgliedschaften bei Ihrer Organisation zu verschenken.

  Übrigens: Sie müssen den Begriff 'Mitglied' nicht unbedingt in einem rechtlichen Sinn verstehen. Wenn Sie jedoch von einer ideellen Mitgliedschaft sprechen, die zum Beispiel kein Stimmrecht beinhaltet, sollten Sie unbedingt auf die rechtliche Unverbindlichkeit hinweisen.

Patenschaften

- Patenschaften kennen wir vor allem im Zusammenhang mit Kinderhilfswerken. Es ist jedoch durchaus denkbar, Patenschaften für alle Arten von regelmässig wiederkehrenden Bedürfnissen zu erfinden. Zum Beispiel könnte es Menschen geben, die gerne eine Patenschaft für die Begrünung und Pflege eines Kinderspielplatzes übernehmen. Oder andere, die sich bereit erklären, im Rahmen einer Abstimmungskampagne das regelmässige Erscheinen eines Inserates zu finanzieren.

Sachspenden

• Sachspenden sind ideal, wenn Sie genau das erhalten, was Sie brauchen. Anders ist das bei Sachspenden, die versteigert oder verkauft werden sollen. Überlegen Sie zuerst gut: Sind Sie überhaupt imstande, diesen Aufwand zu leisten? Wenn nicht, scheuen Sie sich nicht, dies dem Spender oder der Spenderin mitzuteilen.

Verkauf von Dienstleistungen, Waren oder Informationen

• Viele Menschen sind gerne bereit, etwas mehr als üblich zu bezahlen, wenn sie damit einen guten Zweck unterstützen. Ein solcher Verkauf erfordert jedoch einen hohen Grad an Organisation, um wirklich gewinnbringend zu sein. Hüten Sie sich insbesondere davor, den Verkauf gegenüber anderen Formen der Mittelbeschaffung vorzuziehen, nur weil es Ihnen unangenehm ist, direkt um Spenden zu bitten.

Firmen und Unternehmen

Sponsoring

Bei den Stichworten Firmen und Spenden denken viele Menschen vermutlich zuerst an Sponsoring. Das heisst: Eine Firma unterstützt ein Projekt mit Geld. Das Unternehmen erwartet für seinen finanziellen Einsatz jedoch eine Gegenleistung in Form eines 'Werbe-Effekts' für den Sponsor. Nicht jede Gruppe oder Organisation kann diese Leistung erbringen. Der einen fehlt es beispielsweise an Öffentlichkeit, bei der anderen hat das Zielpublikum wenig Interesse an den Produkten des Sponsors. Falls Sie jedoch in einer mittleren oder grösseren Organisation tätig sind, die eine breite Öffentlichkeit erreicht, könnte die Mittelbeschaffung durch Sponsoring für Sie durchaus interessant sein. Ziehen Sie jedoch, bevor Sie sich ins Abenteuer Sponsoring stürzen, unbedingt Fachleute bei.

Firmenspenden

Im folgenden ist nicht von Sponsoring im engeren Sinn, sondern von Firmenspenden die Rede. Im Prinzip müssen Sie jedoch auch bei Firmenspenden gleiche oder ähnliche Überlegungen wie beim Sponsoring anstellen.

Fallen Sie nie mit der Tür ins Haus! Es macht wenig Sinn, Firmen mit einem Serienbrief um eine Spende zu bitten – wenn Sie nicht wenigstens schon abgeklärt haben, ob diese überhaupt die Möglichkeit haben, Sie mit einer Spende zu unterstützen.

Wenn Sie einen ortsansässigen Detaillisten um eine Spende anfragen möchten, gehen Sie am besten persönlich vorbei.

Bei grösseren Firmen können Sie auch anrufen. Ihre AnsprechpartnerInnen dort sind die Geschäftsleitung oder die Beauftragten für Marketing. Denn von diesen Personen erfahren Sie einerseits sofort, ob Sie überhaupt eine Unterstützung erwarten können. Es ist zum Beispiel möglich, dass Ihre Bitte abgelehnt wird, weil die Firma prinzipiell nur humanitäre Zwecke unterstützt, Ihr Projekt aber ein Anliegen im Bereich der Kultur oder des Umweltschutzes vertritt. Andererseits können Ihre GesprächspartnerInnen Ihnen genau sagen, wann Sie Ihre Anfrage an wen und in welcher Form richten müssen, um Aussicht auf Erfolg zu haben.

Überlegen Sie sich vor Ihrem Anruf oder Besuch genau, was Sie wollen – und weshalb Sie gerade diese Firma um Unterstützung bitten. Stellen Sie sich, Ihr Projekt und Ihr Anliegen so vor, dass erkennbar wird, was für 'Vorteile' die Firma von einer Spende hätte! Die Bäckerei um die Ecke zum Beispiel lebt von den Menschen im Quartier. Wenn in der Nähe endlich ein Kinderspielplatz eingerichtet wird, bleiben die Eltern – und damit die Kundschaft der Bäckerei – eher im Quartier wohnen. Das Geschäft 'Meyersport' führt neben Sportbekleidung auch Turngeräte im Sortiment – nur ist das noch viel zu wenig bekannt. Vielleicht ist die Besitzerin von 'Meyersport' bereit, eine Kletterstange zu spenden, wenn im Gegenzug dafür das Geschäftslogo gut sichtbar angebracht wird.

Viele Firmen wollen zuerst noch genauere Unterlagen sehen, bevor sie sich entscheiden. Stellen Sie diese nach Ihrem Besuch oder Anruf sorgfältig zusammen. Schreiben Sie einen kurzen Begleitbrief dazu, in dem Sie die Hauptpunkte Ihres Gesprächs noch einmal festhalten, und schicken Sie die Unterlagen so bald als möglich an die richtige Person. Rufen Sie nach ein bis zwei Wochen erneut an, und fragen Sie, ob die Unterlagen angekommen sind und ob alles vorhanden ist, was gebraucht wird.

Nicht immer ist ein 'Vorteil' zu finden. Manche Firmen spenden auch aus steuertechnischen Gründen oder aus Tradition. Sie prüfen lediglich den gemeinnützigen Zweck und die Vertrauenswürdigkeit der Antragstellenden. Überlegen Sie sich deshalb innerhalb der Gruppe: Gibt es Mitglieder, die den eigenen Arbeitgeber um einen Beitrag bitten könnten? Oder hat jemand persönliche Beziehungen zu einer Firma – die keineswegs einen direkten Bezug zu Ihrem Projekt haben muss – und wäre deshalb gut dafür geeignet, dort um finanzielle Unterstützung anzuklopfen?

Typische Unterstützungsformen

Die folgenden Unterstützungsformen sind für Firmen typisch: Geldspenden, Sachspenden, Dienstleistungen, zinsfreie Darlehen, Defizitgarantien. Viele sind auch bereit, Verkaufsgegenstände zur Verfügung zu stellen.

Ein Tip: 'Stehlen' Sie von anderen Organisationen und Projekten! Es gibt kein Copyright für gute Ideen – vielleicht könnten Sie die eine oder andere Form der Unterstützungsmöglichkeiten ja auch für Ihr eigenes Projekt gebrauchen. Meistens geben andere Organisationen auch die Namen von Firmen bekannt, dank denen ein Projekt zustande gekommen ist. Könnten diese Firmen nicht auch Ihr Projekt unterstützen?

Öffentliche Hand, Subventionen, Bundes-, Kantons- und Gemeindebeiträge

Was ist auf den ersten Blick logischer, als den 'Staat' um Unterstützung für ein gemeinnütziges Projekt anzugehen? Denn schliesslich ist es seine Aufgabe, für das Allgemeinwohl zu sorgen – und dafür auch die entsprechenden finanziellen Mittel bereitzustellen. Aber: Sie wären wohl kaum auf die Idee gekommen, ein eigenes Projekt auf die Beine zu stellen, wenn das Angebot des Staates die Nachfrage in diesem Bereich schon abdecken würde. In diesem Spannungsfeld bewegen Sie sich, wenn Sie die Öffentliche Hand um Subventionen ersuchen.

Es ist durchaus möglich, dass in irgendeiner Kasse oder einem Fonds des Staates Geld für Ihr Anliegen bereitgestellt ist. Sie sollten also auf jeden Fall versuchen, diese Finanzierungsquelle auszuschöpfen. Es wäre jedoch nicht nützlich, sich allein darauf zu verlassen. Die Mittelsuche beim Bund, beim Kanton oder der Gemeinde kann zeitraubend sein – und der Erfolg ist unsicher.

Auch hier gilt: Fallen Sie nicht mit der Tür ins Haus! Das berechtigtste Anliegen, vorgebracht in den schönsten Worten, nützt nichts, wenn Ihr Antrag nicht zur richtigen Zeit am richtigen Ort der richtigen Person gestellt wird.

Wappnen Sie sich also mit Geduld, und fragen Sie sich erst einmal telefonisch durch. Sie brauchen nicht schon alles zu wissen, bevor Sie anfangen. Im Gegenteil, Sie werden erfahren, dass die zuständigen Personen Ihnen in den meisten Fällen auch 'dumme' Fragen gern beantworten und Ihnen weiterhelfen. Etwa indem sie Ihnen politische Zusammenhänge erklären, Sie auf bestehendes Informationsmaterial aufmerksam machen oder Sie an Menschen weiterverweisen, die mehr wissen.

Staatskalender

Bestellen Sie bei der Gemeinde oder dem Kanton eine Liste aller Departemente, Ämter und staatlichen Beratungsstellen. Im Staatskalender, wie diese Liste bei den Kantonen genannt wird, finden Sie auch die Namen der PolitikerInnen, die ein Amt innehaben. Informieren Sie sich darüber, wer für Ihr Anliegen zuständig sein könnte. Eine entsprechende Liste des Bundes ist bei der Eidgenössischen Drucksachen-und Materialzentrale in Bern erhältlich.

Setzen Sie sich mit PolitikerInnen in Verbindung, von denen Sie glauben, dass diese für Ihr Anliegen Gehör haben könnten. Wenn Sie – oder die Mitglieder Ihrer Gruppe – niemanden kennen, orientieren Sie sich am besten an der Parteizugehörigkeit. Scheuen Sie sich nicht, um Hilfe zu bitten! Die PolitikerInnen sind dafür gewählt, uns zu vertreten. Dazu sind sie nur in der Lage, wenn wir ihnen unsere Bedürfnisse und Anliegen mitteilen. Es kann zwar vorkommen, dass die VolksvertreterInnen Ihnen nicht direkt helfen können. Aber mindestens können sie Ihnen Auskunft darüber geben, welche Stelle für Sie zuständig ist. Meist erhalten Sie zudem gute Tips und Ratschläge, wie Sie am besten vorgehen.

Sie haben nun herausgefunden, an wen Sie sich wenden müssen. Rufen Sie dort an und erkundigen Sie sich, welche Bedingungen Ihr Projekt erfüllen muss, damit es für einen Zuschuss überhaupt in Frage kommt. Seien Sie, wenn es nötig ist, hartnäckig! Am Schluss des Gesprächs sollten Sie wissen, wie, wann und an wen genau Sie Ihren Antrag für einen Beitrag richten müssen – und wann Sie nach Einreichen des Antrags mit einem Entscheid rechnen können.

Stellen Sie nach dem Anruf sorgfältig alle Unterlagen für Ihren Antrag zusammen. Schreiben Sie einen kurzen Begleitbrief, in dem Sie die Hauptpunkte des Gesprächs festhalten. Schicken Sie die Unterlagen möglichst bald an die zuständige Person. Rufen Sie ein bis zwei Wochen später an, und erkundigen Sie sich, ob die Unterlagen angekommen und ob alle notwendigen Angaben vorhanden sind, die für den Entscheid gebraucht werden.

Ein Tip: Sorgen Sie dafür, dass die zuständige Stelle Ihr Projekt kennt und auch weiss, wo Sie zu erreichen sind. Es kann vorkommen, dass das zur Verfügung stehende Budget gegen Ende Jahr noch nicht ausgeschöpft ist. Dann macht sich die Stelle manchmal aktiv auf die Suche nach NutzniesserInnen.

Stiftungen, andere Organisationen, Vereine

Auch bei Stiftungen oder anderen Organisationen trifft zu, was für Firmen und staatliche Stellen gilt: Schicken Sie keine Unterlagen, bevor Sie nicht abgeklärt haben, ob eine finanzielle Unterstützung prinzipiell möglich ist! Und wenn die Antwort positiv ist, sollten Sie zuerst fragen, welche Unterlagen benötigt werden. Alles andere ist reine Zeitverschwendung!

Stiftungsverzeichnis

Hier ist allerdings die Suche schwieriger. Zwar können Sie bei der Eidgenössischen Drucksachen-und Materialzentrale in Bern das Stiftungsverzeichnis der Eidgenössischen Stiftungsaufsicht bestellen. Aber der Eintrag in diesem Verzeichnis ist freiwillig, und die Angaben der Stiftungen werden nicht überprüft. Von den 2'500 Stiftungen, die in der Schweiz eingetragen sind, finden sich in dieser Liste gerade 1'000. Nur ein Teil dieser Stiftungen kommt zudem für kulturelle, humanitäre oder ökologische Anliegen überhaupt in Frage. Umso wichtiger ist es, die Augen offen zu halten.

- Fragen Sie sich durch: Wie haben sich ähnliche Projekte finanziert? Wer kennt Stiftungen, die in Frage kommen?

- Welche Organisationen haben sich im Bereich Ihres Projektes schon profiliert? Auch wenn diese Ihr Projekt finanziell nicht unterstützen können, kann man Sie dort vielleicht beraten, wo Sie suchen müssen.

- Natürlich sollten Sie es nicht versäumen, das offizielle Verzeichnis durchzuforsten und mit allen Stiftungen Kontakt aufzunehmen, die für Ihr Projekt ein offenes Ohr haben könnten.

● *An der Vollversammlung des Trägervereins 'Frauenberatungsstelle 2. Bildungsweg' herrscht Aufregung: Nach anderthalb Jahren 'Knochenbüez' sieht es so aus, als ob sich der Einsatz tatsächlich gelohnt hat. Die Beratungsstelle wird ihre Tätigkeit vielleicht noch vor Ende Jahr aufnehmen können. Evelyne, die Vorsitzende, bittet um Ruhe: «Heute haben wir gleich zwei wirklich gute Nachrichten. Erstens ist es uns gelungen, geeignete Räumlichkeiten für die Beratungsstelle zu finden. Das Bürohaus liegt zwar am Stadtrand, aber unmittelbar neben einer Bushaltestelle. Und das Beste ist: Der Vermieter unterstützt unsere Sache. Hannah hat ihn so lange bearbeitet, dass er uns jetzt die Miete für die ersten sechs Monate schenken will.» Der Tumult, der darauf losbricht, will kein Ende nehmen; es wird geklatscht, und Hannah kann sich vor lauter Umarmungen nicht mehr retten.*

«Aber das ist noch nicht alles», fährt Evelyne mit lauter Stimme fort, «auch Esther weiss Gutes zu berichten.» Alle Augen richten sich gespannt auf Esther. «Wie Ihr alle wisst, haben wir schon ganz am Anfang mit der Kantonalen Erziehungsdirektion Kontakt aufgenommen. Zu Beginn sah es mit der Finanzierung eher schlecht aus. Man hat uns zwar ein Empfehlungsschreiben für unser Projekt ausgestellt, aber von Geld war nicht die Rede. Seither sind Hannah und ich mit dem Brief der Erziehungsdirektion buchstäblich von Pontius zu Pilatus gerannt, um irgendwie zu Geld zu kommen.» Esther holt aus und schildert kurz den Irrweg durch Ämter und Institutionen, den sie in den letzten achtzehn Monaten unternommen hat. Von einer Sachbearbeiterin beim Kanton erhielt sie die Telefonnummer einer Stiftung. «Die könnten vielleicht an so einer Beratungsstelle interessiert sein», hatte die Beamtin gemeint. Doch als sie dort anrief, musste sie feststellen, dass die Stiftung inzwischen aufgelöst wurde. Eine Freundin, der sie davon erzählte, kannte zufällig den neuen Arbeitsort von Frau Astrid Keller, der früheren Leiterin der Stiftung. Frau Keller erklärte ihr dann zwar, dass ihre Organisation das Projekt nicht finanziere, habe aber angeboten, dem Verein beim Aufbau der Beratungsstelle zu helfen.

Ein Resultat davon war auch, dass sie systematisch Kontakt mit verschiedenen Schulen aufnahmen, die zweite Bildungswege anbieten. «Im Dezember haben auch mehrere dieser Schulen Beträge auf unser Konto überwiesen, so dass wir im Moment die laufenden Geschäfte problemlos bezahlen können», führt Esther weiter aus. «Aber das löste bekanntlich unser Hauptproblem nicht: Die Finanzierung des Lohns der 50-Prozent-Stelle und das Geld für die Miete. Aber jetzt haben wir es geschafft. Vor zwei Monaten sind wir auf einen 'Fonds zur Förderung von Frauen aus schwierigen sozialen Verhältnissen' gestossen, der sich für unser Projekt interessierte. Jetzt kommt's: Letzte Woche haben sie der Finanzierung zugestimmt. Wir bekommen für die Beratungsstelle jedes Jahr 20'000 Franken. Und zwar während den nächsten drei Jahren. Als wir mit dieser Zusage zum Kanton gegangen sind, hat man uns versprochen, dass der Kanton dem Verein für jede Beratung einen Beitrag zahlen wird. Das haben wir nicht zuletzt Astrid zu verdanken, die den zuständigen Beamten eben schon von früher kennt...» Die letzten Worte von Esther gehen jedoch schon im Jubel der Vereinsmitglieder unter. Endlich scheint es geschafft. ●

Methoden der Mittelbeschaffung

Egal, welche Methode Sie wählen – zwei Voraussetzungen müssen Sie auf jeden Fall erfüllen, wenn Sie erfolgreich Mittel beschaffen wollen:

1. Sie müssen sagen können, wofür die Mittel der SpenderInnen konkret eingesetzt werden sollen und was das nützt.
2. Sie müssen konkret um die Mittel bitten und nicht nur darüber sprechen, dass Mittel gebraucht werden.

Generell gilt: Je persönlicher, desto grösser der Erfolg. Aber auch: Je persönlicher, desto grösser der Aufwand. Übrigens: Berechnen Sie immer – auch wenn Sie ehrenamtlich tätig sind – Ihre eigene Arbeitszeit, die Sie für die Mittelbeschaffung einsetzen! So können Sie kontrollieren, ob der Aufwand und der Ertrag in einem ausgeglichenen Verhältnis stehen. Ihr Ziel ist es ja eigentlich, andere Menschen zum Spenden zu gewinnen – und nicht das ganze verfügbare Einkommen selber zu spenden!

Die Bitte im persönlichen Gespräch

Die Bitte im persönlichen Gespräch fällt Ihnen vermutlich am leichtesten. Nicht? Mit einem kleinen Trick lässt sich auch dieses Problem lösen. Schliessen Sie kurz die Augen und erinnern Sie sich, warum Sie selbst sich dem Projekt angeschlossen haben. Begeisterung steckt an! Erschlagen Sie Ihre GesprächspartnerInnen jedoch nicht mit unerwünschten Informationen. Die Gründe, die Sie dazu bewegt haben, sich zu engagieren, werden auch Ihr Gegenüber bewegen. Akzeptieren Sie aber auch ein Nein ohne schlechte Gefühle. Ihr Gegenüber hat sicher viele berechtigte Gründe, warum er oder sie sich nicht in jeder 'guten Sache' engagieren kann oder will – aber es ist manchmal nicht leicht, auf Anhieb die richtigen Argumente zu finden, um eine Spendeneinladung abzulehnen.

- Fragen Sie immer um einen bestimmten Betrag an. Sagen Sie Ihren GesprächpartnerInnen, wieviel Ihr Projekt insgesamt kostet und mit wievielen Menschen Sie sprechen werden. Sie können ihnen auch ungeniert vorrechnen, wieviel jede und jeder spenden müsste, wenn Sie mit Ihrer Bitte bei der Hälfte der angefragten Personen Erfolg haben. Scheuen Sie sich nicht, auch um einen grossen Betrag zu bitten: 200 Franken zum Beispiel, je nach Gegenüber sogar mehr.

- Überlegen Sie es sich gut, ob Sie Spenden in bar entgegennehmen wollen. Meist ist es einfacher, wenn die Spende per Einzahlungsschein überwiesen wird.

  Überprüfen Sie nach einiger Zeit, ob der versprochene Betrag eingegangen ist. Wenn nicht, sollten Sie den Spender oder die Spenderin anrufen und nach dem Grund fragen. Übrigens: Viele SpenderInnen machen ihre Zahlungen am Monatsende.

- Bedanken Sie sich, sobald die Spende eingetroffen ist!

Die telefonische Bitte

Für die telefonische Bitte gelten im Prinzip dieselben Regeln wie für das persönliche Gespräch.

- Denken Sie daran, dass es nach dem Anruf Couverts und Einzahlungsscheine braucht.

- Eine Karte oder ein kurzer Begleitbrief, in dem Sie den versprochenen Betrag erwähnen, gehört unbedingt zusammen mit dem Einzahlungsschein ins Couvert.

- Vergessen Sie nicht, zu überprüfen, ob der Spender oder die Spenderin das Versprechen gehalten hat, und scheuen Sie sich nicht, nötigenfalls daran zu erinnern.

Die schriftliche Bitte an private SpenderInnen
Bei dieser Art der Mittelbeschaffung sind folgende Punkte zu berücksichtigen:

- Achten Sie auf eine persönliche Formulierung des Spendenbriefs.

- Überzeugen Sie sich davon, dass die Bitte um eine Spende wirklich eine Bitte ist – und nicht eine Information. Machen Sie einen Vorschlag, wie hoch die Spende sein könnte – die verschiedenen Möglichkeiten kennen Sie ja schon. Bitten Sie um diesen Betrag. Jetzt können Sie den Brief kopieren oder drucken lassen.

- Vergessen Sie nicht: Sie brauchen Couverts. Und zudem sollten die Briefe von einem Einzahlungsschein begleitet sein. Wenn die Einzahlungsscheine bereits adressiert sind, ist es umso besser. Eine Broschüre ist überflüssig.

- Schreiben Sie die Adresse wenn möglich von Hand auf die Couverts. Das ist persönlicher. Und auch Briefmarken sind besser als P.P.-Stempel. Überlegen Sie sich aber vorher genau, ob sich der Aufwand im Vergleich zum Ertrag lohnt!

- Organisieren Sie sich Hilfe für den Versand. Übrigens: Es gibt Firmen, zum Beispiel Behindertenwerkstätten, die das Verpacken und den Versand gegen Bezahlung für Sie erledigen. Ab 3'000 Briefen kann diese Ausgabe durchaus sinnvoll sein.

- Verschicken Sie die Briefe zwischen dem 18. und dem 22. des Monats. So können Sie sicher sein, dass Ihr Spendenaufruf rechtzeitig eintrifft. Denn die meisten Leute erledigen ihre Zahlungen am Monatsende.

➔ Werkzeuge
9. Ach wie gut, dass niemand weiss...

- Informieren Sie Ihre SpenderInnen regelmässig über den Verlauf des Projektes sowie über die noch benötigten Mittel.

Strassenkollekten und Tür-zu-Tür-Sammlung

- Diese beiden Formen der Mittelbeschaffung eignen sich vor allem für lokale Anliegen und für Organisationen, die sich stark regional engagieren. Sie brauchen dafür in den meisten Gemeinden eine Bewilligung.

- Spenden ist Vertrauenssache. Deshalb müssen Sie die Organisation der freiwilligen HelferInnen und die Abrechnung gut im Griff haben. Sonst sind Unzufriedenheit und Vertrauensverlust vorprogrammiert.

- Denken Sie daran, dass es für Sie nützlich ist, die Adresse der Spenderin oder des Geldgebers zu erfahren! Dann können Sie, falls nötig, zu einem späteren Zeitpunkt noch einmal um einen Zustupf bitten.

- Planen Sie die Kollekten auf der Strasse oder an der Haustüre dann ein, wenn schon viele Menschen im Quartier oder in der Region von Ihrem Projekt gehört oder gelesen haben.

Anlässe aller Art

Die Vielfalt der Anlässe, bei denen Spenden gesammelt werden, kennt nur eine Grenze: die Kreativität der engagierten Menschen. Da gibt es SponsorInnenläufe, Flohmärkte, Gala-Diners, Benefizkonzerte, Info-Cafés, Spielnachmittage, Waldspaziergänge, Strassenfeste, Kasperlitheater, Sporttage, Tage der Offenen Tür und vieles andere mehr. Das Besondere an diesen Anlässen ist, dass sie immer Gelegenheit bieten für die persönliche Anfrage um eine Spende – also für die erfolgversprechendste Methode zur Mittelbeschaffung.

Aber die geladenen Gäste müssen zum voraus wissen, dass der Anlass als Spendenaktion gedacht ist. Nichts ist unwahrscheinlicher, als dass die BesucherInnen eines Hardrock-Konzerts in Spendenstimmung auftauchen, wenn sie nicht wissen, dass es ein Benefizkonzert ist.

Zudem sind Anlässe meist mit erheblichem organisatorischem Aufwand verbunden. Da geht in der Hektik der Vorbereitungen oft ganz vergessen, dass auch die Spendenbitten sorgfältig geplant und organisiert werden müssen. Sonst stellen Sie schliesslich fest, dass sich zwar alle gut amüsiert haben, die eingegangenen Spenden aber kaum den finanziellen Aufwand decken.

- Wenn Sie einen Anlass in Betracht ziehen, sollten Sie zuerst überschlagsmässig ausrechnen, wieviel er kosten wird. Machen Sie eine Schätzung, wieviele Menschen den Anlass besuchen werden. Fragen Sie sich, wieviel jede Besucherin, jeder Teilnehmer spenden müsste, damit der Anlass ein Erfolg wird! Und wie hoch müsste diese Zahl sein, wenn nur ein Fünftel der Gäste spenden würde? Liegt der errechnete Betrag überhaupt im Bereich der finanziellen Möglichkeiten dieser Gäste? Ist es wahrscheinlich, dass Sie überhaupt so viele Menschen, wie nötig wären, zum Spenden motivieren können?

- Planen Sie den Anlass nur ein, wenn Sie bei pessimistischer Schätzung immer noch annehmen können, dass am Schluss ein Gewinn herausschaut. Denken Sie daran: Nicht nur der Anlass selber, sondern auch der Versand der Einladungen oder die Werbung werden eine Stange Geld kosten.

  Fragen Sie sich, ob der vorgeschlagene Anlass das Richtige ist: Wenn Sie einen Kinderspielplatz finanzieren wollen, ist eine Techno-Party vielleicht wirklich nicht das rechte Mittel, um zu Spenden zu kommen.

- Sobald Sie sich für einen Anlass entschieden haben, legen Sie fest, wie dabei Spenden gesammelt werden. Wenn Sie selbst mit der Organisation schon genug um die Ohren haben werden, sollten Sie die Verantwortung fürs Spendensammeln einer anderen Person übergeben, die nur dafür zuständig ist.

- Vergessen Sie nicht, InteressentInnen und treue SpenderInnen einzuladen.

- Manchmal wissen Sie zwar schon bei der Planung, dass höchstens der Aufwand für den Anlass zu 'erwirtschaften' ist. Trotzdem beschliessen Sie, das Fest oder das Gala-Diner durchzuführen. Denn als Mittel für die direkte Präsentation Ihres Anliegens an eine grössere Öffentlichkeit, aber auch als 'Aufhänger' für einen Artikel in der Presse, sind Anlässe sehr nützlich. Sprechen Sie sich mit den entsprechenden Verantwortlichen in Ihrer Gruppe ab.

'Trittbrettfahren'

Finanzbeschaffung einer Organisation ist nur eine Aufgabe unter anderen. Für die Gruppe, die sich bei der Mittelbeschaffung engagiert, ist es deshalb wichtig, sich mit den anderen AktivistInnen der Organisation abzusprechen. Gelegenheiten, Mittel für Ihr Projekt durch 'Trittbrettfahren' zu beschaffen, gibt es genug. Fast bei allen Unternehmungen der Organisation oder des Vereins können Sie entsprechende Möglichkeiten finden. Je früher und genauer Sie über alle Aktivitäten Ihrer Organisation unterrichtet sind, desto mehr Gelegenheiten werden Sie finden.

- Gehen Sie regelmässig die geplanten Aktivitäten durch. Überlegen Sie sich bei jedem Termin: Wer wird anwesend sein? Sind darunter Menschen, die unser Projekt zusätzlich finanziell oder durch Sachspenden unterstützen könnten? Wie baue ich in diesem Fall die Bitte um Unterstützung ein?
- Auch wenn Drucksachen nicht in Ihr Ressort fallen – kümmern Sie sich trotzdem darum! Informieren Sie sich, wann der nächste Versand geplant ist. Und überprüfen Sie, ob die Nummer des Postcheck-Kontos und die Kontaktadresse Ihrer Organisation auf sämtlichen Publikationen und Drucksachen angegeben sind. Zu diesen Drucksachen gehören selbstverständlich auch das Briefpapier und die Einladungen, die Medienerklärungen, Plakate und Inserate. Ergänzen Sie diese Angaben – wo immer möglich – mit einer Bitte um Spenden. Oder bringen Sie wenigstens einen Hinweis an, dass Sie für Spenden dankbar sind.
- Setzen Sie sich kurz mit den Leuten zusammen, die in Ihrer Organisation für die Öffentlichkeitsarbeit zuständig sind. Denn es ist schade, wenn auf den Mediencommuniqués die Kontaktadresse für 'weitere Informationen' fehlt.

Überlegen Sie, wo sich in Drucksachen und Publikationen eine Gelegenheit bietet, Adressen von Interessierten zu sammeln. Wie wäre es zum Beispiel mit einem Coupon im nächsten Inserat?

- Anfragen über detailliertere Informationen und Bitten um Einzahlungsscheine sollten so rasch wie möglich beantwortet werden. Sorgen Sie dafür, dass die anderen Mitglieder der Gruppe solche Anfragen möglichst schnell an Sie weiterleiten! Stellen Sie die entsprechenden Informationen rechtzeitig zusammen, machen Sie die notwendigen Kopien oder lassen Sie Unterlagen drucken. Organisieren Sie Couverts und Einzahlungsscheine. Schreiben Sie einen Standard-Begleitbrief, in dem Sie die InteressentInnen um Hilfe bitten. Wegen des Stils müssen Sie sich keine Sorgen zu machen. Wenn der Brief verständlich ist, die LeserInnen sich angesprochen fühlen und ihnen auch klar wird, um was Sie bitten, ist der Brief gut.
- Organisieren Sie sich Hilfe für den Versand.
- Sorgen Sie dafür, dass die Adressen von SpenderInnen oder Anfragen über weitere Informationen in der Kartei erfasst respektive abgelegt werden.
- Sie werden staunen, wieviele Mittel durch sorgfältiges 'Trittbrettfahren' zusammenkommen: Kleinvieh macht auch Mist!

Ihre HelferInnen

Sie werden immer wieder in die Lage kommen, dass Profis Ihnen Hilfe anbieten – seien es nun GrafikerInnen, Werbefachleute, EDV-SpezialistInnen oder BetriebswirtschaftlerInnen. Das ist gut so. Denn erstens können Sie vermutlich nicht alles allein machen. Und zweitens braucht es für gewisse Arbeiten fundierte Fachkenntnisse. Nehmen Sie sich die Unterstützung, die Sie brauchen. Aber scheuen Sie sich auch nicht, Hilfe zurückzuweisen, für die Sie momentan keine Verwendung haben!

Sie sind verantwortlich. Das heisst: Sie müssen abwägen, ob ein Ratschlag zu Ihrer Gruppe passt. Zögern Sie nicht, sich gegen den Rat von SpezialistInnen zu entscheiden, wenn Ihre Gruppe die Konsequenzen des Ratschlags voraussichtlich nicht zu bewältigen vermag.

Tips zum Weiterlesen
- Fäh, Bruno/Ebersold, Werner/Zaugg, Robert: Geld sammeln im Dienste des Mitmenschen. Philosophie und Praxis des Fund-Raising. Verlag Haupt, Bern 1991.
- Stemmle, Dieter (Hg.): Marketing im Gesundheits- und Sozialbereich. Einführung und Grundlagen für die Praxis. Verlag Haupt, Bern 1992.
- Kotler, Philip: Social Marketing. Econ Verlag, Düsseldorf 1990.

12 Initiativen, Petitionen, Postulate

Politische Instrumente nutzen

Das Prinzip der Demokratie geht davon aus, dass sich die Bürgerinnen und Bürger am politischen Entscheidungsprozess beteiligen können. Die klassische und verbreitetste Form der demokratischen Beteiligung sind Wahlen. In periodischen Abständen – in der Regel alle vier Jahre – können die Wahlberechtigten ihre VertreterInnen in die Parlamente und zum Teil auch in die Regierungen wählen. Die BürgerInnen und EinwohnerInnen haben zudem auch zwischen den Wahlterminen die Möglichkeit, in den politischen Entscheidungsprozess einzugreifen und Anliegen vorzubringen. Dafür stehen ihnen verschiedene Instrumente zur Verfügung. In erster Linie zählen dazu das Initiativ- und Referendumsrecht (Instrumente der direkten Demokratie) sowie das Petitionsrecht. Doch auch in ausserparlamentarischen Kommissionen, im Vernehmlassungsverfahren oder durch die Kontaktnahme mit ParlamentarierInnen können die BürgerInnen Einfluss auf die politische Entwicklung nehmen.

Um diese Mittel der demokratischen Beteiligung nutzen zu können, müssen unterschiedliche Voraussetzungen erfüllt sein. Zudem ist nicht jedes Instrument für jedes Anliegen geeignet. Im folgenden sollen deshalb die einzelnen Instrumente vorgestellt und ihre Möglichkeiten und Grenzen aufgezeigt werden.

Die Volksinitiative: Das Innovationsinstrument

Wenn Sie neue Ideen, die im Parlament nicht zum Zug kommen, in den politischen Entscheidungsprozess hineintragen wollen, können Sie dafür das Instrument der Volksinitiative gebrauchen.

● *An der Jahresversammlung der Elternvereinigung 'Neue Schule jetzt!' geht es hoch zu und her. Die Vereinsmitglieder sind durchs Band empört. Haupttraktandum des Abends ist – wie immer seit drei Jahren – das Blockzeiten-Modell. Präsidentin Luzia Cadonau hat kurz zuvor berichtet, dass der Gemeinderat die Eingabe des Vereins abgelehnt hat, in Kindergarten und Primarschule Blockzeiten einzuführen. Es sei zu kompliziert, so die Begründung des Gemeinderates, die Stun-*

denpläne entsprechend anzupassen. «Das ist doch lächerlich», meldet sich Monika Martin zu Wort, «in der Gemeinde Schwarzbach ist die Umstellung reibungslos über die Bühne gegangen. Das sollte doch auch hier in Grünwald möglich sein. Mein Jüngster kommt bald in den Kindergarten. Aber ich bin sicher nicht bereit, meine interessante Arbeit wegen den unmöglichen Stundenplänen aufzugeben. Wenn sich der Gemeinderat noch lange gegen die Blockzeiten sperrt, werde ich nach Schwarzbach umziehen. Dann verliert Grünwald halt eine weitere gute Steuerzahlerin.» Luzia Cadonau versucht, die Stimmung zu beruhigen. «Der Vorstand», erläutert sie, «hat intensiv über das Problem diskutiert. Wir sind der Meinung, dass wir mit Eingaben nicht mehr weiterkommen. Deshalb möchten wir Euch vorschlagen, eine Blockzeiten-Initiative zu lancieren. Die notwendigen Abklärungen haben wir gemacht, und auch der Initiativtext ist so gut wie fertig. Unserer Meinung nach ist eine solche Initiative das beste Mittel, um endlich etwas Bewegung in die Blockzeiten-Diskussion zu bringen.» ●

Die Volksinitiative für eine Verfassungsrevision beim Bund

100'000 stimmberechtigte SchweizerbürgerInnen können verlangen, dass die Bundesverfassung geändert wird. Dabei kann sowohl die Aufhebung oder Änderung von bestehenden Verfassungsartikeln wie auch die Ergänzung der Verfassung durch neue Artikel verlangt werden. Das Initiativbegehren kann in Form einer allgemeinen Anregung oder eines ausgearbeiteten Entwurfs, der bereits einen ausformulierten Verfassungsartikel enthält, gestellt werden. Einer Verfassungsrevision müssen sowohl eine Mehrheit des Volkes als auch eine Mehrheit der 26 Kantone (Ständemehr) zustimmen, damit sie in Kraft tritt.

Wird die Initiative in Form einer allgemeinen Anregung eingereicht, hat die Bundesversammlung (National- und Ständerat) zwei Möglichkeiten. Falls die Bundesversammlung dem Anliegen der InitiantInnen zustimmt, muss das eidgenössische Parlament einen entsprechenden Verfassungsentwurf ausarbeiten. Der Entwurf wird Volk und Kantonen zur Abstimmung vorgelegt. Wenn die Bundesversammlung dem Anliegen nicht zustimmt, muss sie die Initiative trotzdem zur Abstimmung bringen. Falls Volk und Kantone der Initiative zustimmen, muss die Bundesversammlung daraufhin einen Verfassungsentwurf im Sinne des Volksentscheides ausarbeiten.

Wird die Volksinitiative in Form eines ausgearbeiteten Entwurfs eingereicht, muss die Bundesversammlung das Volk und die Kantone über den Text der Initiative abstimmen lassen. Wenn die Bundesversammlung dem Entwurf der InitiantInnen nicht zustimmt, kann sie gleichzeitig einen Gegenvorschlag des Bundesrates oder des Parlamentes zur Abstimmung bringen. Dieser wird meistens vom Bundesrat beziehungsweise der Verwaltung ausgearbeitet. Seit 1987 haben die Stimmberechtigten in einem solchen Fall die Möglichkeit, sowohl dem Entwurf der InitiantInnen wie auch dem Gegenentwurf der Bundesversammlung zuzustimmen. Zudem können sie ihre Präferenz angeben, falls beide Varianten angenommen werden (Doppeltes Ja).

Diese Regeln sollten Sie beachten

Bei der Ausarbeitung eines Initiativtexts wie auch bei der Sammlung von Unterschriften müssen Sie einige Regeln beachten:

- Das Anliegen sollte sich nur auf eine Materie beziehen, d.h. es sollte ein sachlicher Zusammenhang zwischen den einzelnen Teilen der Initiative bestehen. Zudem muss klar sein, ob es sich um eine allgemeine Anregung oder um einen ausgearbeiteten Entwurf handelt. Wenn Sie diese Grundsätze nicht beachten, laufen Sie Gefahr, dass die Bundesversammlung Ihre Volksinitiative für ungültig erklärt.

- Die Listen, mit denen die Unterschriften gesammelt werden sollen, müssen bestimmten Anforderungen entsprechen, welche im Bundesgesetz über die politischen Rechte festgelegt sind. Bevor Sie – beziehungsweise das Initiativkomitee – mit der Unterschriftensammlung beginnen können, müssen Sie sowohl die Unterschriftenliste wie den Initiativtext der Bundeskanzlei vorlegen. Diese prüft, ob die Unterschriftenliste und der Initiativtext den formellen gesetzlichen Anforderungen entsprechen. Die Bundeskanzlei nimmt auch allfällige Übersetzungen vor und publiziert den Titel und den Text der Initiative im Bundesblatt. Von diesem Zeitpunkt an haben Sie und Ihre MitstreiterInnen 18 Monate Zeit, um die 100'000 Unterschriften zu sammeln und sie bei der Bundeskanzlei einzureichen.

- Die Unterschriften müssen vor der Einreichung der Initiative von den Gemeinden beglaubigt werden. Das benötigt einige Zeit, die Sie bei der Planung einrechnen sollten. Zudem zeigt die Erfahrung, dass in der Regel rund 10 Prozent der gesammelten Unterschriften ungültig sind. Deshalb lohnt es sich durchaus, einige tausend Unterschriften mehr zu sammeln.

Möglichkeiten und Grenzen der Volksinitiative

Ein Blick in die Statistik zeigt: Die direkte Wirkung der Volksinitiative auf Bundesebene ist gering. Zwischen 1891 und 1994 ist in der Schweiz über 116 eidgenössische Volksinitiativen abgestimmt worden. Nur 12 dieser Volksinitiativen haben jedoch die Abstimmungshürde erfolgreich überwunden. Mehr Erfolg war den Gegenentwürfen der Bundesversammlung beschieden. In der gleichen Zeitspanne haben Volk und Kantone immerhin 18 von 27 Gegenvorschlägen angenommen.

Auch wenn diese Bilanz auf den ersten Blick ernüchternd scheint, so sind die indirekten Wirkungen von Volksinitiativen nicht zu unterschätzen. Denn eine Volksinitiative kann den Bundesrat und das Parlament dazu bewegen, einen direkten Gegenvorschlag auszuarbeiten. Ein solcher Gegenvorschlag entspricht in der Regel zwar nicht ganz den Vorstellungen der InitiantInnen, geht aber häufig in dieselbe Richtung. Wenn der Gegenvorschlag angenommen wird – die Chance ist recht gross, wie die Statistik zeigt –, haben die InitiantInnen wenigstens einen Teilerfolg erzielt. In diesem Zusammenhang ist das erst 1987 eingeführte 'Doppelte Ja' ein nicht zu unterschätzendes Instrument. Das zeigt folgendes Beispiel:

1976 wurde die Volksinitiative 'Gleiche Rechte für Mann und Frau' in Form eines ausgearbeiteten Entwurfs eingereicht. Die Initiantinnen forderten mit ihrer Initiative die Gleichberechtigung von Frau und Mann in Familie, Beruf und Bildung im Sinne direkt anwendbarer Rechte. Bundesrat und Parlament arbeiteten 1980 jedoch einen Gegenvorschlag zur Initiative aus. Darin wurde die Gleichstellung als Gesetzgebungsauftrag formuliert. Im Gegensatz zum Entwurf der Initiantinnen war auch keine Frist für die gesetzliche Umsetzung vorgesehen. Immerhin wurde jedoch im Gegenvorschlag das einklagbare Recht auf gleichen Lohn für gleichwertige Arbeit festgeschrieben.

Damals existierte die Möglichkeit des 'Doppelten Ja' noch nicht. Deshalb zogen die Initiantinnen ihre Initiative zurück und unterstützten stattdessen den Gegenvorschlag. Sie wollten das Risiko nicht eingehen, dass sich in der Abstimmung die Stimmen der BefürworterInnen zwischen Initiative und Gegenvorschlag aufgeteilt und damit die GegnerInnen obsiegt hätten. So verhalfen die Initiantinnen dem Vorschlag von Bundesrat und Parlament in der Volksabstimmung von 1981 zum Erfolg. Ihr Verdienst ist es, die Verankerung des Gleichstellungsgebots in der Verfassung in die Wege geleitet zu haben – auch wenn am Schluss nicht ihre Formulierung in der Verfassung stand.

Die Annahme eines weniger weit gehenden Gegenvorschlags ist eine indirekte Auswirkung einer Volksinitiative. Es gibt aber auch noch andere. Oft werden Anliegen, die mittels einer Initiative bekannt gemacht werden, bei einer späteren Verfassungs- oder Gesetzesrevision wieder aufgenommen. Ein Beispiel dafür ist der Kündigungsschutz bei Schwangerschaft und Mutterschaft. 1978 reichte die Organisation für die Sache der Frau (Ofra) die Volksinitiative 'Für einen wirksamen Schutz der Mutterschaft' ein. Die Initiative wurde 1984 von Volk und Kantonen deutlich abgelehnt. Die Idee des Kündigungsschutzes während der Schwangerschaft war damit jedoch nicht vom Tisch. Die Forderung wurde – um der Initiative den Wind aus den Segeln zu nehmen – in den Entwurf des Bundesgesetzes über die Kranken- und Mutterschaftsversicherung (KMVG) aufgenommen. Die eidgenössischen Räte folgten dem Vorschlag des Bundesrates, den Kündigungsschutz auf die gesamte Dauer der Schwangerschaft und 16 Wochen nach der Geburt festzuschreiben. Genau dies hatten die Initiantinnen der Mutterschaftsinitiative gefordert. Doch die Vorlage fiel 1987 in der Volksabstimmung durch. Trotzdem kennt die Schweiz heute einen entsprechenden Kündigungsschutz. Der erfolgreiche Umweg führte über das Arbeitsvertragsrecht, das 1988 von Bundesrat und Parlament unter dem Druck einer anderen Volksinitiative entsprechend revi-

diert wurde. Zehn Jahre nach der Lancierung der Mutterschaftsinitiative konnten die Initiantinnen also einen indirekten Teilerfolg verbuchen. Denn ohne die Mutterschaftsinitiative wäre der Kündigungsschutz bei Schwangerschaft im Arbeitsvertragsrecht sicher weit weniger grosszügig ausgefallen.

Die Beispiele zeigen eines deutlich: Der Erfolg oder Misserfolg von Volksinitiativen muss in einem grösseren Zusammenhang beurteilt werden. Auch wenn eine Initiative in der Abstimmung eine Niederlage erleidet, wird das Anliegen oft in der einen oder anderen Form verwirklicht. Bei einer Initiative geht es deshalb meist darum, eine Idee zu lancieren oder sie wieder neu in Diskussion zu bringen, falls sie vergessen gegangen ist.

Leider fehlt auf Bundesebene immer noch das Instrument der Gesetzesinitiative. Dies ist ein Handicap – gerade für die Anliegen der Frauen. Denn eine Mutterschaftsversicherung oder eine Fristenlösung gehören eigentlich nicht in die Verfassung. Es würde völlig ausreichen, diesen Anliegen mit einem Gesetz Rechnung zu tragen. Dennoch kann es sinnvoll sein, das Instrument der Volksinitiative auch für solche Themen zu nutzen. Oft kann dadurch – wie oben gezeigt – die entsprechende Gesetzgebung beeinflusst werden.

Die Volksinitiative in Gemeinden und Kantonen

Die bisherigen Ausführungen beziehen sich auf die Volksinitiative auf Bundesebene. Es gibt aber Anliegen, für die der Bund der falsche Ansprechpartner ist. Etwa wenn Sie, wie die Grünwalder Elternvereinigung 'Neue Schule jetzt!', sich in Ihrer Gemeinde für Blockzeiten an den Schulen engagieren wollen. Selbstverständlich steht Ihnen zur Erreichung Ihres Ziels ebenfalls das Instrument der Volksinitiative – auf Gemeinde- oder Kantonsebene – zur Verfügung. In der Regel ist es leichter, in der Gemeinde und im Kanton eine Volksinitiative zu lancieren und damit auch Erfolg zu haben. Die Anzahl der erforderlichen Unterschriften ist geringer und zudem genügt in der Abstimmung das Volksmehr. Ein grosser Vorteil ist auch, dass die Volksinitiative in den Gemeinden und Kantonen normalerweise nicht auf die Verfassung beschränkt ist. Sie können also auch eine Initiative mit dem Ziel lancieren, dass ein neues Gesetz erlassen wird. Dies hat einen Vorteil: Die Frage, ob das Anliegen überhaupt verfassungswürdig ist, muss nicht gestellt werden.

Das Referendum: Das Oppositionsinstrument

Bei der Volksinitiative geht es darum, Innovationen in den politischen Entscheidungsprozess hineinzutragen. Das Referendum hingegen ist ein Instrument, mit dem verhindert werden soll, dass ein Beschluss des Parlamentes verwirklicht wird.

● *Aufgrund der angespannten Finanzlage hat der Einwohnerrat von Schwarzbach an seiner letzten Sitzung rigorose Sparmassnahmen beschlossen. Unter anderem will die Gemeinde die Klassengrössen in der Primarschule massiv heraufsetzen. Marga Hauser, Corinne Herbst und Petra Lüthi sind mit diesem Entscheid jedoch ganz und gar nicht einverstanden. Zwei Tage nach der Einwohnerratssitzung treffen sich die Nachbarinnen zufällig im Treppenhaus. Das Gespräch kommt sehr schnell auf den Sparbeschluss. Corinne Herbst macht ihrem Ärger Luft: «Immer wird bei den Kindern gespart. Sie hätten ja auch beim Neubau des Stadions Abstriche machen können. Aber da hat die Bauwirtschaft selbstverständlich dafür gesorgt, dass der Rotstift nicht angesetzt worden ist.» Auch Petra Lüthi ist der gleichen Meinung: «Ich habe eine unheimliche Wut im Bauch. Schliesslich haben wir es in der Schulinspektion erst vor drei Jahren durchgesetzt, dass die Anzahl Kinder pro Klasse reduziert wird. Und jetzt sollen die ganzen Abklärungen und die vielen Eingaben mit einem Federstrich wieder unter den Teppich gekehrt werden!» Da fällt ihr Marga Hauser ins Wort: «Ihr habt beide recht. Aber der Beschluss des Einwohnerrates ist ja noch nicht rechtskräftig. Vielleicht könnten wir ihn kippen, wenn wir dagegen das Referendum ergreifen.»* ●

Das Referendum auf Bundesebene

Wenn die Bundesversammlung eine Verfassungsänderung beschliesst, so muss dieser Entscheid Volk und Kantonen zur Abstimmung vorgelegt werden. Denn der Beschluss untersteht dem obligatorischen Referendum. Das gleiche gilt auch, wenn das Parlament den Beitritt der Schweiz zu einer Organisation für kollektive Sicherheit – wie der NATO – oder zu einer supranationalen Gemeinschaft – wie der Europäische Union – beschliesst.

Wenn 50'000 stimmberechtigte SchweizerbürgerInnen es verlangen, muss das eidgenössische Parlament auch Bundesgesetze, allgemeinverbindliche Bundesbeschlüsse und gewisse völkerrechtliche Verträge zur Abstimmung bringen. Denn sie unterstehen dem fakultativen Referendum. Das heisst: die Abstimmung muss verlangt, das 'Referendum muss ergriffen' werden. Um ein vom Parlament beschlossenes Gesetz in einer Referendumsabstimmung zu Fall zu bringen, reicht das Volksmehr aus. Das Ständemehr, also die Mehrheit aller Kantone, ist nicht notwendig.

Diese Regeln sollten Sie beachten

- Sobald ein Erlass, der dem fakultativen Referendum untersteht, im Bundesblatt publiziert worden ist, beginnt die Referendumsfrist. Sie dauert 90 Tage. Wenn Sie gegen einen Beschluss des Parlamentes das Referendum ergreifen wollen, müssen Sie die notwendigen 50'000 Unterschriften innerhalb dieser Zeitspanne bei der Bundeskanzlei einreichen.

- Auch beim Referendum müssen die Unterschriftenlisten gewissen im Bundesgesetz über die politischen Rechte festgelegten Kriterien genügen.

- Die Unterschriften müssen ebenfalls von den zuständigen Gemeinden beglaubigt werden. Wie bei der Lancierung einer Volksinitiative gilt es also, den Zeitplan zu beachten und die vorhandenen Ressourcen vor der Ergreifung des Referendums zu überprüfen. Denken Sie daran: Rund 10 Prozent der Unterschriften sind in der Regel ungültig.

Möglichkeiten und Grenzen des Referendums

Auch beim Referendum ist ein Blick in die Statistik aufschlussreich: 1874 wurde das fakultative Referendum eingeführt. Bis ins Jahr 1994 wurden insgesamt 1'761 Erlasse der Bundesversammlung dem fakultativen Referendum unterstellt. Nur in 122 Fällen wurde das Referendum ergriffen. In 61 Fällen scheiterte der Vorschlag der Bundesversammlung in der Volksabstimmung, war also das Referendum erfolgreich. In den anderen 61 Fällen setzten sich die Behörden durch, der Erlass trat wie vom Parlament vorgesehen in Kraft.

Das Referendum wird also gar nicht so häufig ergriffen. Die Chance ist aber relativ gross, dass ein Erlass der Bundesversammlung mit einem Referendum zu Fall gebracht werden kann. Wie bei der Volksinitiative dürfen auch beim Referendum die indirekten Wirkungen nicht unterschätzt werden. Das zeigt sich daran, dass bereits bei der Vorbereitung des Gesetzes wie auch während den parlamentarischen Beratungen versucht wird, den Interessen referendumsfähiger Gruppen entgegenzukommen. Dadurch soll schon im vorneherein verhindert werden, dass das Referendum gegen einen Beschluss der Bundesversammlung ergriffen wird. Denn gerade die grossen Verbände verfügen über die nötige Infrastruktur und die entsprechenden finanziellen Mittel, um das Referendum erfolgreich ergreifen zu können.

Das neue Eherecht ist ein gutes Beispiel dafür: Da der Schweizerische Bauernverband eine Aufsplitterung der Bauernbetriebe befürchtete, wehrte er sich schon in der vorparlamentarischen Phase (Vernehmlassung) heftig gegen das neue Eherecht. Denn dieses sah eine bessere erbrechtliche Stellung des überlebenden Eheteils vor. Der Bundesrat und das Parlament traten diesen Befürchtungen entgegen, indem sie Ausnahmeregelungen für das landwirtschaftliche Gewerbe beschlossen. Trotzdem musste das neue Eherecht dem Volk zur Abstimmung vorgelegt werden. Denn der Schweizerische Gewerbeverband, der sich in den Vernehmlassungen kaum geäussert hatte, ergriff das Referendum gegen das neue Gesetz. Und obwohl die Bundesversammlung den Interessen der Landwirte entgegengekommen war, gab es auch ein aus bäuerlichen Kreisen stammendes Referendumskomitee.

Das Referendum wird also als doppelte Waffe eingesetzt. Einerseits wird mit dem Referendum – falls die eigenen Interessen nicht genügend berücksichtigt werden – schon bei der Ausarbeitung eines Gesetzes gedroht. Und andererseits dient es als reelles Instrument, falls der Status quo günstiger erscheint als der ausgehandelte Kompromiss. Im vorliegenden Fall hat es sich zum Beispiel für die Bauern gelohnt, in der vorparlamentarischen und in der parlamentarischen Phase einige Kompromisse herauszuholen. Denn das neue Eherecht konnte sich 1985 in der Volksabstimmung durchsetzen.

Häufig kommt es auch vor, dass ein Referendum von Gruppierungen ergriffen wird, die ganz unterschiedliche Ziele verfolgen. So hatte zum Beispiel das Bundesgesetz über den Schutz der Schwangerschaft und die Strafbarkeit des Schwangerschaftsabbruchs in der Volksabstimmung vom 28. Mai 1978 keine Chance. Denn es wurde sowohl von fortschrittlichen wie von konservativen Kreisen bekämpft. Die einen wehrten sich gegen das Gesetz, weil sie eine Fristenlösung anstrebten. Die anderen lehnten die vorgesehene erweiterte Indikationenlösung ab. Insgesamt wurden auf der Bundeskanzlei 95'000 Referendums-Unterschriften gegen das Gesetz deponiert, die von beiden Seiten stammten.

Oft ist der Entscheid nicht einfach, ob es sinnvoll ist, ein Referendum zu ergreifen. Denn häufig werden mit einem neuen Gesetz oder mit einer Gesetzesrevision verschiedene Neuerungen in einem Paket vorgeschlagen. Dabei kann ein Teil der Neuerungen den eigenen Vorstellungen entsprechen, andere hingegen nicht. Ein aktuelles Beispiel ist die 10. AHV-Revision. Diese enthält das von Frauenorganisationen geforderte Splitting der AHV-Beiträge bei Ehepaaren und den Betreuungsbonus. Gleichzeitig hat das Parlament aber auch eine Erhöhung des Frauenrentenalters auf 64 Jahre beschlossen. Die beiden grossen Gewerkschaftsbünde und andere Organisationen haben aus diesem Grund das Referendum gegen die Vorlage ergriffen. Mit der Annahme der 10. AHV-Revision in der Volksabstimmung vom Juni 1995 wurde zwar auch der Erhöhung des Frauenrentenalters zugestimmt, hingegen konnten das Splittingmodell und der Betreuungsbonus, die von den Gewerkschaften ausdrücklich begrüsst wurden, gerettet werden.

Das Referendum in Gemeinden und Kantonen

In den Gemeinden und Kantonen ist das Referendumsrecht differenzierter und ausgebauter als beim Bund. So kennen verschiedene Gemeinden und Kantone zum Beispiel

- das Finanzreferendum

Wenn das Parlament Ausgaben beschliesst, die eine bestimmte Höhe überschreiten, kann dagegen das Referendum ergriffen werden.

- die Möglichkeit der Variantenabstimmung

Das Parlament kann einer Vorlage eine Variante gegenüberstellen. Die Stimmberechtigten können dann, falls es zu einer Volksabstimmung kommt, zwischen zwei Varianten auswählen.

- den Volksvorschlag oder das konstruktive Referendum

Diese Art des Referendums nimmt dem Oppositionsinstrument seinen destruktiven 'Alles oder nichts'-Charakter. Bei einem Volksvorschlag – wie ihn zum Beispiel der Kanton Bern kennt – wird das Referendum nicht gegen eine ganze Vorlage ergriffen, sondern nur gegen einzelne Teile. Die GegnerInnen eines bestimmten Punktes der Vorlage können einen Änderungsvorschlag machen und sich so gezielt zur Wehr setzen. Über diesen Änderungsvorschlag entscheidet dann die Volksabstimmung.

Wenn es das konstruktive Referendum auf Bundesebene schon geben würde, hätten also die Gewerkschaften bei der 10. AHV-Revision nur einen Änderungsvorschlag zum Rentenalter der Frauen machen müssen. Die anderen, unbestrittenen Teile der Revision wären durch das konstruktive Referendum nicht tangiert worden. Dies ist zur Zeit noch nicht möglich. Es gibt jedoch Bestrebungen, das konstruktive Referendum auch auf Bundesebene einzuführen. Die Diskussion darüber ist noch im Gange.

Die Petition: Das Artikulationsinstrument

Das Petitionsrecht ist eigentlich kein politisches Instrument, sondern ein in der Verfassung verankertes Grundrecht.

● *Seit zwölf Jahren wohnt und arbeitet Helga Möller in der Gemeinde Langdorf. Sie ist Deutsche – und kann deshalb an Wahlen und Abstimmungen nicht teilnehmen. Obwohl sich Helga Möller in Langdorf gut eingelebt hat, will sie sich nicht einbürgern lassen. Denn dadurch würde sie ihre deutsche Staatsangehörigkeit verlieren – und an der hängt sie immer noch. Helgas Freundin Trudi Meier, die zusammen mit ihr im Leichtathletikclub von Langdorf trainiert, findet das ungerecht. «Jetzt bist Du schon so lange bei uns. Ohne Dein Engage-*

ment im Vorstand des LC Langdorf wären wir ziemlich aufgeschmissen. Und schliesslich zahlst Du in der Gemeinde auch Steuern. Da solltest Du doch mitentscheiden können, für was Dein Geld ausgegeben wird.» Helga schüttelt den Kopf. «Das stimmt zwar. Aber schliesslich bin ich nun einmal nicht Schweizerin. Und soviel könnt ihr ja auch nicht entscheiden.» Trudi reagiert auf diese Äusserung ihrer Freundin ziemlich unwirsch: «Das sagst Du nur so. Ich kenne Dich, wenn Du mitbestimmen könntest, wärest Du sofort dabei. Übrigens – in Mitteldorf wurde kürzlich eine Petition lanciert, um ein bisschen Bewegung in die Diskussion rund um das Stimm- und Wahlrecht für AusländerInnen auf Gemeindeebene zu bringen. So etwas könnten wir doch auch in Langdorf machen. Und ich wüsste auch schon, wer eine solche Petition als erste unterschreiben würde. Das wärst sicher Du!» ●

Die Petition auf Bundesebene

«Das Petitionsrecht ist gewährleistet»: So steht es in der Bundesverfassung geschrieben. Die Petitionsfreiheit beinhaltet das Recht, sich individuell oder kollektiv mit einem Anliegen an eine Behörde zu wenden, ohne deswegen Nachteile zu erfahren.

Es gibt keinen verfassungsmässigen Anspruch auf eine materielle Behandlung einer Petition; sie muss von der Behörde lediglich zur Kenntnis genommen werden. Trotzdem werden Petitionen in der Regel auch inhaltlich beantwortet. An die Bundesversammlung gerichtete Petitionen werden sowohl im National- wie im Ständerat behandelt. Die Petitionen werden von den sachlich zuständigen Kommissionen vorgeprüft, die auch einen entsprechenden Bericht für die Räte verfassen. Auch an die Bundesverwaltung gerichtete Petitionen werden geprüft und schriftlich beantwortet. Grundsätzlich nimmt die Verwaltung auch inhaltlich zum Anliegen Stellung. Kollektivpetitionen an den Bundesrat werden von der Bundeskanzlei entgegengenommen und allenfalls dem zuständigen Departement überwiesen.

Diese Regeln sollten Sie beachten

- Das Petitionsrecht steht – im Gegensatz zu den politischen Rechten – grundsätzlich jeder Person zu. Das heisst: Auch AusländerInnen können eine Petition unterschreiben.

- Auf Bundesebene gibt es keine Formvorschriften für Petitionen. Es müssen auch keine Fristen beachtet werden. Eine Petition kann von einer oder mehreren Personen mündlich oder schriftlich vorgetragen werden.

Möglichkeiten und Grenzen der Petition

Auch wenn Sie von einer Petition kaum direkte Ergebnisse erwarten können, kann sie doch ein brauchbares Instrument sein, um auf ein Anliegen aufmerksam zu machen. Wenn Sie zum Beispiel eine Petition an die Bundesversammlung richteten, hat das immerhin zur Folge, dass sich je eine Kommission beider Räte damit auseinandersetzt.

Eine Petition kann auch die Funktion haben, die Öffentlichkeit auf ein Thema aufmerksam zu machen. Etwa indem dafür auf Strassen und Plätzen Unterschriften gesammelt werden. Eine solche Unterschriftensammlung kann zudem einen gewissen Mobilisierungseffekt zur Folge haben.

Öffentlichkeit kann auch hergestellt werden, wenn sich ParlamentarierInnen für eine Petition einsetzen. So haben sich zum Beispiel am 17. Juni 1993 im Nationalrat zwei Votantinnen vehement für die Petition 'Gleich viele Sitze für Männer und Frauen im Nationalrat' des Komitees 'Nationalrat 2000' gewehrt und eine Namensabstimmung verlangt. Zwar sprach sich die Mehrheit des Parlamentes in der Abstimmung gegen die Petition aus. Trotzdem hatte die Petition den Effekt, dass im Parlament – und via die Medien auch in der Öffentlichkeit – die Botschaft gehört wurde: Frauen aus unterschiedlichen Kreisen fordern eine bessere Vertretung des weiblichen Geschlechts auf politischer Ebene.

Die Petition in Gemeinden und Kantonen

In den Gemeinden und Kantonen ist das Petitionsrecht ebenfalls gewährleistet. Einzelne kennen jedoch Regeln, welche die Form einer Petition betreffen. Andere haben in der Verfassung festgehalten, wie eine Petition behandelt werden muss. So steht zum Beispiel in der Berner Verfassung, dass Petitionen von der zuständigen Behörde innerhalb eines Jahres geprüft und beantwortet werden müssen. Erkundigen Sie sich deshalb bei der Behörde, an die Sie die Petition richten wollen, wie Petitionen gestaltet sein müssen und wie sie behandelt werden.

Ausserparlamentarische Kommissionen: Das Instrument der ExpertInnen

Bei den bisher vorgestellten politischen Instrumenten ging es um Rechte, die von allen SchweizerbürgerInnen oder auch von weiteren Personen genutzt werden können. Das Instrument der ausserparlamentarischen Kommission betrifft hingegen nur einen kleinen Personenkreis. Ausserparlamentarische Kommissionen sind ein Instrument des Staates, um in der Gesellschaft vorhandenes Wissen zu nutzen. Für ExpertInnen eines bestimmten Gebietes – aber auch für Lobbies – sind sie zudem gleichzeitig ein Instrument, um ihr Wissen und ihre Interessen in den politischen Entscheidungsprozess einbringen zu können.

Ausserparlamentarische Kommissionen auf Bundesebene

«Der Bundesrat und seine Departemente sind befugt, für besondere Geschäfte Sachkundige beizuziehen» – so steht es in der Bundesverfassung. Der Bundesrat macht in grossem Ausmass von dieser Möglichkeit Gebrauch. Er beziehungsweise seine Departemente setzen Kommissionen ein, die im Rahmen eines fest umrissenen Auftrages für die Regierung und die Verwaltung Aufgaben erfüllen.

Es gibt ständige Kommissionen wie etwa die Eidgenössische Kommission für Frauenfragen. Nichtständige Kommissionen werden vom Bundesrat normalerweise damit beauftragt, ein konkretes Gesetz auszuarbeiten. Zudem gibt es Kommissionen, die ausschliesslich beratende Funktionen haben, und solche, die mit Entscheidungsbefugnissen ausgestattet sind (zum Beispiel dem Vollzug von Gesetzen). Letztere brauchen eine gesetzliche Grundlage. Unterschieden wird auch zwischen rein wissenschaftlichen und politischen Kommissionen.

Einige Hinweise

- Die Mitgliederzahl ausserparlamentarischer Kommissionen ist unterschiedlich. In der Regel zählen sie zwischen 15 und 25 Mitgliedern.

- Die Besetzung der Kommissionen erfolgt nicht nach starren Regeln und wird je nach Departement unterschiedlich vorgenommen. Häufig spielen dabei politische Konstellationen eine Rolle. Weitere Kriterien bei der Zusammensetzung sind: die Bekanntheit (gilt die Person als Autorität im betreffenden Gebiet?), die Kommissionserfahrung und die Abkömmlichkeit. Zudem wird auch auf die Ausgewogenheit geachtet. Besonders bei politischen Kommissionen wird eine Zusammensetzung verschiedener Sprachgruppen, Regionen, Konfessionen, Parteien, Interessengruppen angestrebt. Es wird auch vermehrt darauf geachtet, dass beide Geschlechter vertreten sind. Während Fachleute als Einzelpersonen zur Mitarbeit in der Kommission eingeladen werden, erhalten Interessens- und Berufsverbände häufig Kommissionssitze zugeteilt, über deren Besetzung sie selbst verfügen.

- Wer in ausserparlamentarischen Kommissionen mitarbeiten will, verfügt von Vorteil über ein persönliches Netzwerk. Denn es nützt nichts, in einem bestimmten Gebiet sachkundig zu sein, wenn das niemand weiss.

Möglichkeiten und Grenzen von ausserparlamentarischen Kommissionen

Ausserparlamentarische ExpertInnenkommissionen, die für die Ausarbeitung einer Verfassungs- oder Gesetzesrevision eingesetzt werden, verfügen über eine grosse Definitionsmacht. Sie kommen in einer sehr frühen Phase des politischen Entscheidungsprozesses zum Zug – und sie können als erste konkrete Vorschläge machen. Inwieweit diese Vorschläge im nachfolgenden, langwierigen politischen Entscheidungsprozess Bestand haben, ist unterschiedlich. Gewisse Vorschläge von ExpertInnenkommissionen sind sehr bestimmend für den weiteren Gang der Gesetzgebung, andere gehen völlig verloren.

Es kann auch vorkommen, dass der Vorschlag einer ExpertInnenkommission vom Bundesrat nicht aufgenommen wird, in den parlamentarischen Beratungen jedoch wieder zu Ehren kommt. So hat das Eidgenössische Justiz- und Polizeidepartement 1971 eine ExpertInnenkommission beaufragt, die Bestimmungen des Sexualstrafrechts zu überprüfen. Der Kommission gehörten dreissig Personen an. Sechs von ihnen waren Frauen. Die meisten waren JuristInnen, aber auch MedizinerInnen und TheologInnen waren vertreten. 1981 legte die

Kommission einen Vorentwurf für die Revision des Sexualstrafrechts vor. Dieser sah unter anderem die Bestrafung der Vergewaltigung in der Ehe vor. Dieser Vorschlag der ExpertInnenkommission war jedoch in der Botschaft des Bundesrates von 1985 an das Parlament nicht mehr enthalten. Doch in der darauffolgenden Debatte im National- und Ständerat wurde der Vorschlag der ExpertInnenkommission wieder aufgegriffen. Im neuen Sexualstrafrecht, das 1992 auch die Referendumsabstimmung bestand, gibt es nun auch das Antragsdelikt der Vergewaltigung in der Ehe.

Ausserparlamentarische Kommissionen in Gemeinden und Kantonen

In der Schweiz gibt es auf allen staatlichen Ebenen eine Vielzahl von Kommissionen, die mit öffentlichen Aufgaben irgendwelcher Art betraut sind. Deren rechtliche Form ist so vielfältig wie ihre Aufgaben. Gerade in der Gemeinde geschieht der Einstieg in eine politische Tätigkeit häufig durch die Mitarbeit in einer Kommission, zum Beispiel der Schulkommission. Solche Kommissionen haben aber einen ganz anderen Charakter und andere Aufgaben als etwa ExpertInnenkommissionen beim Bund. Sie sind insbesondere auch für eine breitere Bevölkerungsschicht zugänglich.

Das Vernehmlassungsverfahren: Das Lobbyinstrument

Das Vernehmlassungsverfahren bietet den Interessierten Gelegenheit, sich vor der Behandlung in den Räten zu einem Gesetzesprojekt zu äussern. Die Vernehmlassung hat im politischen System der Schweiz eine grosse Bedeutung. Das hängt unter anderem mit dem Instrument des Referendums zusammen. Denn damit ein Gesetz nicht durch das Referendum zu Fall gebracht wird, werden alle Gruppierungen, die ein solches Referendum ergreifen könnten, frühzeitig in den Entscheidungsprozess einbezogen.

Das Vernehmlassungsverfahren beim Bund

Ein Gesetzesvorschlag wird normalerweise von der Bundesverwaltung oder von einer ExpertInnenkommission im Auftrag des Bundesrates ausgearbeitet. Bevor der Bundesrat die Vorschläge dem Parlament unterbreitet, führt er häufig ein Vernehmlassungsverfahren durch. Für bedeutende Erlasse ist das Vernehmlassungsverfahren gesetzlich vorgeschrieben.

Diese Regeln sollten Sie kennen

- In der Regel werden die Kantone, die in der Bundesversammlung vertretenen politischen Parteien und die für das betreffende Sachgebiet zuständigen Organisationen gesamtschweizerischer Bedeutung zur Vernehmlassung eingeladen.

- Einzelpersonen und Organisationen, die nicht zur Vernehmlassung eingeladen worden sind, können ebenfalls Stellung beziehen. Die Bundesverwaltung schickt ihnen die Vernehmlassungsunterlagen auf Anfrage ebenfalls zu. Die Unterlagen bestehen normalerweise aus der Vorlage und den Erläuterungen, allfälligen Gutachten und eventuell einem Fragekatalog. Wenn die Unterlagen sehr umfangreich sind, kommt es vor, dass sie an Einzelpersonen und weitere Organisationen nicht verschickt werden. Diese können die Unterlagen aber bei der Bundeskanzlei oder bei kantonalen Stellen einsehen.

- Die Vernehmlassungsfrist beträgt grundsätzlich drei Monate. Wenn das Geschäft sehr dringend ist, kann der Bundesrat aber auch eine kürzere Frist festsetzen. Das zuständige Departement fasst die eingegangenen Forderungen, Anregungen und Meinungen in einem Bericht zusammen.

Möglichkeiten und Grenzen des Vernehmlassungsverfahrens

Der Bundesrat hat ein Interesse daran, die Meinungen referendumsfähiger Gruppen so weit wie möglich in seinen Vorschlag zu integrieren. Wenn eine Forderung im Vernehmlassungsverfahren von gutorganisierten Gruppen oder von mehreren Teilnehmern vorgebracht wird, hat sie gute Chancen, aufgenommen zu werden. Ein Beispiel dafür sind die Ausnahmebestimmungen für das bäuerliche Gewerbe im neuen Eherecht. Nicht nur der mächtige Schweizerische Bauernverband hatte sich im Vernehmlassungsverfahren gegen die Besserstellung des überlebenden Eheteils beim Erbrecht gewehrt.

Auch der Bund Schweizerischer Frauenorganisationen – der die Neuerung grundsätzlich begrüsste – hatte in seiner Stellungnahme auf die Kritik bäuerlicher Kreise in seinen eigenen Reihen aufmerksam gemacht. Für den Bundesrat war dies Veranlassung genug, dem Anliegen entgegenzukommen.

In der Regel wird eine Vernehmlassung ausgewertet, indem die positiven und negativen Reaktionen gegenüber einer bestimmten Neuerung gezählt werden. Es lohnt sich deshalb, seine Stellungnahme auch dann abzugeben, wenn an einer Vorlage nichts zu bemängeln ist. Je mehr positive Stellungnahmen beim zuständigen Departement eingehen, desto grösser ist die Chance, dass eine Reform verwirklicht wird.

Das Vernehmlassungsverfahren in Gemeinden und Kantonen

In den Gemeinden und Kantonen sind die Referendumsmöglichkeiten besser ausgebaut als auf Bundesebene. Um einem Referendum vorzubeugen, richten die Behörden ihr Augenmerk ebenfalls darauf, die verschiedenen Interessen möglichst frühzeitig in einer Vorlage zu integrieren. Der Kanton Bern hat das Instrument der Vernehmlassung, das grundsätzlich allen offensteht, sogar in der Verfassung verankert.

Kontaktnahme mit ParlamentarierInnen

ParlamentarierInnen verfügen über verschiedene politische Instrumente, mit denen sie einem Anliegen im Rat den Weg ebnen können. Die Kontaktnahme mit einem Einwohnerrat, einer Grossrätin, einem Ständerat oder einer Nationalrätin kann also durchaus ein taugliches Mittel sein, um auf direktem Weg ans Parlament zu gelangen – statt den Umweg über eine zeitaufwendige und teure Volksinitiative zu machen. Voraussetzung dafür ist, eine Abgeordnete zu finden, die bereit ist, sich für das Anliegen zu engagieren. Ist sie bereit, stehen ihr auf Bundesebene die folgenden Instrumente zur Verfügung.

Die parlamentarische Initiative

Jedes Mitglied des National- oder Ständerates kann mit einer parlamentarischen Initiative Verfassungsartikel, Gesetze oder Bundesbeschlüsse vorschlagen. Diese parlamentarische Initiative wird der zuständigen Kommission überwiesen. Die Kommission berät, ob das Anliegen weiterverfolgt, also eine Verfassungs- oder Gesetzesrevision an die Hand genommen werden soll. Wenn die Kommission positiv entscheidet, beantragt sie dem Rat, der Initiative sei Folge zu leisten. Damit läuft die Gesetzesmaschinerie aber noch nicht an. Zuerst muss der Rat dem Antrag der Kommission zustimmen. Erst dann erhält die Kommission den Auftrag, eine Vorlage auszuarbeiten. Diese Vorlage muss später ebenfalls die Zustimmung von beiden Räten erhalten. Das Parlament arbeitet also selbst – allenfalls unter Mitwirkung des Bundesrates und seiner Verwaltung – eine Vorlage aus.

Die Motion

Mit einer Motion kann ein Ratsmitglied verlangen, dass der Bundesrat die Ausarbeitung eines Gesetzes an die Hand nimmt oder eine bestimmte Massnahme ergreift. Stimmen beide Räte der Motion zu, muss der Bundesrat den Auftrag ausführen und den Räten eine entsprechende Vorlage unterbreiten.

Das Postulat

Mit einem Postulat kann ein Ratsmitglied vom Bundesrat verlangen, dass er prüft, ob in einem speziellen Bereich ein Gesetz ausgearbeitet oder eine bestimmte Massnahme getroffen werden soll. Der Bundesrat muss diese Überprüfung vornehmen, wenn der National- oder der Ständerat dem Postulat seines Mitgliedes zustimmt.

Die Interpellation und die Einfache Anfrage

Mit einer Interpellation oder einer Einfachen Anfrage kann der Bundesrat aufgefordert werden, über eine bestimmte Angelegenheit Auskunft zu geben.

Die Fragestunde

Zu Beginn der zweiten und dritten Sessionswoche beantwortet der Bundesrat im Nationalrat mündlich Fragen, welche die NationalrätInnen in der Woche zuvor schriftlich eingereicht haben.

Hearings in parlamentarischen Kommissionen

Wenn eine parlamentarische Kommission eine Vorlage berät, führt sie häufig Hearings durch. Zu diesen Hearings werden aussenstehende Personen eingeladen, die entweder über spezielles Fachwissen verfügen oder die von der Vorlage direkt betroffen sind. Die Kommissionen sind frei, wen sie zu diesen Hearings einladen. Es lohnt sich deshalb, Kontakte zu Mitgliedern der eidgenössischen Räte zu unterhalten, die in Kommissionen vertreten sind. Denn sie können mitbestimmen, wer zu einem solchen Hearing eingeladen wird.

Tips zum Weiterlesen

- Häfelin, Ulrich/Haller, Walter: Schweizerisches Bundesstaatsrecht, ein Grundriss. Schulthess Polygraphischer Verlag, Zürich 1988.
- Müller, Guido: Staatskunde. Rechtskundeverlag Müller, Aarau 1992.
- Huber, Alfred: Staatskundelexikon. Verlag Schweizer Lexikon, Luzern 1994.

Checkliste

Der Einfachheit halber bezieht sich die nachfolgende Checkliste vor allem darauf, wie Sie bei Initiativen, Referenden oder Petitionen auf Bundesebene vorgehen sollten. Die meisten dieser Punkte sollten Sie aber auch berücksichtigen, wenn Sie in der Gemeinde oder im Kanton aktiv werden wollen. Erkundigen Sie sich in einem solchen Fall immer bei der zuständigen Behörde nach den genauen Bedingungen, die Sie einhalten müssen.

Volksinitiative

- Ist der Bund der richtige Ansprechpartner für unser Anliegen? Oder sollten wir die Initiative auf Kantons- oder Gemeindeebene einreichen?

- Wählen wir die Form der allgemeinen Anregung oder des ausformulierten Entwurfs? Denken Sie daran: bei der allgemeinen Anregung lassen Sie Bundesrat und Parlament mehr Gestaltungsraum.

- Entspricht der Initiativtext den Kriterien der Einheit von Materie und Form? In dieser Frage lohnt es sich, juristischen Rat einzuholen. Dabei sollten Sie jedoch eines wissen: Die Frage der Einheit der Materie kann auch von einer Juristin oder einem Juristen nicht abschliessend beurteilt werden. Denn juristische und politische Argumente sind oft schwer trennbar. Die Bundesversammlung kann also zum Schluss kommen, dass eine Volksinitiative ungültig ist – auch wenn die InitiantInnen vorher anderslautende Gutachten eingeholt haben.

- Stehen uns genügend Zeit, Infrastruktur und finanzielle Mittel zur Verfügung, um die 100'000 Unterschriften in der gesetzlich vorgeschriebenen Frist zu sammeln? Sinnvollerweise sollten Sie die Zusammenarbeit mit Organisationen und Parteien suchen, welche die Infrastruktur und/oder finanzielle Mittel zur Verfügung stellen. Es lohnt sich einen Zeitplan aufzustellen und allenfalls den Zeitbedarf für die Bescheinigung der Unterschriften mit den zuständigen Gemeindebehörden abzuklären.

- Welche Organisationsform wählen wir? Gründen wir einen Verein oder ein Komitee? Wie sind diese organisiert?

- Ist das politische Umfeld zur Lancierung einer Volksinitiative zu diesem Thema momentan günstig? Es ist sinnvoll, wenn Sie zuerst abklären, ob entsprechende Revisionsarbeiten bereits im Gange sind. Erkundigen Sie sich auch, ob eine Volksinitiative diese Revisionsarbeiten eher beschleunigen oder behindern würde.

Referendum

- Wie ist das zur Diskussion stehende Gesetz im ganzen zu beurteilen? Lohnt es sich, allenfalls auch positive Punkte des Gesetzes aufs Spiel zu setzen? Ist der Status quo dem neuen Gesetz vorzuziehen?

- Wer könnte sonst noch an einem Referendum interessiert sein? Lohnt es sich, mit anderen Gruppen zusammen zu spannen, um die Kosten für die Infrastruktur zu sparen und genügend finanzielle Mittel zur Verfügung zu haben? Wird mit einer solchen Kooperation die eigene Glaubwürdigkeit aufs Spiel gesetzt?

Petition

- An welche Behörde müssen wir das Anliegen richten? Petitionen kommen zwar irgendwann immer bei der richtigen Adresse an. Denn die Behörden haben den Auftrag, falsch adressierte Petitionen weiterzuleiten. Trotzdem lohnt es sich, die Petition von Anfang an die richtige Adresse zu senden – die Behandlung wird dadurch effizienter. Wenn Sie zum Beispiel mit Ihrer Petition erreichen wollen, dass ein neues Gesetz erlassen oder ein bestehendes abgeändert wird, ist es am sinnvollsten, die Petition direkt an das Parlament zu richten.

- Welches ist der Zweck der Petition? Die Beantwortung dieser Frage kann für das Sammeln der Unterschriften von Bedeutung sein. Wenn Sie mit Ihrer Petition eine Verwaltungsstelle auf ein bestimmtes Problem aufmerksam machen wollen, ist die Unterschriftenzahl nicht so wichtig. Wenn Sie aber mit Ihrer Petition im Parlament für ein bestimmtes Anliegen Druck machen wollen, so sind zehntausend Unterschriften sicher besser als zehn Unterschriften.

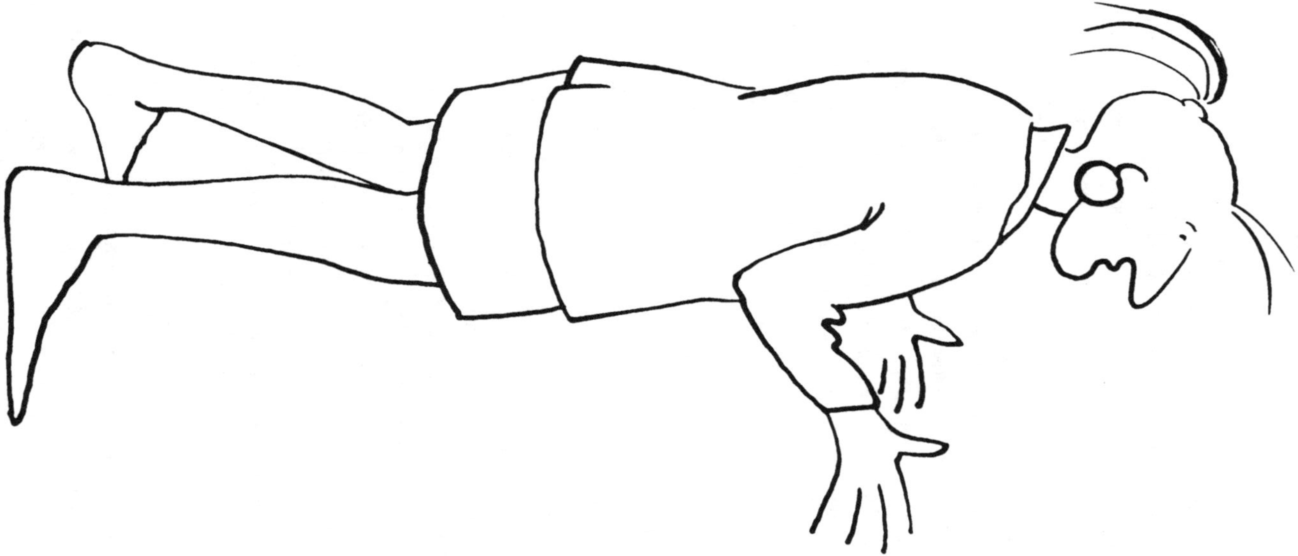

13 Vor den Schranken des Gerichts

Juristische Mittel

Die Menschen sind nicht nur unterschiedlich – sie haben auch unterschiedliche Interessen. Das gilt auch für die diversen Gruppen und Organisationen, die sich für die eine oder andere Sache engagieren. Damit die Menschen – trotz dieser verschiedenen Interessen – einigermassen gedeihlich zusammenleben können, gibt es die Gesetze und die Gerichte. Sie garantieren in der Regel, dass Konflikte friedlich gelöst werden und dass auch die körperlich oder finanziell Schwächeren zu ihrem Recht kommen. Das war in den Zeiten des Faustrechts nicht immer so.

Normalerweise lassen sich Konflikte ohne den Beizug einer Juristin oder einen Gang vors Gericht lösen. Doch manchmal ist es unumgänglich, sich für die eigenen Rechte zu wehren und dafür die zur Verfügung stehenden juristischen Mittel in Anspruch zu nehmen. Das gilt auch für Sie. Wenn Sie in Ihren Rechten verletzt werden, sollten Sie die Sache nicht einfach aus Angst, falscher Scham oder Bescheidenheit ad acta legen, sondern die nötigen Schritte unternehmen, um zu Ihrem Recht zu kommen. Denn schliesslich bezahlen Sie mit Ihren Steuern nicht nur die ExpertInnen, die die Gesetze ausarbeiten und erlassen. Sie finanzieren auch die RichterInnen und weitere juristische MitarbeiterInnen.

● *«Der Chef ist einfach knauserig. Jetzt arbeite ich schon drei Jahre hier – und trotzdem wird der Lohn wieder nur um ein Prozent erhöht. Ich weiss bald nicht mehr, wie ich mit den paar Franken die ständig steigende Miete zahlen soll!» stöhnt Matthias, der zusammen mit Irene in der Schlange vor dem Kaffeeautomaten steht. «Du hast völlig recht», antwortet sie ihm, «wenn man eine Familie hat, reichen die 4'500 Franken nirgendwo hin.» Matthias stutzt zuerst, dann lacht er: «Du hast Vorstellungen. Wenn ich nur 4'500 Franken verdienen würde, hätte ich schon lange gekündigt. Im Prinzip darf man ja in der Firma nicht über den Lohn reden – aber bei mir sind am Zahltag schon mindestens 5'000 Franken auf dem Konto. Aber eigentlich müsstest Du ja genau gleichviel, wenn nicht mehr verdienen. Schliesslich machen wir ja dieselbe Arbeit, und ausserdem bist Du schon zwei Jahre länger in der Abteilung.»*

Am Abend sitzt Irene mit Monika bei einem Glas Wein zusammen. «Sag einmal, Monika», fragt Irene die Arbeitskollegin, «wieviel verdienst Du im Monat?» Monika blickt Irene konsterniert an: «Das weisst Du doch, 4'500 Franken – genau wie Du. Warum fragst Du?» Daraufhin erzählt Irene ihrer Kollegin, was sie am Kaffeeautomaten von Matthias erfahren hat. Monika ist empört: «Das ist eine Ungerechtigkeit. Aber ich sage Dir, so leicht kommen die uns nicht davon. Wir haben das Recht, gleichviel wie Matthias zu verdienen. Schliesslich steht sogar in der Bundesverfassung, dass Frauen und Männer Anspruch auf gleichen Lohn für gleichwertige Arbeit haben. Weisst Du», fährt Monika aufgeregt weiter, «ich habe mich gerade vor zwei Tagen mit Vivianne über dieses Thema unterhalten. Sie ist Juristin und hat sich auf diesem Gebiet spezialisiert. Erst kürzlich war sie vor Gericht in einer Lohnklage erfolgreich. Der Betrieb musste den Frauen auf fünf Jahre zurück die Differenz nachzahlen. Die trauen sich das nicht noch einmal, eine Frau beim Lohn zu diskriminieren. Und ich bin fest entschlossen, den gleichen Weg zu gehen. Machst Du mit?» Irene zögert, sie ist unentschlossen: «Ich habe aber keine Lust, meinen Job zu verlieren. Vielleicht gewinnen wir ja – und stehen dann dafür innert kürzester Frist auf der Strasse. Was haben wir dann davon?» Monika beschwichtigt sie: «Ich denke nicht, dass sie uns deswegen vor die Tür setzen. Und zudem bin ich nicht bereit, aus lauter Angst auf etwas zu verzichten, das mir zusteht. Aber ich mache Dir einen Vorschlag: Ich rufe Vivianne an, erkläre ihr die Situation und frage sie, wie wir vorgehen sollen. Und bevor wir irgendetwas unternehmen, vereinbaren wir einen Termin mit ihr und lassen uns beraten.» ●

Möglichkeiten und Mittel abklären

Wenn Sie in Ihren Rechten verletzt werden, sollten Sie sich wehren. In der Regel stehen Ihnen je nach Art der Benachteiligung verschiedene Möglichkeiten offen. Klären Sie, bevor Sie erste Schritte unternehmen, genau ab, welche Möglichkeiten Ihnen die verschiedenen juristischen Mittel bieten, wie Ihre Erfolgschancen stehen und in welchem Zeitraum eine juristische Klärung möglich ist. Um das herauszufinden, können Ihnen Auskünfte der Verwaltung weiterhelfen. In erster Linie sollten sie jedoch mit Fachleuten Kontakt aufnehmen – das können AnwältInnen sein, ExpertInnen von Beratungsstellen oder

FunktionärInnen von Verbänden. Verschiedene Organisationen bieten Rechtsberatungen für ihre Mitglieder und andere an oder empfehlen Ihnen die Namen von JuristInnen. So arbeiten zum Beispiel die kantonalen Frauenzentralen eng mit Anwältinnen zusammen und vermitteln Rechtsberatungstermine. Wenn Sie Mitglied einer Gewerkschaft oder eines Berufsverbandes sind, erkundigen Sie sich am besten dort über eine kostengünstige Beratung. Nützen Sie diese Möglichkeiten, wenn Sie Mitglied eines Vereines oder einer Organisation sind!

Rechtsberatung

Der Rechtsweg ist oft lange und beschwerlich. Sie brauchen Durchsetzungs- und Durchhaltevermögen. Dafür können Sie mit juristischen Mitteln manchmal weitreichende Resultate erlangen. Je nachdem ist es sinnvoll und wirksamer, sich mit andern 'Verletzten' zusammenzutun und sich gemeinsam zu wehren. Gerade Lohngleichheitsklagen sind ein Beispiel dafür, wie lange und zermürbend der Rechtsweg sein kann. Deshalb ist es wichtig, zuerst alle anderen Möglichkeiten am Arbeitsplatz auszunützen – sei es beispielsweise ein Gespräch mit dem direkten Vorgesetzten oder der Personalchefin.

Prozessieren kann teuer sein. Wer einen Prozess führen will, muss die Gerichtskosten vorschiessen. Zudem arbeitet auch Ihre Juristin oder Ihr Rechsanwalt im Normalfall nur gegen Honorar. Wenn Sie den Prozess verlieren, müssen Sie zudem nicht nur die eigenen Kosten, sondern auch die der Gegenpartei bezahlen. Die Kosten eines Prozesses hängen von verschiedenen Faktoren ab. Insbesondere spielt die Höhe der eingeklagten Forderung eine Rolle. Wer nicht über genügend Geld verfügt, kann beim Gericht ein Gesuch um unentgeltliche Prozessführung einreichen. Die Kosten des Verfahrens werden dann, wenn die entsprechenden Bedingungen erfüllt sind, vom Staat übernommen. Wenn diese Situation bei Ihnen zutrifft, sollten Sie keine Hemmungen haben, das Gesuch zu stellen. Denn die unentgeltliche Prozessführung stellt sicher, dass auch jene Menschen, die keine Reichtümer besitzen, zu ihrem Recht kommen.

Unentgeltliche Prozessführung

Es gibt unterschiedliche Mittel, sich gegen Ungerechtigkeiten zu wehren oder etwas zu erreichen. In jeder Situation aber ist es klug, sich zu überlegen, mit welchem Mittel das gesetzte Ziel am besten erreicht werden könnte. Es hat keinen Wert, mit Kanonen auf Spatzen zu schiessen.

Der eingeschriebene Brief

Um zu Ihrem Recht zu kommen, müssen Sie nicht in jedem Fall prozessieren. Manchmal reicht auch ein Brief. Nehmen wir an, der Hypothekarzins wurde gesenkt, und Ihr Vermieter hat noch keine Anstalten unternommen, den Mietzins entsprechend nach unten anzupassen. In diesem Fall können Sie Ihrem Vermieter einen Brief schicken, in dem Sie eine Senkung des Mietzinses verlangen. In solchen Fällen empfiehlt es sich, den Brief eingeschrieben zu schicken. Im Streitfall haben Sie ein Beweismittel in der Hand. Denn es gibt immer wieder Leute, die behaupten, sie hätten einen Brief nicht erhalten.

Mit einem eingeschriebenen Brief können Sie Ihre Position klar festhalten. Ein solcher Brief setzt die Empfängerin oder den Empfänger einem gewissen Druck aus – zumindest mehr als ein gewöhnlicher Brief.

Das Gesuch

Das Gesuch ist ein schriftliches oder mündliches Begehren um eine Leistung, um die Befreiung von einer Gebühr/einem Beitrag oder um eine Bewilligung. Wenn Sie zum Beispiel eine Demonstration organisieren wollen, brauchen Sie dafür eine Bewilligung. Das entsprechende Gesuch müssen Sie bei der zuständigen Behörde einreichen. Oft genügt eine Bewilligung allein übrigens nicht – auch für Lautsprecher oder ausländische ReferentInnen müssen Sie in der Regel eine Bewilligung vorweisen können. Wenn Sie die Bewilligung erhalten, empfiehlt es sich, diese an der Veranstaltung bei sich zu haben. So können Sie sie bei einer allfälligen Kontrolle vorweisen.

Wenn Sie ein Gesuch bei einer Behörde oder einer öffentlich-rechtlichen Organisation einreichen, haben Sie grundsätzlich Anspruch auf eine Antwort.

Die Klage

Wenn Sie Klage einreichen, heisst dies, dass Sie selber aktiv werden und eine Ungerechtigkeit nicht länger akzeptieren wollen. Sie suchen damit beim Gericht um Rechtsschutz nach. Je nach Rechtsgebiet kann ein langwieriger, nervenaufreibender Prozess die Folge sein. Lohngleichheitsklagen zum Beispiel sind für eine einzelne Frau – ohne Unterstützung von Gewerkschaften oder Verbänden – kaum zu bewältigen. Denn oft fallen in solchen Prozessen sehr hohe Kosten an. Lassen Sie sich aber nicht davon abhalten, sich zu wehren! Schliessen Sie sich mit andern Betroffenen zusammen. Nehmen Sie mit Fachleuten, mit Ihrer Gewerkschaft oder Ihrem Berufsverband Kontakt auf und verlangen Sie Unterstützung. Eine Klage muss in der Regel schriftlich eingereicht werden und verlangt bestimmte formelle Voraussetzungen.

Die Strafanzeige

Fristen beachten

In der Regel kann jede Person, die selber durch eine strafbare Tat oder Handlung verletzt wurde oder von einer solchen Kenntnis erhält, eine Strafanzeige einreichen. Eine Anzeige kann mündlich direkt bei der Polizei oder – durch eine Anwältin oder einen Anwalt – beim Untersuchungsgericht schriftlich oder mündlich eingereicht werden. Erkundigen Sie sich in jedem Fall über die einzuhaltenden Fristen. Wenn Sie als Zuschauerin einer Strassenblockade sehen, wie eine Autofahrerin völlig genervt aufs Gaspedal drückt und einen Kundgebungsteilnehmer rücksichtslos anfährt, können Sie eine Strafanzeige gegen die Automobilistin einreichen.

Für eine Strafanzeige sind mehrere formale Gründe massgebend. Nur wer eine Anzeige schriftlich einreicht oder sie mündlich zu Protokoll gibt und unterzeichnet, gilt als anzeigende Person. Wenn Sie der Polizei in einer anderen Form (zum Beispiel mündlich, aber ohne Protokoll) von einer Straftat berichten, reichen Sie damit noch keine Strafanzeige ein.

Aufgrund dieser formalen Gründe muss die Polizei eine Anzeige entgegennehmen und protokollieren. Lassen Sie sich nicht davon abhalten, wenn Sie verletzt worden sind. Die PolizistInnen sind verpflichtet, Ihnen behilflich zu sein. Das heisst, sie müssen Sie darauf hinweisen, dass Ort, Zeit und Datum der behaupteten strafbaren Handlung möglichst genau angegeben werden sollten.

Der Strafantrag

Nehmen wir an, Sie waren selber an der Strassenblockade beteiligt. Die Aktion ist für Sie keineswegs glimpflich verlaufen – ein anderer Autofahrer hat Ihr Bein verletzt. Sie hinken immer noch und waren während zwei Wochen krank geschrieben. Da Sie sich den Namen des Autofahrers notiert haben, stellen Sie einen Strafantrag.

Der Strafantrag ist eine Erklärung der verletzten Person, dass sie die Strafverfolgung einer anderen Person wegen einer Straftat wünscht. Ein Strafantrag kann mit einer Strafanzeige verbunden werden. Er ist binnen drei Monaten seit Ablauf des Tages zu stellen, an dem die antragsberechtigte Person von der Straftat und der Person des Täters oder der Täterin Kenntnis erhalten hat.

Die Beschwerde

Sie sind Buchhalterin in einer Hilfsorganisation, die auch einen kleinen Laden betreibt. Das Finanzamt schickt Ihnen die Steuerrechnung – damit sind Sie und der Verein aber nicht einverstanden, da Sie viel zu hoch ausgefallen ist. Sie können sich in diesem Fall gegen die Steuerveranlagung mit einer Beschwerde wehren.

Rekurse und Einsprachen

Mit einer Beschwerde können Sie die Überprüfung eines Entscheids oder einer Verfügung durch eine nächsthöhere Instanz verlangen. Unter Umständen können Sie auch eine beschwerdefähige Verfügung verlangen. Beschwerden sind in fast allen Rechtsgebieten gesetzlich vorgesehen und verschieden geregelt. Es gibt Beschwerden in zahlreichen Arten und Formen (etwa eine Verwaltungsgerichtsbeschwerde oder eine Dienstaufsichtsbeschwerde). Beschwerden sind im Verfahrensrecht vorgesehen und an bestimmte Vorschriften gebunden. Meistens müssen Sie eine bestimmte Form haben und innert einer vorgegebenen Frist eingereicht werden. Normalerweise steht Ihnen das Mittel einer Beschwerde zur Verfügung, wenn ein Entscheid in einer bestimmten Sache zu Ihren Ungunsten ausgefallen ist. Für Beschwerden kennen wir auch andere Namen wie Rekurs oder Einsprache, je nach Instanz und Kanton.

Es gibt eine Reihe von weiteren Rechtsbehelfen, mit denen erreicht werden kann, dass eine höhere Instanz einen angefochtenen Entscheid überprüft. Erkundigen Sie sich bei einer Rechtsberatungsstelle nach Beschwerdemöglichkeiten und Fristen.

Gutachten von Sachverständigen

Je nach Sachlage ist es sinnvoll, wenn Sie ExpertInnen beiziehen. Diese haben ein Fachwissen, das in einem Verfahren von Bedeutung sein kann. Die sachverständige Person erstellt normalerweise ein schriftliches Gutachten. Sie kann aber auch in einem Verfahren mündlich angehört werden. Dem Gericht dient das Gutachten, das ihm in erster Linie fehlende Fachkenntnisse vermittelt, zur Beurteilung von Tatsachen. In der Regel werden Gutachten im Laufe eines Prozesses beantragt und durch das Gericht eingeholt.

Tips zum Weiterlesen

- Eidg. Büro für die Gleichstellung von Frau und Mann (Hg.): Frauenberatungsstellen in der Schweiz. Bern, zweite Auflage 1991.
Das Buch beinhaltet eine Fülle von Informationen zu allen Bereichen, insbesondere auch zu Rechtsberatungsstellen. Es ist gratis erhältlich bei der Eidgenössischen Drucksachen- und Materialzentrale (EDMZ) in 3000 Bern.
- Diverse Beobachter – Ratgeber: Verlangen Sie die aktuellste Liste beim Beobachter-Buchverlag (Tel. 01/207 89 76).
Die Bücher geben Laiinnen und Laien einen Überblick über Rechte und Pflichten in verschiedenen Bereichen. Sie sind leicht verständlich geschrieben und in der Regel sehr hilfreich.

Komitee Lohngleichheit jetzt! (Hg):
- Lohnklage??? – ein Wegweiser durch den LohnUNgleichheitsdschungel. Zu beziehen beim Komitee Lohngleichheit jetzt! Mühlenberg 12, 4052 Basel.

Lohngleichheitsklage

Sie wissen, dass Sie weniger Lohn verdienen als Ihr Arbeitskollege, obwohl Sie die genau gleiche Arbeit erledigen. Das Gespräch mit Ihrer Vorgesetzten oder dem Personalchef war erfolglos. Allein kommen Sie nicht mehr weiter. Aber etwas muss sich ändern. Deshalb haben Sie sich entschlossen, eine Lohngleichheitsklage ins Auge zu fassen. Ein möglicher Ablauf könnte folgendermassen aussehen:

- Sie schliessen sich mit anderen Kolleginnen zusammen.
- Sie nehmen Kontakt zur Gewerkschaft oder zum Berufsverband auf und klären ab, welche Unterlagen Sie beschaffen müssen, bevor Sie weitere Schritte unternehmen.
- Sie vereinbaren einen Termin bei einer Anwältin oder einem Juristen und lassen sich detailliert beraten.
- Erste Abklärungen werden gemacht.
- Es folgen Abklärungen durch ExpertInnen.
- Eventuell braucht es auch noch ein Gutachten.
- Vergessen Sie nicht, sich finanziell abzusichern (z.B. durch eine Kostengutsprache der Gewerkschaft)!
- Die Klage wird verfasst.
- Die Klage wird eingereicht.
- Allenfalls wird die Klage über mehrere Instanzen weitergezogen.

Gemeinsam statt einsam

Wir organisieren uns

In der Schweiz existieren unzählige Organisationen und Vereine mit Tausenden von Mitgliedern. Die einen sind Mitglied des Schweizerischen Alpenclubs, weil sie auf ihren Bergtouren häufig in SAC-Hütten übernachten und als Mitglied von den billigeren Preisen profitieren. Die anderen wollen ungespritztes Gemüse essen und haben deshalb eine Genossenschaft für Bio-Landbau gegründet. Wieder andere lieben die Bretter, die die Welt bedeuten, und haben sich in einem Laien-Theaterverein zusammengeschlossen. Denn um ein gemeinsames Ziel zu erreichen, ist es oft sinnvoll, sich zu organisieren.

Eine formelle Organisation ist sinnvoll,

- wenn Finanzen im Spiel sind
- um Verantwortlichkeiten und Haftung zu begrenzen
- wegen der Glaubwürdigkeit eines Projekts gegen aussen
- aufgrund des Stellenwerts eines Projekts
- aufgrund der Zeitdauer eines Projekt
- wenn mehrere Beteiligte gleichverantwortlich miteinbezogen werden sollen
- je nach zu erreichendem Ziel.

Zu den formellen Organisationen gehören jene, die im Obligationenrecht (OR) und im Zivilgesetzbuch (ZGB) geregelt sind. Ihre Formen sind sehr unterschiedlich. Das Gesellschaftsrecht kennt die einfache Gesellschaft, die Handelsgesellschaften (zum Beispiel die Aktiengesellschaft) und die Genossenschaft, aber auch den Verein und die Stiftung.

● *«Hast Du auch Oliven und geröstete Mandeln mitgebracht?» fragt Helen ihre Freundin Claudia. Die beiden Frauen stecken mitten in den Vorbereitungen des Abends. Immerhin haben acht Frauen zugesagt, am Treffen teilzunehmen. «Die habe ich vergessen», antwortet Claudia, «im Spital war heute Hochbetrieb, wir hatten zwei Notfälle. Es hat mir gerade noch gereicht, Malina rechtzeitig von der Krippe abzuholen.» Helen schneidet die Chips-Packung auf. «Ich staune manchmal, wie Du es schaffst, Beruf und Kind ganz allein zu managen. Ich könnte das nicht, mir machen meine zwei Buben und der*

Haushalt schon genug Arbeit. Manchmal frage ich mich, wie wir überhaupt auf die Idee gekommen sind, neben dem ganzen Stress noch das Projekt mit der Mütterberatungsstelle anzureissen. Schliesslich haben wir beide ja genug um die Ohren.» Als Helen spätabends die Tür hinter der letzten Besucherin schliesst, ist aus der Mütterberatungsstelle ein Quartierzentrum geworden. Denn bei der Diskussion mit den am Projekt interessierten Frauen wurde klar, dass es im Viertel auch einen Raum für eine Kinderspielgruppe und einen Jugendtreff braucht. Claudias Idee, ein Quartierzentrum zu lancieren, ist zwar zu Beginn sehr skeptisch aufgenommen worden. Trotzdem haben sich vier Frauen bereit erklärt, ein solches Projekt weiterzuverfolgen.

Nach zwei weiteren Diskussionsabenden beschliessen die Frauen, ihre Idee zu konkretisieren und ein entsprechendes Projekt auf die Beine zu stellen. Sie finden es sinnvoll, sich formell zu organisieren. Denn nur so, da sind sich alle einig, wirkt die Gruppe und das Projekt glaubwürdig. «Ich lade zum nächsten Treffen meine Schwester ein», schlägt Helen Dubois den anderen vor. «Gabi ist Juristin, sie kann uns sicher sagen, welche Organisationsform für uns am gescheitesten ist.» Gesagt, getan. Der Beizug von Gabi Dubois lohnt sich. Denn der Gruppe wird schnell klar, dass sich, um das Projekt zu verwirklichen, entweder die einfache Gesellschaft oder aber der Verein eignen würden. Die Juristin schlägt den Frauen vor, einen Verein zu gründen. Sie erläutert ihnen detailliert, was ein Verein ist und auf was bei der Gründung geachtet werden muss. ●

Der Verein (Art. 60 – 79 ZGB)

Die wohl wichtigste Organisationsform in der Schweiz ist der Verein. Er eignet sich für politische, religiöse, wissenschaftliche, künstlerische, wohltätige, gesellige und andere nicht wirtschaftliche Aufgaben. Der Verein ist eine privatrechtliche Körperschaft, also eine Vereinigung von Personen. Er verfolgt ein bestimmtes Ziel, das er selber im Zweckartikel festlegt. In der Schweiz sind viele Menschen Mitglied eines Vereins, etwa in einem Sportverein oder einem Tierschutzverein. Aber auch Wirtschaftsverbände, Konsumentinnenorganisationen oder

Krankenkassen sind als Vereine organisiert. Bei zahlreichen Vereinen findet sich im Namen nicht das Wort 'Verein', sondern Bezeichnungen wie Klub, Verband, Vereinigung, Bund oder anderes. Grundsätzlich kann der Name eines Vereins frei gewählt werden.

Vereinsfreiheit

In Artikel 56 der Bundesverfassung ist die Vereinsfreiheit garantiert. Bürgerinnen und Bürger haben das Recht, Vereine zu bilden, sofern diese weder in ihrem Zweck noch den dafür bestimmten Mitteln rechtswidrig oder staatsgefährdend sind. Sie dürfen also keinen Verein gründen, der den Zweck hat, eine Schule für Diebstahl aufzumachen. Es kommt dabei auf den tatsächlichen Vereinszweck an. Der Staat verpflichtet sich, nicht ins Vereinsleben einzugreifen und sich nicht in die Vereinstätigkeiten einzumischen, solange die gesetzlichen Vorschriften eingehalten werden. Alle in der Schweiz lebenden Personen, also auch AusländerInnen und Flüchtlinge, können sich auf die Vereinsfreiheit berufen.

Gesetzliche und statutarische Bestimmungen

Damit ein Verein gegründet werden kann, müssen verschiedene Bedingungen erfüllt sein. Das Zivilgesetzbuch (ZGB) hält in den Artikeln 60 – 79 fest, welche Voraussetzungen nötig sind, damit der Verein als selbständiges Rechtssubjekt anerkannt wird. Verschiedene gesetzliche Bestimmungen des ZGB sind zwingend, können also durch die Statuten nicht abgeändert werden (Art. 64 Abs. 3, Art. 65 Abs. 3, Art. 68, Art. 70 Abs. 2, Art. 75, Art. 77, Art. 78 ZGB).

Ein Verein ist rechts- und handlungsfähig. Rechtsfähig ist er, wenn er durch die Genehmigung der Statuten gegründet ist. Handlungsfähig ist der Verein, wenn er seine Organe – den Vorstand und die Mitgliederversammlung – bestellt hat. Ein Verein braucht Statuten, die das Vereinsleben regeln. Die Statuten müssen zwingend den Zweck, Namen und Sitz des Vereins, die Finanzierung der Vereinstätigkeiten sowie die Organe des Vereins enthalten. Wenn ein Verein ein Handels- oder Fabrikationsgeschäft oder ein anderes, nach kaufmännischer Art geführtes Gewerbe betreibt, ist er zum Eintrag ins Handelsregister verpflichtet (Ausnahmen regelt die Verordnung). Ein Verein ohne entsprechendes Gewerbe ist nicht verpflichtet, sich ins Handelsregister eintragen zu lassen. Ein solcher Eintrag kann aber aus Gründen der Glaubwürdigkeit oder der Rechtssicherheit dennoch durchaus sinnvoll sein.

Die Statuten

Die Statuten sind die Grundlage des Vereins. Sie müssen in jedem Fall schriftlich abgefasst werden. Neben Zweck, Mittel und Organisation enthalten die Statuten auch andere Grundsätze, nach denen sich das Vereinsleben und die Vereinstätigkeit zu richten haben. Die Statuten sollen sich aber nur auf die wesentlichen Fragen konzentrieren. Kurzlebige Bestimmungen können durch Vereinsbeschlüsse geregelt werden. Hingegen sollten die Statuten festlegen, welches Organ welche Entscheidungen trifft. Im Gesetz sind weitere Bestimmungen aufgeführt, an die sich der Verein halten kann, ohne dass sie in den Statuten verankert sind. Detailliertere Bestimmungen über die Durchführung der Vereinsversammlungen, Wahlen und Abstimmungen können in einer Geschäftsordnung festgehalten werden.

→ Checkliste Statuten

Zweck des Vereins

Vereine, die ein ideelles Ziel verfolgen, werden 'ideale Vereine' genannt. Die Unterscheidung zwischen wirtschaftlichem und idealem Zweck wird aufgrund der Statuten (Vereinszweck) gemacht. Das Vermögen des Vereins spielt dabei keine Rolle. Wenn ein Verein Gewinn anstrebt, um mit diesem Geld anderen Personen zu helfen, gilt er ebenfalls als idealer Verein. Hilfswerke sind hierfür ein Beispiel. Der Gewinn darf jedoch nicht an die Vereinsmitglieder verteilt werden. Ein idealer Verein kann ein Vermögen äufnen, damit er seinen Zweck erreichen kann.

Der Zweckartikel hält fest, welchen Zielen der Verein und die Vereinsmitglieder verpflichtet sind. Er gibt Auskunft über die ideelle Ausrichtung des Vereins. Wer einem Verein beitritt, sollte sich mit den Zielsetzungen des Vereins identifizieren. Der Zweckartikel kann sowohl allgemein formulierte Ziele mit Leitbildcharakter als auch konkrete Ziele enthalten.

Ein Beispiel: «Der Verein 'Frauen in den Bundesrat' ist Träger der eidgenössischen Volksinitiative 'Initiative 3. März' und des 'Club der 2'500 Frauen und Männer'. Er unternimmt alle erforderlichen Anstrengungen, um den Erfolg der Initiative sicherzustellen. Der Verein macht sich zur Aufgabe, bei der Bevölkerung das Bewusstsein für die Notwendigkeit der Gleichstellung und Chancengleichheit für Frauen in der Politik zu vertiefen.»

Der Zweck des Vereins ist zukunftsweisend. Er ist Antrieb für das Vereinsleben. Viele Kräfte im Verein konzentrieren sich darauf, die Vereinsziele zu erreichen. Der Zweck ist beinahe heilig und der Zweckartikel unantastbar. Deshalb kann er nicht einfach abgeändert werden. Eine Zweckänderung des Vereins ist nur möglich, wenn ihr alle Mitglieder zustimmen. Dabei spielt es keine Rolle, ob sie an der entscheidenden Mitgliederversammlung anwesend sind oder nicht. Die Zustimmung kann auch schriftlich eingeholt werden.

Gründung und Auflösung des Vereins

Einen Verein zu gründen ist keine Hexerei. Verschiedene Frauen und Männer haben eine ähnliche Idee und beschliessen, einen Verein zu gründen. Sie sitzen zusammen, diskutieren die Ziele des Vereins, entwerfen Statuten, werben in ihrem Bekanntenkreis für den Verein und laden Interessierte an die Gründungsversammlung ein. An der Gründungsversammlung werden Ziele und Zweck des Vereins und die Statuten festgelegt. Zudem werden die Organe des Vereins gewählt. In einem Protokoll werden die Beschlüsse der Gründungsversammlung festgehalten. Et voilà – der Verein ist gegründet.

Nur wenig mehr Umtriebe verursacht die Auflösung des Vereins. Der Verein kann freiwillig, von Gesetzes wegen oder durch richterliches Urteil aufgelöst werden. Die Statuten können festhalten, mit welchem Stimmenmehr eine Auflösung möglich ist. Wenn die Statuten nichts regeln, gilt Art. 67 Abs. 2 ZGB, der eine Mehrheit der Stimmen der anwesenden Mitglieder verlangt. An der Auflösungsversammlung werden die noch vorhandenen finanziellen Mittel und Sachwerte in der Regel einer anderen Organisation mit einer ähnlicher Zielsetzung zugesprochen.

Organe des Vereins

- Der Vorstand

Die Mitgliederversammlung wählt den Vorstand des Vereins (Art. 65 ZGB). Der Vorstand seinerseits ist berechtigt und verpflichtet, die Mitgliederversammlung einzuberufen (Art. 64 Abs. 2). Artikel 69 ZGB legt fest, dass der Vorstand die Angelegenheiten des Vereins zu besorgen und den Verein zu vertreten hat. Die Statuten können in diesem Rahmen frei über Zusammensetzung, Wahl und Aufgabe des Vorstands bestimmen.

Über die Zusammensetzung des Vorstandes sagt das Gesetz nichts aus. In der Regel setzt sich ein Vorstand aus mindestens fünf Mitgliedern zusammen. Um allen Mitgliedern eines Vereins gerecht zu werden, können in den Statuten Kriterien über die Zusammensetzung des Vorstandes verankert werden. So lohnt es sich, eine Klausel über die angemessene Vertretung der Frauen zu verankern. Ebenso ist es bei einem national tätigen Verein sinnvoll, wenn alle Sprachregionen vertreten sind.

Geschäftsleitung

Ein zu grosser Vorstand ist eher schwerfällig und schwierig zu leiten. In diesen Fällen wird oft ein handlungsfähiger Geschäftsausschuss oder eine Geschäftsleitung eingesetzt. Ein solches Gremium kann je nach Statuten vom Vorstand oder der Mitgliederversammlung eingesetzt werden. Das Gesetz macht keine Vorschriften über die Anzahl der Vorstandsmitglieder; diese sollte in den Statuten festgelegt sein. Wenn der Vorstand nicht mehr statutengemäss besetzt werden kann, so wird der Verein von Gesetzes wegen aufgelöst.

Die wenigsten Statuten kennen Bestimmungen über die Wahl des Vorstandes. Üblicherweise wird die Präsidentin, der Präsident oder das Co-Präsidium des Vereins in einem besonderen Wahlgang erkoren. Die übrigen Mitglieder können gemeinsam – in globo – oder einzeln gewählt werden. Wenn die Statuten nichts vorsehen, teilt die Versammlung den Vorstandsmitgliedern auch die Ressorts oder Chargen (Kassiererin, Protokollführer etc.) zu. In der Regel wird der Vorstand jedoch in den Statuten ermächtigt, sich selbst zu konstituieren. Der Vorstand wird in der Regel für eine bestimmte Amtsdauer gewählt. Wenn ein Vorstandsmitglied zum Beispiel seinen Pflichten nicht nachkommt oder dem Verein schadet, kann die Mitgliederversammlung die betreffende Person jedoch auch vor Ablauf der Amtsdauer abwählen.

Der Vorstand ist das ausführende Organ des Vereins. Er setzt um, was die Versammlung beschlossen hat und zur Erreichung des Vereinszwecks nötig ist. Der Vorstand hat verschiedene Rechte und Pflichten. Eine seiner Pflichten ist es, regelmässig Mitgliederversammlungen einzuberufen. Eines seiner Rechte ist, den Verein gegen aussen zu vertreten. Die Vorstandsmitglieder haften für unerlaubte Handlungen gegenüber Dritten auch persönlich. Wenn der Verein Schulden macht, können die Vereinsmitglieder nicht persönlich zur Kasse gebeten werden. In diesem Fall haftet der Verein mit seinem Vereinsvermögen. Das gilt in jedem Fall dann, wenn die Höhe des Mitgliederbeitrags in den Statuten oder einem andern Dokument festgeschrieben ist.

- Die Mitgliederversammlung

Oberstes Organ des Vereins

Die Mitgliederversammlung (MV) ist das oberste Organ des Vereins. Sie fasst die grundlegenden Beschlüsse: Sie erlässt und ändert die Statuten, wählt den Vorstand und die andern Organe des Vereins. Die MV hat ein Aufsichtsrecht und eine Aufsichtspflicht über die Tätigkeiten der Organe. Sie kann Auskünfte verlangen und hat von Gesetzes wegen ein Abberufungsrecht. Die MV wird nach Vorschrift der Statuten – oder wenn ein Fünftel der Mitglieder es verlangen – einberufen. In der Regel legen die Statuten fest, in welcher Regelmässigkeit eine Mitgliederversammlung stattfindet. Das Gesetz sieht hier keine Regelung vor.

Die meisten Vereine führen einmal jährlich eine MV durch. An dieser Versammlung, die auch Jahresversammlung oder Generalversammlung genannt wird, werden die statutarisch vorgesehenen Geschäfte behandelt (Jahresbericht, Rechnung, Budget, Wahlen usw.) Im Gesetz steht nichts über die Einberufung der MV – es gelten also die Statuten oder die üblichen Gepflogenheiten des Vereins. Auf der Einladung zur MV sollten der Zeitpunkt, der Ort, die Traktanden und die Art der Versammlung stehen. Ebenso gehört ein Hinweis auf die Einladung, an wen sich das Schreiben richtet und welches Gremium die MV einberufen hat. Die Mitglieder sollten rechtzeitig, also mindestens eine Woche vor der Versammlung, im Besitz der Einladung sein. Über Traktanden, die nicht auf der Einladung angekündigt sind, darf nur dann ein Beschluss gefasst werden, wenn die Statuten dies ausdrücklich gestatten.

- Die RechnungsrevisorInnen

Die RechnungsrevisorInnen sind das Kontrollorgan des Vereins. Sie werden von der Mitgliederversammlung gewählt. Ihre Aufgabe ist es, die Vermögenslage und die Buchhaltung des Vereins gemäss den gesetzlichen Bestimmungen und den Statuten zu prüfen und der Mitgliederversammlung darüber Bericht zu erstatten.

Kontrollorgan

- Rechte und Pflichten der Mitglieder

Der Beitritt zu einem Verein kann jederzeit erfolgen. So wie das einzelne Mitglied frei ist, einem Verein beizutreten oder nicht, ist auch der Verein frei, ein neues Mitglied aufzunehmen oder nicht. Die Angabe von Gründen ist nicht erforderlich.

Beitritt

Wenn die Statuten keine besonderen Bestimmungen enthalten, ist ein Austritt jederzeit und mit sofortiger Wirkung möglich. Ein Austritt kann ohne Angabe von Gründen erfolgen und ist vom Verein zur Kenntnis zu nehmen. Falls in den Statuten eine Kündigungsfrist vorgesehen ist, muss die Mitteilung über den Austritt am Kündigungstermin beim Verein oder den zuständigen Organen eintreffen. Denken Sie daran, den Brief einzuschreiben! Die Statuten können Gründe bestimmen, aufgrund derer ein Mitglied ausgeschlossen werden darf. Sie können aber auch einen Ausschluss ohne Angabe von Gründen gestatten. Wenn die Statuten keine entsprechende Bestimmung enthalten, so darf der Ausschluss nur durch einen Beschluss des Vereins und aus wichtigen Gründen erfolgen.

Austritt

Ausschluss

- Die Vereinsmittel

Damit der Verein seine Unkosten decken und seine Aktivitäten finanzieren kann, benötigt er finanzielle Mittel. Normalerweise verlangen die Vereine von ihren Mitgliedern deshalb periodisch einen Mitgliederbeitrag. Ein Verein kann jedoch auch weitere Einnahmequellen haben wie Spenden, Schenkungen, Bussengelder der Mitglieder, Erträge aus Vereinskapital und anderes mehr. Im übrigen kann der Verein alle nur erdenklichen Vermögenswerte innehaben und entgegennehmen.

Mitgliederbeitrag

Praktische Tips zur Organisation

Ein Verein existiert nicht nur auf dem Papier – obwohl Sie die gesetzlichen Bestimmungen natürlich kennen und berücksichtigen sollten. Viel mehr Arbeit verursacht bei der Gründung – und auch später – der normale Alltagskram. Nachfolgend deshalb einige praktische Tips.

- Postcheckkonto/Bankkonto

Die meisten Vereine verfügen über ein Postcheck- und/oder Bankkonto. Oft werden die laufenden finanziellen Geschäfte (Mitgliederbeiträge, Spenden und Rechnungen) über das Postcheckkonto abgewickelt, da fast keine Gebühren anfallen. Wenn der Verein ein gewisses finanzielles Polster hat, kann es sich lohnen, einen Teil des Vermögens auf einem Bankkonto anzulegen.

Um ein Postcheckkonto zu eröffnen, müssen Sie Statuten vorweisen können. Sie gehen einfach zur nächsten Poststelle und besorgen sich dort die notwendigen Formulare für Ihren Antrag.

Denken Sie daran: Melden Sie Änderungen bei den zeichnungsberechtigten Personen dem Postcheckamt jeweils sofort. Die PTT-Betriebe haften nämlich nicht für einen allfälligen Schaden.

- Postfach

Sie wollen nicht, dass die ganze Post des Vereins in Ihrem privaten Briefkasten landet? Dann sollten Sie ein Postfach beantragen. Über die Modalitäten gibt Ihnen die nächste Poststelle Auskunft. Jedenfalls gilt auch hier: Die gültigen Statuten sollten schon vorhanden sein, da sie bei der Post hinterlegt werden müssen.

- Einzahlungsscheine, Stempel, Couverts, Briefpapier

Vorgedruckte Einzahlungsscheine ersparen Ihnen viel Arbeit. Wenn der Verein ein Postcheckkonto besitzt, erhält er von den PTT pro Jahr auf Anfrage 900 gedruckte Einzahlungsscheine. Für einen kleinen Verein kann das genügen. Wenn Sie mehr Einzahlungsscheine brauchen, gibt es verschiedene Möglichkeiten. Sie können diese bei einer Druckerei in Auftrag geben oder auf dem Computer selber herstellen.

Selbstverständlich können Sie in jeder Papeterie oder im nächsten Warenhaus neutrale Couverts einkaufen und die Mitteilungen des Vereins auf neutralem Papier schreiben. Dann sollten Sie sich aber immerhin einen Stempel mit dem Namen des Vereins und der Adresse machen lassen, um die Couverts damit zu kennzeichnen. Wenn Sie jedoch wollen, dass der Verein gegenüber den Mitgliedern und gegenüber der Öffentlichkeit glaubwürdig auftritt, sollten Sie spezielles Briefpapier und Couverts drucken lassen. Ziehen Sie für die Gestaltung eine Grafikerin bei oder fragen Sie bei der Druckerei um Hilfe nach. Ein Logo (Signet des Vereins) ist kein Muss, macht sich aber gut.

- Sekretariat

Je nach Grösse, Zweck und finanziellen Möglichkeiten des Vereins brauchen Sie vielleicht ein Sekretariat. Das heisst: Sie haben zusätzliche Ausgaben für Löhne/Honorare und die Miete des Büros. Bevor der Verein sich entschliesst, ein Sekretariat einzurichten, sollte der Vorstand die Finanzierung regeln und ein Pflichtenheft für die Sekretärin oder den Sekretär verfassen. Die gewählte Person ist dann unter anderem für die organisatorischen Aufgaben zuständig. Selbstverständlich können diese Aufgaben aber auch innerhalb des Vorstandes aufgeteilt oder im Vorstand ein Ressort 'Administration' geschaffen werden.

Jahraus, jahrein – der Alltag im Verein

- Die Vorstandsressorts

Es ist sinnvoll, im Vorstand Ressorts zu schaffen, damit die Arbeit nicht nur an einer oder zwei Personen hängenbleibt. Zum Beispiel: Finanzen, Administration, Mitgliederbetreuung, Veranstaltungen und Aktionen, Öffentlichkeitsarbeit und Bildung. Jedes Vorstandsmitglied trägt für sein Ressort Verantwortung, erledigt die anfallenden Aufgaben. Die Schaffung von Ressorts ist nicht nur wegen der Aufteilung der anfallenden Arbeit nützlich. Es werden auch Motivation, Kreativität und die Fähigkeiten der einzelnen Vorstandsmitglieder gefördert. Der Vorstand sollte für jedes Ressort ein Pflichtenheft erarbeiten und verabschieden. So wissen alle genau, für welche Aufgaben sie zuständig sind.

- Das Protokoll

Es ist wichtig, dass die Diskussionen und Beschlüsse von Sitzungen und Versammlungen in einem Protokoll festgehalten werden. Das Protokoll enthält in der Regel Angaben über Ort und Datum, Anwesende, behandelte Geschäfte, Beschlüsse und Absprachen sowie Verantwortlichkeiten. Es ist ein Teil der Vereinsgeschichte und unter Umständen ein wertvolles Beweismittel. Es gibt verschiedene Arten von Protokollen. Das Beschlussprotokoll hält, wie der Name sagt, nur Beschlüsse und Absprachen fest. Das sinngemässe Protokoll gibt nicht nur Auskunft über die gefassten Beschlüsse, sondern auch über Anfragen, Auskünfte, Anregungen, Anträge, Kritik und Rechtfertigungen. Es liegt an der Protokollführerin oder dem Protokollführer, Wesentliches von Unwesentlichem zu unterscheiden. Beispiele und Tips zur Protokollführung finden Sie in verschiedenen Ratgebern.

➔ Anhang / Bibliographie

Das Protokoll sollte verschickt, verteilt und an der nächsten Sitzung oder Versammlung genehmigt werden. Denn so sind Berichtigungen des Protokolls möglich. Sie können mit einem Nachtrag im alten Protokoll oder im neuen Protokoll angebracht werden.

- Die Kasse

In einem Verein ist die Aufgabe des Kassiers oder der Kassierin zentral. Deshalb lohnt es sich, dafür ein Pflichtenheft zu erstellen. Es regelt die Ausgabenkompetenzen, die Unterschriftsberechtigung, das Einziehen der Mitgliederbeiträge, das Führen der Buchhaltung, den Verkehr mit Post und Bank, das Erstellen des Jahresabschlusses, die Anlage des Vereinsvermögens und die Information des Vorstandes. Eine weitere wichtige Aufgabe der Kassiererin oder des Kassiers ist das Erstellen eines Budgets.

- Die Leitung der Versammlung

Obwohl die Leitung der Versammlungen für einen Verein sehr zentral ist, existieren darüber praktisch keine gesetzlichen Regelungen. Der Verein bestimmt selber, wie sich eine Versammlung abwickeln soll und welche Mehrheiten für Wahlen und Abstimmungen gelten. Entsprechende Bestimmungen können in einem Geschäftsreglement festgehalten werden.

Dieses regelt dann die Behandlung von Anträgen, das Vorgehen bei geheimen und offenen Abstimmungen oder Wahlen, die notwendigen Mehrheiten bei Anträgen usw.

Grundsätzlich ist jedes Mitglied berechtigt, Anträge zu stellen. Und zwar schriftlich an den Vorstand zuhanden der nächsten Versammlung oder während der Versammlung beim entsprechenden Traktandum. Es gibt verschiedene Arten von Anträgen. Bei Sachanträgen sind Haupt- und Nebenanträge möglich. Anträge zur Geschäftsordnung werden Ordnungsanträge genannt. Über Ordnungsanträge muss immer sofort abgestimmt werden. Mit einem Ordnungsantrag könenn Sie zum Beispiel verlangen, dass die Redezeit beschränkt oder die Reihenfolge der Traktanden umgestellt wird.

In den Statuten oder einem Vereinsbeschluss sollte vermerkt sein, ob bei Wahlen und Abstimmungen das absolute oder das relative Mehr gilt. Üblich ist das absolute Mehr. Es wird wie folgt berechnet: Die Anzahl der gültig abgegebenen Stimmen wird durch zwei geteilt, der Hälfte wird eine Stimme dazugeschlagen. Das relative Mehr wird auch einfaches Mehr genannt. Es bedeutet, dass ein Antrag zwar mehr Stimmen erhalten hat als andere, dass er aber unter dem absoluten Mehr geblieben ist.

Für bestimmte Beschlüsse kann auch ein qualifiziertes Mehr vorgesehen werden. Ein Beschluss ist erst dann gültig, wenn er einen bestimmten Stimmenanteil erreicht hat – zum Beispiel zwei Drittel oder drei Viertel aller gültigen Stimmen.

→ Werkzeuge
8. Heute abend ist Sitzung...

Wahlen können offen oder geheim durchgeführt werden. Wenn eine Wahl völlig unbestritten ist, empfiehlt sich eine offene Abstimmung.

- Öffentlichkeitsarbeit

Je nach Zweck des Vereins ist es sinnvoll, die Öffentlichkeit über die Gründung, die Ziele oder laufende Projekte des Vereins zu informieren. Dies kann mit einem Communiqué oder an einer Medienkonferenz gemacht werden. Auf jeden Fall sollten Sie Kontakte zu Medienschaffenden pflegen. Denken Sie daran: Die Öffentlichkeitsarbeit kann in einem Verein Konflikte und Konkurrenzprobleme verursachen. Etwa, wenn es darum geht, wer im Namen des Vereins an einer Radiosendung auftritt. Wichtig ist, solche Probleme offen anzugehen und auszudiskutieren. Es ist zudem nicht immer nötig und sinnvoll, dass die bereits bekannten Personen (Präsidentin, Sekretär,...) in der Öffentlichkeit auftreten. Sie schaffen vielleicht mehr Goodwill und können neue Mitglieder werben, wenn Sie auch einmal ein Basismitglied zum Handkuss kommen lassen.

→ Werkzeuge
9. Ach wie gut, dass niemand weiss...

Die einfache Gesellschaft (Art. 530 - 551 OR)

Viele Frauen winken schnell einmal ab, wenn sie das Wort Organisation oder Struktur hören. Die einen scheuen sich davor, weil sie glauben, dass Strukturen generell kompliziert sind. Denn anderen ist die 'Vereinsmeierei' ein Greuel, sie treten lieber als Individualistinnen auf. Sobald sich jedoch zwei oder mehr Frauen für die Erreichung eines gemeinsamen Zwecks einsetzen, liegt eine einfache Gesellschaft vor. Meistens sind sich die Beteiligten gar nicht bewusst, dass sie bereits als einfache Gesellschaft gelten.

Solidarische Haftung der GesellschafterInnen

Die einfache Gesellschaft ist eine vertragliche Verbindung von zwei oder mehr Personen zur Erreichung eines gemeinsamen Zweckes mit gemeinsamen Kräften und Mitteln. VertragspartnerInnen können natürliche Personen, aber auch Personengesamtheiten (zum Beispiel eine Kollektivgesellschaft) sein. Die VertragspartnerInnen haben gemeinsame Rechte und Pflichten. Eine einfache Gesellschaft entsteht nicht nur durch einen schriftlichen Vertrag. Auch wenn zwei Menschen gemeinsam handeln, um ein bestimmtes Ziel zu erreichen, bilden sie eine einfache Gesellschaft. Denn eine einfache Gesellschaft entsteht durch Wissen und Willen der Beteiligten, einen gemeinsamen Zweck zu verfolgen, zu dem jedes Mitglied einen Beitrag leistet. Dabei spielt es keine Rolle, ob der Zweck dauerhaft ist oder kurzfristig erreicht werden kann. Die Beitragsleistung der Mitglieder kann aus Geld, Eigentum, Arbeitsleistung und anderem bestehen. Für Schulden haften die Gesellschafterinnen und Gesellschafter solidarisch. Das heisst: Die Mitglieder haften gemeinsam – und zwar auch mit ihrem Privatvermögen! – für Schulden, welche die Gesellschaft gemacht hat. (Dies ist ein wichtiger Unterschied zum Verein: Bei finanziellen Verpflichtungen haftet dort nur das Vereinsvermögen.)

Grundsätzlich können alle Abmachungen innerhalb der einfachen Gesellschaft vertraglich geregelt werden. Das Gesetz sieht nur subsidiäre Bestimmungen vor. Das sind Regelungen, die greifen, wenn die GesellschafterInnen im Vertrag nichts regeln. Die einfache Gesellschaft eignet sich für die verschiedensten Arten von Zusammenschlüssen, ob wirtschaftlicher oder ideeller Art. Dazu gehören zum Beispiel auch ein Konkubinat oder eine Hausgemeinschaft. Der formlose Zusammenschluss ist bei kurzfristigen Aktivitäten sinnvoll – etwa wenn Sie ein Komitee zur Organisation eines Sommerfestes oder eine Arbeitsgruppe gründen.

→ Werkzeuge
15. Frauen fördern Frauen

Andere Formen

Das Gesetz kennt weitere Gesellschaftsformen, die in Betracht gezogen werden können. Diese spielen aber vor allem im geschäftlichen Bereich eine wichtige Rolle: Die Kollektivgesellschaft (Art. 552–593 OR), die Kommanditgesellschaft (Art. 594–619 OR), die Aktiengesellschaft (Art. 620–763 OR), die Kommanditaktiengesellschaft (Art. 764–771 OR), die Gesellschaft mit beschränkter Haftung/GmbH (Art. 772–827 OR), die Genossenschaft (Art. 828–926 OR) und die Stiftung (Art. 80–89 ZGB).

Arbeitsklima in der Organisation

Ganz gleich, ob Sie eine Gruppe, ein Komitee, einen Verein gründen oder eine bestehende Organisation vergrössern wollen – Sie werden sich mit der Suche und der Integration von MitstreiterInnen befassen müssen. Dabei sollten Sie einige Regeln beachten, damit alle Beteiligten sich motiviert fühlen. Sicher ist es wichtig, dass alle mit den Zielen und Forderungen Ihrer Gruppe übereinstimmen. Aber das genügt noch nicht.

Überlegen Sie sich genau, was Sie von den neuen MitstreiterInnen wollen!

- Geht es darum, möglichst viele zahlende Mitglieder für den Verein zu rekrutieren?

- Brauchen Sie für das Komitee Frauen mit einem bestimmten Fachwissen?

- Suchen Sie Kolleginnen für den Vorstand, die Zeit und Arbeit investieren können?

- Ist es wichtig, dass in Ihrer Gruppe auch VertreterInnen von bestimmen Organisationen und anderen Verbänden mitmachen?

Erst, wenn Sie und Ihre Gruppe genau wissen, wen Sie für was wollen, können Sie gezielt die richtigen Frauen (und Männer) suchen. Denn erst so wissen Sie, wie Sie diese Personen ansprechen, motivieren und in die Gruppe, das bestehende Team integrieren können.

Macht es überhaupt noch Spass? Oder: Was macht eine Gruppe arbeitsfähig?

Bei Gruppen oder Vereinen, die sich freiwillig für eine bestimmte Sache engagieren, ist es wie überall, wo Menschen zusammenarbeiten: Oft ist es für alle spannend und befriedigend. Manchmal aber gibt es Konflikte, Reibereien, Leerlauf und Frust. Dann macht das Engagement keinen Spass mehr – die eine oder der andere steigt aus. Wie können Sie und Ihre Gruppe das möglichst vermeiden?

Zielsetzungen überprüfen

- Nehmen Sie sich Zeit für die regelmässige Diskussion der Ziele. Die Übereinstimmung in der Zielsetzung ist sehr wichtig. Oft verändern sich Ziele im Laufe des Engagements. Entweder weil Ihre Arbeit erfolgreich war oder weil sich die Rahmenbedingungen geändert haben oder weil der Erfolg trotz Einsatz immer noch ausbleibt. Wenn die Ziele der Gruppenmitglieder zu sehr auseinanderdriften, gibt es statt Konsens Konflikte.

Auf eine ausgewogene Zusammensetzung achten

- Die richtige Zusammensetzung ist wichtig! Sorgen Sie dafür, dass in der Gruppe Personen mit verschiedenen Fähigkeiten und Temperamenten vertreten sind. Die richtige Mischung ist überlebenswichtig. Es gibt MacherInnen, DenkerInnen, StrategInnen, HintergrundarbeiterInnen und auch FrontkämpferInnen. Wenn eine Gruppe einseitig zusammengesetzt ist, dann verliert sie an Dynamik.

Lob und Anerkennung geben

• Die Motivation der Einzelnen muss stimmen. Menschen engagieren sich freiwillig nur über längere Zeit, wenn neben dem Einsatz für die gute Sache auch die Befindlichkeit stimmt. Das heisst: Wenn sie ihre spezifischen Fähigkeiten einsetzen können und dafür auch Anerkennung bekommen. Auch hier gilt: Aufwand und Ertrag muss für jede Einzelne stimmen.

Konflikte offen aussprechen

• In einer Arbeitsgruppe, einem Team oder einem Vorstand breiten sich Unlust, Leerlauf oder eine schlechte Stimmung hartnäckig aus. Dann sollten Sie dafür sorgen, dass allfällige Konflikte angesprochen werden. Denn sonst kann die Gruppe nicht produktiv weiterarbeiten. In diesem Fall gilt: Nehmen Sie sich Zeit und versuchen Sie zu klären, wo und warum es nicht mehr gut läuft.

Signale für mögliche Störungen sind:

- mangelnde Beteiligung, Desinteresse
- Unlust ('innere Kündigung', häufige Absenzen)
- häufige Streitereien, Konflikte
- Leerlauf, Ineffizienz
- Nichteinhaltung von Abmachungen

In einer solchen Situation müssen die folgenden Fragen geklärt werden:

• Ziele
Was wollen wir? Welche Ziele haben wir? Sind wir uns darüber noch einig?

• Arbeitsweise
Wie arbeiten wir gerne zusammen? Stimmt die Arbeitsteilung? Was könnte daran verbessert werden?

• Kommunikation
Wie reden wir miteinander? Kommen alle zu Wort? Werden alle ernst genommen? Werden die vereinbarten Regeln, Abmachungen eingehalten?

- Beziehungen

Wie gehen wir miteinander um? Müssten wir neben der Arbeit auch einmal Zeit und Engagement in die Freude, das persönliche Zusammensein investieren?

- Befindlichkeit/Anerkennung

Fühlen sich die TeilnehmerInnen in der Gruppe akzeptiert? Bekommen alle für ihr Engagement genügend Anerkennung?

Übrigens...

Innerhalb einer Organisation gibt es formelle und informelle Abläufe. Eine gewisse Hierarchie wird sich durch die Zusammenarbeit verschiedener Personen und deren unterschiedliches Engagement und Wissen ergeben. Es ist aber gerade für Frauen wichtig, dass Absprachen und Beschlüsse transparent gemacht und Diskussionen offen geführt werden. Eine Machtkonzentration soll wenn möglich durchbrochen oder wenigstens offengelegt werden. Fragen zu stellen, ist immer nötig und sinnvoll. Führungsverhalten und -stil sind lernbar. Scheuen Sie sich nicht, entsprechende Kurse zu besuchen!

Tips zum Weiterlesen

– Landolf, Walo: Der ideale Verein. Vereinsrecht und Vereinsleitung für die Praxis. Gewerkschaftliche Bildungszentrale Schweiz (sabz), Bern 1994.
– Landolf, Walo: Versammlungen planen, gestalten, durchführen. Gewerkschaftliche Bildungszentrale Schweiz (sabz), Bern 1991.
– Riemer, Hans Michael: Das Personenrecht. In: Die Vereine. 3. Abteilung, zweiter Teilband. Verlag Stämpfli & Cie, Bern 1990.

So könnten die Vereinsstatuten aussehen

Um den Verein 'Projekt Quartierzentrum Löchli' zu gründen, haben Helen, Claudia und die anderen Frauen folgende Statuten verfasst.

Statuten

Art. 1: Name und Sitz

Unter dem Namen 'Projekt Quartierzentrum Löchli' besteht ein Verein im Sinne von Art. 60ff. ZGB mit Sitz in Mitstadt.

Art. 2: Zweck

Der Verein bezweckt die Gründung eines Quartierzentrums im Quartier 'Löchli', das verschiedenen Gruppen Raum bieten soll. Insbesondere sollen eine Beratungsstelle für Mütter, ein Jugendtreff und eine Kinderspielgruppe Platz finden. Für die Verwirklichung seiner Ziele sucht der Verein die Zusammenarbeit mit ihm nahestehenden Organisationen.

Art. 3: Mitglieder

Mitglieder des Vereins sind Einzelpersonen, die den Zweck des Vereins unterstützen und die Statuten anerkennen. Der Beitritt erfolgt durch einfache Erklärung.

Art. 4: Organisation

Die Organe des Vereins sind die Mitgliederversammlung und der Vorstand. Die Mitgliederversammlung kann die Ernennung von RechnungsrevisorInnen beschliessen.

Art. 5: Mitgliederversammlung

Oberstes Organ des Vereins ist die Mitgliederversammlung. Sie ist zuständig für die Wahl des Vorstandes, die Änderung der Statuten, die Genehmigung von Rechnung und Budget, die Beschlussfassung über Anträge der Mitglieder und die Auflösung des Vereins. Die Mitgliederversammlung tritt mindestens einmal jährlich zusammen. Sie wird jeweils vom Vorstand einberufen. Zudem kann 1/5 der Mitglieder jederzeit die Einberufung einer ausserordentlichen Mitgliederversammlung beschliessen.

Art. 6: Wahlen und Abstimmungen

Für Wahlen und Abstimmungen ist das absolute Mehr der stimmenden Mitglieder entscheidend. Beschlüsse über die Änderung der Statuten oder die Auflösung des Vereins bedürfen einer 2/3 Mehrheit.

Art. 7: Vorstand

Der Vorstand setzt sich aus drei bis sieben Mitgliedern zusammen. Die Differenz zwischen weiblichen und männlichen Mitgliedern darf nicht mehr als eins betragen. Die Amtsdauer des Vorstandes ist zwei Jahre. Er konstituiert sich selbst. Dem Vorstand obliegen alle Befugnisse, die nicht ausdrücklich einem andern Organ vorbehalten sind. Beschlüsse des Vorstandes werden mit einfachem Mehr der anwesenden Vorstandsmitglieder gefasst.

Art. 8: Mittel

Der Verein finanziert sich durch Mitgliederbeiträge und Spenden.

Art. 9: Auflösung

Im Falle der Auflösung des Vereins wird das allfällige Vermögen einer andern Organisation mit ähnlicher Zielsetzung übergeben.

Diese Stauten wurden an der Gründungsversammlung vom 1. Juni 1999 genehmigt.

Die Gründungsmitglieder: Claudia Keller, Helen Dubois, Beatrice Mohr, Katharina Winter, Anita Waldmeier

Mitstadt, den 1. Juni 1999

Frauen fördern Frauen

Netzwerke knüpfen

- Sind Sie eine erfolgreiche Unternehmerin mit einer kleinen Firma? Und haben Sie genug vom nervenaufreibenden, einsamen Kampf, den Sie jedes Mal mit Ihrer Bank für den kleinsten Kredit austragen müssen?

- Sind Sie eine ambitionierte berufstätige Frau? Und haben Sie langsam die Nase voll davon, dass Ihre Kollegen frohgemut die Karriereleiter hinaufsteigen, während Sie noch immer auf Ihre wohlverdiente Beförderung warten?

- Vermissen Sie als einzige Frau im Gemeinderat des Dorfes den fachlichen Austausch mit anderen Politikerinnen, die eine ähnliche Stellung wie Sie selber innehaben?

- Haben Sie als Mutter es satt, stundenlang zu organisieren, damit Sie einmal einen freien Nachmittag ohne Ihre Kinder verbringen können? Und können Sie es trotzdem nicht vermeiden, dass Sie während dieser Zeit das schlechte Gewissen plagt?

Wenn Sie eine dieser Fragen mit Ja beantwortet haben, sollten Sie unbedingt weiterlesen. Denn im Prinzip sind Sie reif für ein Frauennetzwerk.

● *Das Telefon klingelt. «Aber nicht gerade jetzt!» ärgert sich Maria und wischt den Taschenrechner samt den immer noch unausgefüllten Formularen entnervt über den Schreibtisch. Am anderen Ende der Leitung meldet sich eine frische, ihr unbekannte Frauenstimme: «Guten Tag. Spreche ich mit Frau Spörri? Ich heisse Gabriela von Allmen und habe Ihre Telefonnummer von Iris Bachmann erhalten. Wir treffen uns regelmässig beim Mittagslunch des 'Women's Club'. Entschuldigen Sie, wenn ich Sie am Sonntag störe. Aber Iris hat mir letzten Mittwoch erzählt, dass Sie dringend eine Treuhänderin suchen, die mit den besonderen Gepflogenheiten des Buchhandels vertraut ist. Sie meinte, ich könnte Ihnen in dieser Hinsicht vielleicht nützlich sein, da zwei meiner Kundinnen Buchhändlerinnen sind. Ich hätte mich schon früher gemeldet, aber ich musste noch für drei Tage ins Ausland.» Maria atmet erleichtert auf: «Sie sind meine Rettung in der Not. Iris hat mich am Freitag über das Gespräch orientiert und Sie wärmstens empfohlen. Ich wollte Sie eigentlich nächste Woche selber anrufen. Denn ich stecke mitten in meiner Steuererklärung, die mir – nebst all der anderen Arbeit – ziemlich über den Kopf wächst. Hätten Sie vielleicht morgen einen freien Termin?»*

Seit dem Telefongespräch ist Marias Stimmung schlagartig gestiegen. «Was mache ich denn jetzt mit dem freien Sonntag-Nachmittag?» fragt sie sich beim Ordnen der Unterlagen für die kurzfristig angesagte Besprechung. «Eigentlich könnte ich ja wieder einmal die Sauna des Fitness-Centers benützen, das würde mir sicher gut tun. Teuer genug ist der Jahresbeitrag ja. Und vielleicht treffe ich Barbara Lotz, die ist am Sonntag meistens da. Ich wollte Sie schon lange einmal ganz unverbindlich fragen, ob es nicht möglich wäre, gemeinsam Lesungen zu organisieren. Sie hat ja einige interessante Talente in ihrem Verlag. Wenn diese Gabriela von Allmen die Buchhaltung übernimmt, habe ich endlich Zeit, mich um die Werbung zu kümmern. Und über ihre fachlichen Fähigkeiten muss ich mir wohl keine Gedanken machen. Bisher bin ich mit den Empfehlungen von Iris immer gut gefahren.» ●

Netzwerke: Die weiblichen Seilschaften der Einflussnahme

Netzwerke sind die wirksamste Form privater Frauenförderung. Denn in ihnen werden Wissen und Informationen gebündelt und anderen Frauen zugänglich gemacht. In ihnen können nützliche Kontakte geknüpft werden, die bei Bedarf direkt oder indirekt weiterhelfen. In ihnen werden weibliche Seilschaften gebildet, mit denen es leichter ist, den Strick in die eigene Richtung zu ziehen. Männer kennen und nutzen das Mittel der Netzwerke schon lange. Sie organisieren sich in Zünften und Studentenverbindungen, sind Mitglied im Kegelverein oder beim 'Lions Club'. Sie treffen sich regelmässig im Militär oder spielen zusammen Fussball. Und sie haben meistens keine Hemmungen, die eher offiziellen oder auch geselligen Anlässe zum Einholen von wichtigen Informationen, zum Knüpfen von Beziehungen und Bekanntschaften zu nutzen.

→ Orte
3. Quer durchs politische Labyrinth

So entstehen die sogenannten 'Oldboy-networks': Mann kennt sich, mann schätzt sich, mann fördert sich gegenseitig. Netzwerke waren übrigens nie eine reine Domäne der Männer. Auch Frauen haben ihren Wert schon früh erkannt. Ein Beispiel dafür sind die Frauenzünfte der Seidenspinnerinnen oder Bortenmacherinnen, die im Mittelalter in grösseren Städten wie Köln oder Paris existierten. Sogar in Zürich – im 14. Jahrhundert eine eher kleine Stadt – organisierten sich die Seidenweberinnen in einer eigenen Zunft. Sie konnte sich jedoch nicht lange halten. Denn die weibliche Konkurrenz störte die Geschäfte der Männer. Die Zunft wurde verboten. Mit der daraufhin einsetzenden Abwanderung der Seidenweberinnen wurde dieses frühe Netzwerk zerstört.

Zwar haben sich Frauen auch später immer wieder zusammengeschlossen – in meist karitativen Frauenvereinen oder in den Organisationen der Arbeiterinnen zu Beginn der Industrialisierung. Da den meisten Frauen jedoch der Zugang zu den Machtzentren von Politik und Wirtschaft versperrt war, konnten sie diese Netzwerke für ihre eigenen Bedürfnisse nur in geringem Masse nutzen. Bei den neuen Frauennetzwerken, die zuerst vor allem in den USA entstanden, ist dies anders. Sie sind heute ein wirkungsvolles Mittel, mit dem der weibliche Einfluss über Organisations- und Berufsgrenzen sowie inhaltliche Differenzen hinaus gestärkt werden kann. Die Frauennetzwerke – in der Schweiz entstanden sie vor allem in den achtziger Jahren – können sehr unterschiedlich sein. Aber sie haben eine gemeinsame Philosophie: «Wir nützen und unterstützen uns selbst, wenn es sonst niemand anderes tut.» Immer geht es bei diesen Netzwerken in der einen oder anderen Form um den Austausch von Fachwissen, Knowhow und Erfahrungen. Vertrauliche und nützliche Informationen werden weitergegeben. Bei geselligen Kontakten oder anlässlich der gemeinsamen Weiterbildung können wichtige Beziehungen geknüpft, Aufträge und Stellen gefunden oder vermittelt werden.

Die Formen der Frauennetzwerke und die Themen, die sie behandeln, sind so vielfältig wie die Interessen der einzelnen Frauen. Es gibt sehr kurzlebige Frauennetzwerke und solche mit einer langen Tradition. Es gibt lokale Frauennetzwerke und andere, die über die Grenzen hinweg funktionieren. Bei den einen steht ein spezielles Sachgebiet im Vordergrund. Die anderen wiederum fördern den Zusammenschluss von Frauen innerhalb der Firma, der Organisation oder des Berufes. Manche sind straff organisiert und finanzieren ihre Aktivitäten oder Publikationen mit einem Mitgliederbeitrag. Wieder andere funktionieren auf einer losen, weniger verbindlichen Ebene.

Netzwerke haben unterschiedliche Ziele und Aufgaben. Während es den einen Netzwerkerinnen völlig reicht, sich gelegentlich zum Frauenstammtisch zu treffen, bieten andere ein umfangreiches Programm an. Das kann von regelmässigen Treffen mit Referaten bis zu ausgedehnten Dienstleistungsangeboten wie Datenbanken, Informationsblättern, Weiterbildungsangeboten, Kongressen und Fachtagungen gehen.

So können diese Netzwerke aussehen

- Das 'European Women's Management Development Network (EWMD)' entstand 1984. Anstoss zur Gründung gab eine Tagung, an der sich eine internationale Gruppe von Frauen zusammenfand. Sie wollten Erfahrungen austauschen, wie mehr Frauen zu Managerinnen ausgebildet werden könnten. Inzwischen ist EWMD in 25 Ländern der Welt präsent und zählt über tausend Mitglieder. Die Verbandssprache des Netzwerkes ist Englisch. Im Gegensatz zu den meisten anderen Frauennetzwerken sind beim EWMD Männer ausdrücklich erwünscht. Da die obersten Etagen der Wirtschaft hauptsächlich von Männern bevölkert werden, können sie mit ihren Kontakten und Erfahrungen sehr nützlich sein.

- Die Freisinnigen Frauen der Schweiz (FFS) haben sich vor zwei Jahren innerhalb ihrer Partei in einer eigenen Organisation zusammengeschlossen. Ihr Ziel ist es, eine eigene bürgerliche Frauenpolitik zu entwerfen und gleichzeitig die Chancen der Frauen, die in der FDP Mitglied sind, zu verbessern.

- NEFU heisst das Netzwerk für Einfrau-Unternehmerinnen, das 1993 in Liestal gegründet wurde. Dieses Netzwerk steht allen jenen Frauen offen, die ihr Unternehmen ganz allein betreiben – etwa als Treuhänderin, Übersetzerin oder Grafikerin. Bei NEFU können Geschäftsfrauen Ansprechpartnerinnen für die unterschiedlichsten Alltags-, Berufs- oder Lebensfragen finden sowie praxisbezogene Erfahrungen, Informationen und Tips austauschen.

- Die Interessengemeinschaft feministischer Theologinnen der Deutschschweiz existiert seit 1991 als Verein. Die Initiantinnen kennen sich aber schon länger, da sie sich vorher in einem lockeren Netzwerk organisiert haben. Hauptziel der Interessengemeinschaft ist es denn auch, reformierte und katholische Theologinnen stärker untereinander zu vernetzen.

- In der 'Frauenlobby Städtebau' haben sich Frauen zusammengeschlossen, die sich im weitesten Sinne mit Städtebau befassen. Dazu gehören Architektinnen, Politikerinnen oder Sozialarbeiterinnen. Ihr Ziel ist es, mit Referaten, Artikeln und Aktionen darauf hinzuarbeiten, dass die Bedürfnisse der Frauen im Städtebau – zum Beispiel durch die Vermeidung einsamer, dunkler Unterführungen – vermehrt beachtet werden.

- Der überparteiliche Arbeitskreis 'Frau und Ökonomie' entstand 1994. Eine erste Veranstaltung war der Uruguay-Runde des GATT gewidmet. Das Netzwerk ist aus dem Aktionskomitee 'Schweizer Frauen für den EWR' hervorgegangen. Im neuen Arbeitskreis sind Frauen aus allen Parteien organisiert, die sich mit europa- und wirtschaftspolitischen Themen auseinandersetzen und sich öffentlich dazu äussern.

Die hier vorgestellte Auswahl an Netzwerken ist sehr klein. Es gibt noch unzählige weitere. Und fast täglich entsteht irgendwo auf der Welt ein neues Netzwerk. Lassen Sie sich von dieser Fülle nicht abschrecken, benützen Sie die Möglichkeiten, die Ihnen geboten werden.

Wie und wo finde ich mein Netzwerk?
Aktivieren Sie Ihr ganz persönliches Netzwerk. Das ist Ihr enger und weiterer Freundes- und Bekanntenkreis. Betrachten Sie diese Personen ruhig einmal aus einer anderen Perspektive als bisher: Was können oder wissen diese Frauen und Männer? Zu wem haben sie Kontakte?

Gerade wenn Sie als engagierte Frau durchs Leben weibeln, sind Sie auf Gesprächspartnerinnen angewiesen, die ähnliche Erfahrungen wie Sie selber haben. Die Vernetzung mit anderen Frauen, die ebenfalls beruflich, politisch oder kulturell besonders engagiert sind, ist wichtig – das hilft gegen

Vereinzelung und Einsamkeit. Esther Bührer, alt Ständerätin von Schaffhausen, erzählte an einer Tagung aus ihrer reichen Erfahrung: «Gerade weil Frauen nicht so verflochten sind, nicht in so vielen Kreisen eingebunden sind wie Männer, ist Vereinzelung eine Gefahr. Es ist wichtig zu wissen, dass man Leute braucht, mit denen man reden kann.»

Die aktive Netzwerkerin ist zudem mit einem persönlichen Adressenverzeichnis – oder ganz modern mit einem handlichen Adressencomputer – ausgerüstet. Ihre liebste Beschäftigung ist es, Adressen von Leuten zu sammeln, die sie im Beruf, im Verein, in der Politik, an Vernissagen oder im Privatleben kennenlernt. Selbstverständlich hat sie ihre eigene Visitenkarte immer dabei. Und scheut sich auch nicht, diese zu verteilen. Übrigens: Eine typografisch schön gestaltete Visitenkarte ist immer ein Plus. Wenn es aber schnell gehen soll, können Sie auch den entsprechenden Automaten benützen, der fast an jedem Bahnhof zu finden ist. Mit zwanzig Franken kommen Sie so günstig zu fünzig Visitenkarten.

- Fragen Sie Ihre Bekannten oder ArbeitskollegInnen, ob Sie ein Netzwerk kennen, das Ihren Bedürfnissen entspricht. Falls Sie mit dieser Methode nicht weiterkommen: Es gibt inzwischen schon etliche spezialisierte Nachschlagewerke – in der Schweiz zum Beispiel das Handbuch 'Wo Frauen sich erheben'. Auch das Gleichstellungsbüro in Ihrer Nähe oder Ihr Berufsverband kann vermutlich mit Adressen weiterhelfen. Lassen Sie Ihre Phantasie walten – es gibt sicher eine Person oder eine Stelle, die Ihnen weiterhelfen kann!

- Nach einer intensiven Recherche haben Sie festgestellt, dass es Ihr Netzwerk noch gar nicht gibt. Dann sollte Sie eigentlich nichts daran hindern, selbst eines zu gründen. Bevor Sie aber voll Elan schon einmal das Briefpapier Ihres Netzwerkes bei der Grafikerin in Auftrag geben, sollten Sie noch die Checkliste durchlesen.

Tips zum Weiterlesen

– Dick, Ulla: Netzwerke und Berufsverbände für Frauen. Ein Handbuch. rororo Sachbuch, Reinbek 1992/1994.
– Büchner, Karin: Handbuch Frauennetzwerke. Econ Praxis, Düsseldorf/Wien 1993.
– Verein Feministische Wissenschaft Schweiz (Hg.): Cherchez la femme. Bibliographie der Mitglieder. Bern 1993.
– Duttweiler, Catherine/Meier, Isabelle/Mühlemann, Käthi/Stutz, Heidi: Wo Frauen sich erheben. Daten, Fakten, Adressen aus der anderen Hälfte der Schweiz. Lenos Verlag, Basel 1990.
– Segerman-Peck, Lily: Frauen fördern Frauen. Netzwerke und Mentorinnen. Campus Verlag, Frankfurt/New York 1994.

Checkliste

Tips zur Gründung eines Netzwerkes

Mitstreiterinnen

- Nehmen Sie sich ruhig eine oder zwei Stunden Zeit. Schreiben Sie in einer Art 'Brainstorming' auf, was Sie mit Hilfe des Netzwerkes erreichen wollen. Und wer Ihre möglichen Mitstreiterinnen sein könnten. Sie wollen ein Netzwerk von selbständigen, über fünzigjährigen Buchhändlerinnen gründen? Dann macht es vermutlich wenig Sinn, in Gedanken Ihre vierzigjährige Freundin, die als Bauzeichnerin in einem Architekturbüro arbeitet, einzubeziehen. Wenn Sie jedoch ein breiter gefasstes Netzwerk 'Frauen in der Arbeitswelt' planen, liegen Sie mit Ihrer Freundin vielleicht richtig.

Eigene Interessen

- Wie auch immer Ihre Zielsetzung ist: Orientieren Sie sich an ihren eigenen Bedürfnissen. Was interessiert Sie selbst am meisten? Nur wenn Sie Ihre eigenen Interessen ins Zentrum stellen, werden Sie die nötige Ausdauer aufbringen, die es zur Gründung eines Netzwerkes braucht. Vergessen Sie eines nicht: Netzwerke sollen den beruflichen oder politischen Interessen und dem Fortkommen von Frauen dienen.

Netzwerke mit ähnlichen Zielen

- Sie wissen inzwischen, welche Ziele Sie mit Ihrem Netzwerk verfolgen wollen? Dann prüfen Sie erst einmal, ob es in Ihrer Umgebung nicht bereits ein Netzwerk oder einen Berufsverband mit gleichen oder ähnlichen Zielen gibt. Sie sind tatsächlich fündig geworden? Dann sollten Sie sich die Neugründung eines eigenen Netzwerkes schenken! Es kann sich auch lohnen, in ein schon bestehendes Netzwerk einzusteigen. Auch wenn nicht alle Ihre Vorstellungen gleich zu Beginn erfüllt werden. Es kommt auf Ihre eigene Tat- und Überzeugungskraft an, die anderen für Ihre Ideen zu gewinnen. Der Einstieg in bereits bestehende Netzwerke ist auf jeden Fall weniger arbeitsintensiv als der komplette Neuaufbau. Eine andere Möglichkeit: Ihr Wunsch-Netzwerk existiert zwar, aber nicht in Ihrer Region. Nehmen Sie trotzdem Kontakt mit den Verantwortlichen auf, und schlagen Sie Ihnen eine 'Filiale' an Ihrem Wohnort vor.

- Sie wollen immer noch ein eigenes Netzwerk auf die Beine stellen? Dann sollten Sie sich nicht scheuen, mit den Gründerinnen oder Leiterinnen bestehender Netzwerke Kontakt aufzunehmen. Diese können Ihnen manchen guten Tip zur erfolgreichen Umsetzung Ihrer Idee geben.

Informationen beschaffen

- Verteilen Sie die Arbeit auf möglichst viele Schultern. Denn vor Ihnen liegt ein langer Weg mit viel ehrenamtlicher, organisatorischer und konzeptioneller Arbeit. Blättern Sie Ihr Adressbuch wieder einmal durch. Wer von Ihren Freundinnen, Kolleginnen oder Bekannten könnte gewonnen werden? Sicher kennen Sie noch Frauen aus der Ausbildung oder vom Studium. Es kann auch hilfreich sein, wenn sie prominente Frauen – auch solche mit einem grossen Bekanntenkreis oder mit Zugang zu den Medien – frühzeitig einbeziehen. Mit der Suche nach Netzwerkarchitektinnen knüpfen Sie bereits wichtige Netze.

Arbeit aufteilen

- Sie wissen nun, was Sie wollen. Und zudem haben Sie Mitstreiterinnen für Ihr Projekt gefunden. Dann sollten Sie jetzt dem Netzwerk eine Struktur geben. Soll es ein loser Zusammenschluss bleiben? Oder ist es vielleicht nicht doch besser, einen Verein zu gründen? Mit einer realistischen Zielsetzung und Zeitplanung können Sie sich übrigens manchen Frust ersparen. Schaffen Sie sich Höhepunkte in Ihrer Netzwerkarbeit. Das motiviert und hilft über Durststrecken hinweg.

Struktur

➔ Werkzeuge
14. Gemeinsam statt einsam

- Je mehr Frauen und Männer von Ihrem Netzwerk Kenntnis bekommen, desto besser. Unterschätzen Sie darum eine gute Öffentlichkeitsarbeit nicht. Sie können die offizielle Gründung Ihres Netzwerkes mit einem Communiqué der Lokalpresse bekanntgeben. Oder eine nationale Medienkonferenz organisieren. Welchen Weg Sie wählen, bleibt Ihnen überlassen. Zudem sollte er Form und Ziel Ihres Netzwerkes angepasst sein. Vergessen Sie jedoch auf keinen Fall die spezialisierten Zeitschriften und Magazine (Frauenzeitungen, Fachblätter von entsprechenden Berufsverbänden oder Wirtschaftsmagazine).

Öffentlichkeitsarbeit

➔ Werkzeuge
9. Ach wie gut, dass niemand weiss...

Zusammenarbeit

- Wenn Ihr Netzwerk Erfolg haben soll, reichen eine gute Medienarbeit und einige Mitglieder meistens nicht aus. Halten Sie immer auch Ausschau, mit wem Sie zusammenarbeiten könnten. Scheuen Sie die Zusammenarbeit mit anderen Netzwerken nicht. Denn grössere Veranstaltungen sind alleine häufig nicht zu bewältigen. KooperationspartnerInnen könnten Sie zum Beispiel auch in Firmen finden, mit denen Sie einzelne Projekte durchführen. Bekannte Persönlichkeiten oder Fachleute sollten Sie ebenfalls anpeilen. Vielleicht suchen Sie ja für Ihre erste Jahresversammlung eine Referentin? Und nicht zuletzt: Arbeiten Sie auch mit Männern zusammen, wenn es Ihrer Sache nützt!

Machen Sie Platz, Monsieur!

16

So wird die Frauenpräsenz in Gremien erhöht

«Nehmen Sie Platz, Madame!» lautete ein Slogan der Frauen bei den Nationalratswahlen von 1991. Der andere hiess: «Machen Sie Platz, Monsieur!» Diese beiden Slogans sind in sich stimmig. Es ist höchste Zeit, dass Frauen sich endlich auf den ihnen zustehenden Bänken, Stühlen und Sesseln niederlassen. Und die Männer folgerichtig einige der vielen Plätze räumen, die sie schon seit Jahrhunderten besetzen. Mit dem galanten Entgegenkommen der Männer können die Frauen jedoch nicht rechnen. Wer räumt schon freiwillig und begeistert einen Stuhl, der ihm Geld, Macht und Würde garantiert? Trotzdem ist es möglich, den Frauenanteil in den Gremien zu erhöhen.

● *«Ich mach nicht mehr mit, ich habe es satt!» Dieser Satz rotiert seit einer halben Stunde durch den Kopf von Susanne Weber. «Einmal mehr das gleiche fiese Spiel.» Susanne Weber ist seit einem Jahr Mitglied der örtlichen Bau- und Planungskommission (BPK). Zu Beginn der Amtsperiode hatte sich die Bauzeichnerin noch sehr geschmeichelt gefühlt, dass die 'Zukunftspartei' ausgerechnet ihr den Kommissionssitz zugehalten hatte. Doch die Freude ist bald grossem Frust gewichen. Und in letzter Zeit hat sie sich schon mehrmals überlegt, ob sie nicht zurücktreten soll. Als einzige Frau in der Kommission eckt Susanne Weber mit ihren Vorschlägen und Forderungen konstant an. Kürzlich hat sie sich bei der Planung des Neubauquartiers vehement gegen die drei vorgesehenen Unterführungen gewehrt. «Gerade für Frauen und Kinder sind Unterführungen ein Horror und sehr gefährlich. Streifen und Ampeln sind die bessere Lösung.» Der Präsident hatte nur leicht belustigt den Kopf geschüttelt und zu den übrigen BPK-Mitgliedern bemerkt: «Vielleicht sollte Frau Weber, bevor sie die ganze Planung auf den Kopf stellen will, doch einmal ein paar Zahlen über Unfälle auf Zebrastreifen ansehen. Immerhin liegen die entsprechenden Statistiken den Unterlagen ja bei. Hat noch jemand einen Einwand? Dann gehen wir zum nächsten Traktandum.»*

Und heute ist sie erneut an der Männerphalanx gescheitert. Die Neugestaltung des Dorfplatzes stand zur Debatte. Sie hatte konkrete Vorschläge gemacht: Statt der vorgesehenen Parkplätze für Autos eine Spielwiese für Kinder, mehr Raum für die Fussgänger und Fussgängerinnen, Sitzgelegenheiten vor dem Dorfladen. Bei jedem Vorschlag hatten die Männer den Kopf geschüttelt und ihn schliesslich diskussionslos abgelehnt. «Wenn wenigstens noch eine zweite Frau an den Sitzungen dabei wäre! Dann könnten sich die Machos nicht mehr so leicht vor einer Diskussion drücken. Und ich würde mit meinen Gedanken und Ideen nicht mehr so alleine dastehen. Doch: Wie bringe ich es fertig, die Zusammensetzung der Kommission zu verändern?» ●

So wie Susanne Weber geht es vielen Frauen, die sich engagieren. Immer noch gibt es viele Gremien in Bund, Kantonen und Gemeinden, in denen nur Männer sind. Oder Kommissionen, in denen eine einzige Frau zwanzig Männern gegenübersitzt. Leider sind viele Menschen immer noch der irrigen Meinung, mit der Wahl einer Frau in ein Gremium sei die Sache geritzt – und man könne wieder zur Tagesordnung übergehen. Damit ist der Gleichstellung jedoch keineswegs Genüge getan. Die Veränderungen, die die sogenannten 'Alibifrauen' in Räten und Kommissionen bewirken können, sind minim. Denn sie sind meistens isoliert und können kaum eigene Spielräume entwickeln. Zudem werden sie in eine schwierige Rolle gedrängt: Als einzige Frau müssen sie alle übrigen Frauen vertreten.

Wer wirklich etwas in Bewegung bringen will, sollte deshalb dafür sorgen, dass in Ausschüssen, Fachgruppen, Kommissionen, Verwaltungsräten und Vorständen mehrere Frauen präsent sind – möglichst ebensoviele wie Männer. Das geschieht jedoch nicht von selbst. Dazu braucht es Überzeugungsarbeit und Bewusstseinsbildung, bei den Männern wie bei den Frauen. Und zudem müssen einige strukturelle Hindernisse, die den Frauen immer wieder den Weg versperren, weggeräumt werden. Als Beispiel sei hier nur das absolut ungenügende Angebot bei der Kinderbetreuung erwähnt. Solange diese Barrieren bestehen, müssen die Frauen speziell gefördert werden, damit sie in den Gremien tatsächlich mitarbeiten können.

Und diese Mitarbeit ist mehr als notwendig. Die einseitige Zusammensetzung vieler Gremien ist in verschiedener Hinsicht negativ. Erstens widerspricht sie dem Grundsatz der Gleichstellung von Frau und Mann. Zweitens werden die Themen und Probleme nur aus einem männlichen Blickwinkel analysiert und diskutiert. Die Sicht der Frauen, die aufgrund ihrer Lebenserfahrungen meistens anders ist als jene der Männer, wird nicht wahrgenommen. Und drittens werden in männerdominierten Gremien häufig Entscheide getroffen, die in erster Linie Männern zugute kommen. Wer die Zusammensetzungen unserer Kommissionen kennt, wundert sich nicht mehr, warum die öffentlichen Gelder oftmals so einseitig zugunsten der Männer verteilt werden.

Es gibt nicht nur ein Mittel, um die Präsenz der Frauen in den Gremien zu erhöhen – und nicht nur eine erfolgreiche Strategie. Auch wenn Sie selber noch nicht Mitglied eines Gremiums sind, können Sie sich einmischen.

Generelle Mittel zur Erhöhung der Frauenpräsenz

Bewusstseinsbildung

Wer Veränderungen erreichen will, muss zuerst das Bewusstsein dafür schaffen, dass diese Veränderungen auch nötig und wünschenswert sind. Intensive Diskussionen sind angesagt. Frauenförderung ist nach wie vor – nicht nur in vielen Gremien – umstritten. Zeigen Sie zum Beispiel Ihren Verwandten, ArbeitskollegInnen oder ParteifreundInnen auf, dass Entscheide sinnvollerweise von Frauen und Männern gefällt und mitgetragen werden sollten. Denn sonst fehlt eine wichtige Grundlage: Die Erfahrungen und die Lebenszusammenhänge der Frauen. Zur Bewusstseinsbildung gehört auch, dass Sie Ihren GesprächspartnerInnen die vielfach hohen Barrieren, die den Frauen im Weg stehen, klar machen. Viele Menschen wissen gar nicht, dass Frauen oft eigentliche Hindernisläufe hinter sich bringen müssen, bevor sie sich überhaupt engagieren können. Thematisieren Sie zudem ohne Scheu die Machtfrage. Es ist logisch und keineswegs ungerecht, dass einige Männer Platz machen müssen, damit endlich mehr Frauen in den Gremien mitarbeiten können.

Frauenarbeitsgruppe, Frauenbeauftragte

Mit einer Frauenarbeitsgruppe kommen Sie schneller und besser zum Ziel. Eine solche Gruppe kann für die Frauen viel in Bewegung setzen – allein schon durch die Tatsache, dass es die Gruppe überhaupt gibt. Sie kann Frauen motivieren, ein Amt zu übernehmen. Sie kann ihnen in schwierigen Zeiten den notwendigen Rückhalt geben, um Widerstände und Durststrecken zu überwinden. Doch auch ganz konkrete Verbesserungen kann eine Frauenarbeitsgruppe leichter erreichen als eine Einzelperson – etwa Sitzungszeiten, die auf Elternpflichten Rücksicht nehmen. Oder einen Kinderhütedienst bei grösseren Anlässen. Auch auf die Arbeit der Gremien kann die Gruppe Einfluss nehmen. Wie wäre es zum Beispiel mit einem Antrag, dass die Kommissionen in Zukunft die Frauenaspekte eines Themas speziell beachten müssen, oder der Forderung, dass alle internen und externen Berichte geschlechtsneutral formuliert werden? Optimal ist es, wenn Sie die Möglichkeit haben, eine Frauenbeauftragte anzustellen. Sie kann die verschiedenen Förderungsmassnahmen begleiten, koordinieren und vernetzen.

Kurse zur Stärkung des Selbstbewusstseins

Viele Frauen schrecken davor zurück, ein öffentliches Amt zu übernehmen – auch wenn sie dafür besonders gut geeignet wären. Sie zweifeln an ihren eigenen Fähigkeiten, das notwendige Selbstvertrauen fehlt ihnen. Dieses Handicap kann jedoch behoben werden. Es gibt spezielle Kurse (zum Beispiel bei Erwachsenenbildungs-Institutionen oder Büros für Frauenförderung), in denen Frauen lernen können, ihr Selbstbewusstsein zu stärken und ihre Fähigkeiten zu entwickeln.

Langfristige Personalplanung

Kurse alleine genügen nicht. Um den Frauenanteil in den Gremien zu erhöhen, braucht es eine langfristige und frauengerechte Personalplanung. Vor allem Parteien und politische Vereinigungen sollten diesem Punkt spezielle Aufmerksamkeit schenken. Die Erfahrung zeigt, dass es wenig Sinn macht, Frauen erst kurz vor dem Wahltermin anzufragen, ob sie Interesse an der Mitarbeit in einer Kommission oder einer Schulinspektion haben. Die Antwort lautet in diesen Fällen meistens

'Nein'. Frauen entschliessen sich eher zur Mitarbeit in einem Gremium, wenn sie Zeit zum Überlegen haben und sich ein Bild davon machen können, was auf sie zukommt. Sorgen Sie deshalb dafür, dass interessierte Frauen die Gelegenheit erhalten, an einer Sitzung oder Veranstaltung des entsprechenden Gremiums teilzunehmen.

Quoten

Quoten sind ebenfalls ein gutes Mittel, um den Frauenanteil in Gremien zu erhöhen. Sie garantieren, dass eine bestimmte Zahl von Plätzen für Frauen reserviert sind. Diese Forderung stösst jedoch oft auf Widerstand. Die Freiheit der Wahl werde durch Quoten zu sehr eingeschränkt, ist ein häufig vorgebrachtes Argument. In der Politik sind Quoten in der einen oder anderen Form jedoch schon seit Jahrzehnten akzeptiert. Sie bieten Gewähr dafür, dass auch regionale oder sprachliche Minderheiten Zugang zur Macht haben und mitentscheiden können. Der Anspruch der Romandie und des Tessins, in wichtigen Gremien wie dem Bundesrat ebenfalls vertreten zu sein, ist jedenfalls unbestritten.

Welche Form und Höhe der Quote Sie bevorzugen, bleibt Ihnen überlassen. Es gibt in diesem Bereich keine allgemeingültigen Regeln. In der einen Kommission kann während einiger Zeit eine 30-Prozent-Quote sinnvoll sein, in der anderen eine 50-Prozent-Quote. Vielleicht bringt es Ihnen jedoch mehr, wenn Sie bei den Medienauftritten eine Quote verlangen. Einmal vertritt ein Mann die Kommission in der Öffentlichkeit, das nächste Mal eine Frau. Denken Sie zudem daran: Eine einmal festgelegte Quote ist nicht für ewig gültig. Sie können Sie jederzeit verändern, wenn die Verhältnisse dies erfordern.

Beschränkung der Amtszeit und der Ämterkumulation

Setzen sie sich für Amtszeitbeschränkungen in Gremien ein. Da die Plätze regelmässig freigemacht werden müssen, ist die Chance gross, dass Frauen nachrücken können. Zudem sind viele Frauen eher bereit, ein zeitlich begrenztes Amt zu übernehmen.

Auch das Verbot von Ämterkumulationen ist ein geeignetes Mittel, um den Frauenanteil in Gremien generell zu erhöhen. Denn gerade in der Politik findet man heute noch viele

Männer, die gleichzeitig verschiedenste Ämter innehaben und in diversen Gremien mitmischen. Damit schaffen sie sich ein breites Netz, das manchmal auch 'Filz' genannt wird. Das Verbot von Ämterkumulationen ist nicht nur aus diesem Grund sinnvoll. Es schafft auch freie Plätze in Gremien. Dadurch erhalten viel mehr Menschen als vorher die Möglichkeit, sich aktiv zu engagieren.

Wahlen

Parteien und politische Vereinigungen können Wahlen dazu benützen, den Frauenanteil in den Parlamenten zu erhöhen. Es gibt verschiedene Methoden, um dieses Ziel zu erreichen. Dazu gehört die Bevorzugung der Kandidatinnen auf den Wahllisten und im Wahlkampf. Auch mit Frauenlisten konnten schon einige Erfolge erzielt werden. Oft ist es auch sinnvoll, einen Frauenwahlausschuss zu bilden, der über ein eigenes Budget verfügt. Ein solcher Ausschuss bietet Gewähr dafür, dass die Kandidatinnen im Wahlkampf möglichst gut unterstützt werden. Es genügt übrigens nicht, Frauen zu motivieren und bei ihrer Wahl zu unterstützen. Genauso wichtig ist die Betreuung von Frauen nach einer Wahl. Frauen sollen nicht alleingelassen, sondern gestützt und begleitet werden.

➔ Werkzeuge
17. Diese Wahl ist unsere Wahl

Tips für Mitglieder von Gremien

Wenn Sie schon Mitglied eines Gremiums sind, stehen Ihnen noch weitere Mittel zur Verfügung, die Sie benutzen können.

Seelenmassage

Sprechen Sie mit anderen Frauen, denen es ähnlich geht, über Ihre Situation. Organisieren Sie sich eine Unterstützungsgruppe. Lassen Sie sich von erfahreneren Frauen beraten. Suchen Sie das Gespräch. Lassen Sie sich nicht unterkriegen!

Zusammenarbeit unter Frauen

Sitzen mehrere Frauen in einem Gremium, ist die gemeinsame Zusammenarbeit zentral. Da Frauen in Gremien anders funktionieren als Männer, sind Vorbesprechungen und Lobbying wichtig, um insbesondere Frauenanliegen zum Durchbruch zu verhelfen. Frauen können sich gegenseitig stützen und motivieren.

➔ Wege
4. Pendlerinnen zwischen zwei Welten

Ist-Zustand abklären

Es ist zwar schön, wenn in der Bundesverfassung deutsch und deutlich steht, dass Frauen und Männer Anspruch auf gleichen Lohn für gleichwertige Arbeit haben. Das nützt den Frauen jedoch erst etwas, wenn Massnahmen ergriffen werden, um dieses Recht durchzusetzen. Solange das nicht geschieht, erhalten sie weiterhin bis zu einem Drittel weniger Lohn. Solch wunderbare Formulierungen können Sie auch in vielen Statuten oder Reglementen finden. In der Wirklichkeit sieht manches jedoch ganz anders aus. Bevor Sie beginnen, erste Massnahmen zur Frauenförderung in Ihrem Ausschuss oder Ihrer Kommission zu planen und umzusetzen, sollten Sie daher erst einmal zur Lupe greifen. Studieren Sie das Objekt Ihres Engagements genau: Wie ist die Kommission zusammengesetzt, wer hat das Sagen? Wie funktioniert sie, wie oft trifft sie sich? Welche Probleme hat sie? Wie müsste die Kommission aussehen, damit Frauen sich darin wohl fühlen? Welche Massnahmen müssen wir ergreifen, damit wir das Ziel erreichen? Gibt es gültige Regeln, die uns dabei unterstützen? Bis wann ist eine solche Änderung realistischerweise durchführbar? Wer kontrolliert, ob die Ziele erreicht wurden? Wie oft wird diese Kontrolle durchgeführt? Wer ist dafür zuständig, dass die notwendigen Anpassungen gemacht werden?

Familien- und frauenverträglicher Gremienalltag

Setzen Sie sich für frauenfreundliche Sitzungszeiten ein! Denn es ist ebenso wichtig, dass Frauen mit (Klein-)Kindern an den Sitzungen teilnehmen können wie Erwerbstätige. Kinderhütedienste sind zum Beispiel bei grösseren Anlässen kein Luxus! Sorgen Sie dafür, dass die Arbeitsformen des Gremiums den Frauen angepasst werden. Frauen arbeiten lieber teamorientiert – mit möglichst wenig Hierarchien und Formalismen.

Verhindern Sie den Ideenklau!

Frauen verhalten sich in Gremien anders als Männer. Sie sind kommunikativer und arbeiten lieber mit anderen zusammen statt gegeneinander. Deshalb sind sie auch schneller bereit, mit ihren Forderungen zurückzustehen und Kompromisse zu schliessen. Sie unterbrechen ihre GesprächspartnerInnen seltener und gehen mehr auf die Inhalte ein als Männer. Damit stützen sie ihre VorrednerInnen im Gespräch. Dieses im Prinzip positive Verhalten hat jedoch Nachteile: Es geschieht häufig, dass Ideen von Frauen in der Diskussion sang- und klanglos untergehen. Wenn aber ein Mann die gleiche Idee kurze Zeit später aufgreift und vorbringt, wird sie beachtet. Und dann ist es selbstverständlich seine Idee. Wenn Sie Mitglied eines Gremiums sind, sollten Sie auf solche Mechanismen achten. Dann können Sie den Ideenklau verhindern – sowohl bei sich selbst wie bei anderen Frauen.

→ Werkzeuge
6. Auf dem Weg zu Tribüne, Podium und Mikrofon

Job-Sharing

Frauen sind aufgrund ihrer Doppel- oder Dreifachbelastung durch Beruf, Kinder und Haushalt oftmals nicht in der Lage, zusätzliche Arbeiten zu übernehmen. Um die Last eines Amtes auf mehrere Köpfe zu verteilen, bietet sich eine Aufteilung, eine Job-Sharing-Lösung an. Ein Verein zum Beispiel kann in der Regel völlig problemlos von zwei oder mehr Personen geleitet werden. Koordinationsprobleme sind zwar nicht auszuschliessen. Sie werden jedoch durch den Vorteil aufgewogen, dass die individuellen Fähigkeiten der Einzelnen besser zur Geltung kommen.

Die fleissige Fee im Hintergrund

Das klassische Rollenverständnis prägt auch die Gremien. Achten Sie darauf, welche Arbeiten Sie übernehmen! Denn sehr oft sind es Frauen, die im Hintergrund den Grossteil der Arbeit erledigen. Sie haben jedoch kaum Einfluss auf die Entscheidungen und sind auch gegen aussen nicht präsent. Die Männer hingegen ernten die Lorbeeren, da sie die Arbeit gegen aussen vertreten. Wagen Sie sich, nach vorne zu stehen, öffentlich zu sprechen und in einem Gremium nicht nur im Hintergrund zu arbeiten. Leiten Sie Sitzungen, und vertreten Sie Ihre Meinung gegenüber den Medien. Überlassen Sie die Machtfragen nicht den Männern allein – mischen Sie sich ein!

→ Werkzeuge
8. Heute abend ist Sitzung…

Öffentlichkeitsarbeit, Medienpräsenz

Frauen sollten in den Medien ebenso präsent sein wie Männer – und die gleichen Profilierungsmöglichkeiten haben. Denn durch die Medien wird auch das Bild der Frauen in der Öffentlichkeit geprägt. Deshalb sollten Sie darauf achten, dass auch

Frauen die Beschlüsse des Gremiums gegen aussen vertreten und für Rückfragen als zuständige Fachpersonen auftreten. Fördern Sie deshalb ganz gezielt Medienauftritte von Frauen! Jene Ihrer Kolleginnen oder auch Ihre eigenen. Wichtig dabei ist, dass Sie und die anderen Frauen des Gremiums sich dabei nicht auf Frauenanliegen reduzieren lassen. Durch die Gremienarbeit wird jede Frau zur Fachfrau – wie auch jeder Mann zum Fachmann wird.

➔ Werkzeuge
9. Ach wie gut, dass niemand weiss...

Literaturhinweise

- Eidgenössische Kommission für Frauenfragen (Hg.): Frauen ins Parlament! Ein Leitfaden für Parteien, Frauenorganisationen und Medien zu den Eidgenössischen Wahlen 1995. Bern 1994.
- Eidgenössische Kommission für Frauenfragen (Hg.): Nehmen Sie Platz, Madame. Die politische Repräsentation der Frauen in der Schweiz. Bern 1990.
- Eidgenössische Kommission für Frauenfragen (Hg.): Analyse der Nationalratswahlen 1991. In F-Frauenfragen 3/92, Bern 1992.
- Eidgenössische Kommission für Frauenfragen (Hg.): Quoten – besser als ihr Ruf. Das umstrittene Mittel zur Verwirklichung der Gleichstellung von Frau und Mann. In: F-Frauenfragen 1/1988.
- SP-Frauen (Hg.): Zehn Jahre Gleichberechtigung – und noch nicht weiter: Aktionsprogramm zur Gleichstellung von Frau und Mann in Politik, Beruf und Gesellschaft. Bern 1991.
- Kantonale Frauenkommission und Kantonale Stelle für die Gleichstellung von Frauen und Männern: Auf die Plätze – Frauen – los! Politische Frauenförderung konkret. Bern 1993.

Diese Wahl ist unsere Wahl

An der Urne und im Wahlkampf

Ein wichtiger staatspolitischer Grundgedanke der schweizerischen Demokratie ist, dass die Parlamente möglichst die ganze Vielfalt der Bevölkerung, der Regionen, Landessprachen, politischen Meinungen und der Interessenverbände widerspiegeln sollen. Doch auch mehr als zwanzig Jahre nach Einführung des Frauenstimmrechts beträgt der Anteil der Regierungsrätinnen und Parlamentarierinnen zwischen Null (in den meisten Regierungen) und höchstens 35 Prozent (in wenigen Gemeindeparlamenten). Es gibt viele Ursachen für diese Untervertretung der Frauen. So werden sie durch zahlreiche gesellschaftliche Barrieren von einem politischen Engagement abgehalten. Etliche Frauen haben schon grosse Schwierigkeiten, Familie und Beruf miteinander zu vereinbaren. Denn immer noch sind es die Frauen, die den grössten Teil der Haus- und Betreuungsarbeit machen. Neben diesem Berg von Arbeit noch ein politisches Amt zu übernehmen, ist für viele von ihnen schlicht nicht möglich. Oft mangelt es den Frauen zudem – bedingt durch die Erziehung – an Selbstbewusstsein. Es fehlen ihnen aber auch einflussreiche Lobbies, die sie im Wahlkampf unterstützen. Dazu kommt, dass Kandidatinnen viel geringere Wahlchancen haben – und das auch wissen. Bei der Wahl in den Nationalrat beispielsweise können sich die Männer gute Chancen ausrechnen: Von hundert Kandidaten werden zehn gewählt. Bei den Frauen hingegen schafften 1991 von hundert Kandidatinnen nur vier den Sprung ins Parlament.

Doch seit der Bundesrätinwahl vom März 1993 hat sich auch in diesem Bereich einiges geändert. Die Empörung vieler Menschen über die arroganten Ränkespiele des von Männern dominierten Nationalrates hat sich bei den folgenden kommunalen und kantonalen Wahlen niedergeschlagen. Seither haben die Frauen deutlich mehr Sitze erkämpft als vorher. Denn viele Frauen haben begriffen: Wir sind eine Macht – und wenn wir wollen, kommt vieles ins Rollen.

Es ist nicht nur eine Frage der Gerechtigkeit, dass die Frauen in den politischen Institutionen besser vertreten sein müssen, sondern eindeutig auch eine der Qualität. Denn erst wenn der Frauenanteil in einem Gremium über 30 Prozent

Vormarsch der Frauen bei Wahlen seit März 1993 (Bundesrätinwahl)

7. März 1993
Kantonale Wahlen Aargau:
63 der 200 Sitze im Parlament werden von Frauen erobert.
Kantonale Wahlen Solothurn:
Massive Gewinne der Frauen. Ihr Anteil im Parlament steigt von 10% auf 35%.
Kantonale Wahlen Wallis:
14 Frauen werden gewählt, ihr Anteil im Parlamente steigt somit von 6,1% auf 10,8%.

18. April 1993
Kantonale Wahlen Neuenburg:
Die Frauen besetzen neu 32 statt bisher 16 Sitze im Parlament, ihr Anteil steigt somit von 13,9% auf 27,8%.

7. März 1994
Im Zürcher Stadtrat regieren neu drei statt zwei Frauen.
Ursula Koch (SP), Kathrin Martelli (FDP) und Monika Stocker (Grüne).
Aurelia Favre (SP) zieht als erste Frau in den Winterthurer Stadtrat ein.

steigt, wird die weibliche Sicht der Dinge in den Diskussionen und schliesslich in den Gesetzen vermehrt berücksichtigt. Diese Ergebnisse einer amerikanischen Untersuchung erklären auch, warum es nur selten gelingt, in der Politik die Anliegen der Frauen zu einem wichtigen Thema zu machen.

● *Auch Anna Meier, Juristin und Mutter zweier Kinder, stand damals am 10. März 1993 auf dem Bundesplatz und demonstrierte – übrigens zum ersten Mal in ihrem Leben – für eine Frau im Bundesrat. Ihre Wut über die Nichtwahl von Christiane Brunner war so gross, dass sie selbst über deren Heftigkeit staunte. Aber seit damals sieht sie die Welt mit anderen Augen. Ist ihr täglicher Balanceakt zwischen den Anforderungen ihrer Kinder und jenen der 60-Prozent-Stelle als Gerichtsschreiberin wirklich nur ihr privates Problem? Warum fand sie damals, als die Kinder noch klein waren und sie ihr erstes Praktikum machte, keinen Platz in einer Kinderkrippe? Warum wurde ihr bei der Exportfirma, wo sie als juristische Mitarbeiterin angestellt war, ein jüngerer Kollege vor die Nase gesetzt? Dabei war sie eindeutig besser qualifiziert und hätte diese Funktion sehr gerne übernommen. War er wirklich besser? Alles Zufall? Sie hat heute ihre eigenen Gedanken zu diesem Thema. Deshalb hat sie sich auch entschlossen, obwohl sie schon über 40 Jahre alt ist, sich endlich selbst zu engagieren. Sie ist überzeugt davon, dass ihre Stadt, die Schweiz, ja die Welt generell anders aussehen würde, wenn mehr Frauen in den politischen Institutionen ihre Sicht einbringen und mitentscheiden könnten.* ●

Anna Meier hat mehrere Einflussmöglichkeiten, um den Anteil der Frauen in Kommissionen, Parlamenten und Regierungen zu erhöhen. Drei davon sollen hier vorgestellt werden:

- Sie kann als Wählerin gezielt Frauen bevorzugen.
- Sie kann sich als Kandidatin selbst zur Wahl stellen.
- Sie kann sich als Wahlhelferin engagiert für Kandidatinnen einsetzen.

13. März 1994
Bei den Landratswahlen in Nidwalden gewinnen die Frauen neu 14 statt bisher 9 Sitze. Ihr Anteil im Parlament steigt damit auf 20%.

28. März 1994
Im Kanton Baselland zieht Elsbeth Schneider (CVP) als erste Frau in den Regierungsrat ein.

25. April 1994
An der Landsgemeinde macht der Kanton Appenzell AR Riesenschritte vorwärts: Die WählerInnen geben Marianne Kleiner (FDP) und Alice Scherrer (FDP) vor den männlichen Konkurrenten die Stimme. Somit ist Appenzell AR der zweite Kanton, der zwei Frauen in der Regierung zählt.

1. Mai 1994
Auch bei den Kantonsratswahlen von Appenzell AR legen die Frauen zu. Neu sind 10 statt bisher 6 Frauen im Parlament mit von der Partie.

Als Wählerin: Den Stimmzettel gezielt für Frauen nutzen

Als Wählerin können Sie und Anna Meier den Stimmzettel gezielt für die Unterstützung von Kandidatinnen nutzen.

Eine kleine Einführung ins Wahlsystem

Das Wahlsystem bietet einige Möglichkeiten, etwas gegen die Untervertretung von Frauen in den politischen Behörden zu unternehmen. Doch dazu müssen Sie einiges über das Wahlsystem wissen.

Majorz

Das Majorzwahlrecht (auch Mehrheitswahlrecht genannt) wird bei den meisten Regierungswahlen auf Gemeinde- und Kantonsebene angewandt. Um überhaupt als gewählt zu gelten, muss die Kandidatin oder der Kandidat die absolute Mehrheit (die Hälfte plus eine) der abgegebenen Stimmen erhalten. Es ist möglich, dass mehr KandidatInnen das Quorum erreichen als Plätze zur Verfügung stehen. In diesem Fall sind jene mit den meisten Stimmen gewählt. Dieses Wahlrecht bevorzugt grosse Parteien und bekannte Persönlichkeiten.

Proporz

Das Proporzwahlrecht (auch Verhältniswahlrecht genannt) gilt bei der Wahl des Nationalrates und bei den meisten kantonalen und kommunalen Parlamentswahlen. Auch die Regierungen der Kantone Tessin und Zug sowie einige Gemeindeexekutiven werden nach dem Proporz gewählt. Beim Proporzwahlrecht ist in erster Linie der WählerInnenanteil der einzelnen Listen (Parteien) entscheidend. Wenn eine Partei bei der Wahl zum Beispiel vierzig Prozent der abgegebenen Stimmen erhält, hat sie im Parlament auch eine entsprechende Anzahl Sitze zugut. Je nach kantonalen Gepflogenheiten sind Listenverbindungen möglich. Das heisst: Die Stimmen der untereinander verbundenen Listen werden bei der Mandatsverteilung zusammengezählt. Bei der Zuteilung der Mandate pro Wahlkreis gelten zuerst die Listenstimmen. In einer zweiten Ausmarchung machen dann jene KandidatInnen innerhalb der Liste das Rennen, die die meisten Stimmen erhalten haben. Das Proporzwahlverfahren ist übrigens eine Errungenschaft des Landesstreiks von 1919. Es stellt nicht nur eine gerechteres Verhältnis von abgegebenen Stimmen und Mandaten her. Es bietet für die Wahl von Frauen auch eindeutig bessere Voraussetzungen.

Als Wählerin bestimmen Sie also,

1. welcher Parteiliste Sie im Parlament zu Sitzen verhelfen wollen,
2. wer von den KandidatInnen auf einer Liste gewählt wird.

Die Reihenfolge der KandidatInnen auf den einzelnen Listen ist keineswegs sakrosankt, sondern veränderbar – wenn Sie es wollen! Denn Sie können die Listen bei der Wahl gehörig durcheinanderwirbeln, indem Sie einzelne KandidatInnen bevorzugen. Das hat zur Folge, dass nicht in jedem Fall jene KandidatInnen gewählt werden, die auf der Liste zuvorderst aufgeführt sind. Mit der nötigen Unterstützung der WählerInnen kann auch ein 'Schlusslicht' bei der Auszählung der Stimmen die Nase plötzlich ganz vorne haben.

Als Wählerin können Sie Ihre persönlichen Vorlieben durch verschiedene Massnahmen ausdrücken.

Kumulieren

- Sie können auf einer Liste Ihrer Wahl KandidatInnen kumulieren. Das heisst: Sie verdoppeln (oder je nach kantonaler Besonderheit verdreifachen) den Namen einer Kandidatin. Falls eine vorgedruckte Liste vollständig ist, müssen dafür ein bis zwei andere Namen von KandidatInnen gestrichen werden. Leere Linien zählen als Listenstimmen – diese Linien werden der (Partei-) Liste als Stimmen angerechnet.

Panaschieren

- Sie haben auch die Möglichkeit zu panaschieren. Beim Panaschieren schreiben Sie auf der Liste Ihrer Wahl die Namen von KandidatInnen einer anderen Liste auf, einfach oder kumuliert. Falls die gedruckte Liste vollständig ist, müssen Sie auch hier eine entsprechende Zahl anderer Namen streichen.

Tips für einen frauenfreundlich ausgefüllten Wahlzettel

Das Wahlchinesisch wäre damit erledigt. Ganz nach dem Motto der Luzerner Ständerätin Josi Meier, «Frauen gehören ins Haus, nämlich ins Bundeshaus und ins Rathaus!», folgen deshalb jetzt Tips, wie Sie Ihren Wahlzettel praktisch, gezielt und taktisch zugunsten von Frauen gebrauchen können. Sie haben folgende Möglichkeiten, um Ihre politischen und frauenorientierten Vorlieben auszudrücken:

Sie wollen eine bestimmte Partei wählen. Und auf der Liste dieser Partei wollen Sie in erster Linie Frauen berücksichtigen:

- Nehmen Sie Ihre bevorzugte Parteiliste. Denken Sie daran, dass die Chancen der Kandidatinnen auch sehr von der Stärke der Partei und ihrer Sitzzahl abhängt. Das heisst im Klartext: Ihre Stimme für Kandidatinnen auf kleinen, kaum erfolgreichen (Partei-) Listen könnten auch verschenkte Stimmen sein, wenn zuwenig andere WählerInnen diese Liste berücksichtigen.

- Kumulieren Sie auf der Parteiliste alle chancenreichen Frauen (Bisherige und Frauen, die öffentlich bekannt sind oder bei der letzten Wahl gut abgeschnitten haben). Um die Wahlchancen der Kandidatinnen gezielt zu erhöhen, streichen Sie alle chancenreichen Männer (Bisherige und öffentlich bekannte Kandidaten, Nachrückende).

- Panaschieren Sie Kandidatinnen anderer Parteien auf Ihre Parteiliste. Damit erhöhen Sie deren Chance auf der eigenen Liste und zeigen den Parteien, dass es sich wahlpolitisch lohnt, Frauen aufzustellen. Allerdings kostet das gleichzeitig ihrer bevorzugten Parteiliste die Anzahl entsprechender Linien.

Sie wollen bestimmte Frauen wählen, die Sie politisch und persönlich überzeugt haben – unabhängig von deren Parteizugehörigkeit:

- Nehmen Sie die 'Leere Liste', die den Wahlunterlagen ebenfalls beiliegt, und schreiben Sie darauf die Namen dieser Kandidatinnen. Auch auf der 'Leeren Liste' haben Sie die Möglichkeit, die Namen der Kandidatinnen zu kumulieren.

- Machen Sie das Gleiche, aber nur mit chancenreichen Kandidatinnen. Das erhöht deren Wahlchance generell.

Geben Sie der leeren Liste eine Bezeichnung mit jener Partei,
- die Sie politisch unterstützen,
- die besonders frauenfreundlich ist,
- die eine oder mehrere chancenreiche Spitzenkandidatinnen hat.

Generell gilt beim frauenfreundlichen Ausfüllen des Wahlzettels:

- Berücksichtigen Sie nur Listen, die einen hohen Anteil an Kandidatinnen aufweisen.

- Eine leere Linie ist besser als der Name eines männlichen Kandidaten.

- Der Name einer Kandidatin ist besser als eine leere Linie.

- Wenn Sie wollen, dass tatsächlich mehr Frauen gewählt werden, sollten Sie sich zuerst über die Chancen der einzelnen (Partei-) Listen informieren. Berücksichtigen Sie nur Kandidatinnen jener Listen, die reale Aussichten haben, Sitze zu gewinnen.

- Wenn Sie auch Männer wählen wollen, sollten Sie nur jene berücksichtigen, die sich durch frauenfreundliche Taten (und nicht nur Worte) profiliert haben.

- Überzeugen Sie auch FreundInnen und Bekannte, den Wahlzettel nach einer bestimmten Strategie auszufüllen! Damit steigt die Chance, dass diese Wahlstrategie sich durchsetzt. Manchmal entscheiden nämlich nur ein paar Dutzend Stimmen, ob ein Kandidat oder die Kandidatin das Rennen macht.

● *Anna Meier hat sich entschieden, eine aktive Wählerin zu sein. Eine Wählerin, die mit ihrem Wahlzettel eine eigene Strategie zugunsten der Frauen verfolgt. Je mehr sie darüber nachdenkt und mit Freundinnen diskutiert, desto mehr Spass macht es ihr. Sie will ihre Stimme optimal einsetzen. Als erstes informiert sie sich bei verschiedenen Parteien über deren Frauenförderungsmassnahmen und überprüft die Parteiprogramme bezüglich ihrer Frauenfreundlichkeit. Sie besucht zum ersten Mal verschiedene Wahlveranstaltungen und stellt den KandidatInnen kritische Fragen. Sie will unter anderem wissen, ob sie sich für Kinderkrippen und andere Kinderbetreuungsmöglichkeiten einsetzen. Bei den Kantonsratswahlen ent-*

scheiden sie und ihre Freundinnen sich für ein paar nach allgemeiner Einschätzung chancenreiche Kandidatinnen auf zwei verbundenen Listen und machen eine gezielte 'Mund zu Mund'-Propaganda im Bekanntenkreis. Am Wahlsonntag hat Anna die Frauenrunde bei sich zu Hause eingeladen und gespannt verfolgen die aktiven Wählerinnen am Radio die Ergebnisse... ●

Haben Sie Hemmungen, Männer generell zu streichen? Dann denken Sie daran, dass bei verschiedenen Wahlen Tausende von Listen eingelegt wurden, auf denen sämtliche Frauen systematisch gestrichen waren!

Als Kandidatin: Der Einbruch in den Herrenclub

● *Beim Warten auf die Wahlresultate beginnen Anna und ihre Freundinnen zu diskutieren, wie es wäre, wenn eine von ihnen selber kandidieren würde. Schnell ist die Diskussion um alle Wenn und Aber entbrannt. Berta, seit Jahren Mitglied einer grossen Partei, schildert ihren Freundinnen, was es alles braucht, um Kandidatin zu werden: «Ohne die Partei geht gar nichts, schliesslich stellt sie ja die Liste auf. Dann musst Du das parteiinterne Nominationsverfahren überstehen. Und erst der Wahlkampf, ich sag Dir, das ist kein Schleck!» Carla, schon immer die Radikalste der Runde, verurteilt pauschal alle Parteien: «Die Strukturen sind doch völlig männlich und verkrustet. Zudem werden Frauen auf einer Parteiliste sowieso nur als Alibi benützt, um mehr Stimmen holen zu können. Also wenn kandidieren, dann nur für eine Frauenpartei.» Daniela widerspricht heftig: «Frau sein ist doch kein Programm. Die politischen Meinungen von Frauen sind ebenso unterschiedlich wie jene der Männer. Und zudem können wir ohne die Zusammenarbeit mit den Männern keine frauenfreundlichere Gesellschaft bauen.» Sie selbst würde sich aber ein solches Amt einfach nicht zutrauen, was frau da alles wissen muss. Erika, die Karrierefrau der Runde, sieht die Sache ganz pragmatisch und nüchtern: «Ich selbst würde mir ein solches Amt sehr wohl zutrauen, aber leider fehlt mir die Zeit. Mein Job als Unternehmensberaterin lässt es nicht zu, soviel Zeit für Politik*

➔ Checkliste 'Tips zur Gründung einer Frauenliste'

«Warnung der Bevölkerung:
75 Raubkatzen ausgebrochen
Das gefährliche Rudel bewegt sich Richtung Rathaus.
Wir bitten Sie, Ruhe zu bewahren. Zutiefst betroffen rät der Verhaltensforscher Dr. Thomas Wagner, die Meute nicht zu reizen und sie möglichst ungehindert passieren zu lassen. Aus Erfahrung weiss er, dass eine solche Gefahr nur gebannt werden kann, wenn mann die Bedürfnisse der Raubkatzen akzeptiert und ihnen ihren rechtmässigen Revieranteil überlässt.»
Wahlflugblattbeispiel der FrAP! (Frauen machen Politik!)

Drei der 'Raubkatzen' wurden 1990 in den Zürcher Gemeinderat gewählt, eine 1991 in den Nationalrat.

aufzuwenden. Zudem: Meinen Kunden würde ein solches Engagement vermutlich nicht in den Kram passen.» Aber wenn, dann würde sie die Sache ganz professionell angehen. Nun platzt Anna der Kragen: «Also schliesslich geht es in der Politik immer noch um Inhalte und nicht nur um Kalkül.» Die Runde diskutiert eifrig weiter bis tief in die Nacht hinein. Unterdessen sind die Wahlergebnisse bekannt, allerdings noch nicht die Namen der Gewählten. Die Frauen brechen auf, schliesslich ist morgen Montag. Anna räumt die Reste der Tafelrunde auf. Während des Abwaschs gehen ihre Gedanken eigene Wege. Ob sie nicht doch einmal kandidieren sollte? ●

Vielleicht haben Sie auch schon einmal wie Anna insgeheim oder offen mit dem Gedanken gespielt, für ein Amt zu kandidieren. Das ist gut so. Denn wenn der Frauenanteil in den Parlamenten, Regierungen, Kommissionen und Gerichten erhöht werden soll, dann braucht es auch viele gute Kandidatinnen. Das wissen unterdessen auch die Parteien.

Die Nomination oder: Wie werden Sie Kandidatin?
Es gibt zwei Wege, Kandidatin zu werden:

1. Auf einer Parteiliste
Viele Parteien sind vor Wahlen auf der Suche nach geeigneten KandidatInnen. Unter Umständen gewähren sie auch Frauen und Männern einen Listenplatz, die nicht Mitglied einer Partei sind.
2. Auf einer eigenen Frauenliste oder auf einer freien Liste.

Setzen Sie sich mit der Frage einer Kandidatur frühzeitig auseinander. Leider warten viel zu viele Frauen, die durchaus das Zeug für eine Kandiatur hätten, bis sie angefragt und gebeten werden, auf einer Liste zu kandidieren. Die meisten Frauen verfügen noch nicht über das nötige Selbstbewusstsein, um aus ihrem vielfältigen Engagement in Parteien, Vereinen, BürgerInneninitiativen oder im Beruf auch ihre Fähigkeit und ihr Interesse für ein politisches Amt abzuleiten. Wenn Sie kandidieren – auch wenn Sie keine grosse Aussicht auf eine Wahl haben –, gibt Ihnen das die Chance, interessante Erfahrungen zu machen und viel Neues zu lernen. «Politik ist Weiterbildung zum Nulltarif», meint die Luzerner Regierungsrätin Brigitte Mürner-Gilli. Und sie hat recht damit.

Informieren Sie sich rechtzeitig über alle Fakten, die Sie für einen Entscheid brauchen!

- Welches politische Amt könnte Sie interessieren?

– Ein Sitz in einer Fachkommission? Zum Beispiel in der Schulpflege? Oder in einer ausserparlamentarischen ExpertInnenkommission? Bei diesen Ämtern ist vor allem ihre Fachkompetenz gefragt.
– Ein parlamentarisches Amt auf Gemeinde-, Kantons- oder Bundesebene? Wären Sie gerne Einwohnerrätin, Grossrätin, Nationalrätin oder Ständerätin?
– Ein Exekutivamt? Wollen Sie als Gemeinderätin, Stadträtin oder Regierungsrätin kandidieren?

- Was müssen Sie über das Amt wissen?

Wer wählt die KandidatInnen? Die Bevölkerung (zum Beispiel für Parlamente, Regierungen, Gerichte)? Das Parlament, das Vorschläge der Parteien entgegennimmt (zum Beispiel für den Erziehungsrat)? Die Regierung, die Vorschläge von Verbänden und Organisationen berücksichtigt (zum Beispiel für ExpertInnenkommissionen)? Worüber kann man in diesem Amt entscheiden? Welche Aufgaben und Pflichten werden Sie haben? Mit wieviel zeitlichem Aufwand müssen Sie rechnen – inklusive dem Studium der Akten? Wie oft und wann finden Sitzungen statt? Gibt es ein Sitzungsgeld oder eine Entschädigung – beispielsweise fürs Babysitting?

- Welches sind Ihre Motive, Ihre Fähigkeiten?

Ihre persönlichen und politischen Motive und ihre Fähigkeiten sind nicht nur für Ihren Entscheid sehr wichtig, sondern auch für den allfälligen späteren Wahlkampf. Denn dort werden sie immer wieder auf Ihre Motivation und Ihr Rüstzeug angesprochen.

Diese Fragen sollten Sie vor dem endgültigen Entscheid klären:

- Was erwartet die Partei von Ihnen? Was können Sie von der Partei erwarten? Wie hoch wird Ihr Zeitaufwand sein? Wahlkampagnen kosten Geld – wird eine finanzielle Beteiligung von Ihnen erwartet? Dürfen Sie eigene Propagandaaktivitäten machen, oder gibt es einen Kodex für Kandidierende, den alle befolgen müssen? Wie stellt sich Ihr Arbeitgeber zu einer Kandidatur? Wie wird sich Ihr Arbeitsverhältnis – vor allem bei Mandaten mit hohem zeitlichem Aufwand – nach einer allfälligen Wahl verändern ?

- Betrachten Sie die Nomination bereits als Wahlkampf. Warten Sie nicht, bis Sie entdeckt werden! Sorgen Sie selbst dafür, ganz nach dem Sprichwort «Bescheidenheit ist eine Zier, doch weiter kommt man ohne ihr»! Dieser Grundsatz, der nicht nur in der Politik gilt, ist für alle Frauen wichtig, die mehr als das Übliche wollen. Wenn Sie die fachlichen und persönlichen Voraussetzungen mitbringen, sind Sie eine Anwärterin auf einen guten Listenplatz – vielleicht sogar eine Spitzenkandidatin.

Auch wenn Sie noch nicht so bekannt sind – und darum wenig Chancen haben, gewählt zu werden –, kann die Kandidatur für Sie interessant sein. Sie lernen viel Nützliches. Und die Wahrscheinlichkeit, dass Sie bei der nächsten Wahl grössere Chancen haben, nimmt zu. Mit einer Kandidatur können Sie sich und Ihre politischen Vorstellungen bekannt machen. Und Sie stärken damit auch den Einfluss der Vereine und Organisationen, die Sie vertreten. Ein Wahlkampf ist ein gutes Training fürs Selbstbewusstsein. Hier lernen Sie, was in der Arbeitswelt als Führungs-Know-how umschrieben wird: Reden, öffentlich auftreten, Ideen präsentieren, Aktionen organisieren, Leute überzeugen und motivieren. Begegnungen mit interessanten Leuten bereichern Sie genauso wie die Konfrontation mit anderen Meinungen und mit den Grenzen Ihrer Persönlichkeit.

● *Anna hat viel über eine Kandidatur nachgedacht. Denn die Liberale Fortschrittspartei (LFP) hat sie angefragt, ob sie nicht für das Gemeindeparlament kandidieren will. Nach vielen Diskussionen mit Freundinnen und Kollegen, ihrem Mann und den Kindern, hat sie abgesagt. Nicht etwa mangels Interesse – sondern weil sie die Situation realistisch einschätzt. Sie hat neben Beruf und Familie weder für das Amt noch für einen engagierten Wahlkampf (und genau das würde sie interessieren) genügend Zeit. Sie will jetzt, wo ihre Kinder grösser sind, wieder voll in den Beruf und die Karriere einsteigen. Dennoch lässt sie das mit der Politik nicht los. Eigentlich hätte sie schon Lust, sich zu engagieren. Aber es müsste in einem kleinen, überblickbaren Rahmen sein.*

Die zündende Idee bringt ein Gespräch mit Berta. Schliesslich ist Anna Juristin. Sie könnte von der LFP für die Baurekurskommission vorgeschlagen werden. Berta ist sofort Feuer und Flamme und klärt das Ganze mit ihrer Partei ab. Sie selbst ist übrigens eine der Spitzenkandidatinnen der LFP fürs Gemeindeparlament. Die Handelsschullehrerin ist langjähriges Mitglied verschiedener Vereine. Zudem ist Berta in der Öffentlichkeit wegen ihres Einsatzes für die Verkehrsberuhigung bekannt. Ihre Chancen, gewählt zu werden, sind durchaus intakt. Sie hat auch einen guten Listenplatz erhalten, gleich hinter den bisherigen GemeinderätInnen. Allerdings gibt es auch einige wichtige Leute in ihrer Partei, die gegen ihren prominenten Listenplatz Stellung bezogen haben. Sie finden, dass ihre verkehrspolitischen Vorstellungen doch nicht ganz auf der Linie der Partei sind. Berta befürchtet deshalb, dass man nicht offen, aber unterschwellig gegen sie mobilisieren wird. Aber sie ist entschlossen zu kämpfen und zwar mit einem engagierten Wahlkampf. Anna ermutigt sie sehr und verspricht ihr, sie im Rahmen ihrer Möglichkeiten zu unterstützen. ●

Der Wahlkampf oder: Klappern gehört zum Handwerk

Ihr Entscheid steht fest und Ihre Nomination ist schon über die Bühne? Dann ist Mut zu Kalkül und strategischem Vorgehen angesagt. Natürlich werden Sie sich im Wahlkampf für Ihre politischen Inhalte und Vorstellungen einsetzen. Doch deswegen allein werden Sie nicht gewählt. Genauso wie im Berufsleben gibt es in der Politik einen Marktwert. Den können Sie optimal aufbauen und einsetzen. Sind Ihr Engagement und Ihre Kompetenzen bekannt? Denn KandidatInnen werden wegen ihrer Leistungen und Verdienste – im Beruf, in Vereinen, in der Öffentlichkeit, in der Partei, als RegionalvertreterInnen – auf die Wahllisten gesetzt. Immer noch machen viel zu viele Frauen in Parteien, Vereinen und Organisationen zeitlich aufwendige Hintergrundarbeit, die ihnen wahlpolitisch nichts bringt. Stellen Sie also Ihr Licht nicht unter den Scheffel. Gewählt wird, wer sich verkaufen kann. Kümmern sie sich deshalb gleich zu Beginn des Wahlkampfes um:

Die Präsentation Ihrer Person

- Der schriftliche Steckbrief

Erstellen Sie einen schriftlichen Steckbrief von sich. Das ist keineswegs eine überflüssige Arbeit. Denn Sie werden sich im Laufe des Wahlkampfes immer wieder mündlich oder schriftlich vorstellen müssen. Sie können den Steckbrief auch als Wahlpropaganda verwenden.

Persönliche Daten

Vereine und Organisationen

Listennummer und Listenplatz

Der Steckbrief sollte folgende Angaben enthalten: Persönliche Daten wie Beruf, Alter und Familiensituation; berufliche Erfahrungen und Hinweise auf Ihre politischen Schwerpunkte. Wenn Sie Mitglied in Vereinen und Organisationen sind, sollten Sie das ebenfalls erwähnen. Wichtig sind dabei vor allem jene, bei denen Sie aktiv mitarbeiten. So können Sie den Wiedererkennungseffekt ausnützen: Jeder Verein hat viele Mitglieder, die gerne ihre VereinskollegInnen wählen. Konkrete Leistungausweise aus Ihrem bisherigen Engagement gehören ebenso in den Steckbrief, wie ein paar Worte zu Ihrer Motivation. Auf jeden Steckbrief gehört auch die Listennummer und allenfalls Ihr Listenplatz, damit die Leute Ihren Namen in den Wahlunterlagen gut finden können. Der Fantasie sind keine Grenzen gesetzt. Wichtig ist, dass Sie sich und Ihre Fähigkeiten gut verkaufen und auch dahinter stehen können.

Machen Sie von Ihrem Steckbrief eine kurze und eine ausführliche Version. Sie werden sich immer wieder bei öffentlichen Auftritten vorstellen müssen. Üben Sie deshalb eine kurze und eine längere mündliche Präsentation. Das lohnt sich. Denn die Erfahrung zeigt, dass es vielen Frauen schwer fällt, sich selbst kurz, frisch und ohne allzuviele Abschwächungen zu präsentieren.

• Das persönliche Image

Bei einem Wahlkampf geht es immer auch um Ihr persönliches Image. Es ist sozusagen Ihr öffentliches Kleid – denn mit einer Kandidatur werden Sie eine öffentliche Person. Das Image soll nicht künstlich sein. Es soll zu Ihrem Stil und Ihren Stärken passen. Sicher spielen bei einem Wahlkampf Ihre politischen Anliegen und deren Darstellung eine grosse Rolle. Es wäre allerdings naiv zu glauben, dass es nicht auch um Äusserlichkeiten geht. Dazu gehören Ihr Aussehen, Ihre Kleidung, Ihre Ausstrahlung und die Präsentation Ihrer Person in der Öffentlichkeit – etwa mit guten Fotos. Dass Sie beispielsweise Hausfrau und Mutter dreier Kinder sind, ist zwar wichtig. Noch wirkungsvoller ist es jedoch, wenn Sie Ihren (ehemaligen) Beruf als Übersetzerin und Ihr Amt als Präsidentin des Quartiervereins 'Wohnliches Steinbach' gebührend in Szene rücken. Denn seien wir ehrlich: Auch viele Frauen geben ihre Stimme lieber einem kompetenten Berufsmann als einer Hausfrau – weil sie sich selbst als Hausfrau ein solches Amt gar nicht zutrauen würden.

Sie werden – je nach Amt, für das Sie kandidieren, und je nach Intensität Ihres Einsatzes im Wahlkampf – verschiedene öffentliche Auftritte haben. Bereiten Sie sich darauf gründlich vor. Ganz gleich, ob das nun Veranstaltungen zu bestimmten Themen, Medienkonferenzen, kontroverse Podiumsgespräche, Radioauftritte, Standaktionen oder Kurzreferate sind. Stellen Sie eine kleine Dokumentation zusammen zu den Themen, die Sie ins Zentrum rücken wollen.

Sie brauchen auch einen eigenen Standpunkt zu aktuellen, allgemeinen Wahlkampfthemen. Informieren Sie sich über diese Themen und trainieren Sie kontroverse Diskussionen und Interviews vorher mit Ihrer Freundin, Ihrem Partner oder einem Parteikollegen. Diese dienen Ihnen als ÜbungspartnerInnen, die jeweils die andere Meinung und die Gegenargumente vertreten. So gewinnen Sie Sicherheit im Diskutieren und schulen Ihre Reaktionsfähigkeit.

➔ Werkzeuge
6. Auf dem Weg zu Tribüne, Podium und Mikrofon
➔ Werkzeuge
9. Ach wie gut, dass niemand weiss...

Ihre Wahlkampagne

Eine Wahlkampagne hat immer zwei Ziele: Erstens das politische Programm Ihrer Partei / Liste und zweitens Ihre eigenen politischen Anliegen den WählerInnen bekannt zu machen. Die Reihenfolge kann übrigens auch umgekehrt sein. Mit einer Wahlkampagne sollen die WählerInnen mit mehr oder weniger professionellen Mitteln davon überzeugt werden, genau diese Liste mit genau dieser Kandidatin oder jenem Kandidaten in die Urne zu legen. Um dieses Ziel zu erreichen, können Sie selbst einiges dafür tun. Ganz gleich, ob Sie als angehende oder bereits gestandene Politikerin antreten, Sie verkaufen etwas: nämlich Ideen, Inhalte, Problemlösungsvorschläge, Mut, Entschlossenheit, das Parteiprogramm und Ihre Person – und zwar in einer Wahlkampagne.

- Wahlkampfstrategie klären

Klären Sie mit Ihrer Partei die Wahlkampfstrategie. Teilen Sie den Verantwortlichen mit, dass Sie aktiv mitmachen wollen und Interesse an öffentlichen Auftritten haben. Manche Parteien kennen einen Kodex für KandidatInnen, in dem geregelt wird, welche zusätzliche persönliche Propaganda erlaubt ist. Wenn Sie Spitzenkandidatin der Partei in einem National- oder Ständeratswahlkampf sind, werden Sie in jedem Fall andere Möglichkeiten für die Wahlpropaganda haben, als wenn Ihr Name bei den Kantonsratswahlen auf der Liste Ihres Wahlkreises zusammen mit jenen von weiteren 40 KandidatInnen steht.

- Unterstützung organisieren

Wenn letzteres der Fall ist, gelten die folgenden Bemerkungen dennoch: Organisieren Sie sich so viel Unterstützung wie möglich! Ein guter Wahlkampf ist eine anstrengende, wenn auch spannende Zeit und verlangt Teamwork. Verabschieden Sie sich sofort vom Gedanken, alles selber machen zu müssen. Sie brauchen eine kleine, aber engagierte Unterstützungsgruppe. Diese entlastet Sie auf vielen Ebenen: Vom Mitdenken über Informationen recherchieren, Spenden sammeln, Auftritte organisieren bis hin zum Versenden von Propagandamaterial. Wenn Sie Spitzenkandidatin sind, kann Ihr persönliches, überparteiliches Unterstützungskomitee die Arbeiten für

Sie machen. Im kleinen Rahmen kann es der persönliche Fanclub aus dem Bekanntenkreis sein. Schon manche Reihenfolge auf einer Liste konnte mit einer gezielten Briefaktion im Schneeballsystem erstaunlich wirkungsvoll verändert werden.

Zögern Sie auch nicht, Organisationen und Vereine, bei denen Sie schon länger Mitglied sind, um aktive Wahlunterstützung oder Wahlempfehlung anzufragen. Viele dieser Organisationen sind daran interessiert, im Parlament mit Mitgliedern vertreten zu sein. Vielleicht organisiert ein Verein auch noch eine kontroverse Wahlveranstaltung, an der Sie teilnehmen können. Warten Sie nicht, bis man Sie anfragt, tun Sie es selbst.

Zur Unterstützung muss aber auch Ihr allernächstes Umfeld bereit sein: Ihr Partner, Ihre Freundin, Ihre Kinder, die Leute Ihrer Wohngemeinschaft. Sie werden viel abwesend sein, sich weniger um den Alltag kümmern können. Vielleicht gibt es viele Telefonanrufe, die die anderen stören. Je offener Sie das besprechen, desto eher gibt es Möglichkeiten, die Probleme zu lösen.

- Minderheitenstatus nutzen

Nutzen Sie auch die Tatsache, dass Sie als Frau einer 'Minderheit' angehören. Dieser Status kann eine Chance sein, um zum Beispiel bei öffentlichen Auftritten dabei sein zu können. Immer häufiger heisst es: «Wir brauchen unbedingt noch eine Frau für dieses Podium, diese Veranstaltung, diese Medienkonferenz, dieses Gremium...» Doch bevor Sie von Termin zu Termin hetzen: Entwickeln Sie klare Kriterien für Ihre Aktivitäten!

➔ Werkzeuge
9. Ach wie gut, dass niemand weiss...

Stellen Sie sich folgende Fragen:

1. Was bringt es mir wahlpolitisch?
Komme ich dadurch in direkten Kontakt zu meinen potentiellen WählerInnen? Kann ich dort wichtige Leute kennenlernen?
2. Was bringt es mir an Unterstützung?
Kann ich dadurch eine parteiinterne Seilschaft finden? Bringt es mir die Wahlempfehlung einer wichtigen Organisation?
3. Was kann ich dabei lernen?
Kann ich dabei meine Schlagfertigkeit verbessern? Kann mir die Podiumsveranstaltung als Diskussionsübung dienen?

4. Und last but not least: Macht es mir auch noch Spass?
Je härter der Wahlkampf und je höher Ihre Wahlchancen sind, desto wichtiger sind Punkt eins und zwei.

Ihre Schwachpunkte

Es ist immer sinnvoll, sich zu Beginn einer Wahlkampagne zu fragen, welche Schwierigkeiten Sie erwarten müssen oder wo Ihre Schwachpunkte liegen. Deshalb brauchen Sie nicht gleich eine Schlammschlacht zu befürchten.

- Vergangenheit

Werfen Sie einen kritischen Blick in Ihre Vergangenheit! Gibt es dort Vorkommnisse, von denen Sie lieber nicht möchten, dass sie öffentlich bekannt werden? Überlegen Sie sich, wie Sie das verhindern wollen. Sollte es trotzdem unerwartet zu einer Diffamierung Ihrer Person kommen, sollten Sie das Problem mit der Wahlkampfleitung der Partei oder den Menschen besprechen, die Sie im Wahlkampf unterstützen. Zusammen können Sie ein geeignetes Vorgehen entwickeln. In der Regel hat sich eine offensive Informationsstrategie besser bewährt als lauwarme Beschwichtigungsversuche. Auch jeweils nur zuzugeben, was sowieso schon bekannt ist, stärkt Ihr Image in der Öffentlichkeit nicht.

- Schwächen und Ängste

Setzen Sie sich auch mit Ihren Schwächen und Ängsten auseinander. Es hat beispielsweise wenig Sinn an einer öffentlichen Veranstaltung zum Thema 'Vergewaltigung' teilzunehmen, wenn Sie früher selbst einmal vergewaltigt wurden und dieses schreckliche Erlebnis noch nicht völlig verarbeitet haben. Ihre emotionale Betroffenheit ist vielleicht immer noch viel zu hoch. Lehnen Sie Einladungen zu solchen Veranstaltungen ab, die für Sie persönlich schwierig sind!

Bereiten Sie standardisierte Anworten auf Fragen vor, die für Sie heikel sind. Das kann zum Beispiel die Frage sein, warum Sie in einem bestimmten Punkt eine andere Meinung als Ihre Partei vertreten. Oder auch allzu persönliche Fragen, die Sie nicht beantworten wollen.

- Interne Konkurrenz

Ein heikles Thema im Wahlkampf ist auch die Konkurrenz zwischen Frauen (und Männern) auf der gleichen Wahlliste. Offene Gespräche darüber lohnen sich. Kooperation und gegenseitige Unterstützung bringt erfahrungsgemäss allen Beteiligten mehr als gegenseitiges Austricksen. Denken Sie daran: Ehrgeiz ist nichts Unanständiges, auch nicht für Frauen! Es ist nur natürlich, dass alle KandidatInnen sich häufig und von der besten Seite zeigen wollen; sei das mit guten Fotos in einem Wahlinserat, mit pointierten LeserInnenbriefen, pfiffigen Referaten und klaren öffentlichen Stellungsnahmen.

➔ Wege
4. Pendlerinnen zwischen zwei Welten

Auch als Kandidatin müssen Sie kein Übermensch sein. Bleiben Sie gelassen, selbst wenn Sie nicht auf jede Frage eine umfassende Antwort geben können. Und verlieren Sie Ihren Humor nicht – das ist kein Wahlkampf der Welt wert! Je lockerer und selbstbewusster Sie auftreten, desto besser werden Sie und Ihre politischen Anliegen ankommen.

Ihre Wahl oder: Vom Alltag einer Mandatsträgerin

Der Wahlkampf ist zu Ende. Sie haben sich engagiert und Ihr Bestes gegeben. Jetzt warten Sie gespannt auf das Ergebnis. Wie auch immer es ausfällt: Denken Sie daran, das Resultat hängt von vielen Faktoren ab, die Sie persönlich nur bedingt beeinflussen können. Die richtige Frau im falschen Wahlkreis, das gute Alter, der bessere Beruf, das schlechte Abschneiden der Liste: Solche 'Details' können oft das berühmte Zünglein an der Waage sein. Ob Sie gewinnen oder verlieren – sehen Sie es nie nur persönlich! Sowohl der Erfolg wie auch die Niederlage sind das Produkt mehrerer Faktoren.

- Sie sind Ersatzfrau auf dem xten Rang

Seien Sie nicht enttäuscht! Das ist umso leichter, wenn Sie den Wahlkampf auch als Lernfeld betrachten. Machen Sie weiter, bleiben Sie am Ball! Sie haben Kontakte geknüpft, Leute kennengelernt, man ist auf Sie aufmerksam geworden. Nutzen Sie diese Vorteile auch nach dem Wahlkampf. Ihre Mitarbeit in Arbeitsgruppen, Kommissionen und Vereinen wird umso mehr geschätzt. Vielleicht klappt es ja beim nächsten Mal. Es ist keine Schande, nicht gewählt worden zu sein. Je besser der Platz ist, den Sie erzielt haben, desto besser sind

Ihre Startchancen für weitere Wahlen. Ihr politischer Marktwert ist gestiegen. Und eventuell rutschen Sie sogar nach, wenn es während der Legislaturperiode Rücktritte gibt.

- Sie haben die Hürde genommen

Gratulation! Geniessen Sie zuerst einmal ausgiebig Ihren Erfolg – Arbeit gibt es später noch genug. Wenn Sie in ein Parlament gewählt wurden, lernen Sie bald die anderen Mitglieder des Rates und die Arbeitsweise Ihrer Fraktion kennen.

Fraktion

Die Fraktion wird aus allen Gewählten einer Liste gebildet. Lassen Sie sich von erfahrenen KollegInnen gründlich in die parlamentarischen Regeln und auch in die fraktionsinterne Gruppendynamik einweihen. Wer die Spielregeln kennt, fühlt sich sicher und kann diese bei Bedarf auch einmal durchbrechen. Sorgen Sie entschieden dafür, dass Sie auch als Neueinsteigerin interessante und politisch wichtige Geschäfte übernehmen können. Melden Sie Ihr Interesse am Einsitz in Kommissionen an. Lassen Sie sich nicht auf die Hinterbänke abschieben, auch wenn Sie noch vieles lernen müssen. Auch hier gilt: 'Learning by doing' geht schneller und ist spannender. Sind Sie in einer kleinen Fraktion, wird das nicht weiter schwierig sein, weil dort die grosse Arbeit auf wenige Köpfe verteilt werden muss. Dadurch haben alle genug Möglichkeiten, sich zu profilieren. Sind Sie hingegen Mitglied einer grossen Fraktion, ist die Konkurrenz um wichtige und interessante Geschäfte grösser. In der Fraktion hängt Ihr Einfluss von Ihrer Sachkompetenz, von Ihrem Durchsetzungswillen aber auch von Ihrer Wirkung in der Öffentlichkeit ab.

Parlamentarische Kommissionen

Auch als Mandatsträgerin sind Sie auf Unterstützung angewiesen. Knüpfen Sie sich ein Netz von Personen, die Sie mit Informationen versorgen, die Sie fachlich unterstützen. Stellen Sie gute Kontakte zu Leuten in der Verwaltung und zu den Medien her. Geben Sie selbst grosszügig Informationen weiter. Schliesslich haben die WählerInnen Ihnen die Stimme gegeben, damit Sie sie im Parlament vertreten. Insbesondere gilt das natürlich für jene Menschen, die an den gleichen politischen Fragestellungen wie Sie selbst arbeiten. Verbände und Organisationen, denen Sie inhaltlich nahestehen, sind auf diese Informationen angewiesen. Publizieren Sie Ihre Anliegen und Ihre Erfahrungen, die Sie im Parlament machen. Nicht nur, weil jeder Tag Wahlkampftag ist, sondern auch, weil dadurch die Zusammenarbeit mit ausserparlamentarischen Organisationen und Verbänden wächst. Und damit der Einfluss und die Lobby, die Sie für die Durchsetzung der gemeinsamen politischen Anliegen im Parlament brauchen.

Als Wahlhelferin: Frauenlobby für Frauenkandidaturen

● *Anna wird Berta bei ihrem Wahlkampf unterstützen. Die Frage ist nur: Wie, mit welchen Mitteln? Sie trommelt wieder einmal ihre Frauenrunde zusammen, um die Meinungen der Freundinnen zu hören. Die Runde ist um den Tisch versammelt, die Unterhaltung plätschert vor sich hin. Da unterbricht Anna das Gespräch mit der Frage: «Was können wir tun, um Bertas Wahl zu unterstützen?» Daniela, die Berta schon lange kennt, legt gleich zahlreiche Vorschläge auf den Tisch. Sie will alle Bekannten anrufen, vor dem Einkaufszentrum ein Flugblatt verteilen, Ballone mit dem Spruch «Wir wollen Berta» an die Kinder verschenken und... Carla ist zwar mit Berta befreundet. Dennoch wendet sie wie immer rebellisch ein: «Ich mache doch keine Werbung für diese lasche LFP, Berta hin oder her. Diese Partei hat noch nie etwas wirklich Substantielles für die Frauen gemacht. Und überhaupt: Ich kenne noch andere gute Frauen, die für den Gemeinderat kandidieren.»*

Erika, ganz Geschäftsfrau, rechnet Daniela sofort vor, was ihre Ideen kosten würden, und fragt die anderen, woher das Geld kommen soll. Anna bemerkt, dass Berta unruhig auf dem Stuhl hin und her rutscht. Sie fragt die Freundin, was los sei. Bevor diese antworten kann, ergreift Franziska das Wort. Sie ist Mitglied der LFP-Frauenkommission und eine alte Bekannte Annas aus der Studienzeit. «Die Unterstützung für Berta muss unbedingt mit der Wahlkampfstrategie der LFP abgestimmt werden. Wir müssen aufpassen: Eine allzu laute Unterstützung einzig und allein von Berta kann für sie auch zum Bumerang werden. Ihr kennt ja das Gerangel um die ersten Plätze, die ganzen Konkurrenzprobleme. Es würde mich nicht erstaunen, wenn einige Kandidaten dann Bertas parteiinterne Gegner unterstützen, die hinter den Kulissen jetzt schon eine Flüsterkampagne zur Streichung ihres Namens in Gang ge-

setzt haben.» Daniela platzt der Kragen: «Seht ihr, darum bin ich nicht in einer Partei, ewig dieses Taktieren, nie geht es wirklich um die Sache.» Carla pflichtet ihr sofort bei: «Immer muss frau sich mit diesen Machos rumschlagen, deshalb bin ich sowieso für eine Frauenliste.»

Anna setzt sich nun dezidiert durch und fragt Berta ganz direkt, was los sei. Nach einigem Hin und Her steht fest: Berta ist es peinlich, dass sie so im Zentrum steht. Und zudem ist sie sehr verunsichert. Sie teilt Franziskas Einschätzung, dass die Unterstützung auch kontraproduktiv für sie sein kann. Aber sie will sich auch nicht einschüchtern lassen... Jetzt fühlt sich Erika herausgefordert. Das ist eine Situation ganz nach ihrem Geschmack: «Was macht die kluge Geschäftsfrau in einer unübersichtlichen Situation? Sie listet verschiedene Vorgehensweisen auf, schält bei allen die Vor- und Nachteile heraus. Auf dieser umfassenden Grundlage entscheidet sie dann und entwirft einen Plan, wie sie vorgehen will und welche Massnahmen es braucht. Genauso müssen wir es auch machen.» Erika hat kaum ausgeredet, als Carla sofort einwendet, dass ein Wahlkampf keinesfalls mit schnödem Business zu vergleichen ist. Doch Anna, die Initiantin des Abends, will endlich konkret werden und unterstützt deshalb Erikas Vorschlag. ●

Es ist eine alte Erfahrung: Gewählt werden nur KandidatInnen, die ausreichend bekannt sind und für die sich eine oder mehrere Lobbys einsetzen. Gerade Frauen fehlt jedoch sehr oft beides – die Bekanntheit und die Unterstützung von wichtigen Organisationen und Personen. Deshalb ist sehr wichtig, dass Frauen, die für ein Amt kandidieren, gut vorbereitet, aufgebaut und unterstützt werden. Sie und andere Menschen können den KandidatInnen dabei helfen.

Sie haben mehrere Möglichkeiten, eine Kandidatin zu unterstützen:

Das überparteiliche Unterstützungskomitee

Diese Form der Wahlunterstützung eignet sich vor allem für sehr chancenreiche Spitzenkandidatinnen. Insbesondere ist es das wichtigste Wahlkampfmittel für parteiunabhängige KandidatInnen. Das Ziel eines Unterstützungskomitees (UK) ist: Es will jenen Leuten eine Gelegenheit bieten, sich aktiv zu engagieren, die zwar die Kandidatin persönlich unterstützen wollen, jedoch weniger ihre Partei. In der Regel ist das UK mehr auf die Person und ihre politischen Anliegen ausgerichtet, das Parteiprogramm hingegen steht nicht im Zentrum. Die Spannweite der UKs reicht von kleinen, eher informellen Gruppen bis zu grossen, professionell gemanagten Komitees. Die zweite Variante wird vor allem bei Wahlen in die eidgenössischen Räte oder in eine Regierung benützt. Aufgaben des UK sind: Spenden zu sammeln und mit verschiedenen Mitteln für die Wahl der Kandidatin zu werben. Dabei kann die ganze Palette der klassischen Werbemassnahmen eingesetzt werden. Darüber hinaus sind auch hier der Fantasie keine Grenzen gesetzt.

Die überparteiliche Kampagne 'Wählt Frauen!'

Frauenorganisationen und -gruppen sind eine wirkungsvolle Lobby zur Unterstützung von Kandidatinnen. Und sie leisten oft einen wichtigen Beitrag zur Vernetzung politisch engagierter Frauen. In den letzten Jahren hat diese Lobby immer wieder entsprechende Unterstützungskampagnen gemacht – vor allem überparteiliche Wahlempfehlungen für Frauen. Je nach organisatorischen und finanziellen Kapazitäten hat eine Frauenlobby verschiedene Möglichkeiten. Die Frauenorganisationen können ihren Versänden ein Flugblatt beilegen, auf dem sie ihre Mitglieder, die auf den verschiedenen Listen kandidieren, zur Wahl empfehlen. Sie können Veranstaltungen organisieren, an denen die Kandidatinnen einer Region Gelegenheit erhalten, sich vorzustellen. Sie können Kurse und Trainingsmöglichkeiten für Kandidatinnen anbieten. Auch überparteiliche Wahlplakate – eines trug einmal den Slogan «Vertrauen in Frauen» – sowie die Unterstützung der Kandidatinnen durch Inserate und Flugblätter sind erprobte und geeignete Mittel.

Eine überparteiliche Kampagne kann zwei Ziele haben: Einerseits ruft sie ganz allgemein dazu auf, Frauen zu wählen. Andererseits empfiehlt sie ganz konkret chancenreiche Spitzenkandidatinnen zur Wahl. So bekommen Frauen eine wirkungsvolle Lobby, die ihnen bis jetzt meistens noch fehlt. Die Amerikanerinnen haben hier viel Vorarbeit geleistet. Sie haben uns vorgemacht, wie Wahlkampagnen zugunsten von Frauen gestaltet und erfolgreich umgesetzt werden können. Uns an ihnen ein Vorbild zu nehmen, ist erlaubt. An erster Stelle steht die Organisation von Geldern. Denn ohne Geld können kaum wirkungsvolle Kampagnen gemacht werden. Die amerikanische Frauenbewegung hat zum Beispiel mit ihrem Wahlkampffonds 'Emily's List' Dutzende von Millionen Dollars gesammelt und in den Wahlkampf von Frauen investiert.

Finanzielle Mittel beschaffen

Der Frauenwahltarif

Frauenorganisationen haben aber noch andere Möglichkeiten, in den Wahlkampf einzugreifen. Sie können die Parteien und ihre KandidatInnen auf Frauenfreundlichkeit testen und daraus Wahlempfehlungen ableiten. Zwei Wege bieten sich an:

1. Befragen Sie die Parteien und KandidatInnen zu einigen ausgewählten frauenpolitischen Themen. Das kann öffentlich geschehen oder mit einem Fragebogen. So können Sie die Positionen der Parteien und KandidatInnen feststellen. Und dann jene, die mit den Anliegen der Frauengruppe übereinstimmen, öffentlich zur Wahl empfehlen.

2. Wenn Sie den anderen Weg wählen, können Sie einen sogenannten Frauenwahltarif ausarbeiten. Er ist vergleichbar mit dem Wahltarif der Umweltorganisationen. Überprüfen Sie zusammen mit Ihrer Frauenorganisation jene AmtsinhaberInnen, die sich erneut zur Wahl stellen, auf ihre frauenfreundlichen Taten. Schauen Sie, wie die ParlamentarierInnen während der Legislaturperiode bei einigen wichtigen Frauenthemen abgestimmt haben. Das Sammeln des Abstimmungsverhaltens muss schon während der Legislatur organisiert werden – am besten in Zusammenarbeit mit befreundeten ParlamentarierInnen. Denn damit Sie wissen, wie die Einzelnen gestimmt haben, braucht es eine namentliche Abstimmung. Und diese muss von einem Ratsmitglied verlangt werden. Sie können auch versuchen, die namentlichen Abstimmungen in Zeitungsarchiven ausfindig zu machen. Die Ergebnisse dieses Frauenwahltarifs werden während des Wahlkampfes zum Beispiel in Inseraten publiziert. Sie können auch mit namentlichen Wahlempfehlungen verbunden sein. Damit werden Frauen und ihre Organisationen zur wahlmitentscheidenden Lobby –

Verhalten bei Abstimmungen prüfen

und zu einer einflussreichen Macht. Denn die nüchterne Wahrheit ist: Im schweizerischen Konkordanzsystem werden vor allem die Bedürfnisse jener Interessengruppen berücksichtigt, die Wahlen entscheidend beeinflussen können und/ oder referendumsfähig sind.

Der parteigebundene Frauenwahlkampf

Sie und Ihre Partei können mit zwei wichtigen Massnahmen die Wahlchancen der Kandidatinnen bereits lange vor dem Wahlkampf steigern. Erstens: Bauen Sie Frauen langfristig auf und machen Sie sie bekannt. Zweitens: Erhöhen Sie durch eine geeignete Listengestaltung die Wahlchancen Ihrer Kandidatinnen.

Auch im Wahlkampf selbst kann einiges zugunsten der Kandidatinnen gemacht werden. Üblicherweise wird sich – wo vorhanden – die Frauenkommission mit der Konzeption des Frauenwahlkampfes beschäftigen. Das Ziel einer Wahlkampfstrategie für Frauen ist: Die Themen, die Kandidatinnen sowie geeignete Werbemassnahmen und Veranstaltungen so zu verbinden, dass die Kandidatinnen in der Öffentlichkeit bekannt werden. Besonders wirkungsvoll ist es, wenn die Partei sich auf chancenreiche Spitzenkandidatinnen einigen kann. Diese werden dann offensiv mit Wahlplakaten, Inseraten oder Flugblättern bekannt gemacht.

➔ Checkliste 2 'Tips für Parteien' – in diesem Kapitel

Parteiinterne Verteilung der finanziellen Mittel

Die weiblichen Mitglieder einer Partei sollten immer darauf achten, dass das Parteisekretariat und die Wahlkampfgruppe sich als Dreh- und Dienstleistungsstelle auch für ihre Anliegen und jene ihrer Kandidatinnen einsetzt. Am besten ist es, wenn eine oder mehrere Frauen in den entsprechenden Gremien Mitglied sind. Wichtige Punkte, die besonderer Aufmerksamkeit und Kontrolle bedürfen, sind auch die Verteilung der Gelder und die Auftritte in der Öffentlichkeit. In beiden Bereichen werden Frauen, ihre Kandidatinnen und ihre Themen allzugerne 'vergessen'. Und zwar von beiden Seiten: Sowohl von der Partei als auch von den Medien. Beide Seiten setzen lieber auf Altbekanntes – und das sind bis jetzt leider noch vorwiegend Männer. Hier sind Absprachen dringend nötig. Ein gezieltes Frauenwahlkampfkonzept hat auch den Vorteil, dass es die Wählerinnen oft sehr viel direkter anspricht als der übliche Wahlkampf der Partei. Denn auch Wählerinnen interessieren sich oft noch für andere Themen als Wähler.

Natürlich gibt es vielfältige Varianten, wie die oben vorgestellten Unterstützungsmöglichkeiten für Kandidatinnen kombiniert werden können. Vieles davon ist auch im kleineren Rahmen und mit weniger organisatorischem und finanziellem Aufwand machbar.

● *Anna und die Frauenrunde haben lange darüber diskutiert, wie sie Berta im Wahkampf unterstützen können. Nach langem Hin und Her sind sie trotz Carlas Einwänden und Franziskas Befürchtungen zu einem Entschluss gekommen. Sie werden ein Unterstützungskomitee für Bertas Wahl gründen. Der Name ist schnell gefunden: Komitee 'Berta Bianchi in den Gemeinderat'. Anna übernimmt das Juristische, nämlich die Gründung des Komitees als Verein mit Statuten und allem Drum und Dran. Sie weiss schon jetzt, was auf der Einladung zur nächsten Versammlung stehen wird: Begrüssung, Mitteilungen, Verabschiedung der Statuten, Präsidium, Finanzkonzept, Wahlkampfkonzept, Adressdatei, grafische Arbeiten, Varia. Erika macht ein Finanzierungskonzept und überlegt sich, wie das Komitee zu Spendengeldern kommt. Franziska obliegt die Koordination mit dem Wahlkampfausschuss und dem Sekretariat der LFP. Daniela nimmt mit einer befreundeten Grafikerin Kontakt auf, die ein Plakat und Werbeunterlagen entwerfen soll. Für die nächste Sitzung in zwei Wochen sollen alle noch nach weiteren WahlhelferInnen suchen – es dürfen auch Männer sein. Bis dann sollen auch verschiedene lokale prominente und unabhängige Frauen angefragt werden, ob sie das Präsidium für Bertas Unterstützungskomitee übernehmen wollen. Nur Carla hält sich noch zurück. Sie will abwarten, ob es nicht doch noch eine Frauenliste für den Gemeinderat gibt und, falls ja, lieber diese unterstützen.* ●

Tips zum Weiterlesen
– Eidgenössische Kommission für Frauenfragen (Hg.): Nehmen Sie Platz, Madame. Die politische Repräsentation der Frauen in der Schweiz. Bern 1990.
– SP-Frauen Schweiz (Hg.): Wahlhandbuch der SP-Frauen. Sozialdemokratische Partei, Bern 1990.
– Schwyn, Christine/Feisst-Schöpfer, Martha/Schätti, Marta Claudia (Hg.): Frauen macht Politik! FraP! – eine mögliche politische Praxis... Zürich 1991.
– Eidgenössische Kommission für Frauenfragen (Hg.): Frauen ins Parlament! Ein Leitfaden für Parteien, Frauenorganisationen und Medien zu den Eidgenössischen Wahlen 1995. Bern 1994.
– Kantonale Frauenkommission und Kantonale Stelle für die Gleichstellung von Frauen und Männern (Hg.): Auf die Plätze – Frauen – Los! Politische Frauenförderung konkret. Bern 1993.

Checkliste 1

Tips zur Gründung einer Frauenliste

- Informieren Sie sich frühzeitig über die notwendige Unterschriftenzahl, die Sie zur Anmeldung der Liste brauchen. Klären Sie das letztmögliche Einreichedatum genau ab – und halten Sie sich daran! Auskunft geben die diversen Staatskanzleien oder die Gemeindeverwaltung.

- Definieren Sie das politische Profil und die Notwendigkeit einer solchen Liste. Welche Inhalte, Themen, Personen, Programme sollen damit portiert werden? Für eine Liste braucht es eine inhaltliche und politische Begründung (Jux-Listen ausgenommen). Frauenlisten begründen ihre Existenz in der Regel damit, dass die Politik aus weiblicher Sicht definiert und etwas gegen die massive Untervertretung der Frauen in allen Bereichen der Gesellschaft unternommen werden soll.

- Klären Sie das politische Umfeld der Liste ab. Welche anderen politischen Kräfte werden damit konkurrenziert? Welche Menschen können und sollen angesprochen werden? Wie sehen die Wahlchancen aus?

- Wie soll die Liste gestaltet werden (Listenname, Kandidatinnen, Reihenfolge)?

- Die Kandidatinnensuche hängt eng mit dem Programm zusammen.

- Mit welchen Parteien und Gruppierungen, wenn überhaupt, soll die Liste eine Listenverbindung eingehen?

- Wie organisieren Sie sich? Von der Vereinsbildung über die Gremien (Präsidentin, Vorstand, Vollversammlung) bis zum Briefpapier.

- Konzeption des Wahlkampfes: Inhalte – Lancierung der Personen – Geldorganisation – Unterstützungskomitees – Aktionen – Medienkontakte.

- Wichtig: Je weniger Geld für den Wahlkampf vorhanden ist, desto mehr Fantasie und überzeugende Inhalte sind gefragt.

- Und nach einer allfälligen Wahl? Falls Sie nicht genügend Mandate gewonnen haben, um eine eigene Fraktion bilden zu können – mit wem arbeiten Sie zusammen? Mit wem gehen Sie eine Fraktionsgemeinschaft ein? Wer unterstützt die neuen Amtsinhaberinnen? Was passiert mit dem Sitzungsgeld? Wie werden politische Stellungnahmen entwickelt?

Diese Angaben gelten auch für die Gründung anderer Listen.

Checkliste 2

Tips für Parteien: Frauenfördernde Listengestaltung und Wahlkampfstrategien

- Bauen Sie Ihre Kandidatinnen frühzeitig auf. Fragen Sie Frauen für eine Kandidatur nicht erst in letzter Minute an, und informieren Sie sie genau. Erfahrungsgemäss überlegen sich Frauen eine Kandidatur gründlich, und dazu brauchen sie Zeit.

- Bieten Sie angehenden Kandidatinnen eine entsprechende Schulung an. Viele Frauen trauen sich eine Kandidatur erst zu, wenn sie den Eindruck haben, sie hätten es gelernt. Falls Ihre Partei keine eigenen Schulungsangebote hat, motivieren und unterstützen sie potentielle Kandidatinnen, Weiterbildungskurse im Rahmen anderer Bildungsinstitutionen (Gewerkschaften, Frauenorganisationen und Klubschulen von Migros und Coop) zu besuchen.

- Erweitern Sie die Selektionskriterien. Das gilt für die Suche nach KandidatInnen und die Plazierung auf der Liste: Nicht nur Repräsentativität in geografischer und verbandsorientierter Hinsicht ist wahlfördernd, sondern ebenso eine nach Geschlecht und Berufen ausgeglichene Liste.

Entwickeln Sie eine frauenfreundliche Listengestaltung. Je nach regionalen und parteiinternen Gegebenheiten und je nach Ernsthaftigkeit der parteiinternen Bekenntnisse zur Frauenförderung eignen sich folgende Massnahmen:

- Die Quotenregelung: Eine bestimmte Zahl von Listenplätzen wird für Kandidatinnen reserviert. Die Höhe der Quote bleibt Ihnen überlassen. Sie kann beispielsweise dem prozentualen Frauenanteil in der Partei entsprechen oder bis fünfzig Prozent und mehr gehen.

- Die Plazierung der Kandidatinnen auf der Liste: Sie haben mehrere Möglichkeiten, die Sie ausprobieren können.

1. Je eine Frau, ein Mann, eine Frau, ein Mann wechseln sich ab (Reissverschlussprinzip).
2. Alle Frauen werden am Kopf der Liste aufgeführt.
3. Alle oder bestimmte Kandidatinnen werden kumuliert aufgeführt.

Für eine frauenfördernde Listengestaltung gibt es keine Patentrezepte. Die Ausgestaltung der Listen ist immer ein Balanceakt zwischen den parteiinternen Machtverhältnissen und der Optimierung der Wahlchancen für die Frauen.

- Männer- und Frauenlisten, die miteinander verbunden sind. Diese Methode bringt den Frauen nur etwas, wenn sie über starke, bekannte Spitzenkandidatinnen (eventuell Bisherige) verfügen, wenn die Parteiliste einige Sitze zu verteidigen hat und wenn es nicht nur bei den Männern in der kommenden Legislatur voraussehbare Rücktritte gibt.

- Entwickeln Sie einen speziellen Frauenwahlkampf für Ihre Kandidatinnen.

Anhang

Die AutorInnen

Blum Roger, 1945, Dr. phil., Professor für Medienwissenschaften an der Universität Bern, Bäriswil (BE)

Doetzkies Maya, 1953, Journalistin, ehemalige Geschäftsleiterin von Greenpeace Schweiz, Fachsekretärin bei der «Erklärung von Bern», Zürich

Fetz Anita, 1957, lic. phil., Wirtschaftshistorikerin, Alt-Nationalrätin, Mitinhaberin von «Femmedia», einer Beratungsfirma, die auf die Förderung von Frauen in Wirtschaft und Politik spezialisiert ist, Basel

Grosjean Sibylle, 1964, Marketing-Fachfrau, Leiterin der Abteilung «Marketing + Fundraising» bei Greenpeace Schweiz, Zürich

Lüthi Ruth, 1966, lic. phil., Historikerin, wissenschaftliche Mitarbeiterin der Parlamentsdienste im Bundeshaus, Burgdorf

Mader Regula, 1962, Fürsprecherin, Mitarbeiterin des Eidgenössischen Büros für die Gleichstellung von Frau und Mann, Bern

Index

Bibliographie

Arendt, Hannah: Macht und Gewalt. Piper Verlag, München/Zürich 1985/1969

Arioli, Kathrin: Frauenförderungsmassnahmen im Erwerbsleben. Schulthess Polygraphischer Verlag, Zürich 1992

Aubert, Jean-François: So funktioniert die Schweiz. Cosmos Verlag, Muri bei Bern 1984

Berckhan, Barbara/Krause, Carola/Räder, Ulrike: Schreck lass nach! Was Frauen gegen Redeangst und Lampenfieber tun können. Kösel-Verlag, München 1993

Brückner, Christine: Wenn du geredet hättest, Desdemona. Ungehaltene Reden ungehaltener Frauen. Hoffmann und Campe, Hamburg 1994 (18. Auflage)

Büchner, Karin: Handbuch Frauennetzwerke. Econ Praxis, Düsseldorf/Wien 1993

De Groot, Lidwi/Veld ter, Elske: Mut zur Strategie. Wie Frauen in der Öffentlichkeit zielbewusst handeln können. Verlag Frauenoffensive, München 1985

Dick, Ulla: Netzwerke und Berufsverbände für Frauen. Ein Handbuch. rororo Sachbuch, Reinbek 1992/1994

Duttweiler, Catherine/Meier, Isabelle/Mühlemann, Käthi/Stutz, Heidi: Wo Frauen sich erheben. Daten, Fakten, Adressen aus der anderen Hälfte der Schweiz. Lenos Verlag, Basel 1990

Eidgenössische Kommission für Frauenfragen (Hg.):
• Quoten – besser als ihr Ruf. Das umstrittene Mittel zur Verwirklichung der Gleichstellung von Frau und Mann. In: F-Frauenfragen 1/1988, Bern 1988
• Nehmen Sie Platz, Madame. Die politische Repräsentation der Frauen in der Schweiz. Bern 1990
• Analyse der Nationalratswahlen 1991. In: F-Frauenfragen 3/1992, Bern 1992
• Frauen ins Parlament! Ein Leitfaden für Parteien, Frauenorganisationen und Medien zu den Eidgenössischen Wahlen 1995. Bern 1994

Fäh, Bruno/Ebersold, Werner/Zaugg, Robert: Geld sammeln im Dienste des Mitmenschen. Philosophie und Praxis des Fund-Raising. Haupt-Verlag, Bern 1991

Fisher, Roger/Ury, William: Das Harvard-Konzept. Sachgerecht verhandeln – erfolgreich verhandeln. Campus Verlag, Frankfurt a. Main 1990

Frauengruppe der Schweizerischen JournalistInnen-Union SJU (Hg):
• Die Sprache ist kein Mann, Madame. Bern 1986
• Auf der Lauer, stark und sauer. Frauen im Journalismus. Bern 1989

Frischknecht, Jürg/Haldimann, Ueli/Niggli, Peter/Haffner, Peter: Die unheimlichen Patrioten. Politische Reaktion in der Schweiz. Ein aktuelles Handbuch. Limmat Verlag, Zürich 1987

Gabriel, Jürg: Das politische System der Schweiz. Haupt-Verlag, Bern 1990

Gassmann, Heinrich: Protokollführung im Betrieb. Wahr – knapp – klar. Verlag des Schweizerischen Kaufmännischen Verbandes, Zürich 1982

Germann, Raimund E.: Ausserparlamentarische Kommissionen: Die Milizverwaltung des Bundes. Haupt-Verlag, Bern 1981

Häfelin, Ulrich/Haller, Walter: Schweizerisches Bundesstaatsrecht, ein Grundriss. Schulthess Polygraphischer Verlag, Zürich 1988

Huber, Alfred: Staatskundelexikon. Verlag Schweizer Lexikon, Luzern 1994

Joris, Elisabeth/Witzig Heidi (Hg.): Frauengeschichte(n). Dokumente aus zwei Jahrhunderten zur Situation der Frauen in der Schweiz. Limmat Verlag, Zürich 1986

Kantonale Frauenkommission und Kantonale Stelle für die Gleichstellung von Frauen und Männern (Hg.): Auf die Plätze – Frauen – los! Politische Frauenförderung konkret. Bern 1993

Klebert, Karin/Schrader, Einhard/Straub, Walter G.: KurzModeration. Windmühle-Verlag, Hamburg 1987

Kotler, Philip: Social Marketing. Econ Verlag, Düsseldorf 1990

Kramer, Gisela: Wer ist die Beste im ganzen Land? Konkurrenz unter Frauen. Fischer Taschenbuch, Frankfurt a. Main, 1993

Landolf, Walo:
• Versammlungen planen, gestalten, durchführen. Gewerkschaftliche Bildungszentrale Schweiz (sabz), Bern 1991
• Der ideale Verein. Vereinsrecht und Vereinsleitung für die Praxis. Gewerkschaftliche Bildungszentrale Schweiz (sabz), Bern 1994

Levy, René/Duvanel, Laurent: Politik von unten. Bürgerprotest in der Nachkriegsschweiz. Lenos Verlag, Basel 1984.

Libreria delle donne di Milano: Wie weibliche Freiheit entsteht.
Eine neue politische Praxis. Orlanda Frauenverlag, Berlin 1988

Meier-Seethaler, Carola: Ursprünge und Befreiungen. Eine dissidente Kulturtheorie. Arche Verlag, Zürich 1988

Miner, Valerie/Longino, Helen (Hg.): Konkurrenz. Ein Tabu unter Frauen. Verlag Frauenoffensive, München 1990

Mitscherlich, Margarete: Die friedfertige Frau. S. Fischer, Frankfurt a. Main 1985

Müller, Guido: Staatskunde. Rechtskundeverlag Müller, Aarau 1992

Nanchen, Gabrielle: Liebe und Macht. Gedanken zu den weiblichen und männlichen Werten. Benziger Verlag, Zürich 1992

Neumann-Biese, Gisa: Wer führt Protokoll? Effektive Protokollführung. Humboldt Taschenbuch-Verlag, München 1994

Paulus-Akademie Zürich: Dokumentation der Tagung «Frauen und Macht» vom 18./19. Sept. 1993. Zürich 1993

Pusch, Luise: Das Deutsche als Männersprache. Aufsätze und Glossen zur feministischen Linguistik. Suhrkamp-Verlag, Frankfurt a. Main 1984

Randzio-Plath, Christa: Frauenmacht – Ausweg aus der Krise. Bund-Verlag, Köln 1987

Riemer, Hans Michael: Das Personenrecht. In: Die Vereine. 3. Abt. zweiter Teilband. Verlag Stämpfli & Cie, Bern 1990

Schlüter-Kiske, Barbara: Rhetorik für Frauen. Wir sprechen über uns. Wirtschaftsverlag Langen-Müller, München 1987

Schultz, Dagmar (Hg.): Macht und Sinnlichkeit. Ausgewählte Texte von Adrienne Rich und Audre Lorde. sub rosa Frauenverlag, Berlin 1983

Schwyn, Christine/Feisst-Schöpfer, Marta/Schätti, Claudia (Hg.): Frauen macht Politik! FraP! – eine mögliche politische Praxis... Zürich 1991

Segerman-Peck, Lily: Frauen fördern Frauen. Netzwerke und Mentorinnen. Campus Verlag, Frankfurt/New York 1994

Senti, Martin: Geschlecht als politischer Konflikt: Erfolgsbedingungen einer gleichstellungspolitischen Interessendurchsetzung. Eine empirische Untersuchung am Beispiel der Schweiz. Haupt-Verlag, Bern 1994

SP-Frauen Schweiz (Hg):
• Wahlhandbuch der SP-Frauen. Sozialdemokratische Partei, Bern 1990
• Zehn Jahre Gleichberechtigung – und noch nicht weiter: Aktionsprogramm zur Gleichstellung von Frau und Mann in Politik, Beruf und Gesellschaft. Sozialdemokratische Partei, Bern 1991

Staub-Bernasconi, Silvia: Ohnmachtsphantasien – Machtutopien, Referatsmanuskript, 1987

Stemmle, Dieter (Hg.): Marketing im Gesundheits- und Sozialbereich. Einführung und Grundlagen für die Praxis. Haupt-Verlag, Bern 1992

Sterchert, Kathryn: Frauen setzen sich durch. Leitfaden für den Berufsalltag mit Männern. Campus-Verlag, Frankfurt a. Main 1988

Tannen, Deborah: Du kannst mich einfach nicht verstehen.
Ernst Kabel-Verlag, Hamburg 1991

Trömel-Plötz, Senta: Frauensprache. Sprache der Veränderung. Fischer-Taschenbuch, Frankfurt a. Main 1982

Tschäni, Hans:
• Das neue Profil der Schweiz. Konstanz und Wandel einer alten Demokratie. Werd-Verlag, Zürich 1990
• Wer regiert die Schweiz? Eine kritische Untersuchung über den Einfluss von Lobby und Verbänden in der schweizerischen Demokratie. Orell Füssli, Zürich 1983

Wallimann Isidor: Freiwillig Tätige im Sozialbereich und in anderen Bereichen. Eigenverlag Höhere Fachschule im Sozialbereich Basel (HFS), Basel 1993

Adressenverzeichnisse, Nachschlagewerke, Ratgeber, Mediendienste

Beobachter: Diverse Ratgeber (eine aktuelle Liste erhalten Sie beim Beobachter-Buchverlag, Glattbrugg)

Bundesamt für Statistik: Kantone und Städte der Schweiz. Statistische Übersichten. Bern

Bundeskanzlei Bern (Hg.):
- Eidgenössischer Staatskalender
- Statistisches Jahrbuch der Schweiz

Büro für die Gleichstellung von Frau und Mann der Stadt Zürich (Hg.): FrauenStadt Zürich. Zürich 1994

Eidg. Büro für die Gleichstellung von Frau und Mann: Frauenberatungsstellen in der Schweiz. Bern 1991. Gratis erhältlich bei: Eidg. Drucksachen- und Materialzentrale EDMZ, 3000 Bern

Fachstelle für Gleichberechtigungsfragen des Kantons Zürich (Hg.): FrauenInfo-Netz Kanton Zürich. Gruppen, Organisationen, Projekte. Zürich 1994

Komitee Lohngleichheit jetzt! (Hg.): Lohnklage??? – ein Wegweiser durch den LohnUNgleichheitsdschungel. Basel 1994. Zu beziehen beim Komitee Lohngleichheit jetzt!, Mühlenberg 12, 4052 Basel

Peltzer, Karl:
- Das treffende Wort. Ott Verlag, Thun 1973
- Das treffende Zitat. Ott Verlag, Thun 1976

Schneider, Wolf:
- Deutsch für Profis. Stern-Buch, Gruner + Jahr Verlag, Hamburg 1983
- Deutsch fürs Leben. rororo Sachbuch, Reinbek 1994

Verein Feministische Wissenschaft Schweiz (Hg.): Cherchez la femme. Bibliographie der Mitglieder. Bern 1993

Almanach wissenschafts- und bildungspolitischer Organisationen der Schweiz. Edition Schwabe & Co., Basel

Das Schweizerische Obligationenrecht. Schulthess Polygraphischer Verlag, Zürich

Das Schweizerische Zivilgesetzbuch. Schulthess Polygraphischer Verlag, Zürich

Firmen-Verzeichnisse der Kantone. Orell Füssli, Zürich

Frauen-Pressedienst. Aktuelles und Informationen aus der Welt der Frauen. Zu beziehen bei: textline, Lehenstr. 59, 8037 Zürich

Frauensicht. Informationen aus Zeitungen und Zeitschriften. bbm-Verlag, 8044 Zürich

Fund Raising Management (engl. Magazin). Zu beziehen bei: Hoke Communications Inc.; 224, Seventh Street, Garden City; New York 11530-5771

Handbuch der Bibliotheken – Deutschland, Österreich, Schweiz. K. G. Saur-Verlag, München 1993

Impressum. Schweizer Medien-Handbuch. Bürex-Medienpublikation, Äugstertal

Jahrbuch der eidgenössischen Behörden, Verwaltungen und Bundesbetriebe. Benteli Verlag, Bern

Publicus. Schweizerisches Jahrbuch des öffentlichen Lebens. Edition Schwabe & Co., Basel

Schweizer PR- & Medien-Verzeichnis. Ed. Renteria SA, Zürich

Schweizerisches Regionenbuch. Orell Füssli, Zürich

Verzeichnis der Verwaltungsräte. Orell Füssli, Zürich

Who owns whom? Schweizerischer Beteiligungsatlas. U. Bär Verlag, Zürich